시간을 잃어버린 사람들

Alle_Zeit: Eine Frage von Macht und Freiheit
by Teresa Bücker

© by Ullstein Buchverlage GmbH, Berlin.
Published in 2022 by Ullstein Verlag

ALLE
ZEIT

시간을 잃어버린 사람들

시간 빈곤 시대,
빼앗긴 삶의 주도권을 되찾는 법

테레사 뷔커 지음 | 김현정 옮김

원더박스

최근 두 번째 육아휴직을 하고 (자율적인 재택근무가 가능한) 회사로 이직한 나에게 이 책은 내 이야기처럼 느껴졌다. 매일 아침, 온갖 할 일들로 머리를 싸매는 돌봄 노동자 10년 차에게 '시간'이란 족쇄이며 돈이다. "돈을 좀 덜 가지고 갈 테니까, 근로 시간을 좀 줄여줘. 일은 고효율로 할게"는 나의 오랜 모토이며 요구인데, 사회는 아직 받아들일 준비가 덜 된 것 같다. 비슷하게 살아가는 저자의 이야기를 듣자니 비단 한국만의 문제는 아닌 듯하다.

이 책을 읽으며 '시간의 평등'이 이루어지는 새로운 시간 문화를 꿈꿨다. 테레사 뷔커는 "새로운 시간 문화는 모든 연령층에 혜택을 가져다주며, 실제로 이 영향을 벗어날 수 있는 사람은 없기 때문이다"라고 말하는 동시에 "새로운 시간 정책을 확립하기 위해서는 지금까지 우리가 사회를 이해하고 조직하는 방식에 의문을 제기해야 한다"고 힘주어 말한다. 개인의 선택으로 새로운 문화를 만드는 일은 무척 어렵기 때문에 '시간의 평등'은 제도적 접근이 갈급하다. 다시 말해, 우리 모두의 과제가 되어야 한다.

지난 10년간 각종 돌봄 정책들을 살펴보면 조금씩 나아지고는 있으나 여전히 많은 사람이 '타임 푸어'로 살아가고 있는 현실을 보며, 특히 코로나19 팬데믹을 겪으며 시간을 공정하고 평등하게 분배하는 게 우리 삶에 얼마나 긴요한지 몸소 겪었기에, 책을 읽는 내내 목울대가 뜨거워질 정도로 깊이 공감했다. 저자가 한국에 와서 강연을 한다면 맨 앞 좌석에 앉아 눈 맞추고 싶을 만큼, 처절하게.

– 엄지혜 (작가 『태도의 말들』, 『돌봄과 작업』(공저) 저자)

기후 위기 시대, 삶의 모든 영역에서 불평등은 더 커져만 간다. 더욱 큰 문제는 우리 사회는 불평등을 개인의 능력 문제로 인식하는 경향이 강하다는 점이다. 시간의 불평등에 대해서도 마찬가지다. 시간에 쫓기며 허덕이는 이들이 늘고 있지만, 이 또한 개인이 시간을 잘 관리해서 해결해야 할 문제로 여기고 만다. 과연 그럴까? 독일의 촉망받는 저널리스트 테레사 뷔커는 시간 주권과 시간 빈곤의 정도는 경제적, 정치적 권력 구조에 따라 달라진다고 강조한다. 시간 문제 해법의 방향은 모두를 위한 시간을 사회적으로 고려해야 한다는 것이다. 그렇다면, 시간 빈곤 및 시간 불평등 문제가 여느 사회보다 심각한 우리는 지금 어떤 방향으로 시간의 미래를 그리고 있는가?

우리에겐 새로운 시간 개념이 필요하다. 주변을 둘러보고 새로운 것을 시도하고 자신을 위로할 수 있는 그런 시간 말이다. 이를 위해 테레사 뷔커가 제안하는 사회적 돌봄으로서의 시간을 주목할 필요가 있다. 그 답은 시간 정의(time justice)다. 새로운 시간의 가능성은 서로 다른 힘을 가진 사람들이 강하게 연대할수록 더 커진다. 무엇보다 돌봄과 참여, 정치를 위한 시간이 필요하다. 개인 일상 차원이나 사회적 차원뿐만 아니라 지구적 관점에서도!

－김영선(노동시간센터 연구위원, 『존버씨의 죽음』 저자)

저널리스트 테레사 뷔커는 모든 사람을 위한 보다 공정한 사회로 나아가는 길을 모색한다. 이를 위해서는 '일'에 매몰된 우리 삶을 바꾸어야 한다. 주 20시간 노동과 돌봄 노동의 평등한 분배로 새롭게 생겨난 시간을 사회적 관계에 더 많이 쏟아야 한다는 것이다. 그리고 이것이 한 개인의 목표가 아닌 '돌봄 민주주의'를 위한 사회 전체의 목표가 되어야 함을 주장한다. 무엇보다 지금으로선 신기루에 불과한 '일과 가정의 양립'을 도모하기 위해 가정에서부터 문제를 제기해 나가야 한다. 새로운 시간 문화와 정의로운 시간 정책에 대한 비전을 분명히 제시하는 이 책은, 단순한 시간 부족 현상을 다루는 것을 넘어 근본적인 사회학적 질문을 던지는 동시에 우리 시대의 다양한 사회적, 정치적, 경제적 문제를 아우른다.

－2023 독일 올해의 논픽션상(Deutscher Sachbuchpreis 2023)
심사위원 서평

우리는 외부에서 사건의 중심으로 이동하여 복잡한 세상 속으로
다시 들어가야 한다. 단순한 관찰자가 아니라 참여자가 되어야 한다.
참여자가 되어 자신의 행동 하나하나가 즉각적으로 나타나지는
않더라도 어떤 결과를 가져온다는 것을 알아야 한다.

−바버라 아담(Barbara Adam)[1]

마거리트와 피츠를 위해

우리는 늘 시간이 부족하다고 느낀다. 그렇게 느끼는 이유는 무엇일까? 시간을 관리하고 일상을 최적화한다면 시간이 부족하다는 느낌에서 벗어날 수 있을까? 시간을 능숙하게 관리하는 것은 오늘날 우리에게 필요한 또 하나의 기술일 뿐일까?

사회 발전은 종종 부의 성장과 기술 혁신으로 측정되며, 정의는 권력과 돈에 대한 접근성의 문제로 해석된다. 하지만 이는 사회에 영향을 미치고 사람들의 일상을 형성하는 수많은 차원 중 일부에 불과하다. 나는 이 책에서 시간이 핵심 변수 중 하나라는 점을 보여주고자 한다. 다시 말해 시간이 삶에 끼치는 사회적 영향과 개인적 영향 모두를 면밀히 조사하고, 이를 바탕으로 새로운 시간 문화에 대한 비전을 개발하고자 한다. 우리의 시간이 부족한 이유는 개인의 문제가 아니라 사회 문제이기 때문이다.

시간을 다루는 지금의 방식, 즉 시간과 관련된 일련의 규정들은 우리의 삶을 구조화한다. 그렇지만 이 시간 관련 규정들은 모든 사람에게 적합한 것인지 아닌지 고려되지 않고서 만들어졌다. 그렇다. 이 규정들은 불평등을 초래하고 이를 유지하고 강화한다. 자신의 생각대로 삶을 만들어갈 가능성은 저마다 자신의 시간을 얼마나 자유롭게 사용할 수 있는지에 달려 있기도 하다. 시간이 경제적 재화로 이해되는 사회에서는 사람들의 욕구도 억압된다. 이러한 시간 문화는 일차원적이며 나아가 사람들을 불행하게 만들거나 병들게 할 수도 있다. 사람들이 자유롭게 결정할 수 있다면 그들은 자신의 시간을 어떻게 보낼까? 그리고 그렇게 함으로써 무엇이 달라질까?

따라서 시간을 어떻게 분배하고 어떻게 사용할 수 있는지, 시간의 가치를 어떻게 측정하고 어떻게 경험할 수 있는지는 정의와 관련된 문제라고 볼 수 있다. 사람들이 저마다 다르게 '시간 빈곤'과 '시간 주권'을 경험하는 이유는 우연이 아니라 사회적 권력 구조에 따른 것이다. 그러므로 '시간 정책' 또는 '시간 문화'를 이야기할 땐 개인이 자기 시간을 어떻게 보내는가 또는 어떻게 하면 더 많은 시간을 가질 수 있는가 하는 질문이 아니라, '시간이 우리 사회에 어떤 방향을 제시하는가'라는 질문을 던져야 한다. 또한, 오늘날 정치 및 사회 담론을 지배하고 있는 '개인의 노력에 따라 삶의 방향이 결정된다'라는 사고방식 또한 극복해야 한다.

'모두를 위한 더 많은 시간'은 사회 전체를 고려해야만 생겨날 수 있다. 시간 정의를 이야기하는 건 사치스러운 일이 아니라 민주적 권리의 문제다. 소수에게만 정치를 위한 시간이 주어진다면 우리의 시간 문화는 배제와 차별로 이어질 것이기 때문이다. 난민 캠프에서 수년을 보내면서 새로운 보금자리를 마련하기 위해 몇 달 동안 망명 절차를 기다리는 어린이와 어른 들은 안전한 상황에서 태어나 살아가는 사람들과는 같은 삶을 누릴 수 없다. 따라서 시간을 다루는 것은 언제나 권력의 문제다.

그렇기 때문에 새로운 시간 문화를 발전시키려면 여러 방면에서 시간 예산을 최적화하는 것 이상의 일이 일어나야 한다. 우리가 원하는 삶의 방식에 대한 아이디어를 개발하려면, 시간이 우리 자신과 사회에 어떤 영향을 끼치는지 이해해야 한다. 우리의 과거는 어떤 역할을 했고, 현재 우리는 어떤 위치에 있으며, 미래의 관점을 어떻게 형성할지를 말이다. 지금까지 당연하게 여겼던 것에 의문을 제기하고, 보다 공정하고 새로운 시간 개념을 구상하고 설계해야 한다. 가령 다음과 같은 질문을 던져볼 수 있다. 자신과 관련된 일인데도 반드시 특정 연령이 되어야 완전한 발언권을 가지는 것이 옳은 일인가? 소득 활동을 인생의 중심에 두는 건 바꿀 수 없는 일인가? 왜 우리는 대부분의 여가 시간을 인생의 마지막 단계로 밀어두는 걸까? 특정 연령대의 사람들은 왜 그렇게 자기들끼리만 어울리는 걸까? 지금 이 순간의 사람들은 뒤에 올 시대에 대해 어떤 책임을 지고 있을까?

우리에겐 긍정적이고 정치적인 새로운 시간 개념이 필요하다. 시간이 충분하지 않다는 느낌, 내 시간이 내 것이 아니라는 느낌에서 벗어나 시간이 우리 삶의 방향을 결정하는 것이 아니라 우리가 원하는 삶의 방식대로 시간을 형성할 수 있다는 인식을 향해 나아가야 한다. 그런 시간은 사람과 사람 사이에서 형성되며 우리가 더 강하게 연대할수록 더 많은 시간을 가질 수 있다는 인식이 필요하다. 새로운 시간 문화는 모든 사람에게 더 많은 자유를 제공하고, 삶을 살아가는 데 더 넓은 관점을 선사한다. 또, 다른 사람의 시간, 나아가 다음 세대의 시간을 중요히 여긴다.

마지막으로, 정치적 주제로서 시간을 새롭게 이해하려는 시도는 지금까지 진보 정치가 구체적 일상 문제를 해결하지 못했으며 자신들의 권리를 대변하지 못했다고 느끼는 이들에게도 호소할 수 있을 것이다. 부와 권력이 손에 닿지 않거나, 이를 그다지 중요하지 않게 여기는 사람들 말이다. 모든 사람이 경력을 쌓거나 영향력을 갖거나 부자가 되기를 원하는 것은 아니다. 그러므로 시간 문제의 가장 중요한 상위 목표가 우리 삶의 작은 영역들로 옮겨져야 한다. 그래야 시간의 불공정을 해소하고 자원 절약적인 경제 기반을 조성을 조성할 수 있다.

시간 정의는 많은 사람의 삶을 빠르게 개선하고 우리 사회를 위기에 더 강하고 더 연대적이며 더 자유롭게 만들 수 있다. 시간 정의는 지구를 보존할 수 있는 정책의 초석을 놓는다. 시간은 우리에게 주어진 선물이면서 동시에 책임이기도 하다. 새로운 시간 문화는 유토피아가 아니다. 이미 많은 사람들의 생각 속에 존재한다. 모두가 자신에게 필요한 시간을 가질 수 있는 세상을 지금 우리가 만들어갈 수 있다.

일러두기

이 책에서 여성에 대해 언급할 때는 자신의 정체성을 여성으로 동일시하거나 인지하는 모든 사람을 지칭하며, 남성에 대해 언급할 때는 자신의 정체성을 남성으로 동일시하거나 인지하는 모든 사람을 의미한다. 많은 사람이 이분법적 성 구분에 포함되지 않고 이제는 세 번째 옵션 또한 법적으로 인정되기 때문에 나는 가급적 성 중립적이거나 개방적인 표현을 택함으로써 다양한 성 정체성의 여지를 마련하고자 한다.[2]

연구와 설문 조사 같은 경험적 자료의 경우에는 성 정체성에 대한 데이터가 일반적으로 이분법에 따라 작성되어 있기에, 이 책에서 이를 언급하는 단락들은 사회적 현실을 완전히 반영할 수는 없다. 또한, 가족의 분업에 관한 연구에서는 퀴어(Queer) 돌봄 담당자, 동성 부모, 이성애 규범적 핵가족을 넘어선 모델 등이 고려되지 않는 경우가 많다는 점을 미리 밝힌다.

1

시간은 왜 늘 부족한가

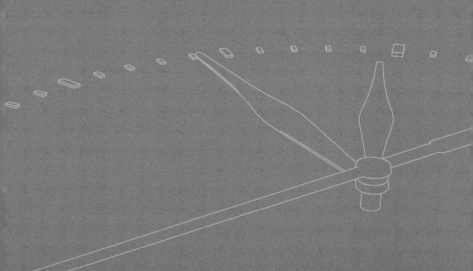

24시간 연중무휴로 가동되는 환경은 사회적인 세계처럼 보이지만,
사실 이를 유지하기 위한 인적 비용을 드러내지 않는 누군가의
중단된 삶이자 기계적인 비사회적 모델이다.

-조나단 크래리(Jonathan Crary)[1]

시간 부족을 느끼다

계획한 모든 일이 이를 위해 주어진 시간에 맞지 않을 때가 많다. 머릿속에 이상적인 하루에 대한 이미지가 있지만 실제로 그렇게 된 적은 없다. 한 주를 신중하게 계획하더라도 매일 저녁 하고 싶었거나 해야 할 다른 일, 하면 좋았을 일, 오래전부터 갈망했던 일들을 떠올리게 된다. 이상적인 하루는 언제나 내가 깨어 있는 시간보다 더 많은 시간을 필요로 한다.

사회학자 제니 쇼(Jenny Shaw)는 시간이 부족하다는 우리의 주관적 인식을 객관적으로 확인할 수 있는 현대 사회의 변화한 일상과 연결시켜서 우리가 점점 더 많은 시간을 원하게 되는 현상을 관찰했다. "일하거나 무언가를 먹거나 장을 볼 수 있는 시간적 선택의 폭이 넓어지면 전반적으로 더 많은 것을 하려는 태도가 기본적으로 강화된다."[2] 우리가 이러한 선택 가능성의 범위를 넓힌 이유는 일상을 더 평온하게 만들기 위해서였다. 도시의 슈퍼마켓은 밤 10시에 퇴근하는 사람들이 다음 날 아침에 커피에 넣어 마실 우유를 구입할 수 있도록 저녁 늦게 문을 닫는다. 또한 많은 상점은 마감 시간 이후에도 온라인으로 주문된 상품을 배달한다. 늦은 밤에도 외식할 수 있는 선택지가 엄청나게 많아졌으며, 일부 식당은 24시간 영업을 하기도 한다. 이제 우리는 유동적이고(Mobile) 유연하게(Flexible) 일하기 때문에 언제 어디서나 업무를 처리할 수 있는 환경이 많아졌다. 심지어 24시간 운영하는 피트니스 센터도 있다. 방대한 비디오 트레이

닝(Video Training) 덕분에 일이 언제 시작하고 끝나는지는 중요하지 않게 되었다. 그저 충분히 일찍 일어나거나 늦게까지 깨어 있으면서 매일 움직이기만 하면 된다.

이러한 현실에서 자신이 원하는 바를 성취할 가능성뿐만 아니라 타인의 기대 또한 커졌다. 그 자리에 갈 수 없어서, 혹은 시간이 없어서 무언가를 할 수 없다는 변명은 점점 신빙성을 잃고 있다. 우리 스스로 행동할 수 있는 시간적, 공간적 범위를 제한하고 있을 뿐이다. 피로는 싸워서 이겨낼 수 있다. 우리의 행동은 외부의 제약보다는 한계를 뛰어넘으려는 자신의 의지와 야망에 점점 더 좌우된다. 그렇게 우리는 24시간 움직이는 사람이 되어가고 있다.

우리의 어린 시절은 시간이 그다지 중요하지 않은 시기다. 어린이에게 마치 시간은 바다에서 헤엄치는 것처럼 끝이 없어 보이고 둥둥 떠다니는 것처럼 느껴진다. 5분과 5시간, 오늘과 내일 그리고 먼 미래의 차이를 인지하는 능력은 타고나는 것이 아니다. 나이가 들수록 우리의 시간은 이동 방향과 거리가 정해져 있는 수영 레인과 비슷해진다. 결국 우리의 시간은 욕조 속 물과 같다. 욕조 안에 겨우 몸을 담갔더니 식은 물이 넘쳐 흐르는 것이다. 교육학자 잉그리트 베스트룬트(Ingrid Westlund)는 시간이 충분하지 않다는 경험을 아동의 시간 사회화의 마지막 단계로 보고 있다. 아동은 시계를 읽는 것부터 시작하여 여덟 번의 수업을 통해 서서히 '시간 어른'으로 성장한다.[3] 베스트룬트에 따르면 아동이 자신의 시간이 한정되어 있다고 인식하고 무언가를 위해 더 많은 시간을 갖고 싶다는 바람을 표현하는 순

간, 성인처럼 시간을 인식하게 되는 것이다.[4]

말하자면 시간이 부족하다는 느낌을 가질 때 비로소 시간을 온전히 이해한다고 볼 수 있다. 잉그리트 베스트룬트는 자신의 연구 보고서에서 '더 많은 것을 얻기 위해' 더 많은 시간을 갖고자 하는 바람을 이미 12세 아동에게서 확인할 수 있었다고 설명한다(이는 여아에게서만 관찰되었다고 한다).[5] 이처럼 사람들이 단순히 시계에서 시간을 읽는 데 그치지 않고 시간 부족을 느낀다는 사실은 시간이 방향 설정의 수단 그 이상이라는 것을 보여준다. 즉 우리는 감정을 시간과 연관시키고, 시간은 우리 안의 감정을 유발한다. 이를테면 시간 압박은 엄청난 스트레스를 유발할 수 있다. 생각했던 것보다 빨리 무언가를 성취하면 만족감을 느끼는 경우나 한가한 주말을 생각하면 마음이 차분해지고 긴장이 풀리는 것 또한 예로 들 수 있다.

시간 부족을 인식하는 건 냉정하게 말하면 현실을 자각하는 것이라고 설명할 수 있다. 아이들은 다른 많은 영역에서 이론적으로 가능한 것이나 자신이 바라는 것이 모두 성취되지는 않는다는 것을 경험한다. 이와 마찬가지로 시간에 대해서도 자신의 가능성이 제한되어 있다는 것을 배운다. 하지만 니클라스 루만(Niklas Luhmann)은 "시간 자체는 부족하지 않다"라고 말한다. "시간이 부족하다는 느낌은 높은 기대치로 말미암아 부담감을 경험할 때 비로소 발생한다."[6] 그러니까 사람들은 자신의 기대치가 실제로 실현 가능한 범위보다 클 때 시간 부족을 느낀다. 말하자면 너무 많은 것을 원한다는 것이다. 그런데, 과연 우리가 시간이 부족하다고 느끼는 주된 이유가 무엇이든 극대화하려는 인간의 욕망 때문일까? 우리는 욕망을 내려놓음으로써 시간의 잘못된 부분을 바로잡을 수 있을까?

사람들은 삶에 대해 갖는 소망과 천진난만한 꿈으로 주어진 시간을 꽉꽉 채우고 있다. 시간이 모자랄 정도다. 하지만 우리는 상상력 덕분에 이런 시간의 틀을 뛰어넘을 수 있다. 이는 시간 부족에 대한 호의적이고 시적인 관점일 것이다. 매일 우리가 계획할 수 있는 시간이 충분하다면 우리는 언제나 지금 이 순간을 즐기며 살 수 있을 것이다. 하지만 우리가 바라는 모든 것을 이루기에는 현재의 시간이 충분하지 않기 때문에 우리는 경험해보고 싶은 것, 이루고 싶은 것을 미래로 미루게 된다. 내일이면 우리는 새로운 시간을 갖게 된다. 이러한 점에서 시간은 긴 삶에 걸쳐 온갖 꿈과 소망을 실현할 기회를 제공하는 풍부한 자원이라고 볼 수 있다. 시간이 때때로 부족하다는 것은 반대로 우리에게 시간을 풍성히 채울 수 있는 능력이 있다는 것을 의미한다. 그러므로 시간의 풍만함을 이해하고, 우리의 시간이 풍족하다는 의식을 우리의 시간 사회화에 포함할 수 있을 것이다.

200년 전만 해도 공장 노동자들은 하루에 14~16시간, 주 6일 동안 일했다.[7] 오늘날 생업 활동 시간이 훨씬 짧아졌다는 사실은 우리가 물질적으로도 풍요로워졌을 뿐만 아니라 시간적으로도 풍요로워졌으며, 우리가 시간 부족을 느끼는 건 정당하지 않다는 논거로 사용된다. 근로 시간이 짧아진 데다가 대부분 국가에서 기대 수명이 꾸준히 증가했다. 150년 전 독일의 기대 수명은 영유아 사망률이 높은 탓에 평균 40세 미만이었고, 60세 이상까지 산 사람은 인구의 3

분의 1에 불과했다.[8] 1960년에 태어난 사람들은 1870년생 사람들에 비해 평균 30년을 더 살며, 연방 통계청의 진단에 따르면 평균 2030년까지 살 것으로 예상된다.[9] 2020년 독일에서 태어난 여아는 조부모 세대보다 13년 더 오래 살 것이며, 평균 수명은 83.6세로 예상된다. 같은 연령대의 남아는 여아에 비해 수명이 약 4년이 짧지만, 평균 78.9세까지 살 것으로 예상된다. 오늘날 우리가 살아가는 방식과 서로를 돌보는 방식이 우리에게 시간을 선사한 것이다.[10] 이론적으로 우리는 우리 일상을 잘게 쪼개어 길어진 삶 곳곳에 분산시킬수 있다는 인식으로 시간 부족감에 대응할 수 있다. 모든 것을 동시에 할 필요는 없다.

그러나 아동이 겪는 전형적인 시간 사회화와 오늘날 성인이 자신의 삶을 조직하는 기술로써 필요한 시간 관리 능력은 미래보다는 현재에 훨씬 더 초점을 두고 있다. 물론 살면서 한 번은 하고 싶은 일, 60세 혹은 70세에도 실현하고자 하는 일들로 채워진 버킷 리스트(Bucket List)[11]를 가진 사람들도 있지만, 이러한 장기적인 인생 계획은 체계적으로 학습되지 않으며 일상보다는 특별한 소망과 관련된 것이다. 현대 사회에서 우리는 시간 관리 기술을 사용하여 계획한 일들이 이를 위해 할당된 시간에 정확히 들어맞거나 더 빨리 실행되도록 자신의 시간을 구성해야 한다. 그렇게 하다 보면 언젠가 같은 시간 동안 더 많은 활동을 끼워 넣을 수 있거나 새로운 계획을 짜는 시간적 여유가 생기게 될 테니 말이다.

아이들은 어떻게 시간을 관리하는 걸 배울까? 아이들은 저녁을 먹기 전까지 방을 정리해야 한다거나 45분의 수업 시간 동안 시험을 치르는 경험을 통해 자신이 해야 할 과제에 시간이 제한되어 있다는 것을 배운다. 이 경우 시간이 부족한 이유는 아이들이 기대감에 스스로 부담을 느껴서가 아니라 다른 사람들, 즉 어른들이 의도적으로 활동 시간을 부족하게 주기 때문이다. 시험 과제를 훌륭하게 쓰고 싶다는 아이의 욕구는 모든 학생이 45분 안에 시험 과제를 완성해야 한다는 교사의 기대 때문에 제한된다. 말하자면 시간 부족은 자기 자신의 요구라는 맥락에서 내면적으로 발생할 뿐만 아니라, 우리를 향한 다른 사람들의 요구를 통해 외부에서 발생하기도 한다. 민족학자 라우라 베어(Laura Wehr)는 "시간은 가장 강력한 사회적 통제 수단 중 하나"라고 말한다. 그에 따르면 학교는 "이러한 훈육 과정의 핵심 기관"[12]으로, 아이들이 아동의 시간 세계에서 어른의 시간 세계로 옮겨가는 곳이다.

이러한 식으로 아이들은 자신의 시간을 더 잘 사용하도록 노력해야 한다는 사실을 배운다. 더 빨리 움직이고, 시간을 잘 지키고, 어른들이 지정한 시간 규정을 따라야 한다는 걸 배우는 것이다. "내일도 숙제할 시간이 있어요"라고 선생님에게 말하는 아이는 거의 없다. 다음 날 주어지는 시간은 지금 이 순간 아무런 가치가 없다. 다음 날에는 새로운 과제가 기다리고 있으니까. 학교에서는 여유를 허용하지 않으며, 아이들이 이러한 아이디어를 제시해도 그에 대해 호응을 해 주어서는 안 된다. 애초에 시간이 부족하지 않도록 하는 것이 가장 좋다. 아이들이 자신의 행동 속도를 높이고 인위적으로 제한된 시간 내에 해당 과제를 끝내도록 함으로써 시간 부족에 대응하는 힘을 키우도록 하는 것이다. 또한 시간이 너무 적다는 느낌을 견디는 법도 배워야 한다. 시간이 촉박하면 스트레스를 받을 수 있지만, 정해진 시간 내에 답안을 쓰기 위해 그 시간 안에 명석하게 생각해야 한다는 인식을 갖도록 할 수 있다. 스트레스를 받는 상황에서 인간의 인지적 능력이 떨어진다는 것이 입증되었지만, 직업 세계에서는 시간 압박 속에서 의사 결정을 내려야 하는 경우가 허다하다. 하지만, 우리가 중요한 일에 더 많은 시간을 할애한다면 세상은 어떤 모습이 될까? 우리는 어떤 생각을 하고 무엇을 느끼게 될까?

앞에서 살펴본 대로 이미 아동기와 청소년기에 빠르면 보상받고 느리면 벌을 받는다는 경험, 즉 우리가 할 수 있는 것보다 시계가 언제나 더 빠르다는 경험을 수없이 하는데도 왜 우리는 성인이 된 후에 시간이 늘 부족할 수밖에 없는지 묻는 것일까? 허겁지겁한 느낌, 서둘러야 한다는 느낌은 때때로 불쾌하며, 우리는 이런 느낌을 받지 않기를 바란다. 한편으로 이러한 느낌은 어떤 식으로든 우리에게 속해 있고 우리가 받아들이는 정상성의 일부처럼 느껴진다. 이를테면 하늘에서 내리고 다시 마르는 비처럼 자연스러운 일로 여겨진다. 결국 시간이 항상 같은 속도를 유지하지 않는다면 우리는 시간을 서로 다르게 경험할 수밖에 없다. 시간은 더 빨리 또는 더 느리게 지나가기도 하고 멈추기도 하며 가끔은 부족할 수도 있다. 우리가 시간의 틈을 누릴 수 있는 것은 빡빡한 시간 리듬을 잘 알고 있기 때문이기도 하다. 하지만 시간이 부족하여 폭풍우처럼 파괴 흔적을 남기고 우리 삶의 질에 막대한 영향을 끼친다면 우리는 그것을 그냥 받아들이지 말고 어떤 조치를 취하여 다른 방식으로 직면해야 한다.

시간 압박의 역설

시간 부족은 그저 일종의 느낌일까? 페미니즘 과학기술학을 연구하는 사회학자 주디 와이즈먼(Judy Wajcman)은 시간 사용에 대한 통계 데이터와 널리 퍼져 있는 인식(점점 더 많은 사람들이 일상에서 분주하게 움직여야 하고, 시간이 너무 모자라며, 전반적으로 삶이 빨라졌다고 생각하는 것) 사이에 모순이 있다고 지적했다. 그녀는 이러한 모순을 설명하기 위해 '시간 압박의 역설(Time-Pressure Paradox)'이라는 개념을 만들었다.[13] 그녀의 연구에 따르면 시간 사용에 관해 연구를 수행한 거의 모든 국가에서 근로 능력이 있는 연령대의 사람들이 사용할 수 있는 자유 시간이 최근 수십 년 동안 꾸준히 증가한 것으로 나타났다.[14] 이러한 사실은 2012년에 가족 시간 정책에 주력한 독일 연방 가족·노인·여성·청소년부(Bundesministerium für Familie, Senioren, Frauen und Jugend)의 제8차 가족 보고서에도 명시되어 있다. 보고서 저자들은 오늘날 사람들이 '전반적으로 시간이 부족하다'고 느끼는 현상에 대해 반박한다.[15] 그들은 무엇보다 독일의 연간 평균 노동 시간이 지난 50년 동안 3분의 1 이상 감소했다는 사실로 자신들의 주장을 뒷받침한다. 독일의 연평균 노동 시간은 경제협력개발기구(OECD) 평균보다 훨씬 낮은 수치이며, 유럽에서는 프랑스와 덴마크에 이어 세 번째로 낮은 수치다.[16] 이 보고서에는 고용 및 노동과 관련된 다른 지표도 언급되어 있다. 이를테면 휴가 일수가 지난 30년 동안 소폭 증가했다. 2020년 독일 근로자들의 평균 휴가 일수는 29.6일로, 1991년보다 1일가량 증가한 수치다.[17] 근로자들은 법적으로 20일의 휴가를 사용할 수 있다. 여기에 법정 공휴일을 더하면 독일 근로자는 연방주에 따라 다르지만, 연간 38~41일의 휴가를 사용할 수 있다.[18] 독일의 학교에서는 주 정부 협약에 따라 75일 이상 방학 기간을 둔다.[19] 수명이 증가함에 따라 연금 수급 기간도 변화했는데, 이는 자유 시간의 증가를 나타내는 또 다른 근거가 된다. 현재 독일인은 평균 약 20년 동안 연금을 받고 있다. 이에 비해 1995년에는 연금 수급 기간이 16년 미만이었다.[20, 21]

통계에 따르면 평균적인 독일 시민은 직장에서 연간 근무 시간은 줄고 휴일은 더 많아졌으며, 연금 수급 기간은 그 어느 때보다 늘었다. 그럼에도 2020년 독일에서 2600만 명 이상의 사람들(독일어를 사용하는 14세 이상)이 자신이 '시간이 너무 부족한 사람'에 속한다고 답했다.[22] 응답자 중 3분의 1 이상이 시간이 부족하다는 생각을 항상 하면서 살아간다고 나타난 것이다.

생계 활동에 종사하는 시간이 줄어들었는데도 왜 그토록 많은 사람이 시간이 부족하다고 느끼는 것일까? 일단 이처럼 직업 활동 시간이 줄어들면서 얻은 자유 시간은 평균값이며, 대부분의 자유 시간이 은퇴 연령대에 몰리기 때문에 독일의 모든 근로자와 연령층에 고르게 분포되어 있지 않다. 또한 통계 자료 속 데이터는 변화가 삶의 질 향상으로 이어졌는지를 보여주지 않는다. 무엇보다 이러한 수치는 사람들이 **시간 풍요(Zeitwohlstand)**를 더 많이 경험하고 있는지를 나타내지 않는다. 나는 바로 이 점을 강조해야 한다고 생각한다. 시간 사회학에서 말하는 시간 풍요는 단순히 생계 활동을 하지 않는 시간의 총량을 측정하는 걸 넘어서는 개념이다. 시간 풍요를 양적, 질적으로 정의한 시간 연구 전문가 위르겐 린더슈파허(Jürgen P. Rinderspacher)에 따르면, 시간이 풍요롭다고 느끼기 위해서는 자신의 욕구를 충족하기 위한 충분한 시간이 필요하다. 이를테면 주말과 같은 자유 시간에 다른 사람과 충분한 시간을 함께 보낼 때, 자신의 시간을 완전히 주도적으로 결정하고 구성할 때, 시간 압박을 덜 받으며 과제를 수행할 때 사람들은 시간이 풍요롭다고 느낀다.[23]

측정된 근무 시간과 자유 시간 수치만 두고 생각하는 걸 넘어 폭넓게 살펴보면 사람들이 느끼는 시간 압박이 정당한 감정일 수 있다는 사실을 금방 알 수 있다. 이를테면 독일의 통근자 수는 2000년 1490만 명에서 2018년 1930만 명으로 꾸준히 증가했으며, 평균 이동 거리는 15km에서 17km로 늘어났다.[24] 또한 한부모 비율과 여성 고용률도 1990년대 이후로 증가했는데, 이 두 가지 모두 가족과 함께하는 시간에 영향을 끼친다. 모바일 근무(Mobile Working)는 부분적으로 자율성의 획득으로 묘사되기도 하지만, 끊임없는 연락으로 자유 시간을 빼앗기거나 방해받을 수도 있다.

은퇴 후에 수년 동안 자유 시간을 누릴 수 있다는 기대가 일상에서 느껴지는 시간 부족감을 감소시키지 못한다는 점도 중요하다. 시간은 저축할 수도 없고, 시간 관리를 위한 그 어떤 도구와 기술로도 마음대로 조종할 수 없다. 우리는 노후를 위해 돈을 저축할 수 있지만, 자기결정권과 건강, 자유를 저축할 수는 없다. 우리가 자기 자신의 시간을 어디에 사용할지 조정하는 방식으로 관리를 할 수는 있지만, 시간을 늘릴 수는 없다. 은퇴만을 기다리며 보내는 삶은 활기가 없다. 자신의 욕구를 미래로 미루거나 '인생의 업적'에 대한 보상으로서만 허용한다면, 우리는 현재의 삶으로부터 분리된다.

우리는 다음 24시간 동안 무엇을 할 것인지, 무엇을 하지 않을 것인지, 무엇을 다른 사람에게 줄 것인지, 무엇을 미룰 것인지(지금 당장은 덜 중요하고 시간을 투자하지 않는 위험을 감수할 수 있다는 이유에서) 매일 결정한다. 친구를 만나거나 취미를 위한 시간을 현재에 가지지 못하는 사람은 삶에서 놓친 부분을 노년기에 간단히 만회할 수 없다. 우리는 우리가 얼마나 오래 살지, 노년기가 자신의 소망과 얼마나 크게 일치할지 알 수 없기 때문이다.

빼곡히 채워진 일상

우리는 잠을 안 자고 살아갈 수 없다. 24/7('하루 24시간, 일주일 7일 내내'를 의미한다 — 옮긴이)형 인간은 24시간 내내 깨어 있지는 않지만, 잠자는 시간을 제외한 모든 시간을 가능한 한 철두철미하게 사용하려고 노력하고, 의도적인 활동으로 채우면서 시간 관리를 한다. 그러한 사람은 시간을 '잃지' 않도록 가급적 시간에 의미를 축적하려고 한다.

사회학자 탤리 카츠-게로(Tally Katz-Gerro)와 오리엘 설리반(Oriel Sullivan)은 사람들이 소득 활동 이외의 시간을 어떻게 사용하는지, 그리고 그들의 행동 패턴이 어떻게 다르게 나타나는지를 연구했다. 연구 과정에서 이들은 여가 시간을 소비 활동으로 가득 채우는 특정 집단을 발견했다. 연구진은 광범위한 문화적 관심사를 가지고 있을 뿐만 아니라 이러한 관심사를 매우 자주 실행에 옮기는 사람들을 '탐욕적인 문화 소비자(Voracious Cultural Consumers)'라고 부르는데, 여기서 '탐욕적인' 여가 활동은 주로 집 밖에서 이루어진다.[25] 이러한 탐욕적인 사람들은 일주일에 여러 번 흥미롭고 독특하며 도전적인 일을 한다. 이들은 새로운 레스토랑을 잘 알고 있고, 연극 시사회나 콘서트를 자주 관람하고, 다양한 종류의 스포츠를 즐기며, 마사지나 네일 케어 같은 서비스를 이용하는데, 이 모든 것을 단기간에 실행한다. 이러한 행동은 무엇보다 고소득층, 교육 수준이 높은 상류층 사람들에게서 발견된다. 사람들의 여가 활동을 분석하는 독일 '자유 시간 모니터(Freizeit-Monitor)'의 자료에 따르면 소득이 낮은 사람들은 직업을 바꾸는 경우가 드물며 여가 시간을 주로 집에서 보낸다.[26] 앞에서 살핀 탐욕적인 행동 패턴은 자녀가 있는 사람이나 노년층보다 혼자 사는 성인과 자녀가 없는 젊은 부부인 경우가 많았다.[27]

이러한 연구 결과는 놀라운 일이 아니다. 돌봄 의무가 없는 사람들은 묶여 있지 않은 시간이 많기 때문에 언제나 새로운 것을 시도해볼 수 있다. 경제적으로 여유가 생기면 여가 시간을 더 다양하게 활용할 수 있다. 스포츠를 즐기고 문화 행사에 참여하고 레스토랑과 바에 가려면(특히 이 모든 것을 한꺼번에 하려면) 돈이 많이 든다. 일반적으로 은퇴 무렵의 사람들보다 젊은 사람들은 많은 일을 시도할 수 있는 에너지가 더 많으며, 몇몇은 돈이 더 많기도 하다.

주목할 점은, 다양한 활동을 많이 하는 이 집단에 속하는 사람들이 일도 많이 한다는 점이다. 사회경제적 지위가 높을수록 주당 40시간 이상 일하는 경우가 많다.[28] 연봉이 10만 유로 이상인 독일 근로자는 주당 평균 6시간 초과 근무를 한다.[29] 따라서 소득이 높은 사람들은 소득 활동 시간을 연장하는 경향이 있을 뿐만 아니라 업무 외 시간도 철저하게 계획하기 때문에 시간 압박을 느낄 수밖에 없다. 말하자면 시간 부족을 느끼는 것은 계층적 현상일 수 있다. 직장에서 바쁜 사람들은 여가 시간에도 바쁜 경우가 많다.

그러나 빼곡하게 채워진 자유 시간 자체를 스트레스로 인식할 필요는 없다. 그랬다면 이러한 경향이 그렇게 널리 퍼지지 않았을 것이다. 우리는 자유 시간을 만족스럽게 경험할 수도 있고, 스트레스를 받는 동시에 즐겁게 느낄 수도 있다. 한편, 삶의 속도가 빠른 국가에서는 시간이 부족하다고 느끼는 사람이 더 많기는 하지만, 삶의 속도가 느린 국가에 비해 평균적인 삶의 만족도는 더 높다.[30] 삶의 속도에 대한 문화적 차이를 연구하고 이로부터 얻은 결과를 바탕으로 『시간은 어떻게 인간을 지배하는가』라는 책을 펴낸 심리학자 로

버트 레빈(Robert Levine)은 이러한 현상에 대해 가속화된 사회가 일 반적으로 물질적으로 더 풍요롭고, 이러한 물질적 풍요가 행복에도 긍정적인 영향을 미친다고 설명한다. 빠른 삶의 속도는 다른 사람들 이 하는 일에 자신도 충분히 동참하고 있다고 느끼게 함으로써 다방 면으로 즐거움을 제공한다. 그렇지만 중요한 것을 놓치지 않으려는 욕구는 사회적, 시간적 갈등으로 이어질 수 있다. 특히 젊은 세대 사 이에서 '포모(FOMO, Fear Of Missing Out 놓치는 것에 대한 두려움)' 라는 감정이 널리 퍼져 있다. 포모는 우리가 어떤 일에 동참할 시간 을 낼 수 있는지, 또는 동참하지 않음으로써 발생하는 사회적 비용을 기꺼이 감당할 수 있는지 끊임없이 저울질하게 만든다.

여가 시간이 휴식이라기보다 오히려 더 피곤하게 느껴지는 경우 사람들은 자신만을 위한 시간이 더 많이 필요하다고 느낀다. 우리 가 시간이 부족하다고 느끼는 건 하루하루를 얼마나 꽉 채우느냐에 달려 있다. 따라서 금전적 수단을 사용하여 자신의 시간을 빼곡하게 채우는 데 익숙한 사람들은 경험은 살 수 있지만 시간은 살 수 없다 는 딜레마에 직면하게 된다. 소비 사회에서 시간 부족감은 악순환을 초래하기도 한다. 시간 부족으로 스트레스를 받는 사람들은 종종 보 상 또는 자기돌봄(Self-Care) 활동을 통해 마음의 불안을 완화하려고 하는데, 이 또한 시간이 필요한 활동이기 때문이다. 그러나 이러한 식으로 스트레스를 해소하려면 다른 일에서 한 시간을 더 빼내야 하 고 다이어리에 새 일정을 끼워 넣어야 하며, 그 비용을 지불하기 위 해 소득 활동을 더 해야 한다. 마사지를 받거나 주말에 스파를 즐기거나 레스토랑에서 식사하는 것은 무엇보다 돈을 버는 데 이미 긴 시간을 할애한 사람들이 누릴 수 있는 활동이다.

하지만 보상에 대한 갈망, 취미나 여행, 외식, 문화생활에서 얻는 즐거움이 일을 많이 하는 유일한 이유는 아니다. 영국의 작가 매들린 번팅(Madeleine Bunting)은 『자발적인 노예(Willing Slaves)』에서 우리의 소비 행동과 더불어 소위 '과로 문화(Overwork Culture)'가 자아를 실현하고 자유를 경험하는 장이 되었다고 이야기한다.[31] 우리는 구매하는 제품과 서비스를 통해 자신의 정체성을 확립하고 이를 통해 집단 소속감을 형성하려고 노력하는데, 옷이나 자동차 같은 지위를 상징하는 물건들에 더해 이제는 시간 관리라는 새로운 요소가 추가되었다. 우리의 문화적, 사회적, 경제적 특징과 선호도는 이제 우리의 시간 정체성으로 드러난다는 것이다.

바쁨이 가치가 된 사회

나는 재미있는, 지루한, 바쁜, 지겨운 존재인가 하는 질문은 디지털 자본주의에서 사람들이 고민하는 정체성의 핵심 질문 중 하나다. 서구 사회의 개인주의 문화 속에서 타인의 흥미를 끌고 싶은 욕구는 항상 최대한 바쁘게 지내고 이러한 모습을 겉으로 내보이는 행동으로 이어졌다. 다른 사람에게 흥미를 주는 것은 자동으로 되는 일이 아니기 때문이다. 우리는 '흥미로운 사람'으로 이 세상에 태어나는 것이 아니기에 다른 사람들에게 흥미로운 사람으로 여겨지도록 **작업해야** 하며, 이러한 노력을 소홀히 해서는 안 된다. 어제는 흥미롭던 사람이 너무 오래 조용히 지내고 새로운 뭔가를 제공하지 않는다면 오늘은 더 이상 흥미로운 사람이 아니다. 계속 흥미로운 사람이 되려면 시대를 따라 잡아야 하며, 어떤 속성이 다른 사람들의 관심을 끄는지 최신 지식을 가지고 있어야 한다. 특히 다른 사람에게 영감을 제공함으로써 팔로워를 늘리는 디지털 네트워크에서는 더욱 그러하다. '흥미롭다'와 '바쁘다'라는 속성은 점점 더 같은 의미가 되어가고 있는데, 그 이유는 팔로워와 팬의 관점에서 볼 때 흥미롭다는 것은 어떤 고정된 특성이라기보다 지속적인 변화와 새로운 것에서 비롯된 결과이기 때문이다. 오늘날 우리는 다른 사람들이 삶의 순간순간에서 가능한 한 많은 것을 발휘하는 모습을 서로 관찰한다. 다른 사람이 디지털 무대에서 어떻게 살아가는지 관찰하고, 자신의 삶 역시 이러한 무대에서 연출하는 시대에 살고 있는 것이다. 자신을 끊임없이 업데이트하지 않는 사람은 **시대**에 뒤떨어지게 된다.

소셜 네트워크를 사용하는 많은 사람들은 자기 시간의 일부를 공개하며 살아가는 것을 택한다.[32] 디지털에 스며든 일상 속에서 자신의 행동을 자기 측정(Quantified Self) 기술로 실시간으로 또는 사후에 측정한다. 앱을 활용하여 걸음 수를 세거나 매시간 물 한 잔을 마시도록 알림을 설정하거나 수면 단계를 기록하는 등의 활동을 예로 들 수 있다. 또한 일부 소셜 미디어 사용자는 어떤 일을 하기 전에 디지털 네트워크에서 자신의 존재가 어떻게 평가될지 예측한다.

이는 특히 사람들이 일상 사진과 동영상을 올리는 시각 위주의 미디어에서 두드러진다. 소셜 미디어 사용자는 다른 사람들과 알고리즘에 더 많은 공감을 불러일으키고, 긍정적인 느낌을 주는 댓글과 '좋아요'를 더 많이 받을 수 있도록 자기 삶의 기록을 최적화하는 방법을 구상한다. 나아가 개인 브랜드(Personal Brand)를 구축하여 언젠가 마케팅에 활용할 방법까지 계획한다. 어떻게 하면 한 개인이 브랜드가 될 수 있는지에 관한 주제를 다루는 많은 지침서가 기업뿐만 아니라 미디어 업계에서도 호황을 누리고 있다. 어느 작가는 심지어 전문 간호 인력에게도 '브랜딩'이 필요하다고 조언하기도 한다.[33]

모든 사람이 자신을 브랜드로 탈바꿈시키는 노력과 함께 새로운 셀러브리티 문화(Celebrity Culture)가 등장했다. 사람들은 대기실에 비치된 타블로이드 신문과 연예 잡지를 은근히 경멸하지만, 동시에 우리는 디지털 미디어를 통해 셀러브리티 세계와 비슷한 무언가를 만들어냈다. 이제는 소셜 네트워크에서 다양한 환경의 사람들이 연예인이 아닌 '일반인'인 자기 우상의 삶을 따르면서, 다른 한편으로는 전통적인 연예 잡지에서 '가십(Gossip)'이라고 부를 만한 자신에 대한 정보를 공유하면서 매일 시간을 보낸다. 이를테면 내가 어떤 옷을 입었고 누구와 사랑에 빠졌으며 우리 집 거실은 무슨 색인지 등을 공유하는 것이다. 이렇게 우리는 심심풀이를 하며 시간을 보낸다. 새로운 엔터테인먼트 미디어 세계에서 우리는 더 이상 소비자에만 머무르지 않는다. 이제 우리는 소비자인 동시에 주인공이다.

디지털 영역에서 우리의 역할이 더욱 개방적이고 다양해지고 있다는 것은 좋은 소식이다. 오늘날 사람들은 소셜 네트워크에서 이상적인 미의 기준에서 벗어날 수 있다고 말하거나 직업적으로 실패할수도 있다는 이야기를 나눌 수 있으며 자신의 우울증에 대해 토로할수도 있다. 이처럼 금기는 사라지고 있지만, 오래된 규범으로부터 벗어난 우리는 이제 자신에 대한 흥미로운 이야기를 엮어내야 한다. 그것도 가급적 매일매일. 점점 더 증가하는 소셜 네트워크 사용자들은 손에 땀을 쥐게 하는 이야기의 달인이 되어 청중을 다시 불러 모아서 이렇게 전하는 것을 잊지 않는다. '흥미로운 소식이 있어요. 내일 여러분께 알려드리겠습니다!' 이처럼 디지털 네트워크 사용자는 한편으로는 자신의 이야기로 팔로워를 모으고 늘리는 삶을 살고, 다른 한편으로는 가족이나 친구, 지인, 배우나 음악가와 같은 고전적인 연예인의 팬, 혹은 최소한 관찰자로서의 삶을 산다.

관찰자로서 우리는 다른 사람들이 바쁘게 사는지 또는 그들의 일상이 무미건조한지, 그들이 새로운 무언가를 이미 계획하고 있는지 아니면 지금 그들에게 별다른 일이 없는지를 인지한다. 우리는 다른 사람들의 디지털 라이프를 보며 다양한 감정을 느끼고 평가를 내린다. 얕잡아보거나 감명을 받기도 하고, 차분함을 느끼기도 하고 걱정하기도 한다. 그러다가 어느 순간엔, 다른 사람들보다 많은 것을 하지 못했다는 생각에 부러움과 죄책감을 느낀다. 디지털 공간으로 생활이 확장됨으로써 우리는 주류 이야기에 가담하기 위해 많은 것을 경험하거나 적어도 몇 가지 경험을 공들여 연출해야 한다는 압박을 받게 된다.

참여형 엔터테인먼트 문화에 합류하려면 시간이 필요하다. 소셜 네트워크를 스크롤하는 것이 안락함과 기쁨을 가져다줄 수도 있지만, 이것이 우리를 피곤하게 만드는 새로운 형태의 일이 될 수도 있다. 물론 바쁘다는 것에는 사회적 기능도 있다. 바쁨은 우리에게 자기 확신을 주고, 나를 다른 사람들과 차별화하는 역할을 한다.[34] 그런데 실상은 어떠한가. 우리는 이야기할 가치가 있는 경험을 많이 함으로써 자기 시간을 훌륭하게 사용하고 있음을 증명해 보인다. '내가 내 시간에 얼마나 많은 일을 해냈는지 보세요. 다른 사람들보다 더 많은 것을 했어요!'라는 사실을 외부 세계를 향해 과시하는 것이다. 이러한 생활 방식이 소셜 네트워크에서 처음 등장한 것은 아니며 소셜 네트워크 밖에서도 실행되고 있지만, 디지털 네트워크를 통해 가시성을 확보하고 지위를 드러내는 상징으로 자리 잡았다. 바쁨은 값비싼 물품이나 높은 직업적, 사회적 위치를 드러내는 다른 지위 상징에 비해 비용이 많이 들지 않고, 누구나 곧바로 드러낼 수 있다. 대부분 타인과 상관없이 독립적으로 수행할 수 있기 때문에 쉽게 접근할 수 있다. 이처럼 바쁘다는 것이 지위 상징으로 매우 매력적인 이유는 쉽게 실행할 수 있고 여기에 드는 비용을 바로 볼 수 없기 때문이다. 그저 바쁨의 대가로 우리의 시간과 관심을 지불하면 된다.

바쁨을 찬양하는 사회적 규범은 의도적인 활동으로 채워지지 않은 시간, 예를 들면 지루하게 보내거나 게으르게 보내는 시간을 낮게 평가한다. 지난 몇 년간 팬데믹으로 말미암은 일상의 제약으로 별 볼 일 없는 일에 시간을 쏟는 것에 대한 시각이 달라졌을 수도 있다.

일부 사람들은 집에서 지내는 것을 즐기기도 했다. 하지만 다른 한 편으로 시간에 가치를 부여하기 위해 봉쇄 기간에 색다른 일을 구상 하거나 뭔가 새로운 것을 배워야 한다는 새로운 압박감도 생겨났다.

오늘날 지배적인 시간 문화의 특징은 자기 시간을 온전히 사용 하는 것이 윤리적 문제가 되었다는 점이다. 자기 시간을 최대한 활 용하지 못하는 사람은 실패한 사람이다. 사회적 지위가 높은 계층에 서는 직업적으로만 성공하거나, 스포츠만 좋아하거나, 문화에만 관 심이 있거나, 미식가다운 취향을 갖는 것으로는 충분하지 않다. 상 위 계층에 속하기 위해서는 거의 모든 분야에 대한 폭넓은 지식과 다양한 능력이 필요하며, 이러한 조건을 마련하기 위해 시간을 할애 할 수 있어야 한다. 항상 바쁘게 지내는 것을 높이 평가하는 문화에 서는 어느 하나에만 관심을 갖는 사람들이나 느긋한 사람들은 사회 적 규범에 미치지 못하는 사람들이다. 미국의 작가 앤 헬렌 피터슨 (Anne Helen Petersen)은 청년층의 여가 스트레스에 대해 "교양이 있 다는 건 문화 잡식주의자가 된다는 것을 의미한다. 여기에 얼마나 많은 시간이 들든 상관없이 말이다"라고 설명한다.[35] 그녀는 사람들 이 문화를 소비하는 이유는 더 이상 즐기기 위해서가 아니라, 자신 을 열심히 일하고 열심히 소비하고 열심히 휴식을 취하는 사람으로 내보여야 한다는 사회적 압박을 느끼기 때문이라는 사실을 관찰했 다. 그 이면에는 무엇보다도 소속감에 대한 갈망이 숨겨져 있다. 심 리학자 데번 프라이스(Devon Price)는 『게으르다는 착각』에서 게으 른 사람으로 여겨지는 것에 대한 대중의 두려움을 분석하면서, 우리의 문화가 "더 많은 일을 하는 사람이 더 가치가 있다"고 여기게 한다고 이야기한다.[36] 가속화된 사회에서 너무 느리게 사는 사람은 뒤처진 사람으로 간주된다.

자기 시간을 최대한 다양하게 사용하는 것만으로는 충분하지 않다. 항상 바쁜 사람들도 자기 시간을 '유의미하게' 채워야 한다. 이는 자기 시간 안에서 더 많은 것을 위해 끊임없이 노력하고, 적절한 사람들을 만나고, 의식적이고 최적화된 휴식을 최대한 편안하게 취하는 것을 의미한다. 아무런 계획 없이 시간을 허비하는 것은 시간을 낭비하는 것이다. 정치학자 앤-마리 슬로터(Anne-Marie Slaughter)가 여성의 평등한 삶에 관해 이야기하기 위해 사용한 '모두 다 가지기(Having it all)'라는 명제는[37] 이제 만족스러운 직업과 가정에 대한 소망을 넘어 자유롭지는 않지만 특정 목적을 따라 여가 시간마저 이상적으로 구성하는 것까지 의미하게 되었다. 이상적인 여가 시간은 만족감을 채워주기보다는 문화적 규범을 충족시킨다. 우리가 시간을 사용할 때는 무언가를 생산해야 하고, 나중에 참고할 수 있는 어떤 결과를 만들어야 한다. 이러한 관점에서 자기 시간을 소득 활동과 여가 활동으로 최대한 빼곡하게 채우는 **바쁜** 생활 방식은 잘 익혀야 하는 새로운 기술로 간주된다.

모든 활동을 유의미한 일로 간주하는 건 끊임없이 바쁜 삶에 대한 의구심을 줄여주는 기능을 한다. 어떤 일이 의미가 있다면 그것을 하지 않을 이유는 거의 없다. 어쨌든 의미 있다는 건 좋은 일이니 말이다. 우리가 하는 모든 활동에 의미를 부여함으로써 스스로 선택한 것처럼 보이는 일들이 실제로는 그렇지 않다는 사실을 잊어버리기도 한다. 우리가 자유롭게 내린 결정들도 결국 우리 문화에서 허용되는 가능성 내에서 이루어질 뿐이다. 초과 근무가 승진을 앞당길 수 있다면, 긴 시간 일하는 건 자발적인 일일까? 지금의 지배적인 시간 문화 속에서 많은 사람들이 바쁜 삶의 밀도를 인정이나 성공 또는 자유와 혼동한다. 하지만 진정한 자유란 덜 일하고 덜 알고 덜 공유하면서도 여전히 어떤 **누군가**가 될 수 있음을 의미할 것이다.

바쁨과 권력

다양한 경험으로 삶을 풍요롭게 하는 문화적 실천은 사람들에게 권력을 제공한다. 특히 빠른 템포의 삶을 바람직하게 여기는 자본주의 사회에서 자기 시간을 빼곡하게 채우는 것은 문화적 자본을 드러내는 표현 방식이다. 새로 습득한 지식, 새로운 인맥, 바쁨을 연상시키는 특정 자질은 만족할 줄 모르는 바쁜 사람들이 이미 가지고 있는 높은 사회적 지위를 더 견고하게 만든다. 능력과 기회는 경제적, 정치적, 문화적 참여를 위한 더 많은 능력과 기회로 이어진다.

바쁨은 궁극적으로 경제적 협상력을 강화할 수 있는 비물질적 화폐다. 이는 특히 직업과 관련한 부분에서 분명하게 나타난다. 직장에서는 일을 더 많이 하려는 의지만으로도 이점이 될 수 있다. 이를 유연성(Flexibility)이라고 하는데, 더 오래 일하거나 다른 사람을 대신

하거나 정규 근무 시간 외에 저녁 행사나 주말 업무를 수행하는 걸 예로 들 수 있다. 다시 말해 직장인 및 자영업자는 돌봄 책임에 얽매여 있는 사람들을 비롯해 소득 활동 시간이 분명하게 제한된 사람들에 비해 직업적 목적을 위해 더 많은 시간을 사용할 수 있다.

과로 문화에서는 업무에 더 많은 시간을 할애하기 위해 자기 시간을 포기하는 것이 경쟁의 이점이 되고 심지어 일종의 자격으로 변질되기도 한다. 하지만 이러한 자격은 교육 등을 통해 얻어낼 수 있는 것이 아니며 비공식적인 규범 및 공식적인 요구 사항에 대한 수용 또는 순응이라는 점에서 고전적인 '역량'과는 구분된다. 유연성과 잉여 노동은 능력의 문제가 아니다. 스스로 이에 동의하고, 삶의 다른 영역에서 무언가를 포기함으로써 가능해지는 것이다. 이러한 식으로 구체적인 전문 역량이 모든 사람이 동등하게 가지고 있지 않은 시간적 가능성과 뒤섞인다.

소득 활동 시간이 늘어난다는 것은 그 사람이 현재 매우 바쁘다는 것으로 표현되기도 한다. 여기서 바쁘다는 것은 장시간 초과 근무와 높은 업무 강도, 불규칙한 근무 시간을 의미하며, 이는 장기적으로 우리를 병들게 할 수 있다. 바쁨에 관한 개념이 변화함에 따라 이제 노동에 추가로 시간을 쓰는 건 자발적인 것으로 인식되고 긍정적으로 평가된다. 오늘날 직장 문화에서 이상적인 근로자는 100% 이상의 능률을 발휘해야 하기 때문이다. 다른 사람보다 직업적으로 더 많은 인정을 받고 싶다면 시간 부족과 시간 압박을 견딜 수 있어야 한다.

그러나 바쁘다는 것이 모든 사람에게 같은 방식으로 해석되는 것은 아니다. 고임금, 고숙련 직종에서는 과도한 근무 시간이 자발적이고 경력 향상에 도움이 되는 것으로 여겨지는 반면, 정규 교육을 덜 받은 사람들이 주로 몸담고 있는 저임금 업종이나 육체적으로 힘든 직종에서는 초과 근무가 대체로 직업적 이점을 가져다주지 않으며, 긍정적인 일로 인식되지도 않는다. 불안정한 소득 집단의 경우에는 이를 '착취'라고 말한다. 그런데 착취와 자기 착취는 보수가 디높은 직종에서도 발생한다.

많은 사람이 더 높은 사회 및 경제적 지위를 달성하기 위해, 또는 한 번 달성한 지위를 유지하기 위해 사적으로, 직업적으로 구속되는 것을 받아들인다. 바쁜 사람에게 혹은 과도한 업무량에 대한 보상이 많이 주어지는 문화일수록 다른 방식으로 행동하는 데 더 많은 힘이 필요하다. 혼자서 다른 행동을 하기는 거의 불가능하기 때문이다. 주류와 다른 가치관을 가진 공동체의 일원이라면 좀 더 쉽게 다른 행동을 할 수 있을 것이다. 자유로운 결정을 내리려면 다른 사람들의 지지가 필요하다.

역설적이게도 경제적 여유가 있어서 시간 압박에서 가장 쉽게 벗어날 수 있는 상위 계층이 시간 부족을 특히 더 자주, 그리고 강하게 느낀다. 이 계층의 사람들이 사회 담론의 상당 부분을 결정하기 때문에 시간 부족 문제를 사치스러운 것으로 여기는 경우가 많다. 시간 부족 문제를 돈으로 해결할 수 있다면, 시간이 부족한 상황을 그들 스스로 선택한 것처럼 보이기 때문이다. 그러나 고소득층 사람들도 이른바 가속화 사회에 대한 비판을 개인적인 대안, 이를테면 덜 일하거나 돈을 덜 쓰거나 사적 활동을 줄이는 것과 연결 짓지는 않는다. 이러한 행동 변화로 지위를 상실할 수도 있기 때문이다. 많은 사람들은 (아직) 이러한 준비가 되어 있지 않다.

직업에서의 성공과 사회 진보가 그것에 투자하는 시간에 좌우되며 다른 대안은 없다는 믿음은 우리 문화에 깊이 뿌리내리고 있다. 사람들은 대부분 무언가를 성취하려면 많은 시간을 투자해야 하며, 열심히 일하지 않는 사람, 즉 충분히 오래 일하지 않는 사람은 성실하지 않다고 배워왔다. 바쁘다는 것이 정체성을 형성하는 한, 시간 부족에 진지하게 맞서 싸우기는 어렵다.

바쁨을 찬양하는 건 문화적 관행이기 때문에 다른 사람에게 일을 떠넘기는 방식으로는 바쁨에서 벗어날 수 없다. 우리는 새로운 행동 방식을 배워야 한다. 저명한 과학사회학자 헬가 노보트니(Helga Nowotny)는 『자기만의 시간을 다시 찾다(Eigenzeit Revisited)』에서 다음과 같이 이야기한다. "시간만이 유일한 희소 재화라는 사실은 결국 누구나 알고 있다. 누구도 시간을 만들 수도, 팔 수도, 비축할 수도 없다."[38] 이는 자본주의 문화의 사람들에게는 낯설게 느껴질 수 있다. 우리는 거의 모든 문제에 대한 해결책을 돈으로 살 수 있고, 돈으로 우리 행동을 최적화하는 데 익숙해져 있기 때문이다. 하지만 시간은 다른 사람과의 상호작용을 통해 생겨나는 것이며, 따라서 개인주의적 삶의 모델에 배치된다. 우리가 시간을 다루는 방식은 다른 사람의 시간에 포괄적이고 복잡한 영향을 끼친다. 우리는 이러한 상호 관계에서 벗어날 수 없다.

우리는 때때로 다른 사람의 시간을 빼앗아 마치 자기 시간인 것처럼 행동한다. 성공한 누군가가 경력을 쌓을 수 있도록 '뒷받침해준' 가족에게 감사하는 것은 예나 지금이나 당연한 일로 여겨진다. 이는 가족이 구성원 중 한 사람의 성공을 위해 자신의 (시간적) 욕구를 포기했다는 것을 의미한다. 이러한 관계는 종종 불평등하고 불공정하다. 유명한 TV 진행자 클라우스 클레버(Claus Kleber)는 65세가 되던 2020년에 어느 인터뷰에서 아내가 "(자신의) 경력에 대한 대가를 대신 치렀다"고 인정했다. 의사인 아내는 남편 클레버의 직업이 우선이었기 때문에 본인의 직업을 수행할 수 없었다.[39] 이러한 자기 비판적 성찰을 하는 사람은 드물며, 과거를 돌이켜볼 때만 그러한 생각을 한다. 여전히 많은 사람이 다른 사람의 시간을 자기 시간으로 생각하거나 가치가 덜 하다고 여기는 것을 정상이라고 생각하는 듯하다. 권력의 차이는 바로 이렇게 생겨난다.

우리의 시간은 항상 다른 사람의 시간과 연결되어 있는 상호적인 것이다. 우리가 다른 사람의 시간을 빼앗거나 그들의 시간을 우리 시간보다 덜 중요하게 생각하거나 그들의 시간에 대해 아주 형편없는 보수를 지불한다면, 그 사람들은 우리보다 덜 자유롭다. 내가 시간을 다루는 방식이 다른 사람의 삶에 어떤 영향을 끼치는지 질문해야 한다. 시간 부족에서 벗어날 방법은 개인이나 협소한 집단에서 찾을 수 없다. 그러기엔 우리의 시간은 서로 너무 밀접하고 다양한 방식으로 연결되어 있다. 시간으로 서로 얽힌 관계를 풀어헤쳐 소수가 아닌 다수를 위한 공통의 해결책을 찾아 시간을 재구성할 때, 우리는 비로소 정의로운 시간 문화를 이룰 수 있을 것이다.

사람들은 대부분 무언가를 성취하려면
많은 시간을 투자해야 하며,
열심히 일하지 않는 사람,
즉 충분히 오래 일하지 않는 사람은
성실하지 않다고 배워왔다.
바쁘다는 것이 정체성을 형성하는 한,
시간 부족에 진지하게 맞서 싸우기는 어렵다.

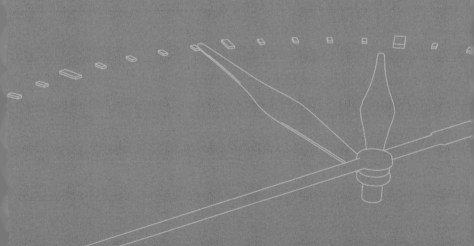

2

노
동
시
간

풀타임(Full-Time) 근무. 누가 정말 이를 원할까?
이 단어는 이미 그 자체로 매우 비인간적이다. 풀타임이란 내가 가진
모든 시간을 말하니까. 내 모든 시간을 임금 노동에 쏟아야 할까?

–프리가 하우크(Frigga Haug)[1]

일과 정체성

어린아이들은 "나중에 어떤 일을 하면서 돈을 벌고 싶니?" 또는 "어떤 직업에 관심이 있니?"라는 질문보다 "무엇이 되고 싶니?"라는 질문을 자주 받는다. 그 무언가가 되기 전까지 아이는 세상에서 어떤 자리에 있는 걸까? 질문을 바꿔, 우리는 직업을 갖지 않은 사람을 어떻게 정의할까? 우리가 누구인지가 직업으로 결정되기 전에 우리의 모습은 무엇인가? 우리를 무언가 또는 누군가로 만들어주는 직업이 없다면 우리는 어떻게 무언가의 일부가 될 수 있을까? 혹은 내가 하는 일이 내가 누구냐는 질문에 대한 답을 주지 못한다면? 내 직업이 천시받는 일이어서 무시당한다면?

우리는 대부분 그 사람이 어떤 교육을 받았는지, 어떤 일을 하는지를 토대로 타인을 판단하도록 배워왔다. 특히 중산층과 상류층의 사람들은 대개 이러한 것들로 자신을 정의하며, 주로 직업적 위치와 이를 위해 준비한 교육 경로를 기준으로 자신의 이력을 이야기한다. 어디에서 무엇을 전공했는지, 어느 고용주 밑에서 무슨 일을 했는지를 언급하는 것은 말하는 당사자가 어떤 사람인지 추측할 수 있게 한다. 그 사람의 이야기를 얼마 듣지 않아도 그 사람이 왜 그런 교육을 선택했는지, 학창 시절을 어떻게 보냈는지, 그 사람에게 그 일이 어떤 의미인지, 그 외에 어떤 것에 관심이 있는지 묻지 않아도 그 사람이 어떻게 살아가는지, 무슨 생각을 하는지, 그 사람에게 중요한 것이 무엇인지, 우리와 비슷한 사람인지, 우리의 관심을 끌 수 있는 사람인지 알 수 있다.

몇 년 전, 이사를 마친 뒤 딸이 다니는 어린이집 첫 학부모의 밤 행사에서 직업에 대한 나의 편견을 깨닫게 되었다. 새로 들어온 아이들이 여러 명 있었기 때문에 부모들이 서로 소개하는 시간을 가졌다. 당시 나는 정규직 직장을 얼마 전 그만두었고, 프리랜서 저널리스트로 일할지 아니면 다른 곳에 입사 지원을 할지 아직 결정하지 않은 상태였다. 그 순간 어떻게 나를 소개해야 할지 전혀 떠오르지 않았다. 어쨌든 나는, 나를 아무것도 아닌 사람으로 말하고 싶지 않았다. 게다가 당시 둘째 아이를 임신한 지 몇 주밖에 되지 않았는데, 이 사실을 언급하면 '임신 중인 엄마'로만 인식될까 봐 두려웠다. 안정된 직장도 없고 임신까지 했으니 내 정체성을 확실하게 정립할 수 없었다. 그날 어린이집에서 단순한 부모 이상의 역할을 하는 존재로 보이는 것이 나에게 왜 중요했을까? 아마도 직업을 통해 나를 설명하지 않으면 다른 사람들이 나를 어떻게 평가할지, 나에게 마음을 열어줄지 아닐지 몰랐기 때문일 것이다. 그래서 나는 아주 짧게, "저는 테레사이고 저널리스트예요"라고 말했다.

구속력이 없는 온라인 데이팅을 할 때 직업에 대해서 말하지 않는 이유는 아주 단순하다. 온라인으로 만난 사람과의 데이트에서는 침대에서 즐기는 것만이 흥미로울 뿐, 그 이후에 대해서는 별 관심이 없기 때문이다. 하지만 하룻밤 관계 이상의 것, 예를 들어 결혼에 관한 것이라면 상대방의 학력, 직업, 연봉이 중요해진다. 타인을 만날 때 배우자의 직업뿐만 아니라 부모, 형제자매 또는 자녀의 직업까지도 우리의 가치를 높이거나 떨어뜨릴 수 있다. 부모는 대체로 자신의 자녀가 높은 명성과 좋은 연봉을 얻는 직업을 갖기를 원한다. 자녀가 나중에 어떤 일을 하느냐에 따라 부모 자신에 대한 평가가 달라진다고 믿기 때문이다.

직업과 학력은 흥미롭고 풍부한 대화의 연결고리가 될 수 있으며, 이를 바탕으로 관계를 구축할 수 있다. 하지만 우리 자신과 타인을 직업에 국한하여 정의하는 것, 소득 활동을 하지 않는다는 이유로 다른 사람을 평가 절하하고 소외시키는 것은 바람직하지 못한 행동이다. 그렇다면 어떻게 하는 것이 더 좋을까? 어떻게 하면 직업에 대한 고정관념에서 벗어나 자기 자신의 다양한 면모를 드러내는 방식으로 서로를 소개할 수 있을까?

이 질문에 대한 답을 찾기가 쉽지 않은 이유는 직업과 정체성 사이의 연관성에 대해 의문을 제기하는 사람이 거의 없기 때문이다. 특히 다른 일을 할 시간이 거의 없는 시기에는 직업이 자의식에 중요한 기능을 한다. 직업 말고도 자신을 인정해주는, 다시 말해 나를 정의하는 역할에는 무엇이 있을까? 엄마가 된 이후 나는 주로 업무 시간에 업무와 관련된 사람들을 만나는 게 전부였다. 퇴근 후의 시간은 아이와 함께 보냈기 때문에 직업적 연관이 없는 다른 사람들을 만날 기회가 엄청나게 줄어들었다. 당시 내가 다른 사람들 앞에서 나 자신을 경험할 수 있었던 것은 주로 직업적 역할 속에서였고, 그 안에서 나라는 사람에 대한 대부분의 피드백을 받았다. 내 정체성이 직업에 너무 많이 좌우되는 게 해가 될 수 있다는 경험을 하지 못했더라면 그 당시 나는 내 직업을 그 전보다 훨씬 더 중요하게 생각했을 것이다.

첫 육아휴직 몇 달 동안 나는 낮 시간을 거의 항상 아기와 함께 단둘이 보냈다. 딸과 지내는 시간이 즐겁기도 했지만, 다른 한편으로 점점 더 불안하고 불행해지는 느낌이 들었다. 나중에 복직하고 나서 거리를 두고 이 시기를 되돌아보니 위기감이 어디서 생겨났는지 이해할 수 있었다. 당시 너무 많은 시간을 혼자 지냈다. 우리 사회가 젊은 부모를 낮 시간에 홀로 내버려두고, 일하는 사람들과 분리시키고 있기 때문이다. 많은 부모가 육아휴직 기간에 이러한 외로움과 대화 부족 사태 등에 대비하지 못했다고 말한다. 우연히 같은 시기에 아기를 낳은 친구가 없다면 다른 성인과 접촉할 기회가 갑자기 확 줄어든다. 이와 동시에 정서적 안정감을 주던 일이 사라졌다. 아기를 안고 먹이고 달래는 일은 고되었고, 한 주당 일하는 시간도 전보다 길어졌음에도 의미 있는 일을 하고 있다는 느낌을 받지 못했다. 일이 주는 사회적 기능, 인정이 그리웠다. 아기를 돌보는 일은 나에게 너무나도 작게 느껴졌다. 돌봄 업무가 제대로 된 일이 아니라고 배워 왔기에 이 일을 스스로 폄하했다. 게다가 육아 수당이 적힌 계좌 명세서를 보며 아이와 함께 하는 시간이 내 직업보다 가치가 덜하다는 것을 다시금 분명히 확인할 수 있었다.

나는 첫째와 둘째 아이의 터울 동안 나 자신을 더 이상 직업으로만 정의하지 않을 수 있게 되었다. 말하자면 정서적으로 직업에 의존하지 않은 상태에서 일을 그리워할 수 있게 되었다. 지금은 테레사라는 이름만으로도 결핍 없는 내 모습을 상상할 수 있다. 나는 내

일을 좋아하지만, 그것이 나에게 가장 흥미로운 것도, 나를 결정짓는 것도 아니다.

우리가 행복과 성공을 더 이상 구분할 수 없을 때, 말하자면 직업이 없어도 만족할 수 있다는 사실을 모른다면 정체성과 직업 사이의 연관성은 유해해진다. 만족스러운 삶을 다른 무엇보다 직업과 연관시키고 자신의 가치를 직업적 성공과 결부시키는 사람은 직장을 잃거나 직업적으로 큰 실패를 겪거나 은퇴를 하고 나서야 비로소 직업 너머 자신의 정체성이 충분히 견고하지 않았음을 깨닫는다. 직장을 잃은 사람들은 일상적인 삶의 구조가 사라지고 인맥이 줄어들며 재정에 대한 걱정과 미래에 대한 두려움에 시달릴 뿐만 아니라, 직업이 없는 자신이 여전히 어떤 누군가가 될 수 있는지에 대한 의문으로 고통을 겪을 수도 있다. 이는 직업이 없는 사람들이 자주 좌절에 빠지는 이유이기도 하다. 현재의 사회 모델에서 그들은 '실업자'로 단순화되고 낙인찍힌다. 이러한 낙인은 그들이 이전 직업에서 했던 업무보다 더 많은 일을 할 수 있는 능력을 가졌다는 것을 간접적으로 부인하는 것이다. 저널리스트 안나 마이어(Anna Mayr)는 『비참한 사람들(Die Elenden)』에서 실업자에 대한 사회적 멸시로 인해 그들이 자신의 정체성을 확신할 수 없게 되며, 나아가 "직업이 아닌 다른 방식으로 자신을 정의할 가능성도 갖지 못하게 만든다"고 지적한다. 오늘날 사람들의 정체성을 형성하는 두 번째 관행은 소비이기 때문이다. 소득이 전혀 혹은 거의 없으면 소비에 관여할 수가 없다.[2] 말하자면 자본주의 사회에서는 구매력 또한 정체성에 중요한 역할을 하기 때문에 사회는 우리에게 가능한 한 많은 돈을 벌기 위해 열심히 일하라고 재촉한다. 심지어 주 수입으로 충분히 생활할 수 있는데도 특별한 소비 욕구를 충족하기 위해 정규 노동 시간을 넘어서 일하는 사람들도 있다.

우리가 일하는 이유는 생활 수준을 향상시키기 위해서만은 아니다. 이러한 맥락에서 매들린 번팅은 『자발적인 노예』에서 우리의 과도한 소비 행동을 과도한 업무 부담에 대한 반응으로 해석한다. 돈을 지출함으로써 이전처럼 계속 일할 수 있도록 우리 자신을 "수리하고 위로하고 복구한다"는 것이다.[3]

일과 소비의 결합은 인플루언서(Influencer)라는 존재를 통해 노골적으로 가시화된다. 인플루언서는 다른 사람들의 소비 욕구를 불러일으키고 돈을 지출하도록 부추기는 디지털 정체성을 만들어낸다. 많은 인플루언서가 사생활과 업무의 경계가 모호하거나 거의 인식하기 어려울 정도로 야심 차고 열심히 일하는 자신의 모습을 보여준다. 이들에게는 휴일과 같은 자유 시간도 언제나 일하는 시간이다. 소셜 미디어 스타는 실제로 모든 것을 공유하지 않더라도 자신의 '모든' 삶을 이야기하며, 팔로워에게 매일 눈요깃거리를 제공해야 한다. 브랜드 광고로 돈을 버는 일부 인플루언서가 연출하는 것은 일과 소비의 끝없는 고리다.

노동 시간과 자유 시간

대부분의 부유한 국가는 다양한 인구 집단이 겪는 구조적 불이익에도 불구하고 스스로 해방되고 자유로운 사회라고 여긴다. 이러한 사회에서는 자유라는 가치와 그 토대인 자발성이라는 가치가 큰 의미를 지닌다. 이러한 가치들은 우리의 행동으로 표현되거나 행동 안에 내재되어 있어야 한다. 주권, 자율성, 독립성은 정의에 대한 담론을 특징짓는 핵심 단어이며, 시간 정책과 시간 풍요에 대한 논의에서도 반복해서 등장한다. 그렇기 때문에 현대 사회는 직업에 대한 열정을 부추긴다. 우리는 사랑을 자유로운 결정으로 이해하고, 직업도 이러한 관점으로 바라본다. 그렇게 직업을 경제적 강박으로부터 해방시킨다. 역사학자 기젤라 복(Gisela Bock)과 바버라 두덴(Barbara Duden)은 1970년대 여성의 무급 가사노동을 '사랑으로 하는 일(Arbeit aus Lieibe)'[4]이라고 설명했는데, 이는 후기 자본주의 사회에 들어서면서 유급 노동으로도 범위가 확대되고 있다. 그러나 바로 이러한 프레임 아래 열악한 노동 조건과 과도한 노동 시간, 착취가 용인된다. 저술가 세라 자페(Sarah Jaffe)는 『일은 당신을 사랑하지 않는다』에서 "(자본주의가) 우리에게 가한 가장 큰 타격은 일을 사랑하라고 우리를 설득한 것이다"라고 썼다. 그녀는 책에서 이러한 경향이 이미 상당히 진척되었으며, 이 생각이 노동자의 권리와 삶의 질을 얼마나 훼손하는지 분석하고 있다.[5]

부유한 국가에서 나타나는 가장 강력한 페미니스트 흐름은 자유주의 페미니즘(Liberal Feminism) 또는 초이스 페미니즘(Choice Feminism)으로, 해방을 자유의지에 따른 선택과 동일시한다. 초이스 페미니즘은 자신을 해방하는 탁월한 술책이다. 이를테면 직장에서 돈을 너무 적게 받는다? 그렇다면 보수가 더 좋은 직장을 선택하면 된다. 자신을 위한 시간이 너무 적다? 그렇다면 베이비시터를 고용하면 된다. 다른 사람에 비해 자신이 예쁘다고 느껴지지 않는다? 그렇다면 값비싼 미용 시술을 받거나 사고방식을 바꾸면 된다. 초이스 페미니즘은 구조적 불평등을 무시하고 각 개인이 스스로 사회적 규범을 무효화할 수 있다는 가정에서 시작한다. 초이스 페미니즘에서는 이미 모든 사람이 주권과 자율성, 독립성을 지닌 슈퍼히어로로 태어나며, 그 누구도 연대나 공동체가 필요하지 않다. 자유주의 사회에서 슈퍼파워는 대부분의 경우 돈이다.

자신을 해방된 존재로 여기는 사회에서 우리가 많은 일을 하는 걸두고 자유의지에 따른 것이라고 이야기하는 건 논리적이다. 그리고우리는 누구에게도 강요받지 않을 때에만 자유롭다고 생각할 수 있다. 따라서 자유의지를 강조하는 노동 및 시간 문화에 대한 자기만의 내러티브가 필요하다. 이러한 내러티브 중 하나는 교육과 직업을통해 자기 계발이 가능하며, 자신의 재능을 발굴하고 의미를 찾을 수있다는 것이다. 이 논리에 따라 직업적 역량과 경제적 측면을 강화할수 있는 곳에서 대부분의 시간을 보내는 것도 합당한 일이 된다. 한편 그곳에서 보낸 상당한 시간을 보낸다는 사실만으로 학교와 교육,일에 의미가 부여된다. 반면에 다른 곳에서 자신의 능력과 재능, 관심사를 더 잘 펼칠 수 있는 사람, 학교나 직장에서는 온전한 자신이될 수 없는 사람, 자신의 직업으로 인해 소외당한 사람은 일을 통해 사회적 인정과 기여를 거의 경험하지 못한다. 대부분의 사회에서는 정규 교육과 존경받는 직업을 갖지 못한 사람의 인생 행로를 성공으로 여기지 않으며, 본받을 만한 것으로 해석하지 않는다. 우리는 학교에서 아동과 청소년에게 언제 자신을 자랑스러워할 수 있는지, 자신의 인생 여정에 무엇이 필요한지에 대한 기준을 편파적으로 제공한다. 양심적으로 돌아보건대 우리는 지금까지 그들에게 다른 어떤 기준도 심어주지 못한 것 같다.

오늘날 여성이 더 이상 어머니와 배우자의 역할을 최고의 행복으로 여기지 않게 된 것은 페미니즘 운동의 성취다. 여성이 직업 교육을 받고 경력을 쌓으며 정책을 구성할 수 있다는 것은 당연한 일이 되었지만, 이러한 성취가 모든 사람에게 성공적이고 자율적인 삶으로 인정받는 제3의 길, 제4의 길을 선사하지는 않았다. 여론과 정책을 형성하는 이러한 페미니즘 내 주류 사상은 일을 많이 하는 것이 평등하고 만족스러운 삶으로 나아가는 최선의 방법이며 빈곤에 빠지지 않게 막아준다고 강조함으로써 다른 가능성을 제한했을 수도 있다. 우리가 소득 활동에 초점을 두면 남성적인 자본주의 생활 방식에 근거한 기준을 강화하고, '좋은 삶'에 대한 자기만의 생각을 발전시키지 못한다. 모든 사람이 비슷한 방식으로 행복해질 수 있고 비슷한 방식으로 살 수 있다는 생각은 더 많은 자유, 즉 더 많은 선택 가능성을 만들고자 하는 페미니즘의 핵심 이념과 모순된다. 한 사회가 평등하고 자유롭다는 것은 모든 사람이 똑같은 삶의 모델을 따라야 하는 것이 아니라, 사람들의 다양한 욕구와 가능성을 실현할 여지가 있다는 의미다. 자유에는 자기만의 새롭고 다양한 생각으로 살아갈 수 있다는 의미가 담겨 있다. 일상 시간 대부분을 소득 활동으로 보내는 것이 사회의 일반적인 규범이라면 우리는 자유롭지 못하다. 해방과 자유를 직업적 성공과 돈으로 제한하는 페미니즘 담론은 다른 삶의 경험을 암묵적으로 평가 절하함으로써 보수가 매우 적은 사람이나 직장에서 모욕을 당하는 사람, 직업적 경력을 원하지 않는 사람, 집에서 일하는 사람 등 많은 사람들에게 호응을 얻지 못한다. 페미니스트는 소위 '정상 생애 경로'에서 벗어나 있는 삶의 현실을 나쁜 결정이라고 제시하지 않아야 하며, 이를 이념적, 정치적으로 폄하하지 않으면서 고정된 성 역할의 족쇄를 깨는 방법을 찾아야 한다.

또한, 페미니스트의 비평은 **정상 근무일** 또는 **정상 생애 경로**와 같은 용어처럼 우리가 시간에 관해 이야기할 때 사용하는 언어를 성찰하고 확장해야 한다. '정상 근무일'은 하루에 8시간 근무할 수 있고, 경제적으로 여유로운 특정 집단과만 관련이 있는 용어이기 때문이다. 무급 돌봄 노동과 소득 활동을 병행하거나, 재정적인 이유로 훨씬 더 긴 시간을 일해야 하는 수많은 사람들의 근무일은 이 용어에 포함되지 않는다. 만약 5시간의 소득 활동과 5시간의 돌봄을 정상 근무일이라고 말하고 이를 새로운 표준으로 정립한다면 노동을 바라보는 우리의 시각은 어떻게 달라질까?

유급 노동만을 고려하고 고용률 및 정규직 비율의 증가를 성공으로 해석하는 노동 정치는 우리가 긴 시간의 유급 노동을 자립적이고 성공적인 삶으로 여기도록 만든다. 그러나 21세기의 노동 정책은 단순히 유급 일자리의 조건과 안정성을 다루는 것 이상의 역할을 해야 한다. 말하자면 사회적으로 필요한 모든 노동이 합리적인 방식으로 수행되고 그에 대한 보상이 적절히 이루어질 수 있도록 보장해야 한다. 자유 시간은 누구나 가져야 할 인간의 권리이기 때문에 시간이나 건강 측면에서 누구에게도 과도한 부담을 주지 않도록 모든 형태의 노동을 분배하는 것이 노동 정책의 과제다.[6] 모든 사람이 자기 자신을 자유롭게 계발할 기회를 동등하게 가질 수 있도록 노동 시간과 자유 시간의 비중이 비슷해져야 한다. 일을 하는데도 가난한 사람이 있어서도 안 된다. 또한, 오늘날의 노동 정책은 기후와 환경에 해로운 노동을 규제하고 노동이 우리의 생계 기반을 파괴하지 않도록 저탄소 일자리 창출을 촉진해야 한다. 이렇게 이해한다면 노동 정책은 우리의 일상을 위한 시간 정책이 될 뿐만 아니라 전 지구의 미래를 위한 정책이 되기도 한다.

노동 시간은 정말로 줄었을까?

독일의 법정 근로일수는 정치적 투쟁의 결과이며, 이러한 점에서 권력 관계를 반영한다고 볼 수 있다. 근로 시간 단축을 위해 싸워온 노동자들은 더 많은 자유 시간을 갖는 것이 곧 자유를 의미한다고 말한다. 노동조합이 노동자의 이익을 대변하는 곳에서는 노동자 측과 사용자 측이 근로 시간을 비롯하여 기타 근로 조건을 지속적으로 협의해 공동 결정한다. 이러한 사실은 우리가 하루당, 주당, 평생 동안 얼마나 일할지를 협상하고 변경할 수 있다는 걸 분명히 보여준다. 하지만 이는 사람들이 힘을 합쳐서 조직할 때만 가능하다. 하루 8시간 근무제는 너무 오랫동안 정착되어 이제 사람들은 이를 모든 것의 척도로 간주한다. 그러나 다른 시간 질서를 그려보고, 그 방향으로 첫걸음을 내딛는 것은 우리에게 달려 있다. 우리의 번영을 위해 하루 대부분을 소득 활동으로 보내면서 몸을 혹사시키거나 인간관계를 망가뜨릴 필요는 없다. 세간에 통용되는 일반적인 경제 수치에서 시선을 떼고, 이전보다 덜 일하고 덜 소비하는 것이 절실히 필요하다. 그래야만 우리와 우리 다음 세대가 살 수 있는 미래를 가질 수 있을 것이다. 오늘날 고소득 국가들은 너무 많은 자원을 소비하며, 지구와 기후가 견딜 수 있는 것보다 더 많은 것을 생산하고 있기 때문이다.

한편으로 길게 일한다고 해서 모든 이가 삶에 필요한 돈을 충분히 버는 것은 아니다. 전 세계적으로 약 10명 중 1명은 열심히 노력하는데도 극심한 빈곤에 시달리는 반면, 소수의 부유층은 돈으로 돈을 번다. 고소득층의 재산은 중산층과 저소득층의 재산보다 몇 배나 빠르게 증가하고 있지만, 그렇다고 해서 고소득층의 사람들이 더 많이 일하거나 더 열심히 일하는 건 아니다.[7] 독일에서는 300만 명 이상의 노동자가 빈곤 위험에 처해 있다.[8] 심지어 2004년부터 2014년 사이에 독일의 워킹 푸어(Working Poor), 즉 근로 빈곤층의 비율이 두 배로 증가했다.[9] 일부 사람들은 여러 직업을 갖거나 자영업자로 극도로 긴 시간을 일해도 생필품과 집세를 충당할 만한 수입을 얻지 못한다. 이주 배경을 가진 사람들의 경우 특히 빈곤율이 높다. 그들의 빈곤율은 약 26%로, 국제 이주 경험이 없는 사람들에 비해 두 배 이상 높다.[10] 이들은 경제적 생존을 위해 다른 사람들보다 더 열심히 일해야 한다. 가족을 돌보는 데 많은 시간이 필요한 사람들 역시 경제적 어려움에 빠질 가능성이 특히 높다. 한부모 5명 중 1명은 소득 빈곤층에 속하며, 자녀가 많은 부모 또한 소득 빈곤에 시달릴 가능성이 더 높다. 또한 은퇴 연령대의 여성이 같은 연령대의 남성보다 더 빈곤한데, 그 이유는 여성이 연금을 적립할 수 없는 가족 돌봄 같은 무급 노동을 평생 더 많이 해왔기 때문이다. 자유 시간의 불공평한 분배를 변화시키려면 성별, 계급, 인종에 따른 구조적 차별 등 다양한 차별로 말미암아 일부 사람들이 훨씬 더 많은 무급 노동을 하게 되는 현실을 살피고, 구조적 차별로 인해 노동 시간의 가치가 어떻게 상이하게 매겨지는지 분석해야 한다. 우리의 시간은 중립적으로 평가되지 않는다.

이러한 교차 분석에는 자신의 시간 주권이 다른 사람의 시간에 얼마나 의존하는지에 대한 인식도 포함된다. 실제로 자기 시간을 완전히 독립적으로 다룰 수 있는 경우는 극히 드물다. 나의 시간 주권은 다른 사람으로 말미암아 가능해진다. 이를테면 회의 테이블에 앉기 전에 사무실 카펫을 진공청소기로 청소해주는 사람들, 연봉 협상을 하는 동안 아픈 아버지에게 음식을 먹여주고 아이를 돌봐주는 사람들이 있다. '청소 요정'이라 불리는 이들은 자기보다 더 부유한 고용주가 돈을 벌 수 있는 시간을 확보해주기 위해 자기 시간을 사용한다. 그렇다면 우리는 스스로 더 많은 시간 주권을 확보하거나, 다른 사람에게서 시간을 사들일 수 있을까? 어떤 이들은 다른 사람의 시간에 대해 돈을 지불하지 않아도 된다고 생각하거나 다른 사람의 시간을 빼앗기도 한다. 시간을 마음대로 사용할 자신의 권리가 더 크다고 생각하는 것이다. 또한 오늘날에도 많은 직업적 성공은 부부 관계 안에서의 시간 불균형에 의존한다. 이러한 불균형은 협의에 따른 것이 아니며, 자발적인 것도 아니다. 차별을 야기하는 구조는 인간의 행동에서 비롯되는 것이지 저절로 생겨나는 것이 아니다.

이처럼 누군가의 시간 주권이 다른 사람에게 의존한다는 특성으로부터 두 가지 중요한 사실을 깨달을 수 있다. 먼저 시간 정의는 권력에 관한 것이기 때문에 저항 없이는 달성될 수 없으며 우리가 함께 살아가는 방식을 바꿔야 한다는 사실이다. 다음으로, 개인적인 관심사, 인간관계, 돌봄을 위한 자유 시간을 충분히 갖는 건 개인만의 문제, 즉 개인이 시간 관리를 통해 해결할 수 있는 문제가 아니라는 것이다. 공정하고 정의로운 시간 문화는 배려와 타협, 재분배를 통해 달성할 수 있으며, 우리는 시간을 둘러싼 가치를 정치적으로 새롭게 합의하는 목표를 세워야 한다.

현재의 소득 활동 구조는 100년이 넘게 지속되고 있다. 독일의 하루 8시간 근로제는 1918년에 법으로 도입되었다. 주 40시간 근로제는 약 65년여 전인 1956년에 금속 산업 노동조합에서부터 시작되었다. 처음에는 주당 근로 시간이 48시간에서 45시간으로 단축되었고, 1967년에 최종적으로 40시간으로 단축되었다.[11] 다른 많은 업계에서 금속 산업의 모범을 따랐지만 주 40시간 근로제는 법으로 정착되지 못했다. 오늘날까지 근로시간법에서는 하루 8시간, 주 최대 근로 시간은 48시간까지로 규정하고 있다. 그러나 주말 2일이 일반화되면서 많은 기업이 최대 근로 시간을 다 채우지는 못하고 있다. 하지만 고용 계약에는 여전히 40시간 이상의 근로 시간을 명시하고 있는데, 이는 법적으로는 문제가 되지 않는다.

금속 및 전기 산업에서는 1995년에 주당 근로 시간을 35시간으로 정하는 단체협약을 위해 투쟁하기도 했다. 그러나 이는 처음에는 서독 지역에만 적용되었다.[12] 2021년이 되어서야 이게메탈(IG Metall)(독일 최대의 금속 노조─옮긴이)은 동독 지역 노동자의 주당 근로 시간을 1단계로 37시간으로 단축하는 점진적 조정안에 합의하는 데 성공했다.[13] 안타깝게도 금속 산업 노조에서 보인 최근의 이러한 성공은 지금까지 독일의 다른 업계에 거의 영향을 끼치지 못했다. 단체협약이 적용되는 근로자 중 약 5분의 1만이 합의된 35시간의 전일제 근로 시간을 준수하며, 다른 모든 근로자는 이보다 더 많은 시간을 일하고 있다. 예를 들어 소매업 종사자들은 주당 37.5시간으로 계약되어 있다. 많은 노동조합에서 이미 1980년대에 '새 천 년이 시작되기 전까지' 주 30시간 근로를 달성하겠다는 목표를 선언했지만[14] 1990년대 이후 실제로 합의된 단체협약상 주당 근로 시간은 거의 줄어들지 않았다. 심지어 독일 노동조합연합 베르디(Ver.di)는 하루 또는 주당 근로 시간 단축을 더 이상 '현실적인 공동 목표'로 간주하지 않는다.[15] 또한 친노조 성향을 띠는 한스 뵈클러 재단(Hans-Böckler Stiftung)이 설립한 '미래의 노동(Arbeit der Zukunft)' 위원회도 더 이상 집단적 근로 시간 단축을 시간 정책 논의의 핵심 주제로 보지 않는데, 그 이유는 "근로자들 스스로가 근로 시간 감축 주장에 총력을 기울이지 않기 때문이다." 노동자들은 근로 시간 단축보다는 더 많은 유연성에 관심이 있다는 것이다.[16] 2022년 5월까지 독일 노동조합총연합(DGB)의 수장이자 위원회 의장을 맡았던 라이너 호프만(Reiner Hoffmann)은 다음과 같이 말했다. "우리는 지금 전환점에 있으며, 관점이 바뀌었다. 즉 일로부터의 해방이 아니라 일 속에서 해방되는 것이 중요하다."[17]

하지만, 왜 둘 다 주장하지 않을까? 현재 전일제 근무 시간 단축에 대한 논의를 촉발하는 주체는 주로 노동조합과 직업협회의 여성들이다. 독일 교육과학노조(GEW)의 이사 프라우케 귀츠코브(Frauke Gützkow)는 "주당 30~32시간만 일해도 생계를 충분히 유지할 수 있어야 한다"라고 주장한다.[18] 독일 교육과학노조는 2021년 5월에 '페미니즘적 시간 정책'을 제안했다.[19] 독일 여의사협회 회장 크리스티안 그로스(Christiane Groß) 역시 "주당 40, 50시간 이상 일하면서 가정과 아이들을 돌볼 수는 없다"라고 말한다.[20] 그러나 노조 측에서는 전반적으로 법정 근로 시간 단축을 특별히 마음에 두고 있지 않은 듯 보인다. 영향력 있는 정치인 사이에서도 더 적게 일하는 것이 진보라고 생각하는 사람은 거의 없는 것 같다. 독일 연방의회에 소속된 정당 중 주 30시간 근무를 요구하는 정당은 좌파당(Die Linke) 뿐이다.

자유 시간은 누구나 가져야 할 인간의 권리이기 때문에
시간이나 건강 측면에서 누구에게도
과도한 부담을 주지 않도록 모든 형태의 노동을
분배하는 것이 노동 정책의 과제다.
모든 사람이 자기 자신을 계발할 기회를 동등하게
가질 수 있도록 노동 시간과
자유 시간의 비중이 비슷해져야 한다.

그렇다면 오늘날 독일 사람들은 흔히 말하는 것처럼 이전 세대보다 일을 덜 하고 있을까? 부모나 조부모 세대보다 자유 시간이 더 많을까? 이 질문에는 어떤 통계를 사용하느냐에 따라 매우 다르게 대답할 수 있다. 이를테면 독일 연방 정부의 제8차 가족 보고서는 최근 감소한 연간 평균 근로 시간과 증가한 기대 수명을 기반으로 한다 (보고서에 따르면 우리에게 흰머리가 생겼을 때 더 많은 시간이 주어진다).[21] 코로나 팬데믹으로 인해 많은 사람이 단시간 근로자로 일하거나 일자리를 잃기 전이었던 2019년에는 1인당 평균 근로 시간이 연간 1383시간으로 20년 전에 비해 거의 100시간 가까이 줄었다.[22] 이론상으로만 보면 이는 20년 전에 비해 1인당 한 주에 2시간 덜 일하는 것이다. 하지만 이처럼 연간 평균 근로 시간을 기준으로 삼으면 그 기준 안에 전일제 및 시간제 일자리, 단시간 근로, 부업, 자영업 등 모든 고용 형태가 포함된다는 문제가 있다. 심지어 병가와 악천후 시의 일시적인 근로 시간도 함께 산정된다. 말하자면 이 수치는 일반적인 정규직에 대해서는 거의 아무것도 말해주지 않으므로 독일의 시간 풍요를 설명하는 데 적합하지 않다. 그렇게 앞서 언급한 가족 보고서는 독일에서 '전반적으로 시간이 부족하지 않다'는 결론에 도달한다.[23] 그렇다면 점점 더 많은 사람이 시간 압박을 느끼는 이유는 무엇일까?

분명 그 이유는 일이 인구에 고르게 분배되어 있지 않기 때문이다. 독일의 연간 업무량(사람들이 유급 활동에 소비하는 총 시간)은 최근 꾸준히 증가하고 있다. 2019년의 근로자들은 1999년에 비해 약

40억 시간을 더 일했다. 그러나 이 시간이 훨씬 더 많은 사람에게 분배되어 있는데, 이는 연간 평균 근로 시간이 왜 감소하는지를 설명해준다.[24] 동시에 전일제 일자리가 아닌 일자리들이 특히 많이 생겨났다. 1999년에는 시간제 일자리 비율이 28.3%였지만 2019년에는 38.3%에 달했다. 전일제 및 시간제 일자리의 절대 수치를 보면 근로 시간이 짧은 일자리가 늘어나는 추세가 더욱 분명하게 드러난다. 이를테면 1999년과 2019년 모두 전일제로 일하는 사람은 2500만 명이 조금 넘었지만, 시간제로 일하는 사람은 당시에는 990만 명, 오늘날에는 1570만 명에 달한다.[25]

말하자면 연간 평균 근로 시간이 감소했다는 사실은 노동 시간의 양극화로 설명할 수 있다. 즉 한편에는 주당 40, 50, 심지어 60시간 이상 일하는 사람들이 있는 반면, 다른 한편에는 주당 10시간밖에 일하지 않는 시간제 일자리나 부업으로 일하는 사람들이 있는 것이다. 시간제 일자리, 초단시간 근로 형태인 미니잡(Minijob), 소규모 자영업의 비율이 20년 전에 비해 오늘날에 더 높아졌다. 이들 중 상당수는 비자발적으로 이러한 직업에 묶여 있다. 현재 고용 관계의 4분의 1이 한계고용(Geringfügige Beschäftigung)으로 간주된다.[26] 이런 직업에선 종종 근로자가 생계에 필요한 것보다 적은 임금을 받는다. 평균 근로 시간이 감축되고 이에 따라 소위 정상적인 고용 관계에 있는 사람들이 이전보다 소득 활동에 보내는 시간이 줄어든 것처럼 보이는 것은 불안정한 일자리가 많아졌기 때문이다. 이러한 점에서 보면 노동 시장의 발전은 시간 풍요에 기여한 것이 아니라 어떤 사람들에게는 시간 부족을, 또 어떤 사람들에게는 돈의 부족을 초래했으며, 심지어 여러 직업으로 생계를 유지해야 하는 사람들에게는 이 두 가지 문제를 모두 가져왔다.

실제로 지난 30년 동안 전일제 일자리의 연간 평균 근로 시간은 거의 변하지 않았다. 1991년에는 연간 1639.3시간이었고, 2019년에는 1638.8시간으로 겨우 30분이 줄었을 뿐이다. 이는 주당 자유 시간이 1분도 채 늘어나지 않았다는 것이다. 독일 연방 산업안전보건연구소(Bundesanstalt für Arbeitsschutz und Arbeitsmedizin)의 평가에 따르면 최근 전일제 근로자들의 근무 시간은 "주당 평균 43.5시간으로, 계약에 따라 협의된 시간보다 평균 5시간 가까이 더 일하고 있다"고 한다.[27] 1999년과 비교해 정규직 시간제 일자리의 연간 근로 시간은 약 700시간에서 약 766시간으로 증가했고, 이는 이러한 '반쪽짜리' 일자리에서 시간 부담이 더 커졌음을 의미한다. 공식 통계에는 정상적인 고용 관계에 따라 전일제 및 시간제로 일하는 사람들의 시간 풍요가 증가하고 있다는 증거는 보이지 않는다. 그 외 요인으로 독일에서는 점점 더 많은 사람이 동시에 여러 개의 직업에 종사하며 다양한 활동으로 돈을 벌고 있다는 사실 역시 눈여겨볼 부분이다. 통계에 따르면 2013년부터 복수 직업을 가진 사람들이 나타나기 시작했고, 2019년에는 '복수 직업을 가진 사람들의 수가 25% 증가한 354만 명에 달한 것'으로 나타났다.[28] 복수 직업을 가진 사람들뿐만 아니라 정규직 고용 이외에 추가로 독립 자영 노동자로 일하는, 이른바 혼성 고용(Hybrid Employment) 근로자들은 한 가지 직업

만 가진 사람보다 평균적으로 더 오래 일한다.[29]

이외에도 자녀나 간병이 필요한 가족이나 친구를 돌보는 사람들, 교대 근무로 일하는 사람들은 시간 풍요를 느끼기 어렵다. 시간 부족이 그저 주관적인 느낌에 불과하다고 말하는 가족 보고서의 논지는 실제 근로 시간과 돌봄 의무, 시간 부족 인식에 대한 설문 조사 결과와 대조해보면 매우 의문스러워 보인다. 사람들이 시간적으로 과중한 부담을 느끼는 상황을 정치적인 측면에서 인식하지 못하는 한, 가까운 미래에 모든 사람에게 더 많은 시간 풍요를 가능하게 하는 정치적 전략이 개발될 가능성은 낮아 보인다.

노동 시장 데이터는 지난 30년 동안 독일에서 유급 노동에 대한 관심이 증가했음을 매우 분명하게 보여준다. 많은 근로자가 소득 감소보다는 시간 부족을 더 잘 감수하는 듯하다. 먹는 것을 포기하는 것보다 잠을 포기하는 것이 더 쉬우며, 정체성을 만들어주는 직업의 의미는 지금까지 대부분의 사람에게 자유 시간의 가치보다 더 큰 것처럼 보인다. 이는 아마도 시간을 돈 주고 살 수 있다는 잘못된 믿음 때문일 것이다.

한스 뵈클러 재단이 2019년에 실시한 조사에 따르면, 복수 직업을 가진 응답자의 절반 이상이 재정적인 문제 때문에 추가 직업을 갖게 되었다고 답했다. 또한 응답자의 절반 이상이 부업을 통한 추가 수입으로 '특별한 소비 욕구'를 충족하고 싶다고 말했다. 이들은 직접적인 궁핍 때문에 부업을 선택한 것은 아니지만, 경우에 따라서는 특정 소비를 할 수 있는 여력이 있어야 한다는 사회적 압박을 느낀다고 답했다. 그 외에도 다른 사람들과 함께하고 싶거나 열정을 좇고 싶은 욕구가 여러 직업을 갖는 것의 이유임이 이 조사에서 확인되었다.[30] 본업에서 인맥이나 자아실현과 같은 욕구를 충분히 충족하지 못한 다면 부업을 통해 이러한 욕구를 충족할 수 있으리라 여기는 것이다.

직장에서 사회적 욕구가 충족되면 퇴근 후에 자유 시간이 거의 남지 않아도 견디기가 더 수월하다. 그러면 우리는 남은 시간을 대화나 모임 이외의 다른 일에 사용하는 것을 긍정적으로 느낄 수 있다. 사무실에서 많이 이야기하고 웃었다면 오늘 하루 다른 사람과의 상호작용이 모자랐다는 느낌 없이 저녁에 헬스장에서 2시간 동안 운동을 하거나 업무를 위한 공부를 하거나 쌩쌩한 아이에게 책을 더 읽어줄 수 있다. 이는 프리랜서들이 코워킹 스페이스(Co-Working-Space)와 공유 오피스에 모이는 이유이기도 하다. 집에서 혼자 책상에 앉아 있으면 어느 순간 너무 외로워지기 때문이다.

캘리포니아의 사회학자 앨리 혹실드(Arlie Hochschild)는 일부 사람들이 가정보다 직장에서 많은 것을 기대하는, 직장을 집처럼 느끼는 현상에 대해 설명했다. 혹실드는 오늘날 사람들이 직장에서 '생동감 있고 지속적인 공동체의 일부라는 느낌'을 받을 가능성이 더 높다고 말한다.[31] 이러한 추세는 현대의 스타트업 사무실과 기술 회사에서 가장 두드러지게 나타난다. 이러한 회사들은 구인 광고에 안락한 소파와 테이블 축구 게임기 사진을 싣고, 점심을 함께 조리하며 퇴근 후에는 술집에 가는 대신 옥상 테라스에서 가볍게 한잔할 수 있다고 광고한다. 특히 젊은 기업들은 필 굿 매니저(Feel-Good-Manager), 최고 행복 책임자(Chief-Happiness-Officer) 또는 피플 앤 컬쳐(People & Culture) 담당자를 두고 있다. 한 비즈니스 잡지는 이러한 새로운 직무에 대해 "필 굿 매니저는 직원들의 신체적, 정신적, 정서적 건강을 관리하여 업무 성과가 최고 수준으로 유지되도록 한다"라고 설명한다.[32] 이처럼 많은 기업에서 직원들이 자신의 업무와 동료와의 협력에 만족할 뿐만 아니라 보살핌을 잘 받고 있다는 느낌을 갖도록 의식적으로 분위기를 조성하고 있다. 필 굿 매니저를 자상한 부모처럼 가능한 한 직원들의 모든 요구를 살펴주는 회사의 돌봄 인력이라고 표현할 수 있다. 다만 차이가 있다면 필 굿 매니지먼트(Feel-Good-Management)는 직원 개개인의 복지보다는 회사의 성공과 비용 절감을 목표로 한다는 점이다. 회사가 바라는 대로 직원이 건강하고 행복하면 자주 아프거나 퇴사하는 빈도가 낮아지기 때문이다. 직업 문화에 필 굿 매니지먼트가 도입되면서 직원들은 자기 계발에 대해 더 이상 혼자 고민할 필요가 없다. 회사가 직원을 위해 이 업무를 대신 수행하면서 직원을 위한 관대한 배려로 포장한다. 물론 그 이면에는 직원들이 이를 통해 더 많은 성과를 낼 것이라는 기대가 있다. 자본주의 직업 세계에서 기분이 좋다는 것은 일을 아주 잘 하고, 아주 많이 한다는 것과 동의어다.

그러나 필 굿 매니지먼트는 주로 심신 상태가 양호하고 업무 이외에 해야 할 일이 거의 없는 직원을 대상으로 한다. 반면에 만성 질환이 있어서 회사 내 헬스장을 이용해도 건강이 개선되지 않는 직원들, 또는 가족이나 친구, 자원봉사, 텃밭 가꾸기에 더 많은 시간을 할애해야 기분이 더욱 좋아지는 직원들은 필 굿 매니지먼트 대상에 포함되지 않는다. 한부모인 직원에게는 저녁 7시에 회사 정원에서 과일을 수확하거나 피트니스 강좌에 참석하는 것보다 베이비시터를 두거나 보수가 좋은 아르바이트를 하는 게 더 도움이 된다. 이러한 필 굿 매니지먼트는 직업 세계가 진보한다면 불필요해질 것이다. 진보한 세상에서는 아무도 사회생활이 불가능할 정도로 기진맥진하게 일하지 않을 테니 말이다.

너무 많이 일하는 사람들

많은 연구에 따르면 대다수의 전일제 근로자가 자신의 근로 시간에 만족하지 못하는 것으로 나타났다. 유럽 근로자 1만 명을 대상으로 한 설문 조사에서 약 80%가 동일한 급여 조건에서 일일 근무 시간을 늘리고 주당 하루를 더 쉬면 좋겠다고 답했다.[33] 나머지 응답자들은 근무 일수를 줄이기 위해 임금 일부를 포기할 의향이 있다고 답했다. 왜 그렇게 많은 사람이 하루 10시간 근무를 선택했을까? 아마도 이틀간의 주말 동안 잘 쉬었다고 느끼지 못해서일 것이다. 주말에는 자유 시간만 있는 것이 아니라 장보기나 청소와 같은 집안일, 자녀나 보살필 가족이 있는 경우 돌봄 노동과 같은 의무적인 일도 해야 한다. 머리를 식히거나 집을 떠나 짧은 여행을 하기에는 3일이 훨씬 더 낫다는 점도 고려했을 것이다. 하지만 조사에 참여한 사람 대다수가 지나치게 긴 일일 근무 시간에 대해 개방적이라는 사실은 고전적인 퇴근 후 자유 시간 개념에 문제가 있음을 보여준다. 이들은 업무 시간이 끝난 후 남는 시간이 어차피 휴식이나 즐거운 일을 하기에 충분하지 않기 때문에 없어도 되는 시간이며, 차라리 그 시간에 일을 더 많이 하는 것이 낫다고 생각하는 것 같다. 이는 지금 우리에게 주어진 자유 시간을 되돌아보도록 한다. 우리는 매일 주어진 자유 시간이 필요하지 않은 것일까? 주중의 자유 시간이 아무 쓸모가 없다면 업무가 끝나고 다시 시작되기 전까지의 시간은 진정한 **자유** 시간으로서의 기능을 상실한 것이다.

독일 근로자의 상당수는 일을 덜 하고 싶어 한다. 2021년 베텔스만 재단(Bertelsmann-Stiftung)의 연구에 따르면 남성은 일주일에 평균 37시간, 여성은 30시간의 근로 시간을 희망한다고 답했다. 여성의 17%, 남성의 9%만이 근로 시간 연장을 희망했다.[34] 다만 희망 근로 시간에 대한 연구 결과들은 사람들이 일하는 시간을 완전히 자유롭게 선택할 수 있다면 얼마나 많은 시간을 업무에 할애할 것인지에 대해서는 거의 제시하지 않는다. 이 수치는 얼마나 많은 시간을 일해야 충분한 돈을 벌 수 있는지, 또는 업무량이 직업적 기회에 어떤 영향을 미치는지에 따라 매우 달라질 수 있다. 사람들에게 생계와 상관없이 주당 몇 시간 또는 며칠을 일하고 싶은지 물어본다면 저마다 다르겠지만, 지금과는 다른 수치를 볼 수 있을 것이다. 동일한 업무량을 더 짧은 시간에 처리하기 위해 더 빨리 일하지 않아도 되고, 3일간의 주말을 보내고 돌아왔을 때 쌓여 있는 일을 천천히 해도 되며, 자신의 근무 시간이 줄어도 누군가 병가를 내거나 육아휴직을 할 때처럼 다른 동료에게 부담이 되지 않는다는 사실을 안다면 사람들은 희망 근로 시간에 대해 다르게 대답할 것이다.

정치학 교수 잉그리트 쿠르츠-셰르프(Ingrid Kurz-Scherf)는 1995년 자신의 한 연구에서 베를린 시민들에게 안정적인 급여가 보장될 경우 어느 정도의 근로 시간을 희망하는지 질문했다. 그 결과 '베를린 시민들은 경제적 여유가 있다면 (…) 주당 22시간만 일하고 싶어 한다'는 답을 얻었다. 희망 근로 시간은 여성과 남성, 동베를린과 서베를린 사이에 거의 차이가 없었다. 13%만이 더 이상 일을 안 하고 싶다고 답했고, 14%는 계속해서 전일제 근무를 하겠다고 답했다. 잉그리트 쿠르츠-셰르프는 이러한 연구 결과를 두고 "전반적으로 주 20시간 근무를 '꿈의 근로 시간'으로 생각하는 듯하다"라고 결론을 내렸다.[35]

현재 많은 논의가 이루어지고 있는 주 4일 근무제조차도 대부분 근로자에게는 머리로만 꿈꿀 수 있는 간절한 소망일 뿐이다. 전일제 근로자의 평균 근로 시간을 살펴보면 주 6일 근무에 가깝다. 전일제 근로자의 절반 이상이 주당 40~47시간을 일하고 있으며, 남성의 4분의 1, 여성 10명 중 1명은 거의 48시간 이상 근무하고 있다.[36] 과도한 근무 시간은 고숙련 근로자와 저숙련 근로자 모두에게 점점 더 일상이 되고 있다. 독일 근로자 절반 이상이 주당 수 시간씩 초과 근무를 하며, 그것도 무급인 경우가 많다. 2021년 유급 및 무급 초과 근무 시간은 총 17억 시간이 넘었다. 연간 평균 초과 근무 시간을 직장인 1명의 전체 직장 생활 기간에 대입하여 산출하면 독일 근로자들은 3년 반을 추가로 근무하는 셈이다.[37] 오늘날 독일 기업의 많은 직무가 40시간 안에 업무를 완료할 수 없게 설계되어 있다. 점점 더 많은 사람이 이처럼 시간에 쫓기고 있으며, 이는 **업무 강도가 높다**, 전문용어로 '단위 시간당 업무량이 증가한다'라는 표현으로 설명할 수 있다. 2019년 독일 노동조합총연합의 연구에 따르면 전체 응답 자의 53%가 직장에서 시간 압박을 (매우) 자주 느낀다고 답했으며, 3분의 1은 전년도에 비해 "시간이 더 많은 것도 아닌데 확실히 더 많은 업무를 처리해야 한다"라고 답했다. 그 결과 근로자들은 사무실에 더 오래 앉아 있어야 할 뿐만 아니라 휴식 시간도 더 자주 건너뛰는 것으로 나타났다.[38] 브리타 젬바흐(Britta Sembach)와 주잔네 가르소프키(Susanne Garsoffky)는 독일 기업에서 매년 발생하는 초과 근무 시간으로 90만 개 이상의 전일제 일자리를 창출할 수 있다고 추산했다.[39] 우리가 놓치고 있는 인생의 시간도 이러한 창출되지 않은 일자리에 붙박여 있다.

2021년 5월 세계보건기구(WHO)와 국제노동기구(ILO)는 공동 연구를 수행하여 다음과 같은 결론을 발표했다. 주당 약 55시간의 과도한 근로 시간은 주당 35~40시간의 근로 시간에 비해 심장병과 뇌졸중의 위험을 크게 증가시키며, 이로 인해 2016년 전 세계적으로 약 74만 5000명의 사망자가 발생했다. 연구 데이터를 수집할 당시 전 세계 인구의 약 9%가 주당 55시간 이상 일했다. WHO 사무총장은 모바일 근무나 플랫폼을 통해 음식 배달원이나 청소부, 택시기사에게 업무가 위탁되는 긱 경제(Gig Economy)와 같은 새로운 고

용 형태로 인해 너무 많이 일하는 사람들의 수가 계속 증가할 것이라는 우려를 표명했다.[40]

8시간의 소득 활동을 정상적인 근로 시간으로 간주하면 주 55시간 근무에 금방 도달할 수 있다. 비즈니스 속어인 '엑스트라 마일(Extra Mile)'('한 걸음 더 나아가 도와준다'라는 뜻으로 누군가에게 뭔가를 해줄 때 그 사람이 기대하지 않았던 것까지 해주는 것—옮긴이)을 수행하는 걸 자랑스럽게 여기거나 그렇게 해야 직업적으로 성공할 수 있다고 믿는 사람들은 하루 10시간, 12시간 또는 14시간 근무에 대해 이야기한다. 정치인이나 타인의 건강을 보호하는 임무를 수행하는 의사에게 주 50시간 이상 노동은 일반적이다. 종종 다른 직업군에 비해 자유 시간이 많다고 잘못 알려진 교사들도 주당 48시간 이상 근무하는 경우가 많다.[41] 일반적으로 35~40시간이 준수되는 직업보다 초과 근무가 일상적인 직업이 더 많을 것이다. 특히 긴 근로 시간은 위에서 언급한 직업뿐만 아니라 농업, 건설업, 경영 컨설팅, 광고 대행사, 요식업, 대학 직원, 자영업자, 사회복지, 보건 및 돌봄 직업에서도 발견된다. 독일 고용주의 착취에 항의하며 회사 차량을 점거한 폴란드 택배 노동자들은 2021년 주당 85시간을 일했다고 보고했다.[42] 심지어 노인 돌봄 분야에서는 '24시간 돌봄'이라는 직업 프로필까지 등장했다. 국제노동기구(ILO)에 따르면 가사 노동자, 특히 소위 상주 노동자(Live-in-Worker)들이 주당 근로 시간이 가장 긴 직업군 중하나인데, 그 이유는 많은 고용주가 노동자의 휴식 시간을 존중하지 않고 지속적으로 일할 것을 기대하기 때문이다.[43]

비정형적 유연 근로의 문제점

비정규 시간대에 근무하는 노동자 비율 역시 지속적으로 증가하고 있다. 야간뿐만 아니라 저녁 시간대와 주말에도 소득 활동이 많이 이루어지고 있다.[44]

현재 독일에서는 근로자 4명 중 1명이 주말에도 근무하고, 500만 명 이상이 교대 근무를 하고 있으며, 900만 명 이상이 늦은 저녁이나 야간에 근무하고 있다.[45] 교대 근무로 인한 건강상의 위험과 중대한 사회적 결과는 누구나 잘 알고 있다. 하지만 교대 근무가 굳이 필요하지 않은 곳인데도 일차적으로 이윤 극대화를 위해 이를 허용하고 있다. 병원과 같은 일부 직종에서는 교대 근무가 필수적이지만, 밤낮으로 가동되는 생산 라인이나 24시간 연중무휴 서비스가 안정적인 사회적 관계와 사람들의 건강보다 우선시되는 현상은 사회적 관점에서 이해하기 어렵다.

야간 근무의 보상 범위는 오늘날에도 여전히 단체협약과 고용 계약을 통해 규제되고 있으며, 급여나 휴가를 더 많이 제공하는 방식으로 이루어진다. 다른 사람들이 잠든 시간에 근무하는 근로자에게 얼마나 많은 휴가를 추가적으로 제공해야 하는지에 대한 법적 규정은 없다. 야간 근무를 두고 근로자는 딜레마에 빠진다. 한편으로 야간 근무와 일요일 및 공휴일 근무에 대해 지급받는 높은 보너스가 매력적이고 재정적으로 이를 필요하다고 생각하지만, 다른 한편으로는 이로 말미암아 장기적으로 건강과 사회 생활에 입는 피해에 대해 고민하는 것이다. 교대 근무와 저임금이 겹치면 근로자는 일을 덜 함으로써 자신의 건강을 보호하는 선택을 할 수 없게 된다.

그 외에도 교대 근무, 야간 및 주말 근무는 **사회적으로 가치 있는** 자유 시간도 감소시킨다. 그러므로 이에 대한 금전적 보상뿐만 아니라 시간적 보상도 함께 이루어져야 한다. 1980년 '삶에 소홀하지 않도록 교대 근무자에게 더 많은 자유 시간을 보장하라'라는 슬로건을 내걸고 파업을 조직한 도이치 포스트(Deutsche Post)의 여성 근로자들은 '불리한 시간대'의 교대 근무 1시간을 일반 근무 1시간 30분으로 계산해 달라고 요구했다.[46] 그렇게 하면 8시간의 야간 근무가 12시간으로 계산될 수 있다. 당시 〈슈피겔(Spiegel)〉은 건강을 해치고 사회적으로 고립시키는 교대 근무의 영향을 커버스토리로 다루면서 다음과 같이 언급했다. "'삶의 질'이나 '직업 세계의 인간화'와 같은 표현이 보편화되어 가는 시대에 교대 근무가 늘고 있다는 것은 매우 기괴해 보인다."[47] 이제 교대 근무는 잡지 표지에 실리기 어려울 정도로 일상화되었다.

사람들이 주간 근무에 100%의 에너지를 소모하는 데 비해 야간 근무에는 150% 이상의 에너지를 쏟는다는 과학적 증거를 따른다면, 실제로는 8시간의 야간 근무마다 4시간의 유급 휴가가 부여되는 것이 바람직하다. 따라서 정기적으로 야간 근무를 하는 사람들, 이를테면 간호 전문 인력들이 요구하는 것처럼 그들에게 주당 최대 근로 시간은 30시간이 적당할지도 모른다. 그들은 현재의 근무 조건으로 건강상의 부담을 느끼고 있으며 임금 인상만으로는 그들의 요구를 충분히 반영할 수 없다. 많은 이들이 자신의 직업으로 인해 육체적, 정신적 질병이 생길 것이므로 정년까지 직장 생활을 계속할 수 없을 것이라고 우려한다.[48] 독일에 돌봄 인력이 부족한 이유는 노인 돌봄 인력의 절반 이상이, 간호 인력의 40% 이상이 시간제로 일하고 있기 때문이다.[49] 그들이 시간제로 일하는 이유는 대부분 전일제 근무로 인한 과로를 원하지 않거나 감당할 수 없기 때문이다. 업무에서 느끼는 부담이 클수록 근로자들에게는 일과 거리를 두고 휴식을 취할 충분한 시간이 더욱 절실히 필요하다. 중환자실 간호사 리카르도 랑에(Ricardo Lange)는 간호사의 근무 환경을 개선하기 위해 적극적으로 노력하고 있으며, 돈만으로는 간호사라는 직업을 매력적으로 만들 수 없다고 거듭 지적한다. "사람들은 항상 급여에 대해 이야기하지만, 간호 인력의 사회생활을 증진하는 것이 더 유익할 것이다. 주말마다 일하지 않아도 된다면, 매번 교대 근무를 하지 않아도 된다면 가정생활을 다시 누리는 것이 가능해질 것이다."[50]

또한 점점 더 많은 사람이 유연한 근로 시간을 요구하고 있다. 그러나 다양한 연구에 따르면 유연 근무제가 여가 시간을 늘리는 것이 아니라 오히려 줄인다는 사실이 밝혀졌다. 독일 노동조합총연합이 2020년 발표한 연례 보고서 'DGB-좋은 일자리 지수(DGB-Index Gute Arbeit 2020)'에 따르면 사무실에 출근하는 사람들보다 재택근무자의 초과 근무가 2~3배 더 많은 것으로 나타났다. 또한 정기적으로 출장을 가거나 재택근무를 하는 사람들의 4분의 1은 원격으로 일한 근무 시간이 참작되지 않거나 이에 대한 보상이 지급되지 않는 등 자신들의 추가 근무가 제대로 인정받지 못한다고 말했다. 그리고 재택근무를 하는 직원의 경우 '연락 가능성'에 대한 요구가 증가하므로 일과 자유 시간의 경계가 모호해진다. 재택근무자의 46%는 퇴근 시간 후에도 컴퓨터나 휴대폰을 제대로 끌 수 없다고 말한다. 언뜻 모순적으로 들릴 수 있겠지만, 재택근무자는 고정된 직장에서 근무하는 사람보다 일과 사생활을 조화시키는 데 더 많은 어려움을 겪고 있다고 답했다.[51]

팬데믹 동안의 특수 상황과 관계없이 많은 사람이 원하던 재택근무에 대한 희망은 충족되지 않았다. 현재 다양한 형태의 원격 근무가 정신적, 육체적 건강은 물론 사회적 관계의 질을 오히려 떨어뜨리고 있기 때문이다. 지금으로선 재택근무나 원격 근무가 시간 갈등을 해결해 줄 마법의 모델로 작동하리라 기대하기엔 어려울 것 같다. 업무량이 과다한 직종에서 출퇴근 시간이 줄어들고 집에서 더 많은 휴식을 취하며 근무 시간을 유연하고 자율적으로 결정할 수 있다면 확실히 업무 부담을 덜어줄지 모른다. 하지만 발코니에서 노트북을 연다는 사실이 높은 업무 강도와 너무 부족한 시간이라는 근본 문제를 해결해 주지는 않는다. 사회학자 이본 로트(Yvonne Lott)는 "언제든 당신이 원할 때 일하라'라는 약속이 일종의 성과 위주 관리 전략인 경우가 많으며, 이는 오히려 '필요하다면 24시간 내내 일하라'라는 의미"라고 요점을 설명한다.[52]

로트의 보고서에 따르면 자녀를 둔 여성이 재택근무를 하는 경우 업무를 더 오래 할 뿐만 아니라 집 밖의 직장에서 일하는 엄마들에 비해 자녀를 돌보는 시간이 약 3시간 더 길어지는 것으로 나타났다. 한편 집에서 일하는 아버지들은 사무실에서 일하는 아버지들보다 주당 최대 6시간 더 일하지만, 사무실에 출근하는 아버지들보다 자녀를 덜 돌본다.[53] 현재 유연 근무제와 원격 근무제가 이루어지는 방식은 여성과 남성 간의 전통적인 분업을 강화하고, 사용할 수 있는 자유 시간을 줄여 모두에게서 휴식의 기회를 감소시키기 때문에 득이 되기보다는 오히려 해방을 가장한 악몽에 가깝다고 볼 수 있다.

유연한 근무 시간과 이에 따른 상시 연락 가능성은 우리의 자유 시간을 변화시킨다는 점에서 특히 문제가 된다. 말하자면 아무도 전화하지 않더라도 정신적으로 준비된 상태를 유지해야 한다. 그렇기 때문에 건강을 해칠 정도의 장시간 근무에 대한 논의에서 긴 근무 시간만 들여다보는 것은 충분하지 않다. 우리가 정신적으로 일에서 벗어날 수 없으면 업무 시간이 늘어난 것과 마찬가지다. 언제 올지 모르는 연락에 항상 대비하고 있어야 하고, 잠깐이더라도 업무 때문에 자유 시간이 반복적으로 끊기면 업무량을 측정하기가 더 어려워진다.

심리학에서는 정신적으로 업무를 끝내고 다른 시간으로 넘어가지 못하는 상태를 전문용어로 '분리(Detachment)'하지 못한다고 표현한다. 말하자면 업무와 생활 사이의 정신적 거리 두기 정도로 표현할 수 있을 것이다. 업무에서 벗어나기 힘들어하고 여가 시간에도 업무에 대해 생각하는 사람들은 휴식을 잘 취하지 못하고 수면 문제가 더 자주 나타날 수 있다. 스트레스 보고서 2019에 따르면 독일 근로자의 14%는 업무 외 시간에 재충전하는 데 큰 어려움을 겪고 있다.[54]

그러나 건강을 유지하기 위해서는 분리가 중요하다. 업무에 대해 끊임없이 생각하는 사람은 정신적으로, 나아가 육체적으로도 휴식을 취할 수 없기 때문이다. 이른바 이러한 휴식 불능은 우울증 발병 위험을 높이며, 가족 및 친구와의 관계의 질에도 영향을 미친다. 심지어 전반적인 업무 능력을 저하시켜 조기 퇴직으로 이어질 수 있다.[55]

유연 근무제가 점점 일반화되고 오프 피크 타임(Off-Peak-Time)(수요가 최고조에 달하는 피크 타임을 제외한 나머지 시간대—옮긴이)이 늘어나면서 개개인이 함께 공유하는 사회 공통의 자유 시간이 사라지고 있다. 퇴근 시간이나 주말과 같은 집단적 시간 관습이 사라지면서 우리는 점점 더 고립된다. 유연하게 일할 수 있다는 자유로움은 개인에게는 이점이 될 수 있지만, 그 결과 의지할 수 있는 집단의 시간이 점점 더 줄어들기 때문에 사회적으로는 결코 좋은 현상이 아니다. 집단적인 업무 리듬과 일상 구조로 돌아가야 한다는 생각이 언뜻 고리타분하거나 제약처럼 보일 수도 있지만, 유연성을 높이기 위해 우리가 포기한 것이 무엇인지, 늦은 저녁이나 야간 및 주말 근무, 24시간 근무를 요구하지 않는 일자리를 다시 만드는 것이 바람직한지 아닌지를 고민해야 한다.

비정형 근로 시간이 꾸준히 증가하고 노동자에게 기본적으로 유연성을 기대하는 사회에서는 가족 친화적인 삶이 불가능하며 배려하는 방식으로 생활하기 어려워진다. 돌봄이 필요한 사람과 아동에게는 안정적인 일과와 신뢰할 수 있는 구조가 필요하기 때문이다. 아이들과 많은 시간을 보내는 사람이라면 아이들이 일상적 생활 리듬에서 벗어날 때, 예를 들어 정해진 시간에 밥을 주지 않거나 책을 읽어주지 않을 때, 익숙한 물건이 갑자기 사라졌을 때 얼마나 격한 반응을 보이는지 잘 알고 있다. 우리는 규칙적인 일상이 우리에게 안정감을 주고 정신적으로 부담을 덜어준다는 사실을 평생 동안 느끼며 살아간다. 그러나 부모의 재택근무나 불규칙한 교대 근무 일정 때문에 일상 리듬이 자주 바뀌는 아이들은 정서적으로 특히 더 어려움을 겪는다. 따라서 우리는 노동 시간에 대해 논의할 때 좋은 근무 조건을 조성하는 데만 신경 쓸 것이 아니라 직업 활동이 모든 사회 구성원에게 영향을 준다는 사실을 인식하고 이를 고려해야 한다. 우리의 사회적 관계를 해치고 특히 보호가 필요한 사람들의 욕구를 소홀히 하는 일은 좋은 일이 아니다. 우리 각자가 일하는 방식은 우리 모두에게 영향을 끼친다.

일과 건강

일이 언제 사람을 아프게 하고, 언제 건강과 행복에 긍정적인 영향을 주는지에 대해서 다양한 연구가 이루어지고 있다. 이처럼 일의 영향력을 살필 때, 그 일이 유급 직업이든 무급 돌봄 노동이든 별다른 차이는 없다.[56] 그렇지만 일이 전반적으로 우리에게 좋은 것이며 재정적으로도 유용하다는 사실을 강조하기 위해 일하는 여성이 전업주부보다 만족도가 높고 더 건강하며, 실업자가 직장인보다 우울

중에 더 자주 걸린다는 점을 언급하는 경우가 많다. 이는 어떤 소득 활동이든 하지 않는 것보다는 하는 게 낫다는 점을 시사한다. 하지만 전업주부라고 해서, 또는 무직이라고 해서 자동으로 병에 걸리는 것은 아니다. 무급 돌봄 노동이든 유급 노동이든 다음과 같은 특성을 보일 때 건강에 부정적인 영향을 끼친다. 이를테면 다른 사람의 인정과 지지가 부족하거나 부당한 대우를 받는다고 느낄 때, 주어진 시간 내에 업무를 완수할 수 없다는 느낌이 들 때, 시간에 쫓겨 휴식을 취하지 못하고 퇴근 후에도 해야 할 일을 계속 생각하느라 쉬지 못할 때, 업무가 단조롭거나 비정규 시간대에 일하거나 초과 근무가 많을 때 등 일에서 마주한 좋지 않은 상황 및 특성이 건강에 부정적 영향을 끼치는 것이다. 한편으로 일은 우리에게 일정한 수입, 규칙적인 일상, 사회적 인맥, 자기 효능감을 경험할 수 있는 기회 등 긍정적인 영향을 주기도 한다. 물론 모든 일자리가 긍정적인 영향만을 제공하는 것은 아니지만, 대체로 가사 및 육아를 전담하는 사람과 실업자는 이러한 효능을 얻기 어렵다.

현재 우리 사회는 무엇보다 직업 세계에서 심리적 욕구를 충족하는 구조가 발달했기 때문에 직업 활동을 통해 장기적으로 건강과 만족감을 유지하기가 가장 쉽다. 직업 활동 자체가 우리를 안정시키는 것도 아니고 무직이라는 사실이 무조건 자존감을 떨어뜨리고 우울증을 유발하는 것도 아니지만, 직업 이외의 활동에서는 시간을 유의미하게 구성하고 다른 사람의 존중을 경험하고 자신의 능력을 발휘할 기회는 물론 다른 사람들과 접촉할 기회조차 부족한 게 현실이다. 하지만 건강한 삶을 위해서는 직업 외에 삶의 모든 상황에서 인정과 효능감을 얻을 수 있어야 한다. 무언가를 공동으로 이루어낸다는 느낌 또는 타인의 인정은 직업 세계에서 만들어진 것이 아니라 우리가 그것들을 직업 세계로 너무 많이 밀어 넣은 것일 뿐이다. 이제 우리는 직업 생활 이외에 다른 삶의 영역을 더욱 의식적으로 구성해나가야 한다. 그리고 꿈의 직업을 갈망하는 대신 새로운 이상적인 돌봄 구조를 만들고, 자유 시간에 다른 사람들과 함께 우리 모두에게 행복감을 선사하는 일들을 할 수 있어야 한다.

실업과 빈곤은 사람들의 시간 이용에 막대한 영향을 끼친다. 빈곤 경험에 대해 글을 쓰는 다니엘라 브로데서(Daniela Brodesser)는 실업자가 더 많은 자유 시간을 가진다는 고정관념에 이의를 제기한다. 말하자면 이들은 학교에서 요구하는 12유로를 다음 날 아침까지 마련하기 위해 장바구니 속 물품을 줄이는 등(물론 이를 위해 모든 가격을 머릿속에 기억해둔다) 끊임없이 가난을 '관리'하는 데 전념한다는 것이다. 브로데서는 자신의 실직 경험을 돌아보며 계속해서 다음과 같이 이야기한다. "당시 일상에서 내가 갈망한 건 나의 강점을 다시 찾고 내가 할 수 있는 일과 할 수 없는 일을 명확히 하기 위한 더 많은 시간과 평화였다. 그리고 불안감을 떨쳐버리고 편견에 맞서 더 강력한 행동을 할 수 있도록 에너지를 재충전하는 것이었다."[57] 새로운 시간 문화는 모든 사람이 자신을 위한 시간을 가질 수 있어야 한다는 생각에 기초를 두어야 한다. 누구든 그 시간에 온전히 휴식할 수 있어야 하고, 그 시간을 자기 주도적으로 구성할 수 있도록 해야 한다. 이는 실업자와 빈곤을 겪는 사람들에게도 해당된다. 그들이 단순히 일하지 않거나 남들보다 적게 일한다고 해서 시간 풍요 속에서 사는 것은 아니기 때문이다.

의료사회학자 니코 드라가노(Nico Dragano)와 요하네스 지그리스트(Johannes Siegrist)는 좋은 근로 조건에 매우 큰 의미를 부여한다. 사람들은 '의식적으로 형성하고 경험하는 삶의 시간 중 상대적으로 가장 높은 비율'을 직업 활동으로 보내고, 이로 말미암아 장기간에 걸쳐 '건강에 영향을 끼치기' 때문이다.[58] 직업 활동이 건강과 삶의 만족도에 부정적인 영향을 끼친다면, 직장에서 보내는 시간에 비해 충분히 길지 않은 다른 시간을 통해 이를 보상하기는 어렵다. 건강과 자신감, 만족감은 기분 좋은 시간을 충분히 가짐으로써 부정적으로 경험한 시간을 상쇄할 때, 즉 부정적 시간과 기분 좋은 시간이 균형을 이룰 때 얻을 수 있다. 이 사실을 들어 일과 삶의 균형을 재해석할 수 있다. 직장에서 보내는 시간과 자유로운 시간이 실질적으로 균형을 이루어야 한다. 9시간 일한 후 저녁에 1시간의 자유 시간을 갖는 것으로는 스트레스를 제대로 다스릴 수 없다.

우리는 사람들을 병들게 하는 직업군으로 폐 질환을 앓고 있는 광부나 30년 동안 건강에 좋지 않은 자세로 일하여 무릎 관절이 나빠진 지붕 수리공을 떠올린다. 또는 매일 화학 물질과 직접 접촉하는 네일숍이나 미용실, 화훼 농장 직원처럼 건강에 해를 끼치는 영향이 즉각적으로 드러나는 직업을 떠올리기도 한다. 정년까지 건강하게 일하는 것이 불가능해서 그 전에 그만둬야 하는 직업도 있다. 이처럼 건강에 해로운 근로 조건을 허용하는 건 터무니없는 일일 것이다.

그러나 건강상의 위험이 항상 그렇게 분명하게 인식되는 것은 아니다. 과도한 근로 시간은 눈으로는 볼 수 없는, 오랫동안 간과하기 쉬운 건강 문제를 야기한다. 일을 너무 많이 하면 신체 활동을 할 시간이 부족해진다. 세계보건기구(WHO)에서는 건강을 유지하기 위해 성인 기준 일주일에 최소 2시간 30분에서 5시간 정도 적당한 강도의 움직임을 권장하며, 이상적으로는 추가로 두 번의 근력 운동을 권장한다. 운동은 심혈관 질환과 요통을 예방할 뿐만 아니라 당뇨병의 위험을 줄이고 치매를 예방하며 우울한 기분을 완화하는 데도 도움이 된다. 이러한 권장 사항을 진지하게 고려한다면 매일 신체 활동을 위한 시간이 필요하다.

하지만 지식 산업 및 서비스 업계에 종사하는 사람들 대부분의 상황은 이 권고와 거리가 멀다. 직장 생활을 하면서 운동을 충분히 할 수 있는 사람의 수는 계속해서 감소하고 있다. 독일에서는 여성의 15%, 남성의 25%만이 일주일에 2시간 30분 이상 신체 활동을 하고 있다.[59] 건강 측면에서 하루 8시간 동안 책상에 앉아 있는 상태를 보완하려면 심장이 조금 더 빨리 뛰도록 하루에 최소 1시간은 움직여야 한다. 그것이 꼭 스포츠일 필요는 없으며 땀을 흘릴 정도의 집안일도 적합하다. 그러나 대부분 우리가 너무 오래 앉아 있다는 사실을 인식하지 못한다. 일주일 내내 사무실에서 거의 움직이지 않고 일만 하다 보면 약간의 피로를 느낄 수 있겠지만, 이로 인해 암이나 당뇨병, 심장마비와 같은 질병 위험이 증가한다는 사실을 깨닫기는 어렵다.

주로 앉아서 혹은 서서 일하는 사람들은 자신의 근무 조건에 대부분 만족하지 않는다. 독일의 공공 건강보험사(TK)의 신체 활동에 관한 최근 연구에 따르면, 조사 대상자의 절반 이상이 근무 시간 동안 신체 활동을 더 많이 하기를 원하며, 일상적인 직장 생활 속에 그러한 기회가 더 많았으면 좋겠다고 답했다.[60] 움직임이 적은 직종에서 일하는 사람들은 부족한 신체 활동을 여가 시간에 보충하려고 노력하지만, 건강한 균형을 맞추는 데 필요한 만큼의 운동을 하는 경우는 거의 드물다.[61] 의지는 있지만 시간이 없기 때문이다. 연구에 따르면 운동을 전혀 혹은 거의 하지 않는 사람 중 45%는 시간 부족을 그 이유로 꼽았으며, 여성의 약 절반과 남성의 3분의 1은 '대부분 하루 일과가 너무 힘들어서 저녁에는 소파에서 쉬는 편이다'라는 답변을 선택했다. 이처럼 많은 사람이 직장의 일상에 너무 지쳐서 시간이 있어도 거의 아무것도 못 하고 피곤해서 누워만 있다면 이는 무언가 단단히 잘못된 게 아닐까.

로베르트 코흐 연구소(Robert Koch-Institut)의 여성 건강 보고서에 따르면 자녀를 둔 어머니는 아이를 돌볼 필요가 없는 여성보다 운동할 시간이 적다. 또한 자녀 유무와 관계없이 여성은 조기 퇴직이나 은퇴를 한 후에야 더 많은 신체 활동을 위한 시간을 갖게 된다.[62] 다른 연구에 따르면 여성은 자녀가 독립했을 때 돌봄 노동의 스트레스가 줄어들기 때문에 젊은 시절보다 자녀를 독립시킨 이후에 더 건강하다고 느끼는 것으로 나타났다.[63] 남성의 경우에도 직무 스트레스, 가족, 운동 시간 사이의 연관성을 암시하는 비슷한 양상이 관찰된다. 즉 18~24세 사이의 남성과 65세 이상의 남성이 신체적으로 가장 활동적이다. 이 연령대는 일상생활 시간 중 대부분을 직장에서 보내기 전과 후의 시기를 나타낸다.[64]

또한 로베르트 코흐 연구소의 학자들은 오해의 소지가 있긴 하지만 성별 간에도 차이가 있다고 지적한다. "거의 모든 연령대에서 여성보다 남성이 일상생활에서 신체 활동에 더 많은 관심을 기울인다."[65] 그렇지만 모든 연령대의 여성이 집에서 무보수로 일하는 시간이 더 많기 때문에, 여성이 평균적으로 운동할 시간이 적고 운동을 하기에는 너무 피곤하다는 진술이 아마도 여성의 실제 삶의 상황을 더 정확하게 드러낸 것이라고 볼 수 있다. 여가 스포츠 활동의 성별 격차는 마음가짐의 문제가 아니라 돌봄 노동의 불공정한 분담에서 비롯된다.

따라서 시간 정책은 건강 정책이기도 하다. 모든 사람이 신체 활동을 할 수 있는 충분한 시간과 기회를 가질 수 있도록 해야 한다. 사람들이 운동을 거의 하지 않는다고, 또는 간편식을 먹는다고 비난하는 대신 왜 그렇게 하는지 물어볼 수도 있을 것이다. 점점 더 많은 사람이 긴 근무 시간과 출퇴근에 소요하는 시간으로 인해 혹은 교대 근무 때문에 배고픈 아이들에게 시간과 정성을 들여 요리해주는 대신 냉동 생선 커틀릿을 데워주는 현실은 딱히 이상한 일이 아니다. 더 나은 건강을 위한 공중 보건 권장 사항은 모든 사람이 이를 실행할 수 있는 여건이 동시에 조성되지 않으면 가치가 없다. 그러나 그렇게 되기 위해서는 먼저 근본적인 문제를 인식하고 그 사회적 관련성을 이해해야 한다.

수명을 단축하는 일과 빈곤

현재 우리의 직업 세계에 법적으로 인정되는 직업병이 80여 가지가 넘고 전체 질병의 약 30%가 업무와 관련이 있다는 사실은 놀랄 일이 아니다. 건강하지 못한 업무 구조로 인해 발생하는 비용은 독일에서 연간 최소 280억 유로에 달하며[66], 이는 연방 가족·노인·여성·청소년부 예산의 두 배 이상에 해당한다.[67] 유럽 산업안전보건청(European Agency for Safety and Health at Work)과 국제노동기구(ILO)는 열악한 산업 안전 보건에 따른 비용을 EU 국내총생산(GDP)의 3.3%로 추산하는데, 이는 4760억 유로에 달하는 금액이다. 이에 따라 2019년 유해한 업무로 생겨난 비용은 같은 기간 EU의 GDP 성장률보다 두 배 이상 높았다.[68] '지속 가능한 경제' 체제에서는 이러한 방식으로 노동자의 건강을 해치지 않을 것이다. 이러한 수치를 개선하기 위해선 정책적으로도 변화가 시급히 필요하다. 건강을 해치는 노동으로 인한 비용은 결국 시민들이 세금으로 지불하는 반면, 이러한 착취를 통해 얻은 이익은 소수의 주머니로 흘러들어간다. 그렇게 사람을 아프게 만드는 노동은 공공 재정에 부담을 안겨준다. 우리는 사회적 차원에서 이러한 현상을 그대로 받아들여서는 안 된다. 인간이 말 그대로 노동에 의해 소비되는 자원이 되어서는 안 된다.

일 때문에 건강이 나빠지더라도 감수할 만큼 일이 중요할까? 물론 굶주리는 것보다는 지치거나 허리 통증이 있는 것이 더 합리적인 것처럼 보이기는 한다. 하지만 36시간 동안 잠을 자지 않은 의사에게 수술을 받고 싶어 하는 사람은 거의 없다. 우리는 우리를 위해 시간을 할애하고 즐겁게 자신의 일에 임하는 요양 보호사의 보살핌을 받기를 원한다. 우리 아이들에게 관심을 가지고 문제가 생겼을 때 지지해주는 보육교사와 교사를 선호한다. 우리는 생일을 맞을 때 서로의 건강과 장수를 기원한다. 독일 사람들은 친구를 비롯한 다른 사람들과의 좋은 관계보다 더 중요한 것은 없다고 생각한다.[69] 그런데 왜 우리는 일을 위해, 돈을 위해 가장 중요하다고 여기는 것을 잃는 위험을 감수하는 걸까?

2019년 독일에 거주하는 사람의 17%가 67세가 되기 전에 사망했다. 정년을 69세로 더 연장하면 독일인의 약 20%는 직장 생활이 끝난 후 삶이 1년도 채 남지 않게 될 것이다.[70] 이들에게 인생의 마지막에 충분한 자유 시간을 가질 수 있다는 희망은 이미 공허한 약속이 되어버렸다. 5명 중 1명은 일을 위한 인생을 산 것이다.

가난한 사람들은 부유한 사람들보다 일찍 사망한다. 이들은 기대 수명이 현저히 짧고 은퇴 후에도 일해야 하는 경우가 많은데, 이는 많은 저임금 일자리의 근로 조건이 극도로 열악하기 때문이기도 하다. 이전부터 평균 이상으로 잘살았던 사람들이 장수를 기대할 수 있다. 베를린 인구개발연구소(Berlin-Instituts für Bevölkerung und

Entwicklung)의 연구에 따르면 "데이터를 수집할 수 있는 거의 모든 국가에서 대학 졸업자는 초등학교만 다녔거나 학교를 전혀 다니지 않은 사람보다 평균 2년에서 12년 더 오래 산다."[71] 독일에서는 빈곤선 이하의 남성이 부유한 남성보다 약 11년 먼저 사망한다. 빈곤한 여성의 경우 기대 수명이 평균 8년 정도 낮다. 로베르트 코흐 연구소의 데이터에 따르면 소득 수준 중간 계층의 기대 수명도 상위 계층의 기대 수명보다 낮다. 따라서 "기대 수명은 소득에 따라 등급화된다"라고 말할 수 있다.[72]

한편, 연금 논의에서 주로 근면한 사람들로 언급되는 사람들, 다시 말해 일생 동안 열심히 일한 업적을 인정해주고 (낮은 임금으로 인한) 낮은 연금을 나중에 인상해주어야 하는 바로 그런 사람들은 노후에 풍족하게 살 가능성이 훨씬 작다. 일반적으로 연금을 많이 받는 사람들이 적게 받는 사람보다 연금을 오래 지급받기 때문에 계산해보면 더 많은 돈을 '상위층'으로 분배한다. 늙는 것과 일찍 죽는 것은 개인의 운에 달린 일도, 개인의 잘못도 아니지만 둘 다 열악한 노동 조건, 불안정한 임금, 수명 단축과 직접적으로 연관되어 있다. 시간을 돈으로 살 수는 없지만, 부유한 사람이 일반적으로 오래 산다.

한 사회에서 은퇴 이후 삶을 좋은 시간으로 경험하는가는 그 사회가 구성원의 건강을 얼마나 중요하게 여기는지에 달려 있다. 독일에서는 65세 이후 '건강 수명'이 감소하고 있다.[73] 정치학자 코넬리아 하인체(Cornelia Heintze)는 현대 의료 시스템에 대한 보고서에서 2000년에 여성은 평균 9년, 남성은 10년의 건강 수명을 기대할 수 있었지만, 2012년에는 남녀 모두 6년 남짓으로 감소했다고 쓰고 있다. 그러나 같은 기간 동안 북유럽 국가에서는 기대 수명이 꾸준히 증가했다. 이를테면 스웨덴과 덴마크에서는 65세 이후에도 15년 이상을 살 수 있으며, 독일 노인에 비해 질병에 덜 걸리고 돌봄이 필요한 정도도 낮다. 하인체는 이러한 엄청난 차이가 생기는 이유에 대해 독일에서 건강 예방 관리를 덜 중요하게 생각하기 때문이라고 설명한다. 게다가 독일에서는 북유럽 국가에 비해 가족 구성원이 돌봄 임무를 훨씬 더 많이 담당한다고 한다. 일과 돌봄의 병행은 건강에 부담이 될 수 있으며, 이처럼 이중으로 일한 사람이 은퇴 연령이 되면 더 많이 아프게 된다. 그러므로 돌봄 부문에 재정을 충분히 지원하지 않으면 현재 돌봄 수요에 따른 비용보다 장기적으로 더 많은 비용을 쓰게 될 수 있다.

일은 모든 사람에게 도움이 되고 그들의 삶을 더 낫게 만들어야 한다. 사람들의 건강을 해치는 일, 관계를 취약하게 만드는 일, 환경을 파괴하고 기후 위기를 가속화하는 일은 소수의 이익과 부의 증대에만 도움이 된다. 현재 우리가 일자리를 조직하고 대가를 지불하는 방식은 대부분의 사람이 자신의 가치와 모순되는 삶을 살아야 하는 결과로 이어진다. 페미니스트이자 정치철학 및 국제정치학 명예교수인 실비아 페데리치(Silvia Federici)는 "일이 필요할 수는 있겠지만, 그것이 곧 정치적 전략은 아니다"라고 말했다.[74] 우리는 더 나은 삶, 모두를 위한 공정하고 좋은 삶을 위해 일 자체를 넘어 폭넓게 생각하고, 지금과는 다른 방식으로, 그리고 지금보다 적게 일해야 한다는 것을 깨달아야 한다.

일일 8시간 노동, 무엇이 문제인가

시간을 정확하게 측정 가능하고 관리할 수 있는 개념으로 보는 것은 기술 유토피아에 근거한 오해다. 이는 일상 시간의 본질을 이해하고 그것을 우리 삶에 적용하기 어렵게 만든다. 시간은 우리 인간의 한 부분이며, 생동적이기도 하고 우리 마음대로 할 수 없을 정도로 완강하기도 하며, 변화무쌍하고 예측할 수 없는 방향으로 흘러가기도 한다. 따라서 하루를 정확히 똑같은 양으로, 똑같이 가치 있는 세 조각(일, 자유 시간, 수면)으로 나누려는 시도는 처음부터 실패할 수밖에 없다.

하루 8시간 노동은 오래전부터 사람이 감내할 수 있는 근로 시간의 기준으로 여겨져 왔다. 그러나 이는 삶과는 거리가 먼 시간 개념이며, 너무 단순한 공식에서 비롯한 것이다. 20세기 초, 일일 근무 시간 단축을 주장하던 노동자들은 삶의 중요한 세 가지 영역을 구분하고 각 영역에 8시간씩 할당해야 한다고 주장했다. 근로자는 업무에 소요하는 만큼의 자유 시간과 충분한 수면 시간을 제공받아야 한다는 것이다. 100여 년 전, 기업가이자 사회 개혁가인 에른스트 아베(Ernst Abbe)는 일과 삶의 균형(Work-Life Balance)을 '8시간의 업무, 8시간의 수면, 8시간의 인간다움'이라고 설명했다.[75] 자이스(Zeiss)

회사의 소유주였던 아베는 1900년에 하루 8시간 근무제를 도입했고, 이는 종전의 하루 10시간에 비해 상당히 줄어든 것이었다. 사회철학자 오스카 넥트(Oskar Negt)에 따르면 노동운동이 주창한 이 3×8시간 공식은 '논리적으로 그럴듯해 보이는 시간 분할'이었다.[76]

그러나 공정과 해방 측면에서 살펴보면, 당시 노동자의 시간 정의와 관련하여 상당한 진전을 이루었던 이 사건은 단편적인 노동 개념에 기초한 것이었다. 즉 유급 노동만 인정되었을 뿐이다. 이는 '노동자'가 사회 전체를 대표하지 않는다는 사실을 간과한 것이었고, 정규직 임금 노동으로 자신의 일상을 보내지 않거나 요리, 육아, 노인 돌봄, 빨래 등 살아가는 데 반드시 필요하지만 보수가 지급되지 않는 가사 노동을 하는 모든 사람의 상황을 무시했다. 공장 가동이 끝났다고 해서 일이 끝나는 것이 아니며, 사람들이 다음 날 아침 다시 일하러 갈 수 있도록 기초가 되어주는 재생산 활동도 일이라는 사실이 포함되어야 공정한 공식이라 할 수 있을 것이다. 지금까지의 프롤레타리아 운동은 가정에서의 무급 노동을 제쳐둠으로써 그것이 진짜 노동이라는 사실을 부정했다. 다시 말해 오늘날 더 좋은 노동 조건, 노동 시간 단축을 주장하는 노동 운동은 유급 노동만을 위한 운동, 즉 반쪽자리 노동 운동임이 분명하다.

또한, 이제 더 이상 전일제 소득 활동이 에른스트 아베가 말한 '인간다움'을 위한 8시간을 보장하지 않는다는 것을 아는데도, 하루를 똑같이 세 부분으로 나누는 것이 가능하고 이것이 공정하고 균형적이라는 생각은 오늘날에도 여전히 지속되고 있다. 그러나 이 공식

우리는 더 나은 삶,
모두를 위한 공정하고 좋은 삶을 위해
일 자체를 넘어 폭넓게 생각하고,
지금과는 다른 방식으로, 그리고 지금보다 적게
일해야 한다는 것을 깨달아야 한다.

은 그 당시에도 정의롭지 않았고, 현재 우리 사회에도 정의롭지 못하다. 일이 우리의 다른 시간으로 확장되고 있기 때문이다. 앞에서 언급했듯이 독일에서 점점 더 많은 사람이 8시간의 근로 시간에 더해 출퇴근에 점점 더 긴 시간을 사용하고 있다. 또한 직장에 나가기 위해서는 퇴근 후의 시간을 활용하여 다음 날 다시 최상의 컨디션을 유지하도록 해야 한다. 무엇보다 우리는 여전히 사회적으로 필요한 일의 일부만을 유급 노동으로 계획하고 조직하고 있다. 우리에겐 그 외의 다른 무급 노동을 할 수 있는 시간도 필요하다. 하루 8시간 근무제가 도입된 지 100년이 넘은 지금도 사람들은 자동으로 청소가 되는 스마트홈이나 냉장고를 채워주고 요리를 해주는 로봇을 가지고 있지 않으며, 여전히 스스로를 돌볼 수 없는 사람들, 보살핌이 필요한 사람들과 함께 살고 있다. 게다가 모든 돌봄 노동을 다른 사람한테 넘길 수 있는 것도 아니며, 돌봄을 넘기고 싶어 하지 않는 사람도 있다. 하루 8시간 근무제는 (유급) 노동이 딱 8시간 안에 끝나고, 나머지 시간을 돌봄에 사용하지 않고 실제로 자유롭게 사용할 수 있을 때만 공정한 계산이라 할 수 있을 것이다. 즉 그 누구도, 그 무엇도 돌볼 필요가 없다면 말이다.

한편 퇴근을 하면 모든 일이 끝났다는 생각은 오늘날 여전히 성별 돌봄 격차(Gender Care Gap)의 원인으로 작용하고 있다. 독일에서 여성과 동거하는 남성은 가정에서 발생하는 일을 동등하게 분담하려는 의지가 거의 없다. 여성의 돌봄 노동 시간은 남성보다 하루 87분 더 많다. 남성과 여성 모두 전일제 근무를 하는 경우에도 여성이 남성보다 육아와 집안일에 40% 더 많은 시간을 소비한다.[77] 직장과 정치 세계에서만 평등을 위한 전략을 개발하는 것만으로는 충분하지 않다. 우리는 가정이라는 사적 영역으로 간주되는 곳까지 정치적 노력을 확대해야 한다. 불평등한 노동 분담과 그로 인해 발생하는 자유 시간의 현저한 격차로 말미암아 돌봄을 책임지는 사람(대부분 여성)이 남성보다 훨씬 더 자주 지치고 덜 건강하다고 느낀다면, 그들은 파트너보다 자기 삶을 자유롭게 꾸려나갈 수 없다.

오늘날 하루 8시간 근무제는 여전히 공정한 척도로 여겨지는데, 이는 소득 활동이 하루의 대부분을 차지하고 다른 활동 및 욕구에는 자동적으로 더 적은 시간을 할애해도 된다는 걸 많은 사람이 받아들이기 때문이다. 많은 이가 소득 활동이 우리 시간 문화의 중심에 있는 것을 자연법칙으로 이해한다. 그 결과 우리는 경제가 우리 삶의 시간에 부과하는 요구에 순응하게 된다. 유급 노동에 많은 시간을 할애할 수 있는 사람이 사회적 표준이 되는 것이다. 직장에서 아침부터 저녁까지 일할 수 있는 사람들이 실제로는 다수가 아닌데도 우리는 그런 사람들이 다수라고 생각한다. 사회에는 전일제 일자리를 중심으로 자기 삶을 꾸려가지 않는 사람들이 더 많다. 미취학 아동, 취업 준비 중인 청년, 하루에 몇 시간만 직장에 다니는 사람, 젖먹이 아기를 돌보는 사람, 홀로 아이를 돌보는 사람, 소득 활동을 하면 안 되거나 할 수 없는 사람, 일시적으로 혹은 오랫동안 실업 상태인 사람, 은퇴자 등 전일제 직업과는 거리가 먼 사람들이 다수를 형성한다. 상대적으로 눈에 띄지는 않지만 삶의 많은 부분이 유급 노동 이

외의 영역에서 이루어진다.

하루 8시간 근무제에 대해 더 치열하게 의문을 제기하기 위해서는 권력 관계에 대해 이야기해야 한다. 우리가 표준으로 받아들이는 삶의 모델은 많은 사람들의 현실을 반영하지 않거나 누군가에게는 달성할 수 없는 것이다. 사람들이 전문성 개발, 인정, 경제적 안정을 약속하는 전통적인 직업 경력만을 위해 노력한다면 우리는 정의도, 나아가 더 많은 자유도 달성할 수 없다. 지금까지의 성 평등 정책과 일부 페미니즘 경향이 보여준 평등한 직업 세계 이념은 이 같은 오해에 기반한 것이다. 이러한 이념들은 출발 조건이 매우 좋은 사람, 예기치 못한 일로 경력이 중단된 적이 없는 사람, 일할 수 있는 능력을 제한하는 만성 질환이 없는 사람, 평생 무급 돌봄 노동을 전혀 또는 거의 하지 않는 사람 들에 맞춰져 있다. 이러한 직업 세계가 가져올 미래의 모습은 돌봄이 없는 세상으로, 그러한 세상에서는 가족을 돌보고, 유급 돌봄 노동을 맡는 것이 더욱 뚜렷한 계급적 특성이 된다. 이와 달리 '많은 소득 활동, 적은 돌봄'이라는 삶의 모델이 우리 사회에 실제로 어떤 영향을 끼치는지 명확하게 바라보는 것이야말로 진정 진보적이고 페미니즘적인 일일 것이다. 그렇지만 진보적인 사람들조차 전일제 근무와 경력을 이상적인 것으로 받아들이고, 이 모델이 다른 어떤 것보다 행복과 만족을 약속한다는 생각을 품는다. 혁신, 대담한 아이디어, 변화에 대해 끊임없이 이야기하는 사람들조차도 우리를 사회적으로 결속시켜주는 새로운 해결책을 제시하기보다는 장시간 근로를 예찬한다. 그러나 돌봄을 배제하거나 완전히 외부에 위탁하는 건 정의로운 사회로 나아가는 길이 아니다.

신자유주의 평등 정책은 소득 활동이 가능한 연령대의 모든 사람이 보수가 좋은 전일제 일자리에 취업하여 재정적으로 안정될 수 있을 것이라는 목표를 제시한다. 그러나 현재의 경제 시스템에서는 모두를 위한 좋은 임금은 상상조차 할 수 없다. 저널리스트 율리아 프리드리히스(Julia Friedrichs)가 『노동 계급(Working Class)』에서 설명한 것처럼, 독일에서도 전일제 일자리로 생계를 유지하는 것이 점점 더 어려워지고 있다.[78] 자본주의 사회에서 소득 활동이 조직되고 그에 대한 보수가 지급되는 방식은 우리의 삶의 다양한 맥락을 고려하지 않는다. 오히려 우리는 전일제 일자리를 가족, 우정, 사랑, 정치 참여, 창의성, 건강에 필요한 시간을 고려하지 않는 독단적인 시스템으로 이해한다.

2021년 연방 선거 당시 사회민주당(SPD)은 '당신을 위한 사회적 정치(Soziale Politik für Dich)'라는 슬로건을 내걸고 선거운동을 펼쳤지만, 전일제 근로 시간 단축, 빈곤을 방지할 시간제 임금 인상 또는 무급 돌봄 노동의 경제적 중요성 인식 등의 공약은 제시하지 않았다. 지금의 전일제 일자리 모델은 모든 사람에게 재정적으로는 필요할지는 몰라도, 사회를 위한 다른 일을 할 시간을 거의 허용하지 않기 때문에 아주 많은 사람들에게 '사회적'이지는 않다. 사회 전체와 복지에 주의를 기울이려면 주 40시간 근무제의 종식을 요구해야 한다.

전일제 일자리는
어떻게 사회적 불평등을 굳히는가

우리는 이제까지 전일제 일자리가 주를 이루는 직업 세계에 맞추어 무급으로 수행되던 돌봄 노동을 확대하여 전문화시키고 유급 일자리로 전환하는 등 우리 삶의 방식을 완전히 새롭게 재정비할 필요가 있다. 그렇게 되면 '사랑의 마음으로' 청소를 하고, 지금까지 시간제나 미니잡으로 일하거나 집에서만 일하던 사람들이 더 나은 일을 할 수 있게 될 것이다. 영국의 작가 로리 페니(Laurie Penny)는 『고기 시장(Meat Market)』에서 다음과 같이 쓰고 있다. "여성들이 아무것도 하지 않는 것만으로도 서구 사회를 무릎 꿇게 할 수 있다."[79] 바로 이것이 '모두를 위한 전일제'라는 아이디어가 실행될 경우 일어날 결과다. 새로운 전일제 인력들이 무급으로 집에서 일하는 것을 거부한다면 그 부작용은 사무실, 기업, 학교 등에서 금방 나타날 것이다. 빨지 않은 셔츠를 입은 사람들, 잠옷 바람에 도시락도 챙겨 오지 못하는 아이들이 늘어날 것이다. 여성이 집안일을 파업하면 가족 돌봄에 평균 4시간 이상 공백이 발생한다. 이 시간은 보상받아야 마땅하지만 우리 경제는 이 무급 노동을 당연한 투자라고 생각하고 경제 활동으로 인정하지 않으며, 보상 또한 하지 않고 있다. 우리의 번영은 바로 이 노동을 기반으로 한다.

오늘날 가사와 다른 돌봄 노동에서 보조를 받을 수 있을 정도로 가계소득이 충분한 사람은 극소수에 불과하다.[80] 맞벌이 전일제 근무를 통해 가계 재정 상황을 개선할 수는 있겠지만, 또 다른 문제가 남는다. 전일제 비율이 전체 근로자의 60%를 조금 넘는 독일에서도 현재 가사도우미로 일하려는 사람이 충분하지 않다는 것이다.[81, 82] 그 이유는 무엇보다 주로 불안정한 삶의 상황에 있는 사람들이 이러한 일자리를 선택하기 때문이다. 다시 말해 취업 허가가 없는 사람이나 다른 일을 할 수 있는 전문 자격이 없는 사람, 낮은 실업 수당, 낮은 소득, 빠듯한 연금으로 인해 돈을 추가로 벌어야 하는 사람 등이 주로 이런 일자리를 선택한다. 독일에서는 가사도우미 10명 중 9명이 미등록 상태로, 즉 사회 보장을 받지 못한 채 일하고 있다. 한편에서는 가사 지원이 절실히 필요한데, 다른 한편으로 정규직 가사도우미 일자리는 거의 없는 현실이다. 가족 안에서 이미 돌봄을 담당하고 있는 사람들은 가사 보조가 절박하게 필요하지만, 양질의 보조를 받기 어렵거나 비용이 너무 비싸다는 문제에 직면해 있다. 가까운 미래에 베이비붐 세대가 나이가 들면서 돌봄이 필요해질 테니 지금보다 훨씬 더 많은 가사도우미와 기타 돌봄 노동자가 있어야 할 것이다. 그러나 우리는 이러한 직업을 매력적으로 만들 수 있는 좋은 근로 조건을 제공하지 않는데, 그 이유를 분석해보자.

돌봄 노동자에게 보수를 지급하면서 돌봄 일을 맡기려면 본인의 시간당 임금이 그 노동자에게 지급하는 시간당 임금보다 높아야 한다. 경제적 측면에서 자신이 직접 할 수 있는 일, 즉 개인 서비스를 다른 사람에게 위탁하는 건 돈을 절약하는 경우에만 의미가 있다. 따라서 가사도우미를 고용하는 것이나 장보기 배달 서비스는 일종의 계급적 특성이다. 돈이 많지 않은 사람에게는 다른 사람의 노동에 자신과 비슷하거나 더 비싼 비용을 지불하는 건 그리 매력적인 일이 아니다. 개인 서비스 시장은 사회의 빈부격차가 커지고 큰 소득격차가 변할 수 없는 것으로 받아들여질 때만 성장할 수 있다. 이러한 계층 사회에서 고임금 직종 종사자들은 매력적으로 여겨지지 않는 일을 저임금 노동자가 맡아야 한다고 요구한다. 자신이 하고 싶지 않은 일을 외부에 위탁함으로써 더 가치 있는 활동을 할 수 있는 시간을 확보할 수 있다고 여기는 것이다. 말하자면 중산층의 안락한 삶은 하인 계급의 존재를 기반으로 한다.

일각에서는 이 문제에 대해 해결책을 제시하고 있다. 가사 관련 서비스에 더 나은 보수를 지급하고, 이 분야에서 사회보장제도가 적용되는 정규직 일자리를 창출하자는 제안이 자주 제기되고 있다. 독일 연방 정부는 가사 관련 서비스를 국가 차원에서 장려하고 더 많은 사람이 저렴한 비용으로 가사도우미를 고용할 수 있도록 바우처(Voucher) 모델을 도입할 계획이다. 그렇게 되면 가사도우미들이 정규직으로 고용되어 더 나은 급여를 받게 될 것이다. 연방 정부의 제2차 성 평등 보고서에서 이러한 조치를 권고한 전문가 위원회 위원인 과학자 우타 마이어-그레베(Uta Meier-Gräwe)는 가사와 가족을 지원하는 업무를 '매력적인 서비스 직업'으로 발전시킬 수 있다고 보고 있다. 그녀는 개인 가정에서 일하는 것이 '사회적 중요성 측면에서 다른 사회복지 직업보다 결코 열등하지 않은 직업'이 되어야 한다고 쓰고 있다.[83] 얼핏 보면 좋은 말처럼 들리지만 여기에는 몇 가지 문제가 있다. 우선 음식 배달원이나 택배 기사와 같은 서비스 직종은 이 논의에 포함되어 있지 않다. 다음으로, 여타 사회복지 직업들은 사회적으로 중요한데도 일반적으로 보수가 매우 적으며, 주로 여성이 하는 일이라는 편견 때문에 평가 절하된다. 그렇다면 가사 관련 서비스를 적절한 보수와 존중을 받는 직업으로 만들기 위해서는 어떻게 해야 할까?

이 논의를 두고 독일 노동조합총연합은 가사 관련 서비스가 '좋은 일'로 간주되기 위해서는 1시간에 최소 30유로를 지급해야 한다는 내용을 담은 성명서를 발표했다.[84] 이는 현재 고용된 청소 노동자의 평균 수입보다 훨씬 많은 금액이다. 연방 정부가 독일 노동조합총연합의 제안대로 가사 노동을 지원하기 위해서는 여러 난관에 봉착할 것이다. 정부의 지원을 받더라도 가사 노동은 매우 열악한 임금을 받을 가능성이 높다. 또한, 정부가 가사 관련 서비스를 장려하는 건 사람들의 재정적 안정을 보장하는 데 기여하지 못할 것이며, 정의로운 사회에도 별로 효과적이지 않을 것이다. 말하자면 우리의 계급 사회는 그대로 유지될 것이다.

일을 바라보는 지금까지의 관점(커리어 페미니즘이 표방하기도 한), 즉 직업 세계에는 전일제 일자리만 있어야 한다는 생각은 계급주의적이고 인종차별적이다. 일종의 '하인 계급'의 대부분이 소수 인종 및 저소득층 사람들이기 때문이다. 이들이 자신의 직업적 꿈을 이루고 사회적으로 상승할 가능성은 희박하다. 이미 1984년에 미국의 작가이자 페미니스트인 벨 훅스(Bell Hooks)는 「일의 본질을 다시 생각하기(Re-Thinking the Nature of Work)」에서 1970년대와 1980년대 페미니즘 운동이 왜 대다수 여성의 지지를 얻지 못했는지 설명했다. 당시의 백인 페미니즘은 계급과 인종에 대한 의식이 부족했다는 것이다. 즉, 노동계급 여성은 물론 소득 활동이 주로 '착취적이고 비인간적'이라는 것을 경험한 아주 많은 흑인 여성과 가난한 여성에 대해 전혀 고려하지 않았다.[85, 86] 당시 페미니즘 운동은 오늘날 커리어 페미니즘과 마찬가지로 소수 여성의 직업적 성공을 가능하게 만드는 것에 초점을 두었을 뿐, 대부분의 여성이 만족스럽고 보수가 좋은 일자리를 찾지 못한다는 사실을 외면했다. 혹스는 훗날 저술한 에세이에서 "수많은 여성이 함께 분노한 이유는 페미니즘적 사고에 자극받아서 직업 활동을 통해 해방을 경험할 수 있다고 믿었기 때문이다. 그러나 대부분 집과 직장에서 야근과 초과 근무를 하는 결과로 이어졌다"라고 이야기한다.[87] 혹스에 따르면 자신의 커리어를 갖기 원했던 백인 여성들과 달리 흑인 여성들은 자녀 및 가족과 더 많은 시간을 보내기를 원했다.[88] 혹스는 여성에 대한 경제적 착취를 종식하고 모든 여성에게 좋은 노동 조건과 좋은 보수의 일자리를 제공하는 것에 중점을 두는 페미니즘, 모두에게 좋은 삶을 보장하기 위해 노동을 어떻게 조직할 것인가 하는 문제를 해결하는 페미니즘만이 대중운동이 될 수 있다고 말한다.[89, 90]

가사 관련 서비스 분야에서 일하는 사람들은 충분히 자부심을 가질 만한 이유가 있다. 그들의 일은 사회적으로 반드시 필요한 까다로운 일이기 때문이다. 그러나 그들이 열악한 임금을 받는 한, 가사 관련 서비스는 사회의 시간 정의를 실현하는 데 도움이 되지 않는다. 불안정한 하인 계급에 속한 사람들과 저소득층 사람들은 장시간 업무 외에도 자기 집 화장실 청소, 장보기, 요리까지 직접 해야 하므로 자유롭게 사용할 수 있는 시간이 적다. 따라서 우리는 시간 정의를 실현하기 위해 값싼 개인 서비스에 대한 요구를 포기해야 한다. 구체적으로 말하자면 집안일을 다른 사람에게 맡기고 이를 통해 시간을 버는 데 익숙해진 사람들이 다시 직접 집안일을 해야 한다는 뜻이다. 더 많은 사람을 주 40시간 일자리에 몰아넣는 대신, 전일제 근로 범위를 줄이고 그로 인해 생겨나는 여유 시간을 자신의 일상생활에 필요한 일을 스스로 하는 데 활용해야 한다.

돌봄 노동을 공정하게 배분하지도 않고, 그 가치를 인정하지도 않으면서 전일제 고용률을 높이겠다는 발상은 옳지 않다. 다행히 2017년 연방 정부의 제2차 성 평등 보고서에는 맞벌이 부부가 과도한 부담 없이 생활할 수 있는 '소득 활동 및 돌봄 모델'이 장기적으로 가족 정책의 바탕이 되어야 한다는 내용이 담겨 있다.[91] 그러나 연방 정부는 이 모델을 어떻게 실현할 것인지, 나아가 한부모도 과도한 부담 없이 살 수 있는 방법에 대한 구체적인 정치적 아이디어를 아직도 제시하지 못하고 있다. 근로 시간 선택제[92]나 가족사회학자 카린 유르크지크(Karin Jurczyk)와 법학자이자 정치학자 울리히 뮈켄베르거(Ulrich Mückenberger)가 개발한 선택적 시간 모델(Optionszeitmodell)(사회적으로 중요한 활동을 위해 최대 9년까지 소득 활동을 중단하거나 줄일 수 있도록 보장하는 제도)과 같은 제안은 지금까지 전문 직종에서

만 논의되었을 뿐이다.[93]

돌봄 노동을 분담하고 전문 인력의 지원을 받는다면 더 나은 삶을 살 수 있다. 육아나 간병에 타고난 재능을 가진 사람은 없기 때문이다. 그렇다고 자녀나 가족, 친구를 직접 돌보고 싶어 하지 않는 사람도 거의 없다. 함께 지내는 시간은 친밀한 유대감의 가장 중요한 요소 중 하나이기 때문에 돌봄과 감정 노동에 들어가는 모든 시간을 다른 사람에게 완전히 넘길 수는 없다. 함께하는 시간이 없다면 그 관계에는 깊이가 부족할 것이다. 예를 들어 장애 아동을 둔 대부분의 부모는 자녀를 요양 기관에 맡기고 '부담을 덜기'를 원하는 것이 아니라, 가정에서 더 많은 지원을 해주고 싶어 하고 더 포용적인 어린이집과 학교를 원한다. 따라서 상호교차성 페미니즘(Intersectional Feminism)에서는 돌봄을 외부에 위탁하는 대신 통합해야 한다고 주장한다. 우리의 사회적 관계를 위해 얼마나 많은 시간이 필요한지에 관한 질문은 경제적 정의를 이야기하는 논의에 동등하게 포함되어야 하며 정치와 관련된 질문으로 이해되어야 한다. 돈으로는 우리가 서로를 위해 필요한 시간을 살 수 없기 때문이다.

하루 8시간 근무제는 결코 모든 사람을 위한 것이 아니다. 모두에게 실현 가능하지도, 공평하지도 않다. 하루 8시간 근무제는 소득 활동 중심의 삶을 선택할 수 있고 돌봄 노동을 다른 사람에게 위탁할 정도로 충분히 많은 급여를 받는 사람들이 부와 사회적 영향력을 쉽게 얻을 수 있게 함으로써 불평등을 양산하고 고착화한다. 또한, 하루 8시간 근무제는 소득 활동 대신 사회적으로 의미 있는 일을 하는 사람들, 삶에 대해 다른 생각과 바람을 가진 사람들, 노동 시장에서 배제되거나 박봉을 받는 사람들, 신체적 또는 정신적 제약으로 일반적인 전일제 일자리의 요구를 해결할 수 없는 사람들에게는 불이익을 준다. 소득 활동을 우선적으로 지향하는 사회에서는 정의가 실현될 수 없다.

일을 공정하게 분배하기

우리는 일을 많이 한다. 하지만 우리가 생각하는 것보다는 적게 하는지도 모른다. 현재 전체 독일 국민의 약 55%만이 소득 활동을 하고 있다. 2500만 명이 전일제 일자리에 종사하고 있고, 1500만 명 이상이 시간제로 일하고 있는데 이는 2021년 기준 전체 근로자의 38.4%로, 적지 않은 수치다. 자영업자는 약 400만 명에 달하며, 이들의 주당 근무 시간은 평균 48시간으로 직장인보다 더 많다. 그렇지만 자영업자 5명 중 1명은 시간제로 일하고 있다.[94] 정리하자면, 독일에 거주하는 사람 중 3분의 1만이 우리가 전일제 일자리라고 말하는 직종에 고용되어 있으며, 나머지는 더 적게 일하거나 전혀 일하지 않고 있다. 이에 따르면 하루에 8시간, 혹은 돈을 더 받고 그 이상 일하는 하루는 정상적인 하루가 아니다. 그리고 대부분의 사람은 굳이 그러한 비정상적인 하루를 보낼 필요가 없다. 모든 초과 근무를 포함한 현재의 연간 총 업무량을 모든 취업자에게 균등하게 분배한다면 평균 주당 약 30시간을 일하게 될 것이기 때문이다. 현재의 근로 시간을 일하기를 원하는 모든 사람—은퇴 이후에도 일하기를 원하는 고령자를 포함하여[95]—에게 분배한다면 이 수치는 훨씬 더 낮아질 것이다. 따라서 임금을 보전하고 근로 시간을 단축하면 실업자와 저임금 근로자를 생활임금 일자리에서 일하게 할 수 있고, 남녀 간 소득을 보다 공평하게 분배할 수 있으며, 초과 근무를 폐지하는 수단이 될 수 있다. 이처럼 기존의 일자리를 지금과 다르게 분배하는 것만으로 우리는 주 20시간 근무제에 놀라울 정도로 근접할 수 있다. 코로나19 팬데믹 첫해에는 후베르투스 하일(Hubertus Heil) 독일 연방 노동부 장관까지도 주 4일 근무제를 통해 일자리를 보전하자는 의견에 개방적이었다.[96] 이처럼 근로 시간 단축은 사회 정의를 실현하기 위한 정치적 수단이 될 수 있다.

그렇다면 현재의 전일제 일자리 형태로 완전 고용을 달성하려면 얼마나 많은 일자리가 필요할까? 2020년 독일의 노동 가능 인구는 4750만 명에 달했다. 여기에는 현 취업자와 구직자 외에도 특정 조건에서 취업할 의사가 있지만 현재 구직자로 통계에 등록되지 않은 이른바 숨은 비경제활동인구(Stille Reserve)도 포함된다. 이 모든 사람이 전일제 정규직 일자리의 연간 평균 근무 시간[97]을 일한다면 독일의 연간 노동량은 이전보다 160억 시간이 증가하여 780억 시간이 될 것이며, 그렇게 되면 약 980만 개의 전일제 일자리가 더 필요할 것이다. 이러한 일자리의 기적을 어떻게 이룰 수 있을까? 2022년 초 독일에서는 50만 명 이상의 전문 인력이 부족하기는 했지만[98], 경제 활동 능력이 있는 모든 사람을 (특히 그들이 잘하는 일에) 주 40시간 동안 고용하여 충분한 보수를 주기에는 일자리가 턱없이 부족하다.

지금까지의 전일제 근로 시간을 단축하는 것은 또 다른 이유에서, 즉 기후 목표 달성을 위해서도 중요하다. 주당 근무 시간 단축과 온실가스 배출량 감소 사이의 연관성은 여러 과학 보고서에서 뒷받침되고 있다. 영국의 싱크탱크 오토노미(Autonomy)는 2019년에 '일의 생태적 한계(The Ecological Limits of Work)'라는 연구에서 지구 온도가 2도 이상 올라가지 않도록 하려면 소득 활동을 얼마나 많이 줄여야 하는지를 계산했다. 이에 따르면 독일의 생산성은 주당 6시간으로 특히 높기 때문에 생태학적으로 이상적인 노동 시간을 위해서는 다른 나라보다 근무 시간을 훨씬 더 줄여야 한다.[99] 물론 모든 직업이 똑같이 기후에 해로운 것은 아니다. 어떤 산업은 엄청난 양의 이산화탄소를 배출하고, 어떤 산업은 거의 배출하지 않는다. 지구온난화를 늦추려면 미래의 직업은 자원 효율적이어야 한다. 즉 고탄소 일자리를 탄소 제로 일자리로 전환해야 한다. 탄소 중립 경제로의 전환을 위한 핵심 전략 중 하나는, 생태학적 이유로 감소해야 하는 부문의 일자리를 근로 시간 단축을 통해 더 많은 사람에게 분배하여 가능한 한 많은 이들이 소득 활동에 계속 참여할 수 있도록 하고, 사회적으로 필요하고 환경과 기후에 큰 피해를 주지 않는 분야를 중심으로 새로운 일자리를 창출하는 것이다. 이를테면 사회과학자 가브리엘레 빈커(Gabriele Winker)는 이러한 발전을 촉진하기 위해 이산화탄소 배출량이 높은 산업에 더 많은 세금을 부과할 것을 제안한다. 이렇게 발생하는 세금을 교육, 복지, 보건 등 공적 자금이 투입되는 분야에서 더 많은 일자리를 창출하는 데 사용할 수 있다는 것이다.[100] 또한 근로 시간 단축에 따라 임금을 보전할 때 저임금은 전액 보상하고 중임금 및 고임금은 비율에 따라 적게 보상함으로써 소득 평등을 도모해야 한다고 주장한다.[101] 이러한 접근법은 더 많은 자유 시간뿐만 아니라 또 다른 긍정적인 효과를 야기할 수 있다. 불평등으로 생겨나는 압박, 말하자면 물질적으로 다른 사람들을 따라잡기 위해 일을 많이 해야 한다는 압박이 줄어들 것이다. 경제인류학자 제이슨 히켈(Jason Hickel)은 현재 통용되는 시간당 최저임금 대신 주당 최저임금 혹은 월당 최저임금을 통해 근로 시간을 줄이면서 충분한 임금을 보장할 수 있다고 주장한다.[102] 한부모들은 시간당 최저임금이 자신을 비롯한 다른 양육자를 차별한다는 사실을 환기하기 위해 지금부터라도 월당 최저임금을 요구할 수 있을 것이다.

현재 주당 40시간 일하는 이유는 그만큼 일을 해야만 충분한 소득을 벌 수 있기 때문이다. 말하자면 우리가 얼마나 많이 일해야 하는지는 사회적 필요성에 의해 결정된다기보다 임금 수준에 더 크게 좌우된다. 지난 수십 년 동안의 생산성 향상으로 인한 성과가 근로자에게 돌아갔다면 주 40시간 근무제는 이미 오래전에 역사 속으로 사라졌을 것이다. 그러나 많은 국가에서 생산성 향상과 임금 상승은 별개의 일이다.[103] 생산성 향상으로 기업은 수익을 올리지만, 근로 시간이 줄거나 일반 근로자의 임금이 인상되는 경우는 거의 없다. 이윤은 정규직 직원의 임금 상승이나 수익률로 이어지지 않으며, 경영진의 고액 급여로 흘러 들어갈 뿐이다.[104] 최근 독일에서는 평균 임금 상승률이 생산성 향상률을 넘어섰지만[105], 그 이전(1994년부터 2016년까지)에는 노동 생산성은 크게 증가한 반면 실질 임금은 하락하거나 아주 약간 상승하는 정체 기간을 겪었다.[106] 그 격차는 한참 동안 좁혀지지 않았다. 기업이 이윤을 직원들의 삶을 개선하는 데 더 많이 사용했다면 우리는 지난 수십 년 동안 주당 근로 시간을 점진적으로 단축할 수 있었을 것이며, 아마도 좋은 생활 수준을 포기하지 않고도 20~30시간 사이의 단축된 전일제 근로 시간에 이미 도달했을 것이다.[107] 이게메탈의 사례는 근로자들이 노조를 조직하여 움직이면 이러한 일이 가능하다는 것을 보여준다. 2018년 단체협약에 대한 설문 조사에서 약 19만 명의 근로자가 더 많은 임금 대신 더 많은 휴가를 받기 원한다는 입장을 표명했다. 그렇게 이게메탈 근로자들은 전일제 근로 시간을 주 28시간으로 줄이거나 연간 8일의 휴가를 추가로 얻을 수 있게 되었다.[108]

한편, 전 세계적으로 무급 돌봄 노동에 소요되는 시간은 직장에서 보내는 시간보다 더 많다. 가장 최근 조사에 따르면 독일에서는 유급으로 일하는 시간보다 35% 더 많은 연간 890억 시간이 무급 돌봄 노동에 투입되었다.[109] 우리는 노동을 통해 우리 삶을 조직하기 때문에 아마 앞으로도 노동하며 살아갈 것이다. 하지만 우리의 일의 중점을 서로를 돌보는 것으로 전환하면 어떨까? 이 점을 고려하면 독일은 이미 완전 고용 상태다. 우리는 좋은 삶을 위해 필요한 '모든 일'을 공정하게 분배해야 한다.

3×8시간 모델과 비슷하게 이해하기 쉬우면서도 다양하고 복잡한 삶에 적용할 수 있는 새로운 해방적 공식은 어떤 모습일까? 사회학자 프리가 하우크(Frigga Haug)는 8시간의 수면 시간을 제외하고 삶의 네 영역에 동등한 시간을 부여하는 이른바 '4-in-1 모델(Vier-in-einem-Perspektive)'을 개발했다.[110] 하우크는 수면 시간을 제외한 하루 16시간을 4시간의 유급 노동 시간, 4시간의 돌봄 시간(타인뿐만 아니라 자신을 돌보는 것도 포함), 4시간의 문화 활동 시간(예를 들면 평생교육), 4시간의 정치 활동 시간으로 구분한다.[111] 이 제안은 무엇보다 참여를 중심에 둔 삶의 모델이며, 선정된 이 네 가지 영역은 '개개인이 삶을 살아가면서 반드시 마주하게 되는' 것들이다.[112] 프리가 하우크는 이 모델로 엄격한 규범을 만들려는 것이 아니라, 우리가 어떻게 소득 활동을 하고 어떻게 자신과 타인에 대해 책임을 지며 어떻게 '창의적이고 예술적인 능력'을 허용하고 개발하며[113] 우리가 살아가는 사회를 어떻게 형성할 것인지 성찰해볼 것을 원한다. 이 모델을 통해 우리가 살아가고 일하는 방식이 실제로 우리의 욕구와 능력과 조화를 이루고 있는지 살펴볼 수 있을 것이다.

프리가 하우크의 모델에서 우리 모두는 동등하게 일하고 동등하게 돌보는 사람이며, 개인의 발전과 즐거움을 누릴 권리가 있고, 정치적 참여를 통해 자기 삶을 넘어서는 책임을 져야 하는 존재다. 소득 활동이 더 이상 대부분의 시간을 차지하지 않고 다른 활동을 위한 충분한 공간을 남겨두는 문화에서는 직업적 능력보다 사람을 더 신뢰하게 될 것이다. 하우크는 4-in-1 모델이 우리의 일상을 풍요롭게 하고 공동의 미래에 긍정적인 영향을 가져올 수 있을 뿐만 아니라, 시간이 부족한 사람들에게, 특히 '예술적, 문화적, 학습적, 정치적 능력을 개발하고 싶은 포괄적인 욕구를 지닌' 여성들에게 보상이될 수 있다고 본다. 이 욕구들은 전통적인 '일과 가정의 양립'에서 가장 먼저 희생되기 때문이다.[114]

어떤 사람들은 4-in-1 모델을 새로운 지침으로 여기며 불편하게 생각할 수 있다. 어쨌거나 지금은 돌봄 책임을 맡거나 정치적으로 참여하는 것이 모든 사람에게 당연한 일이 아니니까 말이다. 하지만 오늘날 우리가 소득 활동을 사회를 위한 당연한 기여라고 인정하는 것처럼 장기적으로는 다른 일들도 이처럼 인정할 수 있을 것이다. 이러한 관점에서 프리가 하우크의 아이디어는 많은 사람들이 돌봄 업무나 정치에 참여하는 활동이 자신과 상관없는 일이라고 생각하는지에 대해 의문을 제기한다. 젠더학자인 케이시 윅스(Kathi Weeks)는 근로 시간을 단축하여 돌봄과 같이 미리 정해진 업무에 여유 시간을 사용하도록 요구하면 사람들에게 반발을 불러일으킬 수 있다는 위험성을 지적하며, 그 대신 더 많은 사람이 공감할 수 있도록 '우리가 원하는 것'에 사용할 더 많은 시간을 요구할 것을 자신의 저서 『우리는 왜 이렇게 오래, 열심히 일하는가?』에서 제안하고 있다.[115]

'우리가 원하는 것'에 더 많은 시간을 요구하는 걸 에른스트 아베의 3×8시간 공식에 빗대어 살펴보자. 기본적으로 아베의 공식은 일하는 시간 만큼 자유 시간을 가져야 한다는 생각을 기반으로 한다. 이는 우리의 지배적인 시간 문화 속 일상에 적용하기에는 완전히 혁명적이고 과격한 구상이다. 인간다움을 위한 시간, 즉 자유 시간과 사회적 관계를 위한 시간을 우리가 매일 일하는 시간과 똑같은 정도로 확보하려면, 정치적으로 즉각 행동에 나서야 한다. 현재 우리가 하루에 갖는 실제 자유 시간은 소득 활동, 학업 및 교육 시간, 무급 노동을 마치고 남는 얼마 안 되는 시간으로, 근로 시간보다 훨씬 짧기 때문이다. 직장에서 일하는 시간만큼 인간다움의 시간을 기대하는 건 지금까지 존재하지 않았던 나만의 시간을 매일 몇 시간씩 가질 권리를 주장하는 것이다. 이를 위해서는 일에 대한 우리의 생각을 재정의해야 한다. 즉, 돌봄 업무나 정치적 참여 등 모든 사람이 '가능한 한 잘' 사는 것을 목표로 삼는, 사회를 위해 필요한 모든 의미 있는 활동을 일이라는 개념에 포함해야 한다.[116]

따라서 시간의 공정한 분배를 위해서는, 내게 주어진 시간이 얼마인지 계산할 것이 아니라, 자기 생각에 따라 자신의 시간을 사용하고 자기만의 의미를 부여하는 것이 얼마나 자유롭지 않은지를 인식하는 것이 중요하다. 소득 활동이 가능한 연령대의 사람들의 일상 시간 대부분은 경제적 필요에 의해 결정된다. 다시 말해, 우리는 시간을 주로 자본주의적 기능으로 이해하고 경험한다. 하지만 자신에게 맞는 일, 관심 있는 일, 자신의 본질을 이루는 일을 찾으려면 더 많은 시간이 필요하다. 자기 시간을 어떻게 사용할지 정할 수 있는 자율성이 너무 낮은 시간 문화는 개인이 자유롭게 발전할 기회 역시 박탈한다. 이러한 시간 문화를 바꾸고, 내 시간을 빼앗기지 않으려면 우리 삶에서 일하지 않는 시간이 평등해져야 한다.

부모의 사라진 15시간

대다수의 독일 부모들은 현재 자신의 근로 시간에 불만을 느끼며, 무엇보다 근로 시간이 너무 길다고 생각한다. 한스 뵈클러 재단의 경제사회연구소(WSI)가 자녀가 있는 성인을 대상으로 실시한 근로자 설문 조사 결과는 이들이 직업 활동에 요구되는 시간을 부담으로 인식하고 있음을 분명하게 보여준다. 응답자 중 21%만이 현재의 근로 시간을 유지하고 싶다고 답했다. 3분의 2는 근로 시간을 줄이고 싶다고 답했는데, 그들 모두 40시간 미만의 근로 시간을 희망하는 것으로 나타났다. 주당 근로 시간이 지나치게 긴 부모들은 평균 15시간 정도 근로 시간이 단축되기를 희망했다. 전일제 일자리에 종사하는 어머니는 26시간, 전일제 일자리에 종사하는 아버지는 34시간을 이상적인 주당 근로 시간으로 꼽았다.[117] 어머니와 아버지의 희망 근로 시간이 다른 이유는 직업적 관심의 차이가 아닌, 남녀 사이에 불평등하게 분배되어 있는 무급 돌봄 노동에 소모되는 시간에 대한 인식의 차이를 반영한다. 앞에서 언급한 것처럼 성별 돌봄 격차에 대한 평가에 따르면 여성은 남성과 같은 정도로 직장 일을 하는데도 가사와 육아에 훨씬 더 많은 시간을 소비한다. 따라서 여성이 직장에서 주당 26시간만 일한다면 장보기, 청소, 소아과 방문, 자녀 동반 업무 등의 일을 훨씬 더 수월하게 처리할 수 있다고 말한 것을 근거로 가정을 돌보는 데 실질적으로 어느 정도의 시간이 소요되는지를 가늠할 수 있다.

자녀가 있는 가정의 시간이 얼마나 빠듯한지는 근로 시간 단축에 대한 요구에서 분명히 드러난다. 자녀가 있는 사람들이 일상생활을 해나가기 위해서는 일주일에 최대 15시간이 더 필요하다. 지금까지 이들은 저녁과 주말 시간을 쪼개서 가정의 일을 처리하고 있다. 이미 직장에서 과중한 부담을 느끼는 고강도 업무가 가정에서도 계속되고 있는 것이다. 이들이 느끼는 스트레스는 주로 시간적으로 부담을 느낄 때 발생하는데, 주어진 시간 안에 가정을 꾸려나가기 위해 필요한 모든 일을 결코 해낼 수 없기 때문이다. 경제사회연구소의 데이터를 분석한 과학자 크리스티나 클레너(Christina Klenner)와 스벤야 팔(Svenja Pfahl)은 일하는 부모의 시간 빈곤에 대해 다음과 같이 평가한다. "이 결과는 독일의 부모들에게 (…) 결정적으로 시간이 너무 적다는 것을 입증한다. 이것이 가족생활, 자녀의 발달, 건강과 복지, 궁극적으로는 부모 자신의 업무 수행 능력에 어떤 의미가 있는지에 대한 연구는 독일에서 거의 이루어지지 않았다." [118]

연구진이 내놓은 결과에서 문제의 핵심을 파악할 수 있다. 즉 지금까지 가족의 시간 부족은 정치적, 사회적으로 경시되어 왔으며, 일상생활에서 피할 수 없는 부분으로 여겨져 왔다. **말하자면 모든 부모가 스트레스를 받는 건 당연한 일이라는 것이다!** 이처럼 과도한 부담을 사소하게 여기는 현실은 이 스트레스가 실제로 얼마나 해로운지를 진지하게 다루고 해결책을 모색하는 것을 어렵게 한다.

시간 부족은 사치스러운 문제가 아니다. 실제로 일과 가정을 양립하려 할 때 발생하는 문제가 건강을 해칠 수 있음이 입증되고 있다.

직장, 육아, 돌봄 사이에서 갈등하는 사람은 삶의 만족도가 낮고 우울 증상과 불안 장애가 더 자주 나타난다고 한다. 로베르트 코흐 연구소의 2020년 여성 건강 보고서에 따르면, 시간제로 일하는 어머니가 전일제로 일하는 어머니보다 스스로 더 건강하다고 느끼는 것으로 나타났다.[119] 보험 가입자 데이터 분석에 따르면 돌봄을 담당하는 가족 구성원이 상대적으로 더 자주 아프고, 심지어 우울증 진단을 두 배나 더 많이 받는다.[120] 또한 직장 업무와 돌봄 노동으로 인한 다중 부담은 은퇴 후 건강 악화로 이어질 수 있다.[121] 이러한 연구 결과는 직장에서 일하면서 돌봄 업무까지 책임져야 하는 사람들이 스트레스가 많은 자기 삶에 대해 그저 '불평'하는 것이 아니라, 직장과 돌봄 업무의 병행으로 생겨나는 시간 부족과 과도한 부담이 실제로 질병을 유발할 수 있다는 증거로 볼 수 있다.

지난 1950년, 독일의 정치인 엘리 호이스-크납(Elly Heuss-Knapp)은 과도한 노동으로 말미암은 어머니들의 피로를 방지하기 위해 '어머니 회복 사업 재단(Müttergenesungswerk)'을 설립하여 어머니와 아이가 요양할 수 있게 하고, 이들이 특화된 보건 의료 서비스를 받을 권리를 옹호하는 캠페인을 벌였다. 자녀가 있는 여성 대부분은 주부이자 여러 자녀의 어머니로서 주당 40시간 이상을 주말도 없이 일하기 때문에 직장에서 일을 시작하기도 전에 지쳐 있는 경우가 많다. 연방 대통령 테오도르 호이스(Theodor Heuss)의 부인인 엘리 호이스 크납이 이 문제를 정치화했지만, 건강에 해를 끼치지 않고 직업적 업무와 가정 일을 병행할 수 있는 시간 정책을 구현하지는 못했다. 피로와 번아웃을 호소하며 요양을 신청하는 어머니의 수는 지속적으로 증가하고 있다. 한편, '어머니 회복 사업 재단'은 2013년부터 성별 제한 없이 돌봄을 담당하는 가족 구성원과 부모를 위해 요양 시설을 제공하고 있는데, 이제는 과로가 더 이상 어머니에게만 국한된 문제가 아니기 때문이다. 요양 프로그램을 신청하는 아버지의 60%가 일과 가정의 조화로운 양립에 어려움을 겪고 있다고 토로했다. 오늘날 어머니와 아버지 모두 끊임없는 시간의 압박을 가장 큰 부담으로 꼽는다.[122]

2020년까지 어머니 회복 사업 재단의 사무국장이었던 안네 쉴링(Anne Schilling)은 돌봄을 담당하는 많은 부모와 가족 구성원이 자신이 느껴온 과도한 부담을 가능한 한 오랫동안 드러내지 않으려 하는 모습을 관찰했다. 가정 일과 직장 일로 말미암아 쓰러지기 직전일 정도로 완전히 지쳐 있다는 것을 드러내는 것은 사회적 금기다. 이러한 이야기를 하는 사람은 소수에 그치며, '다른 사람들은 다 잘 해낸다'는 견해가 지배적이다. 안네 쉴링에 따르면 오늘날 부모들은 대체로 '더 이상 다른 방법이 없는 경우' 또는 당사자가 이미 병에 걸린 경우에야 비로소 요양 프로그램을 신청한다고 한다.[123] 이러한 현실에서 요양 프로그램은 재단이 원래 의도했던 유의미한 예방 차원보다는 급성 피로 회복 프로그램으로 기능한다. 2021년 연방 가족부에서 발표한 연구 결과에 따르면, 약 290만 명의 여성과 약 170만 명의 남성이 의학적 치료가 필요한 정도로 직장과 돌봄에서 과도한 부담에 시달리고 있다.[124] 연구진은 팬데믹으로 말미암은 추가적인 스트레스로 부모 혹은 돌봄을 담당하는 사람들의 건강 상태가 더욱 악화될 것이며 요양에 대한 수요가 늘어날 것이라고 내다보았다. "팬데믹 경험은 가족 및 동반자 관계에 있는 모든 구성원에게 지금 당장의 또는 향후의 건강과 질병 취약성에 특별한 방식으로 분명한 영향을 끼칠 것이다."[125]

부모가 일상생활에서 자기 자신을 위한 시간, 자신의 건강을 위한 시간이 너무 적은 이유는 지역 사회의 자금으로 운영되는 보육 서비스가 일반적인 전일제 근무 시간에 맞춰져 있기 때문이기도 하다. 한편 시간제로 일하거나 실업 상태인 부모는 전일제로 일하는 부모보다 보육 서비스를 제공받는 데 더 어려움을 겪는다. 부모가 직장에서 일하는 시간을 줄이면 일반적으로 보육 서비스 수급 자격도 동시에 줄기 때문이다. 과도한 부담에 시달리는 부모에게 단순히 일을 덜 하라는 조언은, 실제로 이를 통해 자유 시간이 생기는 것이 아니라 대부분 자녀와 함께 있는 시간만 늘어나기 때문에 거의 도움이되지 않는다. 시간제 근무가 어느 정도 부담을 덜어줄 수 있다고 해도, 건강을 유지하고 휴식을 취할 수 있는 추가적인 시간이 필요하다. 하지만 우리 사회에서는 이 시간을 친구나 가족의 도움을 받거나 자녀를 돌봐줄 사람에게 돈을 지불하는 등 개인적으로 확보해야한다. 전체 부모 중 극히 일부만이 정기적으로 이러한 지원을 받고있다. 한 미혼모는 어린이집 바우처가 주당 30시간까지만 유효해서 예정되어 있던 심리 치료를 받지 못했다고 했다. 그녀의 월급으로는 정신적 건강을 위해 매주 베이비시터에게 돈을 지불할 여유가 없었기 때문이다. 또 다른 어머니는 물리치료사가 알려준 허리 통증에 좋은 운동을 할 수 없었다고 말했다. 이처럼 근무 시간은 너무 길고 자유 시간은 너무 적은 탓에 건강 유지를 위한 의료 권장 사항이나 의사의 충고를 따르기가 힘들 수밖에 없다.

우리의 사회 구조는 부모의 소득 활동 여지를 점점 더 넓히고 있지만, 아직까지 휴식을 위한 시간을 포괄적으로 마련하지 못하고 있다. 이러한 시스템적 결함을 통해 우리는 소득 활동 중심의 사회가 지속 가능하지 않다는 것을 알 수 있다. 우리가 시간에 대해 구조적으로 함께 생각하고, 시간이 필요한 사람들에게 필요한 만큼의 시간을 허용할 때 지속 가능성을 확보할 수 있다. 건강은 자기 자신과 자녀를 돌볼 뿐만 아니라 직장에서 일할 때 필요한 필수적인 전제 조건이기 때문이다. 일을 위한 시간은 자신을 위한 시간 없이는 생각할 수 없다.

시간 부족과 과도한 부담이 정상적인 게 아니라 우리를 해치는 시간 문화 때문에 발생한다는 것에 모두가 동의한다면 돌봄 업무를 병행하는 직장인의 일상을 바로잡을 수 있다. 부모를 비롯하여 돌봄을 담당하는 모든 이가 사용할 수 있는 자유 시간이 늘어난다면, 여러 측면에 긍정적인 영향을 가져올 것이다. 이를테면 가족과 함께하는 시간이 많아짐으로써 가족과 가족의 사회적 환경에 긍정적 영향을 주고, 질병에 따른 막대한 비용을 줄임으로써 우리 사회에 긍정적 영향을 주며, 또한 가정 내 돌봄 부담으로 인해 직장을 포기했던 사람들이 더 많은 휴식을 취하고 다시 돌아오게 되어 경제에도 긍정적인 영향을 줄 수 있을 것이다. 이처럼 새로운 시간 문화를 확립하는 정책은 현재 시간 부족에 시달리는 사람들에게 치료나 요양이 필요하지 않도록 해줄 것이다. 설립 70년을 맞은 어머니 회복 사업 재단은 역할을 더 확장하기 위한 계획을 세우고 있다.

시간제 일자리를 바라보는 또 다른 시각

독일의 평등 정책은 시간제 일자리에 전쟁을 선포했다. 시간제 일자리에 종사하는 사람들은 대체로 재정적으로 자립하지 못할 정도로 돈을 너무 적게 벌기 때문이다. 최저임금은 전일제 일자리에 맞추어져 있다. 예나 지금이나 전일제 일자리를 얻는 것이 경력 측면에서 더 나으며, 시간제 일자리는 은퇴 후에 노후 빈곤을 초래할 위험이 높다. 그렇기 때문에 성 평등에 대한 논의에서는 주로 여성의 '전문성 향상'을 위해 무엇을 해야 하는지를 이야기한다. 지금까지는 돈과 권력, 자아실현 측면에서 이야기해왔는데, 이에 따르면 더 많은 평등을 실현하기 위해 여성은 100년 전에 만들어진, 돌봄 책임이 없는 사람들의 전형적인 직업을 기준으로 삼는 근로 시간에 자신을 맞춰야 한다. 이처럼 전일제 일자리 규범의 핵심은 차별이다. 일을 덜 해야 한다는 호소는 남성을 향한 것이 아니기 때문이다. 이러한 점에서 보면 가족 정책은 아버지를 역할 과부하로 몰아넣기도 한다. 아버지들은 그들에게 주어지는 직업적 요구 사항은 변함이 없는 상태에서 가정에 더 많이 관여해야 하기 때문이다. 젠더학자 슈테판

회잉(Stephan Höyng)은 이제는 아버지들에게 생계부양자 역할 외에 돌봄 역할을 '추가로 기대한다'고 비판한다.[126]

독일에서는 여전히 돌봄을 담당하는 여성은 일반적으로 시간제 일자리에 종사하는 반면, 돌봄을 담당하는 남성은 주로 전일제 일자리에서 일한다. 가족을 돌보는 여성의 40%가 단축 근무를 하는 데 반해 남성은 4%만이 근무 시간을 단축한다.[127] 자녀가 있는 여성의 약 66%가 시간제로 일하며, 자녀가 있는 남성은 7%에 불과하다.[128] 자녀가 없는 여성의 경우에도 시간제 비율이 35%로, 12%인 남성보다 훨씬 높다.[129] 한편, 승진과 성과를 지향하는 사람들은 전일제 일자리를 표준으로 간주하지만 최근 수십 년간 여성과 남성 모두에서 시간제 일자리에 종사하는 비율이 꾸준히 증가했다.[130] 그 이유는 다양하다. 우선 시간제 일자리에 종사하는 약 10명 중 1명은 전일제 일자리를 찾고 있는데도 구하지 못했다고 답했다. 여성 응답자의 약 50%는 자녀나 가족을 돌볼 시간이 필요하기 때문에 시간제 일자리를 선택했다고 답했다. 이는 전일제로 일하며 돌봄을 병행하는 것이 불가능함을 보여준다. 몇몇 소수는 직장 업무와 병행해 교육을 받기 위해서라고 응답했다. 연구에 따르면 '기타 이유'로 근로 시간을 단축하고 있다고 밝혔는데[131], 이 연구에서 안타깝게도 '기타 이유'를 세분화하여 기록하지 않았기 때문에 얼마나 많은 사람이 돌봄과 관계없이 단시간 근로를 선택했는지, 어떤 이유로 선택했는지에 대한 데이터가 거의 전무하다. 한편, 시간제는 주로 결함이 있는 제도로 인식되기 때문에 대중 담론에서는 시간제 모델을 문제시하는 경향이 있다. 많은 이들이 가족과 무관한 이유로 근로 시간을 단축하는 것에 대해 회의적인 반응을 보이며, 페미니즘 담론에서도 시간제 근무를 자유보다는 불공정과 연관시킨다.

그러나 영국의 한 탐색적 연구는 자발적인 근로 시간 단축이 어떻게 더 많은 자유와 관련될 수 있는지를 강조한다. 즉 연구 인터뷰에 응한 사람 중 일부는 전일제 근무로 인해 자율성이 제약받는다고 느꼈으며, 시간제 근무가 자기 시간을 더 잘 통제할 수 있는 방법이라고 생각한다고 답했다. 또 다른 응답자들은 '직장에서의 정체성을 넘어 자신이 누구인지' 알고 개인적인 관심사를 위해 더 많은 시간을 되찾기를 원했다.[132] 따라서 시간제를 새롭게 바라보기 위해서는 충분한 급여를 받는 만족스러운 직업 활동이 왜 주 40시간 근무에 얽매여야 하는지를 질문해보아야 한다. 시간제 일자리에서도 충분한 수입과 직업적 자아실현이 가능하지 않을까? 시간적 여유가 생기면 충만한 삶을 살 수 있는 기회가 더 많이 생길 수 있다. 또한 어떤 삶이 우리에게 충만한 삶인지 생각해볼 기회도 생긴다. 전일제라는 기준은 우리의 생각을 너무 편협하게 만든다.

기업들은 밀레니얼 세대를 시작으로 특히 젊은 사람들이 주당 40시간 미만으로 일하고 싶어 한다고 계속 보고하고 있다. 또한 경력을 쌓는 과정에서 요직을 맡는 것에 대한 관심도 점차 감소하고 있다.[133] 젊은이들은 어떤 대가를 치르면서까지 직업적 목표를 추구하려고 하지 않는다. 독일 직장건강보험조합(Betreibskrankenkasse)의 2019년 건강 보고서에 따르면, 젊은 근로자의 대다수가 직업과 사생활을 명확히 분리하기를 원하고 상시 연락 가능성을 거부하며 주 4일 근무에 큰 관심을 가지고 있다고 한다.[134] 다른 연구들도 근무 시간 단축이 젊은 세대가 고민하는 실질적인 문제가 되었다는 것을 보여준다. 2019년의 쉘 청소년 연구(Shell-Jugendstudie)에 따르면 90% 이상의 청소년이 직업과 함께 여가 시간, 가족, 자녀를 소홀히 해서는 안 된다고 답했다. 2020년 시누스 청소년 연구(SINUS-Jugendstudie 2020)에서는 14~17세 청소년의 '전형적인 진술'이라며 한 십 대 청소년의 장래희망을 소개한다. 자신을 '남성, 16세, 이주 배경, 전통적인 중산층'이라고 묘사한 이 청소년은 다음과 같이 말했다. "마을 어딘가, 가급적이면 슐레스비히홀슈타인주에 단독주택을 마련한 다음 (…) 일을 하기는 하되 전일제가 아니라 4분의 3 정도만 일할 수 있는 일자리면 좋을 것 같아요. 여가 시간에 아이들과도 많은 걸 같이 할 수 있으면 좋겠어요. 아이를 정말 낳고 싶고, 또 아이를 낳고 나서도 여유롭게 지낼 수 있으면 좋겠고요."[135]

젊은 세대는 직업 활동을 하면서 충분한 자유 시간을 갖는 것이 당연한 것이 아니라 의도적으로 직업 활동을 줄여야 얻을 수 있으며, 일부 직업은 다른 직업보다 더 많은 자유 시간을 제공한다는 것을 분명하게 목격했다. 시간이 부족한 사회에서 청년들은 풍요로움이 단지 돈만을 의미하는 것이 아니라고 생각하며, 직장에서 보내는 시간 이외의 시간이 지닌 가치를 이전 세대에 비해 더 많이 고려하는 사고방식을 가지고 있다. 또한, 많은 수가 맞벌이 부모 또는 한부모 밑에서 성장한 젊은 사람들은 기성세대와는 다른 시간 문화 특성을 지니고 있다. 이들은 이미 학창 시절이나 직업 훈련 과정에서 강도 높은 성과 압박에 시달리고, 미래에 대한 불안감과 부분적으로는 학업과 돈벌이의 이중 부담에 노출되어 있기 때문에 지쳐 있는 경우가 많다.[136] 시간 압박을 일찍 경험할수록 이에 저항할 가능성이 높아진다.

그들의 부모 세대는 지금까지 이와 다른 길을 선택하고 있다. 오늘날 자녀와 함께 사는 부부의 4% 만이 시간제 맞벌이로 일하면서 가정 일과 개인적 관심사를 위한 더 많은 여유 시간을 확보하고 있다. 이러한 고용 형태의 비율은 수년 동안 정체되어 있다. 오늘날 여성은 대부분 아이 출산 후에 더 일찍 직장에 복귀하려 하고, 직장을 완전히 포기하는 경우는 드물다. 맞벌이 가정의 아버지들은 근무 시간을 거의 줄이지 않는다. 최근 몇 년 동안 가정을 비롯한 생활 공동체에서 일어난 실제적 '현대화'는 전일제 맞벌이 추세다.[137] 이른바 '시간제의 덫'에 대한 경고가 효력을 나타내고 있다. '더 많은 소득 활동의 기회를 모두에게 준다'는 식으로 평등한 권리를 해석하는 것은 오히려 평등을 해친다. 전일제 맞벌이 모델의 부정적 측면은 직업적, 재정적 공정함에 대한 논쟁에서 고려되지 않는 경우가 많다. 기성세대에서는 시간의 중요성보다 돈과 직업 활동의 중요성이 월등히 우세하기 때문에 시간 빈곤과 그 영향에 대해서는 논의되지 않는다.

그러나 자녀가 있는 부부가 재정적 필요성 때문에 전일제 맞벌이를 선택하는 경우는 많지 않다. 빈곤층 사람들이 전일제 맞벌이에 훨씬 더 의존할 것이라는 예상과는 달리 저학력 부모보다 고학력 부모에게 더 일반적인 것으로 나타났다.[138] 저숙련 근로자는 타의에 의해 근로 시간이 줄어들거나 처음부터 일자리를 찾지 못하는 경우가 많으며, 저숙련 시간제 근로자의 약 40%는 오히려 더 많이 일하고 싶다고 말한다. 노동 시장이 그들을 배제하기 때문에 이들은 다른 사람보다 더 적게 일하고 더 적은 돈을 벌고 있다. 가장 최근의 통계에 따르면 저숙련 근로자의 17%가 일자리를 구하지 못해 독일 전체 실업자의 거의 절반을 차지했다.[139] 말하자면 노동 시간은 남성과 여성 사이뿐만 아니라 학력 계층 간에도 불평등하게 분배되어 있다. 학력을 비롯한 자격 수준 외에 또 다른 요인들도 존재한다. 이를테면 독일 국적이 아닌 사람, 구 동독 지역에 거주하는 사람은 자신이 원하는 것보다 적은 시간을 일한다.[140] 소수의 사람만이 자신이 원하는 일자리에 가까운 '정상적인 일자리'를 찾을 기회를 얻는다. 주당 35~40시간 근무를 할 수 있는 '기회'는 주로 평균적인 직업적 자격 요건을 갖춘[141] 독일 국적의 서독 지역 거주 남성에게—자녀와 함께 사는지 아닌지 상관없이—주어진다. 따라서 경력 발전의 기회가 있는 고임금 일자리 접근성에 대한 논의는 더 이상 성별과 돌봄 노동 분배에만 국한되어서는 안 된다. 그런 식으로는 노동 시간과 소득의 불공정한 분배 문제가 해결되지 않는다. 그저 미니잡만 구할수 있는 저숙련 여성에게 자녀의 어린이집 입소나 동등한 부부관계가 무슨 소용이 있겠는가?

우리는 시간제 일자리의 모든 단점을 변화시킬 수 있다. 다른 사람을 돌보는 사람들, 특히 육아를 혼자 담당하거나 가족을 혼자 돌보는 사람들이 시간제 일자리로 일해도 생활을 유지할 수 있도록 충

자신에게 맞는 일, 관심 있는 일,
자신의 본질을 이루는 일을 찾으려면
더 많은 시간이 필요하다.
나 자신의 시간을 다른 사람의 손에 빼앗기지 않으려면
우리 삶에서 일하지 않는 시간이 평등해져야 한다.

분한 돈을 벌게끔 해야 한다. 최저임금이 주 40시간 기준으로 책정된다는 사실은 특히 여성에게 차별을 가한다. 독일에서 아직까지도 무급 돌봄 노동 대부분을 여성이 맡고 있기 때문이다. 돌봄 노동 없이는 경제 또한 기능할 수 없다. 그러니 돌봄 업무가 연금 산정에 훨씬 더 많이 고려되어야 한다. 시간제로 일해도 경력을 쌓고 전문적인 직업적 책임을 맡는 것이 전적으로 가능하다. 일부 기업에서는 이미 공유 리더십 제도를 시행하고 있다. 시간제 일자리가 전일제 일자리보다 재미없어야 할 객관적 이유는 사실상 없다. 이러한 사실을 이해하고 실천에 옮기면 우리는 근로 시간을 더 자유롭게 선택할 수 있을 것이다. 근로 시간을 인정과 발전 가능성, 소득과 결부하는 오늘날의 직업 세계에서는 선택의 자유에 대해 거의 말할 수 없다.

우리는 자녀나 친구, 취미 생활에 더 많은 시간을 할애할 때 더 행복하고 더 편안하다고 느끼며 더 건강해진다. 모든 사람이 더 적게 일할 수 있는 여건을 조성한다면 전일제보다는 시간제를 통해 자유와 자율성, 평등을 얻을 수 있다는 인식이 생겨날 것이다.

'일'에 대해 다시 생각하기

"하지만 저는 일을 많이 하는 걸 좋아해요.", "제 업무는 40시간 이내에 끝낼 수 없어요.", "내 일은 나눠서 할 수 없어요." 주당 근로 시간 단축을 생각해보지 않은 사람들, 일을 덜 하는 것이 왜 사회적으로 좋은 생각인지 고민해보려고 하지 않는 사람들은 종종 이러한 논거를 댄다. 하지만 우리가 자신의 상황에서만 출발한다면 사회적인 진보를 이룰 수 없다. 궁극적으로 모든 사람이 소득 활동, 돌봄, 사회 참여에 가담할 수 있고, 이를 통해 모두에게 진정으로 자유로운 시간이 생겨나도록 우리 사회의 시간을 분배하는 것이 중요하다.

오늘날 소득 활동은, 정치가 바라보고 고려하는 관점에 많은 영향을 끼친다. 소위 최고 성과자, 즉 중상위 소득과 자산을 가진 사람들의 관심사를 가장 중요시한다. 반면에 실업 상태에 있으면서 국가의 재정 지원에 의존하는 사람, 저임금 또는 무급으로 일하는 사람은 그저 감사를 표해야 하고 어떠한 제안이나 요구도 해서는 안 되는 것처럼 여겨진다. 코로나 팬데믹 기간 동안 무급 돌봄 업무에 시간을 보내는 사람들이 정치적 지원을 거의 받지 못한다는 사실이 곧장 분명하게 드러났다. 직장인을 위해서는 소득과 일자리를 지키기 위한 단시간 근로가 빠르게 도입되었던 반면, 자녀가 있는 여성은 돌봄을 위해 근로 시간을 줄여야 했기 때문에 소득이 감소했다.[142] 그러나 정의로운 사회는 사회 구성원이 어떤 일을 얼마나 많이 할 수 있는지에 관계없이 모든 구성원의 권리와 이익, 요구가 보호받을 가치가 있다고 여겨질 때에만 실현될 수 있다. 삶의 성취도나 존중받을 만한 사람인지 아닌지를 소득 활동으로만 측정해서는 안 된다. 인간을 그의 경제적 기여도와 동일시해서는 안 된다는 말이다.

소득 활동에 초점을 맞추는 사회 모델에서는 모든 인간이 쓸모 있어야 하고, 인간의 능력을 경제적으로 사용할 수 있어야 한다. 이러한 사회 모델은 다양성과 포용의 가치와는 상반된다. 노동 능력을 이상으로 설정하면, 아프거나 늙거나 장애를 얻거나 다른 이유로 직업 세계의 요구를 따르지 못해 보조금에 의존하게 되는 것에 두려움을 갖기 마련이다. 사람들이 제대로 된 배려를 받고 자기 주도적인 삶을 계속 살아갈 수 있는 구조를 만든다면, 다른 사람의 보조에 의존한다고 해서 삶의 질이 떨어지지 않을 것이다. 또한 돌봄 구조를 전문적이고 연대적으로 설계하여 돌봄을 맡더라도 다른 일을 할 수 있는 충분한 시간을 허용한다면, 자녀와 함께 살거나 가족을 돌보기로 한 결정으로 자유, 만족감, 직업적 기회를 잃는 일은 일어나지 않을 것이다. 돌봄 관계가 삶을 제한할지, 아니면 풍요롭게 할지는 사회가 이 문제에 대해 어떤 정치적 입장을 취하느냐에 달려 있다. 모든 사람을 동등한 시민으로 대우하는 사회가 되려면 인정과 소득 활동을 분리해야 한다. 인간의 가장 중요한 자질은 일할 수 있는 능력에 달린 것이 아니기 때문이다. 모든 사람이 서로 다른 조건에 상관없이 존엄하게 살 수 있도록 보장해야 한다. 돌봄은 우리 삶의 시작과 끝, 그리고 그 사이 모든 곳에 있다. 돌봄에 기반을 둔 우리 사회가 돌봄에 주력하지 않는다면, 취약한 사회가 될 수밖에 없다.

우리는 직업 세계의 변화에 대해, 이를테면 앞으로는 어떤 곳에서 일하게 될지, 어떤 직업이 사라질지, 기계 및 인공 지능과 어떻게 상호작용을 할지 등에 대해 많은 이야기를 한다. 그런데 이 과정에서 우리는 몇 가지 중요한 질문을 빠뜨리고 있다. 우리 삶이 앞으로도 소득 활동에 따라 결정되어야 할까? 우리는 진정 함께 살아가기 위해 필요한 모든 일을 정말로 유급 활동으로 바꾸기를 원하는가?

사람들은 소득 활동이 삶에서 차지하는 비중이 확연히 줄고, 그 대신 다른 일에 더 많은 시간을 할애하는 미래를 상상하기 어렵다고 생각한다. 그들은 이러한 미래의 모습을 다른 삶을 살 수 있는 현실적인 가능성으로 보는 것이 아니라, 그저 가끔 해봄직한 헛된 공상으로 여긴다. 이는 결국 은퇴를 해야만 자유 시간의 바다에 발을 들여놓을 수 있다고 생각하는 것이다. 먼 나중이 되어야 일을 덜 하게 될 것이라고 말이다. 이제 그 생각에서 벗어나 지금과는 다른 새로운 삶의 단계로서의 자유 시간을 꿈꿔야 한다. 일을 덜 하기 위해서는 우리의 시간을 새롭게 상상해야 한다. 먼 훗날 언젠가 우리가 원하는 것을 할 수 있는 모든 시간을 갖게 될 것이라며 많은 걸 미래로 미루는 방식은 우리의 현재에 해를 끼친다. 이는 자신의 욕구를 즉각적이고 중요한 것으로 이해하기보다는 미래의 것으로 내면화하도록 만들기 때문이다. 말하자면 우리는 많은 것을 원할 수 있지만, 이 모든 건 나중으로 밀려난다. 이런 생각에서 현재는 제대로 된 삶이 시작될 때까지의 과도기적 단계일 뿐이다. 그러나 현재를 의미 있는 순간이 아닌 아직 오지 않은 미래의 전 단계로 보는 것은 현재를 탈정치화하는 것이다. 우리는 적절한 때를 기다리는 훈련을 스스로 한다. 그런데 그 적절한 때는 언제 시작될까? 무한한 인내와 온화한 생각은 미덕이 되는 반면, 구체적인 생각이나 요구, 경고는 행동주의라는 비방을 듣는다. 현재에, 지금 바로 행동하는 건 너무 급진적인 것으로 간주된다. 하지만 지금이 중요하지 않다면 우리의 미래는 어떻게 될까?

진정 살아 있는 사회에서는 사람들이 원하는 혁신을 하나씩 계획하고 시험해보고 구현한다. 우리가 서로를 위해 더 많은 시간을 갖고, 다른 방식으로 일하기를 원한다면 우리 삶에서 소득 활동이 차지하는 가치에 대한 질문, 모든 일의 공정한 분배에 대한 질문을 지금 당장 현재의 프로젝트로 만들어야 한다. 이러한 변화의 일부가 되고자 하는 의지를 갖고 우리 스스로 주도하는 대화, 실험, 항변 등 프로젝트를 시작해야 한다. 우리의 현재는 중요하고, 변화 가능하며, 정치적이다. 급진적인 현재만이 미래를 포함한다.

3

돌봄을 위한 시간

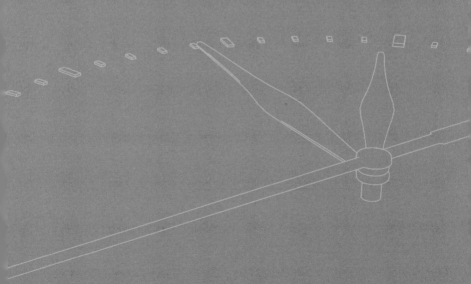

생산성에 관해 이야기할 때 우리는 무언가를 만들어내는 것에
대해서만 생각할 뿐, 유지하고 보수하는 일을
생산적이라고 생각하지 않는 경향이 있다.

-제니 오델(Jenny Odell)[1]

돌봄은 일인가?

우리가 자녀 혹은 부모, 친구와 같은 가까운 관계의 사람들을 돌보는 활동은 '일'인가? 그렇다면 이러한 돌봄 활동은 다른 형태의 일과 무엇이 같고 무엇이 다른가? 이 일을 어떻게 평가하고 어떻게 공정하게 분배하며, 이에 대해 어떻게 보수를 지급할 수 있을까? 이 질문들은 시간 정의를 논의할 때 살펴야 할 핵심 질문들이다.

사람들은 돌봄 활동을 소득 활동과 같은 방식으로 인정하고 그에 따른 보수를 지급해야 한다는 페미니즘적 요구를 맞닥뜨리면 '내 아이는 일이 아니다'라고 말한다. 이 말에도 어느 정도 일리가 있기는 하다. 즉 개인 차원에서 제공되는 돌봄은 일의 성격상 직업적 활동과 직접 비교할 수 없다. 사람들이 가정을 꾸리는 이유는 유급 일자리를 찾거나 근무 시간을 연장하고 싶어서가 아니라 자녀와 함께하는 삶이 의미가 있다고 생각하기 때문이다. 또한 보살핌이 필요한 가족을 요양원에 보내지 않고 집에서 돌보는 이유는 이 사람들을 가까이에서 잘 보살피고 싶어서다. 보살피고 돌보는 행동은 우정의 한 부분이기 때문이다.

오늘날 자녀를 돌보는 것은 주로 자발적인 선택으로 간주되는 반면, 소득 활동은 실존에 반드시 필요한, 필수적인 것으로 여겨진다. 특히 직장에서 나쁜 대우를 받거나 보수가 매우 적은 사람, 또는 일에서 기쁨이나 성취감을 거의 찾지 못하는 사람들에게는 일이 그다지 자발적인 활동으로 느껴지지 않는다. 가족 돌봄과 유급 노동에 대한 이러한 인식 차이로 말미암아 일부 사람들은 자신이 생각하는 일의 개념과 맞지 않는다는 이유로 '돌봄 노동' 개념에 거부감을 느낀다. 소득 활동을 중심에 두고 돌봄을 자발적인 삶의 연장으로 여기는 사회에서는, 어려움에도 불구하고 가족을 돌보는 것을 선택하는 것이 반항처럼 느껴질 수도 있다. 자본주의 사회에서 돌봄과 직업 활동을 모두 해낸다는 건 과대망상에 가까운 일이며 부담을 감당할 수 있는 능력이 뛰어나야 한다. 이처럼 돌봄 노동을 떠맡겠다는 결정이 왠지 모르게 비합리적인 것처럼 느껴지는 게 바로 우리 시대의 문제이기도 하다. 하지만 다른 사람을 돌보는 것이 무모하고 불합리한 일로 여겨질 게 아니라, 다른 사람과 함께 살기를 원하는 모든 사람이 자유롭게 내릴 수 있는 선택이어야 하지 않을까. 한편, 많은 경우 돌봄 책임을 맡는 것이 결코 신중하게 고민하고 내려진 결정이 아니라는 점에도 주목해야 한다. 돌봄 책임은 우리에게도 닥칠 수 있다. 부모나 형제자매, 배우자가 있는 우리 모두가 돌봄을 담당하는 가족 구성원이 될 수 있다.

일과 돈은 우리 삶과 떼려야 뗄 수 없는 것들이다. 그런데, 돌봄 노동이 어느 정도의 금전적 가치를 가져야 하는지를 계산하기는 어렵다. 지금까지 우리는 돌봄이 일이 아니라고 배워왔는데, 돌봄에 대한 공정한 임금을 얼마라고 산정할 수 있을까? 당신은 아이가 먹을 당근을 30분 동안 갈아주는 대가로 얼마의 시급을 받았으면 하는가? 아기를 목욕시키는 대가로 얼마를 받길 원하는가? 자신이 좋아하는 일에 대해 대가를 받는다면 어떤 느낌이 들까? 어쩌면 당신은 아이를 돌보고 싶다는 마음을 오랫동안 간직하고 있었을 수도 있다. 그런데 마침내 그러한 일이 현실이 되면, 과연 행복할까?

자녀가 있는 가정에서 매주 해야 하는 활동에 대한 비용을 유급 돌봄 노동자에게 지급되는 급여를 기준으로 산정하면 월 7000유로 이상의 보수를 받아야 한다.[2] 하지만 실제로 집에서 다른 사람을 돌보고 요리하고 청소하고 마음을 위로하는 사람은 보통 한 푼도 받지 못한다. 그러니 이 일로는 노후 준비를 전혀 할 수 없는 경우가 허다하다. 게다가 돌봄 노동을 맡으면 마치 이 일을 하는 시간이 아무 가치도 없고, 자신이 아무것도 하지 않는 것 같다는 초라한 마음이 든다. 이러한 사회적 태도는 직업적인 돌봄 노동에도 그대로 반영된다. 이 분야는 보수가 열악할 뿐만 아니라 어떤 경우에는 수행한 업무가 전혀 기록되지 않는다. 2021년 6월, 독일 연방 노동법원은 재택 간병인에게도 대기 시간에 대해 최저임금을 지급해야 한다는 판결을 내렸다. 불가리아 출신의 원고는 24시간 내내 노인을 돌보았는데도 하루 6시간에 대한 급여만 받았다. 그녀가 한 달에 받은 돈은 950유로에 불과했다.[3] 노동법에 따르면 24시간 돌봄은 3인 이상의 전일제 근로자가 분담해야 한다. 그러면 월 급여가 9100유로에 달한다.[4] 이는 불가리아 간병인이 받은 금액의 약 10배에 달하는 금액이다.

사람들은 어쩌면 자기 보호 차원에서 개인적 범위의 돌봄 업무를 일로 인정하는 것을 거부하는지도 모른다. 이를 소득 활동에 추가하면 하루가 거의 일로 가득 찰 것이기 때문이다. 독일 경제연구소(DIW)의 산정에 따르면, 돌봄 노동을 노동에 포함할 경우 어린 자녀를 둔 여성은 하루에 약 14시간을 일한다.[5] 돌봄 노동이 끝나면 자기 관리나 대화를 위한 시간이 전혀 남지 않는다. 우리는 달콤한 가정을 원했지, 과부하를 안겨주는 가정을 원하지 않았다! 우리는 가정을 통해 삶이 작아지는 것이 아니라 더 커지기를 원했다. 우리가 길들여지고 예속된 일하는 동물로 여겨지는 현실은 자기 시간을 다양하게 사용할 수 있는 자유롭고 독립적인 인간이라는 우리 머릿속 이미지와 모순된다. 그러니 일이 우리 삶의 전부가 아니라고 말할 수 있으려면 우리가 얼마나 많이 일하고 있는지를 자신에게 숨길 수밖에 없다. 우리가 돌봄을 스스로 선택할 수 있다고 여길 때, 돌봄을 이타적이고 사랑에 기반한 활동이라고 이해할 때, 우리는 우리 자신을 자유로운 사람이라고 할 수 있다.

돌봄 노동을 도맡는다고 해서 남에게 이용당할 만큼 어리석은 사람이 아니며, 돌봄을 직접 하지 않고 다른 사람에게 위탁하는 사람들도 누군가를 착취할 만큼 무자비한 건 아니다! 우리가 이러한 신념을 마음속에 새겨야 평등이 우리 손에 닿을 것이라고 믿을 수 있다. 특히 남성 위주로 확립된 기준과 남성 중심 인생 계획에 방향이 맞추어져 있는 사회, 즉 가부장적 사회에서는 여성성과 관련된 모든 것이 평가 절하되는 문화가 여전히 깊이 뿌리박혀 있기 때문에 돌봄이 동등한 가치를 지닌 노동으로서 인정받지 못한다. 현대적이고 진보적인 국가라면 평등이 이미 확립되어 있거나 최소한 모든 사람에게 동등한 기회를 보장해야 한다. 따라서 돌봄을 일로 보지 않는 것은 잘못된 우리의 문화적 자아상을 옹호하는 것과 같다.

돌봄을 동등한 가치를 지닌 노동으로 인정하고, 이를 공정하게 분배하며 그에 대한 적절한 보수를 지급한다면 권력 관계와 우리가 서로를 대하는 방식이 완전히 바뀔 것이다. 이를 '돌봄 혁명'이라고 부를 수 있을 것이다. 돌봄 혁명은 독일 전국 각지의 돌봄 단체들이 결성하여 만든 돌봄 혁명 네트워크(Netzwerk Care Revolution)에서 만든 개념으로, 이윤을 극대화하는 대신 인간의 필요를 경제의 중심에 둘 것을 주장한다.[6] 직업 세계에서의 해방만으로는 진정한 평등을 이룰 수 없으며, 우리가 서로를 돌보는 방식도 근본적으로 바뀌어야 한다는 것이다.

아기를 흔들어 재우는 것은 일인가? 중병에 걸린 사람에게 음식을 먹이는 것은? 슬퍼하는 친구가 걱정거리를 이야기할 때 참을성 있게 들어주는 것을 일로 보아야 할까? 우리는 지금까지 일을 다르게 생각해왔기 때문에 돌봄을 일로 보는 것에 불편함을 느끼는 게 이해가 되기도 한다. 하지만 한 가지 분명한 것은 돌봄은 '시간을 쓰는 일'이라는 점이다. 돌봄 업무로 보내는 시간은 잔디밭에 눕거나 글쓰기를 배우거나[7] 친구와 극장에 가거나 뉴스를 듣거나 박사 학위 논문을 쓰거나 돈을 벌기 위해 일하거나 이 책을 읽는 등 다른 활동에 쓸 수 있는, 다른 곳에서 끌어온 시간이다. 하지만 눈에 잘 띄지 않고, 이에 대한 대가를 지불하지 않기 때문에 우리 사회는 돌봄을 시간 측면에서 생각하지 않는다. 그러나 다른 사람을 돌보는 것만큼 많은 시간을 소비하는 활동은 거의 없다. 돌봄은 자신의 시간을 타인의 시간으로 바꾸는 것과 같다.

돌봄을 수행하고자 하는 사람이 아무도 없을 때 누가 자신의 시간을 돌봄에 쓸 것인지, 반대로 돌봄을 기꺼이 하고 싶은 누군가가 자기 시간을 돌봄에 쓸 수 있는지는 정의의 문제다. 시간은 늘릴 수도 없고, 놓친 순간을 만회할 수도 없다. 그렇기 때문에 시간 정의는 막연한 미래가 아닌 지금 당장 확립해야 한다.

돌봄 활동을 일의 영역에 포함하기 위해서는 일이 무엇인지에 대한 새로운 인식이 필요하다. 말하자면 보수가 지급되지 않는 모든 활동을 일로 이해하는 열린 자세가 필요하며, 일이라는 개념에 단순히 소득 활동 이상의 것을 포함해야 한다. 돌봄 담당자는 아무리 자기가 좋아서 돌봄을 맡았더라도 자신이 매일 하는 일을 과소평가해서는 안 된다. 벨 훅스는 돌봄 업무의 가치를 끌어올리기 위해서는 돌봄 업무 당사자가 자신의 일을 대하는 태도를 바꾸어야 한다고 이야기한다. 또한 여성 스스로 돌봄의 가치를 인정하지 않는다면 남성이 돌봄의 가치를 인정할 것을 기대할 수 없다고 주장했다. 이러한 이유에서 그녀는 돌봄 업무 담당자가 보수 유무에 관계없이 자신의 일에 가치를 부여하고 자부심을 느끼는 것을 '힘과 저항의 제스처'로 여기도록 고무했다.[8] 돌봄은 이를 제공하는 사람에게도 좋은 기분을 들게 하고, 온정이 넘치고 풍요로운 활동이지만, 그래도 이것이 '일'로 간주되어야 하는 이유는 사회적으로 없어서는 안 될 활동이기 때문이다.

이와 같은 확장된 일의 개념은 개인의 일상에서 차지하는 일의 양을 가시화하여 우리가 평소 얼마나 많은 일을 하는지 이해할 수 있게 해 줄 것이다. 사람들은 여전히 하루 8시간의 일은 적당하다고 여기지만, 평일 14시간, 주말 12시간의 일은 너무 많다고 생각한다. 하지만 우리는 이미 과도하게 긴 시간을 소득 활동, 가사, 돌봄 노동, 자기 관리 활동 등의 일을 하며 보내고 있다. 하루하루 이렇게 많은 일을 하는 게 정말로 합리적일까? 여전히 쉬는 날도, 자유 시간도 없이 일하는 것이 **지금** 이 시대에 맞는 걸까?

돌봄 시간의 특성

이제 더 이상 늦은 오후에 사무실에서 퇴근하고 나서 자유 시간이 시작되지 않는다. 아이가 생긴 이후부터 나에게 퇴근 시간은 그저 '집에 가는 시간'이 되었다. 퇴근 후에 자유 시간, 다른 성질의 시간이 시작된다는 이야기는 나에게 해당하지 않는다. 나는 내 앞에 주어진 일을 시간과 연관시키지 않기 때문에 그런 생각을 하지 않는다. 퇴근 후의 내 시간은 아직 어린 내 아이들과 연결되어 있으며, 이는 미리 정해진 시간이며 루틴이다. 내가 이 시간을 꾸려나간다기보다 이는 그저 나에게 일어나는 시간이다. 장소를 바꿀 수는 있지만, 시간은 내가 자유롭게 결정한 일들로 채울 수 없다. 그럼에도 나는 설렘을 가득 안고 어린이집을 향하거나 계단을 올라 집으로 들어갈 것이며, 한 걸음 한 걸음 내디딜 때마다 기분이 바뀔 것이다. 몇 시간 만에 아이들을 다시 마주하는 순간에는 여전히 가슴이 두근거린다. 아이들을 꽉 끌어안으면 다시 아이들과 함께한다는 안도감과 동시에 피곤함에 빠져든다. 나는 아이들이 내 주변에서 노는 동안 웃기도, 한숨짓기도 하면서 집안일을 한다. 도중에 이 생각 저 생각에 잠겼다가 다시 나로 돌아온다. 가족과 함께하는 저녁 시간은 마음 편하고 소중하고 친밀한 동시에 타율적이다. 이 시간은 나만의 것이 아니다. 나의 시간은 아이들의 시간과 하나로 녹아든다. 내가 아이들의 욕구에 얼마나 헌신하느냐에 따라 이 시간은 온전히 아이들의 시간이 될 수도 있다.

나는 '시간을 갖는다는 것'이 시간을 자유롭게 사용할 수 있는 것, 미리 정해진 일이 아닌 무언가를 할 수 있는 것이라고 생각한다. 다시 말해, 시간이 있다는 것은 즉흥성을 허용한다. '나는 시간이 없어' 혹은 '나를 위한 시간이 필요해'라는 말은 직업적 업무 이외의 시간이 없다는 표현이 아니라 무언가에 얽매여 있지 않은 여유 시간이 너무 적다는 표현이다. 우리는 시간 속에 살고 있으므로 늘 시간이 있다. 시간이 **너무 적다**는 느낌은 우리가 자기 시간 안에서 충분히 자유롭게 움직일 수 없다는 것을 나타낸다. 모든 사람은 매일 24시간이라는 시간을 똑같이 가지고 있다. 하지만 시간을 경험하는 방식은 서로 다르다.

우리는 모두 시간 교육을 받으며 자란다. 시간을 의식적으로 인식할 수 있게 되는 순간, 우리는 시간을 우리 욕구를 실현하는 수단이 아닌 제한하는 수단으로 마주하게 된다. 말하자면 시곗바늘이 정시를 가리키면 하던 일을 끝내야 한다. 시간은 추상적인 양이다. 그렇기에 시간은 계획할 수 있고 통제할 수 있으며 최적화하여 사용할 수 있다. 하지만 돌봄 시간은 시계를 따르지 않는다. 돌봄 시간은 통제할 수 없는 시간이다.

돌봄 업무는 대개 끝이 없다. 보육 교사나 간호사가 직업적으로 수행하는 전문 유급 돌봄 업무조차 원하면 언제든지 중단했다가 나중에 계속할 수 있는 타 직종의 업무와는 다른 방식으로 끝이 난다. 유급 업무의 많은 프로세스는 시간적으로 계획되고 최적화되어야 한다. 이러한 프로세스는 업무 수행자의 경험이나 기계 및 기술의 지원을 통해 더 효율적이고 생산적으로 이루어질 수 있다. 하지만 돌봄은 이러한 식으로 최적화될 수 없다. 예컨대 나는 오후 6시에 글쓰기를 중단하고 내일 아침에 다시 시작할 수 있다. 하지만 밤 9시에 아이가 잠을 안 자고 계속 질문을 하면, 그 시간에 아이 재우기를 중단할 수 없다. 위기에 처한 친구는 경우에 따라 회의 사이에 주어진 30분의 휴식 시간보다 더 많은 시간이 필요할 수 있다. 요양보호사는 치매 환자가 식사하는 데 필요한 시간을 분 단위로 계획할 수 없다. 돌봄 업무가 인위적으로 제한되고, 돌봄 대상자의 필요보다 시계 속 시간에 맞춰져 있으면 돌봄 담당자는 대상자를 제대로 보살필 수 없어서 좌절감을 느낀다. 그렇게 되면 돌봄에 의존하는 사람들은 피해를 입게 된다.

돌봄의 본질에 반하여 돌봄 시간을 단축하고, 실제로 가능한 일보다 더 많은 일을 돌봄 시간 안에 억지로 짜 맞추면 사람들 간의 관계에 부담을 준다. 이처럼 돌봄 시간에 압박을 가하는 것은 가족을 더욱 취약하게 만든다. 돌봄 혁명 네트워크의 결의안을 작성한 저자들은 "시간 압박과 물질적 불안정은 폭력을 낳고 사회적 관계와 돌봄 관계를 파괴한다"[9]라고 말한다. 물론 돌봄 업무에서도 부득이하게 신속하게 움직여야 할 때가 있다. 그러나 이것이 표준이 되면 스트레스가 지속적으로 발생하여 과도한 부담을 느끼게 되고, 직업적 업무와 사적인 일을 제대로 못하게 되어 매일 한쪽 일에서 혹은 양쪽 일 모두에서 실패했다는 느낌과 죄책감을 느낄 수 있다. 많은 돌봄 담당자들을 끊임없이 따라다니는 죄책감은 부모로서의 역할을 수행하는 데 필요한 시간, 즉 돌봄에 필요한 시간이 충분히 주어지지 않기 때문에 발생한다. 특히 정서적 욕구는 가장 필수적인 일에만 시간을 할애하다 보면 뒷전으로 밀려나게 된다.

다른 사람을 돌보고 보살피는 사람은 자신의 시간적 욕구를 충족시킬 수 있어야 한다. 돌봄 시간은 아기, 어린이, 아픈 사람, 돌봄이 필요한 사람 들에게서 생겨난다. 돌봄 담당자는 시계가 가리키는 시간에 맞추어 움직일 수 없다는 것을 금방 알게 된다. 아기에게 얼마나 많은 돌봄 시간이 필요한지를 아기와 협상할 수는 없다. 시계가 자정을 가리킨다고 해서 아기가 더 빨리 잠드는 것도 아니다. 아기를 달래는 일을 나중으로 미룰 수도 없고, 아기를 안아 재우기를 그만두고 잠깐 전화를 걸 수도 없다. 아이가 태어나면 아이와 부모는 서로 얽히고설킨 밀집된 시간 속에서 함께 살아간다. 이 시간은 어른들도 통제할 수 없는 시간이다. 돌봄 시간에서는 돌봄을 받는 사람이 주도권을 지니며, 그들이 시계다. 돌봄 시간은 힘의 균형을 뒤집는다. 아기가 시간의 주인이 된다.

예정된 피로

"당신은 아이를 갖길 원했잖아!" 아마도 모든 부모는 어린 자녀와 보내는 고되고 피곤한 일상을 겪으면서 이런 말을 서로에게 던질 것이다. 하지만 대부분의 부모는 자신이 얼마나 지쳤는지, 욕구를 충족할 시간이 얼마나 부족한지, 얼마나 잠이 부족한지 등의 이야기를 한다고 해서 아이와 함께 살거나 가족을 돌보는 일을 선택한 것을 후회하지는 않는다. 그들은 단지 일상의 수많은 요구 사이에서 갈팡질팡하고 있을 뿐이다. 돌봄 노동은 아무리 많은 어려움이 있더라도 어쨌든 해야 하는 일이다.

부모 역할은 **예정된 피로**다. 오늘날 직장에 충실하고 자녀와 가사를 돌보려 한다면 과중한 부담을 피하기 어렵다. 그런데도 많은 사람이 그렇게 하고 있다. 특히 자녀가 있는 여성들은 본인의 욕구를 제쳐두고 잠을 포기하면서 필요한 시간을 확보한다. 2020년 시행한 한 설문 조사에서 미성년 자녀를 둔 여성의 77%, 남성의 61%가 가정과 직장에서의 업무 부담에서 충분히 또는 전혀 원기를 회복할 수 없다고 답했다.[10] 어린 자녀를 둔 부모는 여지없이 대부분의 다른 사람들보다 잠을 덜 자고 집에서 더 많은 돌봄 노동을 해야 한다. 그럼에도 우리 사회는 이들에게 직장에서 똑같이 많은 일을 하도록 요구한다. 돌봄 업무가 없는 사람처럼 일해야 하는 것이다. 다시 말해 부모와 돌봄 담당자들이 자기 삶에서 돌봄 측면을 외면하고 그에 쏟는 노력을 드러내지 않기를 기대한다. 돌봄 노동에 대해서는 오로지 좋은 이야기만 해야 하고 눈 밑 다크서클은 화장으로 가려야 하며 항상 웃음을 지어야 한다.

아이가 태어난 해에 부모 모두가 휴직하는 건 매우 드문 일이다. 대부분 부모 중 한쪽은 아기가 태어난 지 불과 며칠 만에 다시 일터로 돌아가 8시간 근무에 복귀한다. 잠자는 시간이 아무리 짧아도, 휴식이 필요해도, 배우자에게 산후조리가 필요해도 상관없이 말이다. 출산 당사자는 아이를 낳은 후 8주 동안 출산 휴가를 받아서 직장에 나가지 않아도 되지만, 이 기간에 다른 사람의 보살핌이나 지원을 받을 권리는 없다. 아이를 출산하고 산후조리 중인 사람을 위한 진정한 보호는 산모와 아기가 스스로 잘 지낼 수 있을 때까지 돌보는 것을 포함해야 한다. 갓 출산한 여성을 하루 종일 아기와 단둘이 있게 하는 것은 신중하지 못한 행동으로 간주될 만큼 신생아와 지내는 첫 몇 주는 매우 고되다. 아기를 출산한 어머니가 '늘 혼자인 것처럼 외로웠다'가 아니라 '보살핌을 잘 받고 있다고 느껴졌다'라고 말할 수 있어야 하지 않을까? 우리는 왜 이러한 시간을 갖지 못하는 것일까? 다른 말로 하자면, 누가 우리에게서 이러한 시간을 앗아가는가?

독일에서는 아버지의 거의 60%가 여전히 부모수당을 신청하지 않는데, 그 이유는 휴직하고 수당을 받으면 오히려 재정적 손실이 너무 크기 때문이다.[11] 또한 남성은 평균 3.3개월의 육아휴직을 사용한 반면, 여성은 평균 13.6개월을 사용했다.[12] 동성 부부의 경우 육아휴직을 어떻게 나누어 사용하는지는 유감스럽게도 아직 공식 통계에 기록되어 있지 않다. 그러나 출산 후 휴가가 부족하다는 사실은 이들에게도 해당된다. 많은 배우자가 자신의 가족 곁에 있기 위해 불과 몇 주의 휴직조차 할 수 없다. 지난 입법 기간에 사회민주당(SPD)이 이끄는 연방 가족부는 2019년 EU가 제시한 10일간의 배우자 출산휴가 제도 도입을 부모수당을 이유로 거부했다. 2021년에 새로 구성된 연방 정부에서는 이 EU 지침을 채택하기로 했지만, 2022년 봄에 통과된 1차 예산안에는 이에 대한 예산이 배정되지 않았다. 따라서 이 문제는 좀 더 지켜볼 필요가 있다. 그러나 부모수당에 관한 데이터는 많은 부부가 신생아와 함께 보낼 시간이 없는 현실을 분명히 보여준다. 이러한 현실은 출산 직후의 여성에게 과도한 부담을 안겨 산후우울증의 위험을 높이며 결과적으로 부모와 자녀의 유대를 해친다. 연방 정부가 평등한 부모 역할이라는 목표와 아동의 복지에 얼마나 진지하지 않은지는 출산한 부모에 대한 지원이 부족하다는 사실에서 드러난다. 육아휴직 기간을 길게 가진 아버지는 육아휴직을 사용하지 않았거나 짧게 사용한 아버지보다 장기적으로 가정 내 돌봄 노동에 더 많이 가담한다.[13] 이러한 점에서 가족 내 평등한 돌봄 분담을 지원하기 위해 정치적으로 무엇을 할 수 있는지는 매우 분명하다. 그러나 가정의 다양한 요구를 충족하고 남성도 동등하게 가족 돌봄을 맡도록 설득하는 전략은 아직 가족 시간 정책에 담겨 있지 않다.

이러한 공백은 기존의 가족에게만 영향을 미치는 것이 아니다. 아직 자녀를 갖지 않은 사람들은 가족을 갖겠다는 결정을 '시간 위기'[14]라고 묘사할 정도로 독일 가정의 생활환경을 부정적으로 인식한다.

우리가 사회적 관계를 소중히 여기고 필요한 만큼의 시간을 거기에 할애하는 걸 일반적인 일로 여긴다면, 돌봄의 필요성과 이를 결정하는 일이 우리 사회에서 더 많이 받아들여질 것이다. 그렇게 되면 다른 사람을 돌보는 일이 오늘날처럼 부모와 돌봄 담당자를 번아웃으로 몰아넣는 대신 더 큰 만족으로 이끌 것이다. 돌봄에 소비하는 시간이 경제에 투자하는 시간만큼의 가치를 가진다면 우리 사회는 더 안정적인 사회적 관계로 유지될 것이다. 우리가 살아가는 방식에 대안이 없는 게 아니다.

너무나도 부족한 자녀를 위한 시간

10년마다 실시되는 독일의 주요 시간 사용 실태 조사의 가장 최근 보고서에 따르면 오늘날 성인들이 얼마나 많은 시간 압박을 받고 있는지 알 수 있다. 이 조사에 따르면 성인의 절반 이상이 가사에 할애할 수 있는 시간이 부족하거나 부분적으로만 충분하다고 생각한다.[15] 마찬가지로 부모의 절반 이상이 자녀를 위한 시간이 일반적으로 또는 종종 너무 적다고 불평한다.[16] 2018년의 한 조사에서도 독일에 거주하는 부모의 40%가 '빠듯한 시간'이 일상생활에서 가장 큰 부담이라고 답했다. 이에 비해 재정적, 심리적, 신체적 부담이나 부부 관계에서 느끼는 부담은 훨씬 적은 비중을 차지했다.[17]

자녀와 가족에 대한 돌봄 책임은 공공 서비스를 통해 부분적으로 분담되기는 하지만, 이러한 돌봄 공동체는 어린이집 하원 이후 갑작스럽게 종료되는 경우가 많다. 연방 정부의 가족 시간 정책 보고서에 따르면 자녀가 있는 성인의 약 3분의 1만이 조부모의 지원을 받고 있다. 친구나 이웃, 유급 베이비시터에게 자녀 돌봄을 맡기는 경우는 예외적인 일이며, 주로 친척이 도와주는 경우가 많다. 독일 가정의 3분의 2는 보육 시설 외에는 아무런 지원을 받지 못한다.[18]

사람들이 단지 시간 압박 때문에 돌봄 시간이 적다고 불만을 토로하는 것은 아니다. 돌봄은 사람들을 정서적으로 연결하며, 관계를 유지하는 데 큰 역할을 한다. 따라서 돌봄을 완전히 외부에 위탁하는 것이 최종 목표가 될 수는 없다. 이론적으로는 가정의 모든 돌봄 노동을 유급 업무로 외부에 위탁하고, 부모가 저녁에 약속이 있거나 아이 없이 시간을 보내고 싶을 때 베이비시터가 대신 돌봐준다면 문제가 해결될 것이다. 그러나 대부분의 부모는 자녀와 가능한 한 적게 시간을 보내는 것을 원하지 않는다.

한편, 아이들 또한 가족이 함께 보내는 시간이 적다는 것을 인지하고 있다. 독일 어린이 10명 중 1명은 부모와 함께 보내는 시간이 너무 적다고 생각하며, 한부모 자녀의 경우에는 심지어 3분의 1 이상이 이렇게 답했다.[19] 아이들은 아버지와 보내는 시간의 양에 가장 큰 불만을 나타냈다. 2018년 월드비전(World Vision)의 아동 연구 조사에 참여한 6~11세 어린이 중 36%만이 아버지와 보내는 시간이 대체로 충분하다고 느낀 반면, 66%는 자신들에게 언제나 충분한 시간을 내어주는 사람은 어머니라고 답했다.[20] 독일에서 '토요일은 아빠와 보내는 날(Samstags gehört Vati mir)' 캠페인이 시작된 지 약 65년이 지난 지금도 많은 어린이가 아버지의 부재를 느끼고 있다.

정부의 2012~2013년 시간 사용 실태 조사 분석에 따르면, 어린 자녀를 둔 부모 1인당 유급 및 무급 노동과 직장 출퇴근에 소요하는 시간을 합하면 주당 평균 약 62~63시간에 달하며, 이는 수년에 걸쳐 지속된다.[21] 배우자와 가족 돌봄 노동을 분담할 수 없는 한부모의 경우 시간 부담은 당연히 훨씬 더 높을 수밖에 없다. 독일에서는 약 209만 명의 어머니와 43만 5000명의 아버지가 한부모이며[22], 자녀가 있는 전체 가정의 약 5분의 1은 성인 1명이 자녀를 돌보고 있다. 한부모 10명 중 9명은 여성이다.[23]

오늘날 단독 생계부양자 모델은 점점 감소하고 있으며, 점점 더 많은 가정에서 맞벌이로 일하기 때문에 돌봄과 직업을 병행하는 부담이 매우 높아지고 있다. 여성의 취업률은 노동자 계층과 동독 지역에서 항상 높긴 했지만, 최근 수십 년 동안 모든 사회 집단에서 일하는 여성의 비율이 계속 증가하고 있다.[24] 예전에는 부부가 노동에 쓰는 시간이 전일제에 해당하는 시간만큼이었지만, 오늘날에는 둘이 합쳐서 40시간이 아닌 60시간, 80시간, 심지어 100시간씩 일하는 경우가 점점 더 많아지고 있다. 그러므로 점점 더 많은 부모가 시간 부족에 대해 불평하는 것은 당연한 일이다. '전업주부'라는 모델은 여성해방과 노동력에 대한 경제적 필요에 의해 사라졌지만 가사노동은 여전히 남아 있다. 그것도 일주일 내내 말이다.

게다가 가족 구성원이나 자녀가 1명씩 늘어날 때마다 돌봄에 필

돌봄에 소비하는 시간이 경제에 투자하는
시간만큼의 가치를 가진다면
우리 사회는 더 안정적인 사회적 관계로 유지될 것이다.
우리가 살아가는 방식에 대안이 없는 게 아니다.

요한 시간이 늘어나는데, 이는 정치적 담론에서 거의 무시되고 있다. 자녀가 4명인 가정, 장애를 가진 자녀가 있는 가정, 간병이 필요한 가족이 있는 가정은 자녀가 1명인 가정과는 시간적 요구 사항이 다르다. 주 32시간 근무는 이제는 더 이상 급진적인 요구로 간주되지는 않지만, 그럼에도 이상적이고 전형적인 핵가족 이미지에 맞추어져 있다. 모두를 위한 시간 정책은 핵가족을 넘어서 생각해야 한다.

연방 정부의 제8차 가족 보고서에 따르면, "시간 부족은 서로 다른 사회 하위 시스템의 시간 구조가 서로 조정되지 않고, 이러한 시스템 중 둘 이상에서 활동하는 행위자가 체계적으로 시간 갈등을 처리해야 할 때 발생한다."[25] 이러한 정의는 시간 부족을 실제로 시간이 부족해서 발생하는 문제가 아니라 '시간을 맞추는 문제'로 설명한다. 이러한 설명이 왜 문제인지 우리 모두가 알고 있다. 이를테면 치과는 우리가 한창 일하는 근무 시간에만 문을 열고, 유아 수영 수업은 오전에 진행되며, 여권 갱신을 하려면 반나절 휴가를 써야 하고, 방과 후 돌봄 기관은 직장에서 마지막 회의가 끝나기 전에 문을 닫는다. 이러한 문제는 공공 기관과 병원, 상점의 운영 시간을 조정하고 보다 유연한 근무 시간을 통해 부분적으로 해결할 수 있다. 그러나 이러한 기관에도 부모를 비롯하여 돌봄 의무를 가진 다른 사람들이 일하고 있기 때문에 이 같은 해결책이 다른 이들에게는 새로운 시간 문제를 야기할 수 있다. 어린이집이나 공공 기관이 수요에 맞춰 운영 시간을 조정하려면 더 많은 인력이 필요할 것이다.

또한, 잘 알다시피 출퇴근길이 점점 더 길어지고 있다. 지자체에 어린이집을 신청할 경우, 어린이집까지 30분 정도의 이동 시간을 적당한 거리로 간주된다. 오늘날 사람들은 가족이나 친구와 함께 시간을 보내는 대신 자동차나 전철, 자전거에 더 오래 앉아 있다. 도시 및 공간 계획은 정치인들이 적극적으로 나서서 시간 정의를 실현해야 하는 분야이기도 하다.

시간이 부족하다고 느끼는 부모들은 자기 삶의 여러 영역의 시간을 서로 완벽하게 조정하려고 노력한다. 하지만 실질적으로 시간이 부족하다. 그 결과 그들은 꼭 해야만 하고 미룰 수 없는 활동, 즉 소득 활동과 돌봄 업무에 하루 대부분 시간을 소비한다. 특히 어린 자녀나 돌봄이 절실히 필요한 자녀를 둔 부모는 "하루가 사실상 거의 남지 않으며, 주중에는 만성 수면 부족이 만연해 있다."[26]

시간 빈곤을 악화하는 가족 정책

돌봄 노동이 세계 곳곳에서 불균등하게 배분된다는 것은 이미 잘 알려진 사실이다. 전 세계적으로 여성이 무급 돌봄 노동의 4분의 3을 담당하고 있으며, 세계 어느 국가에서도 남성이 돌봄 노동을 동등하게 수행하는 곳은 없다. 이는 여성의 유급 및 무급 노동을 합한 평균 근무 시간이 남성에 비해 훨씬 더 길어지는 결과를 가져오기도 한다.[27] 독일에서는 성별 돌봄 격차에 관한 데이터를 1990년대 이후에야 수집하기 시작했지만, 여기에 대한 페미니즘적 비판은 훨씬 더 오래전부터 있어 왔다. 여전히 여성은 남성에 비해 하루 평균 52.4% 이상 더 많은 시간을 돌봄 노동에 소비한다.[28] 부부에게 자녀가 있는지, 가족 발달단계 어느 지점에 있는지, 각 발달단계에 어떤 종류의 돌봄 업무가 필요한지까지 고려하면 그 수치는 더 커진다. 이를테면 아주 어린 자녀를 둔 34세 부부의 성별 돌봄 격차는 110.6%에 달한다. 그런데도 돌봄 노동은 오늘날까지 여전히 가족 정책에서 동등한 가치를 지닌 노동으로 인정받지 못하고 있다. 돌봄 노동을 재정적으로 보조하거나 연금 산정에 강하게 반영하거나 정치적 조치를 통해 더 평등하게 분담하거나 그 중요성 측면에서 유급 활동과 동등한 지위에 놓으려는 계획은 전혀 발견할 수 없다. 다시 말해 돌봄 노동은 가족 정책 측면에서 그 가치를 인정받지 못하고 있다. 바로 이러한 관점은 유급 노동과 돌봄 노동의 균형을 바람직하게 맞추는 것을 불가능하게 만든다. 무급 돌봄 노동을 맡는 것은 개인의 사회적 지위를 약화하는 반면, 유급 활동은 더 높은 사회적 지위로 이어지기 때문이다. 이와 같은 시간 사용에 따른 지위 상승 혹은 하강은 유급 활동에 많은 시간을 소비하는 사람들이 돌봄 시간을 위해 자발적으로 자신의 근무 시간을 줄일 가능성을 낮게 만든다.

돌봄 노동이 정책적으로 평가 절하되는 또 다른 이유는 무엇보다 돌봄 노동이 돌봄을 담당하는 사람을 유급 활동, 즉 '실제 직업 활동'에서 멀어지게 만드는 요인으로 여겨지기 때문이다. 그렇기 때문에 돌봄 노동 분담에 관한 정치적 논쟁에서는 주로 고용 시장에서 여성의 보다 강력한 참여를 이야기하며, 이는 더 큰 경제적 독립 및 직업적 자아실현과 동일시된다. 지금까지의 성 평등 정책은 여성이 직장에서 일하는 시간이 늘어나는 만큼 남성이 일하는 시간을 줄이는 것을 목표로 하지 않았고, 이는 가정에서의 노동 부담이 전체적으로 증가하는 결과를 가져왔다. 가정의 요구에 따라 직업적 환경을 바꾸기보다는 가정의 시간이 직업 세계로 강하게 옮겨지고 있는 것이다. 보육 시간을 확대하는 정책 목표 역시 가정에서 발생하는 돌봄 업무 전체를 체계적으로 고려하지 않고 부모가 더 많은 시간을 직업 활동에 쏟을 수 있도록 하는 데만 초점을 맞추고 있다. 이러한 방식의 성 평등 정책은 실제로 부모의 시간 빈곤을 증가시킨다. 우리에겐 진정한 가족 시간 정책이 필요하다. 다시 말해, 모든 부모가(특히 여성이) 지역 정치에 참여하거나 스트레스를 덜 받고 살 수 있도록 자유롭게 사용할 수 있는 시간을 더 많이 제공하는 가족 친화적이고 성 평등을 실현하며 참여 지향적인 정책이 필요하다.

지금까지 재생산 노동(Reproductive Labor)은 국내총생산(GDP)에 포함되지 않고 있다. 하지만 오늘날 여성들은 재생산과 생산 두 가지 역할을 모두 수행해야 한다. 경제 성장은 많은 사람이 점점 더 많은 부담을 떠맡음으로써 가능해진다. 영국의 경제학자 존 메이너드 케인스(John Maynard Keynes)는 1930년에 쓴 「우리 손자 세대의 경제적 가능성(Economics Possibilities for Our Grandchildren)」에서 100년 후, 즉 2030년에는 주 15시간만 일하게 될 것으로 예측했다.[29] 그의 예측은 완전히 빗나갔고, 우리가 마주한 현실은 직업 활동과 돌봄의 병행이 새로운 표준이 되어 주당 40시간을 훌쩍 넘겨 일하는 세상이다. 이대로라면 우리의 미래에는 '더 많은 일'이 기다리고 있을 것이다.

이처럼 많은 일이 일반화된 현실을 보여주는 극단적인 예는 코로나19 팬데믹 기간의 돌봄 노동자들에게서 확인할 수 있다. 어린이집과 학교가 문을 닫아야 했던 2020년 초, 사회민주당 소속의 당시 연방 가족부 장관 프란치스카 기파이(Franziska Giffey)는 재택근무를 하면서 동시에 어린 자녀를 돌보거나 자녀의 학습을 보조하는 것이 '힘들지만 가능하다'[30]고 여겼다. 자녀를 돌보는 일이 진정한 일이 아니라 부차적인 일이라는 인식은 특히 여성이 가정에 충실하기 위해 자신의 근무 시간을 줄이는 결과로 이어졌다.[31] 일부 부모는 직장을 완전히 그만두기도 했다. 부모들은 이전보다 더 아프고 지친 모습으로 병원을 찾았다.[32] 그러나 공적 보육 서비스를 받지 못하는 비상 사태가 2년 넘게 지속되었는데도 정치권에서는 부모가 직업에서 받는 부담을 줄이는 구제책이 논의되지 않았다. 2021년에 합의된 새 연방 정부의 연정 협약서에는 팬데믹이 평등에 끼친 영향이 거론되지도, 평등한 보육 전략이 수립되지도 않았다. 코로나19 유행 사태는 가족 돌봄에 대한 인정과 지원에 아무런 영향을 끼치지 못했다.

평등 전문가들은 노동 시간을 줄이고 여성과 남성의 근무 시간이 평등해져야 한다고 수년 전부터 촉구해왔다. 만약 그랬다면 팬데믹 기간 동안 전일제로 일하는 부모들의 부담을 덜 수 있었을 것이다. 근로일수가 줄어들면 자녀에게 더 많은 시간을 할애할 수 있으니 말이다. 2020년 연방 가족부 산하 사회복지 및 사회복지교육 연구소

(ISS)의 한 보고서에서는 가족 형태에 관계없이 모든 사람에게 주당 30시간 또는 35시간의 유급 근로를 권장한다.[33] 그렇게 되면 여성의 평균 노동 참여율은 높이고 남성의 노동 참여율은 낮출 수 있다. 이러한 방식으로 물질적 풍요가 여성과 남성에게 보다 균등하게 분배되고, 남성은 가정에서 무급 돌봄 노동을 더 많이 맡을 수 있다. 그러나 이와 같은 모델은 부모 입장에서 볼 때 결함이 있다. 즉 이 모델을 통해 가정의 총 업무량이 근본적으로 줄어드는 것이 아니라 다르게 분배될 뿐이라는 것이다. 양쪽 부모가 모두 일하는 시간이 이전보다 줄어들어야만 가정에 더 많은 자유 시간이 생겨날 수 있다. 그러나 연방 가족부의 보고서에서 제안한 대로 부모 한 사람당 평균 30시간 또는 35시간을 일하는 것은 아버지가 전일제로 일하고 어머니가 시간제로 일하는 현대의 생계부양자 모델과 전체 노동 시간 면에서 별반 차이가 없다. 이는 현재 독일 부모 중 70%가 택하고 있는 가장 흔한 고용 형태이다.[34] 한부모의 경우에도 30~35시간이라는 단축된 전일제는 가족을 부양할 수 있는 충분한 급여와 돌봄 노동에 대한 지원을 받을 때에만 부담이 경감된다. 한편 일과 가정의 조화라는 담론에서 질병 및 장애를 가진 자녀를 둔 부모와 한부모의 요구는, 그들의 수가 많은데도 종종 부수적인 문제로 취급된다. 그 이유는 이들에게 충분한 돈과 시간을 제공하는 데 필요한 변화는 이러한 모델이 건강한 자녀를 둔 부부와 가정만을 위해 설계된 경우보다 훨씬 더 급진적이기 때문이다.

지금까지 연방 가족부가 성별 돌봄 격차 해소를 위해 해온 활동은 부모가 개별적으로 타협하여 일을 분담하도록 하는 캠페인을 펼치는 것에 그쳤다. 그러나 가족 정책에 관한 연구 결과에서 알 수 있듯이[35], 법적 규제 없이는 부부가 돌봄 업무를 보다 공정하게 분담할 가능성은 거의 없다. 그럼에도 주당 근무 시간 단축은 현재 연방 정부의 성 평등 전략에 포함되어 있지 않다. 최근까지 성 평등 정책은 주당 평균 43.5시간에 달하는 전일제 업무를 수행한 뒤 남는 시간이 인간다운 삶을 사는 데 충분하다고 가정해왔다. 2022년 4월에 한부모이기도 한 녹색당 소속 리자 파우스(Lisa Paus)가 새로운 연방 가족부 장관으로 취임하면서 비로소 근로 시간 단축 문제를 제기했다. 파우스 장관은 취임 직후 인터뷰에서 '주당 근로 시간 단축이 많은 가정에 도움이 될 것'이라고 했지만, 이는 '주로' 단체협약으로 해결할 일이지 정치가 할 일이 아니라고 말했다.[36]

오늘날 역할 모델은 더 현대적이고 더 다양해졌지만, 누가 어떤 일을 맡고 어떤 공로를 인정받는지는 여전히 성별에 따라 구분된다. 동성 커플은 생업과 돌봄을 보다 평등하게 분담하지만[37], 남녀 커플은 대부분 그렇게 하지 못한다. 남녀 커플이 스스로 생업과 돌봄을 위한 노동 시간을 균형 있게 맞게 하려면, 모든 사람이 자기 시간을 돌봄에 할애하는 걸 매력적으로 생각해야 한다. 그러나 이를 위해서는 구체적인 아이디어를 발전시키고, 모든 부모가 최대한 쉽게 돌봄 업무를 동등하게 분담할 수 있도록 하는 정치적 전략이 필요하다. 한편 돌봄 업무를 기존의 가족 안에서 재분배하게 되면, 다른 사람을 돌볼 필요가 없거나 돌봄이 자기 삶에서 중요하지 않다고 생각하는 사람들에 비해 돌봄을 담당하는 사람들이 겪게 되는 직업적 불이익이 더욱 악화된다.

돌봄 시간이 사회적 과제로 이해되지 않는다면 개인에게 전가되는 탈정치화된 시간으로 남게 된다. 우리에게는 급진적인 사고의 전환이 필요하다. 즉 시간 정책 및 돌봄 분담 정책은 돌봄 노동 문제를 다루어야 하며, 돌봄 책임을 생물학적인 부모와 가족에 국한하지 않고 더 큰 해결책을 설계해야 한다. 이를테면 자녀가 없는 성인이 친밀한 다른 가족 혹은 이웃의 돌봄 업무를 맡을 수 있도록 모든 사람의 근무 시간을 단축할 필요가 있다. 또한, 돌봄을 스스로 돌볼 수 없는 사람들을 돌보는 활동으로만 생각하는 실수를 범해서는 안 된다. 돌봄은 그 이상이다. 배우자, 친구, 동료, 이웃의 삶을 지원하는 건 사회적 책임을 지는 일이기도 하다. 돌봄을 위한 시간을 어떻게 구성할 것인가는 가족뿐만 아니라 사회 전체의 문제다. 모든 사람이 돌봄을 필요로 하고, 모든 사람이 돌봄을 제공한다. 돌봄 노동을 사회 전체에 공정하게 분배하고, 더 많은 사람이 자발적으로 돌봄을 일상의 당연한 한 자리로 인정하기 위해서는 소득 활동으로 대체할 수 없는 고유한 가치를 돌봄에 부여해야 한다.

돌봄 노동으로부터 휴식하기

돌봄 책임을 지는 것이 고된 이유는 이 일이 직장의 '2교대 근무'[38]

처럼 이루어지지 않기 때문이다. 돌봄 노동은 일반적으로 지나치게 긴 시간을 필요로 하며, 아주 짧은 휴식 시간이 제공된다. 직장에 다니지 않고 집에서 돌봄을 전업으로 하는 사람들조차 대부분 자신을 위한 시간이 거의 없다. 잘 생각해보면 이들은 주당 근무 시간 한도나 퇴근 시간이 정해져 있지 않고 직장이 곧 집이기 때문에 일과 자유 시간의 경계가 모호하다. 실제로 무급 돌봄 노동이 주 업무인 사람은 유급 직장인보다 일하는 시간이 훨씬 더 긴 경우가 많다. 돌봄 담당자 절반 이상이 개인적인 관심사와 휴식을 위한 시간이 부족하다고 하소연한다.[39] 마찬가지로 직장에 다니지 않는 자녀가 있는 여성 거의 절반이 시간 압박을 자주 받는다고 말한다.[40] 또한 독일에서 약 48만 명의 아동과 청소년이 가정 내에서 돌봄 임무를 맡고 있는데, 일부는 10세 정도로 매우 어리다.[41] 이러한 '영 케어러(Young Carer)'의 시간 사용에 관한 연구는 아직 존재하지 않지만, 이들 삶의 질은 다른 사람들보다 상당히 낮을 것으로 예상된다.[42]

독일 경제연구소의 클레어 잠트레벤(Claire Samtleben)의 연구를 통해 부모들이 주말에도 얼마나 많이 일하는지를 알 수 있다. 이미 언급했듯이 6세 이하의 자녀를 둔 여성은 평일 하루에 총 14시간, 남성은 12시간 이상 일하는 것으로 나타났다. 어린 자녀를 둔 여성은 일요일에 주중보다 자유 시간이 2시간 더 주어지기는 하지만, 여전히 약 12시간을 가족을 위해 일한다. 반면 어린 자녀를 둔 아버지는 자유 시간이 훨씬 더 많으며, 주말에는 '불과' 8시간만 일한다.[43] 남성에게는 여성이 전혀 모르는 4시간의 마법의 자유 시간이 추가로 주어진다고 볼 수 있다.

성별 여가 격차(Gender-Leisure-Gap)라고 불리는 이러한 불균형이 발생하는 이유는, 여전히 많은 남녀 커플이 불평등하게 살아가기 때문이다. 성별 여가 격차는 여가 시간의 양적 차이뿐만 아니라 질적 차이도 보여주는데, 사회학자 주디 와이즈먼은 이를 **덜 여유로움(Less Leisurely)**이라는 말로 설명한다.[44] 이를테면 여성은 자신의 자유 시간을 자녀와 함께 보내는 경우가 많고 돌봄 업무로 인해 자유 시간이 자주 중단되기 때문에 자유 시간을 오롯이 즐길 수 있는 남성보다 덜 여유롭다고 느낀다. 이는 불평등한 정신적 부하(Mental Load)로 인해 생겨나는 결과다. 따라서 자유 시간의 양이 같더라도 여성은 남성보다 휴식을 더 못 취할 수 있다.

주말에 시간이 부족한 이유는, 미룰 수 없는 수많은 돌봄 업무도 해야 하고, 주중에 부족한 개인 시간이나 가족 시간도 보충해야 하기 때문이다. 따라서 우리는 큰 기대를 품고 주말에 할 일을 계획하는데, 예를 들면 손님 초대나 나들이 같은 일들이다. 이로 인해 정성스럽게 요리를 하는 등 또다시 추가적인 일이 생겨나므로 자유 시간이 적다고 느껴질 수 있다. 아버지들은 주말에 가족과 관련된 일을 평소보다 더 많이 하지만, 어머니들보다 더 많이 하지는 않는다. 여성은 직업적 업무와 관계없이 주말에도 원만한 가정생활을 위한 주된 책임을 지는 경우가 많다.

퇴근 후나 주말, 공휴일과 같은 여유 시간은 예나 지금이나 직업 활동에서 파생되는 것이므로 모든 사람에게 동등하게 주어지지 않는다. 이러한 시간은 직장에서의 노력에 상응하는 대가로 이해된다. 전업주부로 일하는 여성들은 대부분 "저는 지금은 일하고 있지 않아요"라고 말한다. 그들의 배우자들도 자주 이렇게 말함으로써 그들이 하는 돌봄 노동을 눈에 보이지 않게 만든다. 부부 중 소득 활동에 더 많은 시간을 보내고 가계 소득에 더 크게 기여하는 쪽은 이러한 이유를 들어 주말에 더 많은 자유 시간을 요구하는 반면, 주로 가사를 책임지는 쪽은 자유 시간에 대한 요구를 뒷전으로 미루는 경우가 많고, 이들은 종종 자신이 하는 일에 대한 가치를 낮게 평가한다. 이에 따라 경제력 불균형과 더불어 자유 시간의 권력 불균형도 생겨난다. 그 결과 돌봄 담당자들이 익히 알고 있는 결과가 발생한다. 즉 휴식이 불가능하고, 피로가 쌓여가며, 사회적 관계와 개인적인 관심사는 무시된다. 남성이 돌봄 책임을 맡게 하려면 무엇이 필요할까? 정치적 개입이 없다면 남녀 간의 권력 불균형(자유 시간의 차이에서도 드러나는)은 장기적으로 지속될 것이다.

진보적인 시간 정책은 일과 돌봄을 위한 업무 시간의 균형을 맞추는 것뿐만 아니라 돌봄을 제공하는 사람에게 충분한 자유 시간을 부여하는 전략도 개발해야 할 것이다. 그러나 지금까지 평등한 돌봄(Equal Care)에 대한 논의에서는 돌봄 제공자의 휴식 시간, 개인적인 관심사 및 사회적 접촉을 위한 자유 시간이 고려되지 않고 있으며, 그보다는 유급 및 무급 노동의 구분에만 초점을 두고 있다. 이러한 관점은 여성은 직장 생활에, 남성은 돌봄 활동에 더 많이 관여하는 것만으로 자신의 삶을 꾸리는 자유가 더 많이 생겨나는 것이 아니라는 사실을 간과하고 있다. 성인에게는 일과 가족을 넘어 자신을 돌보고 발전시킬 수 있는 자기만의 시간이 필요하다. 가족 친화적인 시간 정책은 돌봄을 책임지는 사람들이 더 많은 휴식 시간을 가질 때 비로소 실현될 수 있다. 지친 사람은 좋은 돌봄 제공자가 될 수 없다. 따라서 좋은 돌봄 정책은 더 많은 휴식 시간과 자유 시간을 허용하고 이를 누구나 동등하게 이용할 수 있도록 해야 한다.

남성은 돌봄 노동을 원하는가?

자녀가 있는 남성이 시간제 일자리를 선택하는 사례가 극히 적은 현상은 기업이 시간제 근무를 선호하지 않는다거나 시간제 근무로는 돈을 충분히 벌 수 없다는 사실만으로 설명될 수 없다. 그보다는 심리학자 존 뉴링거(John Neulinger)가 설명한 것처럼, 일부 남성은 시간제 근무에서 생겨난 자유 시간이 자신이 하고 싶지 않은 일로 채워질지도 모른다는 모종의 두려움을 갖고 있는 것 같다.[45] 남성이 돌봄 노동을 기피하는 이유는 귀찮기 때문만이 아니라 여전히 돌봄 노동을 남성적이지 않은 것이라고 생각하기 때문이다. 평균적인 남성보다 돌봄 노동을 더 많이 맡고 소득 활동을 덜 하는 남성은 열등감과 불만을 느낀다.

실제로 사회학자 마르틴 슈뢰더(Martin Schröder)가 독일인의 삶의 만족도를 연구한 결과를 보면, 독일 아버지들은 주당 50시간 이상 직장에 할애할 때 자기 삶에 가장 만족하는 것으로 나타났다. 슈뢰더는 남성의 일에 대한 의존도를 '충격적'이라고 표현했다.[46] 그런데, 거의 80%의 아버지가 가족을 위해 더 많은 시간을 보내고 싶다고 답했다.[47] 그렇다면 이들이 진정 원하는 것은 무엇일까? 이러한 모순된 결과는 사회적 요구와 성 역할 사회화의 영향력 간의 균열로 해석할 수 있다. 이전 세대에 비해 오늘날에는 '아버지'라는 역할에 가족과 시간을 보내면서 자녀를 더 많이 돌보는 모습을 기대한다. 그러나 이러한 아버지 이미지는 예나 지금이나 아버지들 스스로 기분 좋게 느끼는 역할과 맞지 않는다. 직장에서 많은 시간을 보내는 것은 남성적인 의미를 내포하고 있기 때문에 남성에게 성 역할 측면에서 안정감을 준다. 말하자면 남성성에 대한 전통적인 관념은 여성과 남성 간의 시간 평등에 걸림돌이 되는데, 이는 남성이 더 가치 있다고 여겨지는 시간을 더 많이 차지하기 위해 권력을 행사하기 때문이다.

오늘날 아버지들은, 특히 아이가 태어나고 첫 몇 년 동안 자녀와 함께 시간을 거의 보내지 못한다는 사실을 잠자코 받아들이는 것 같다. 그렇다고 해서 그들이 가족과 더 많은 시간을 보내는 것을 원하지 않는다는 의미는 아니다. 사회학자 카르스텐 비퍼만(Carsten Wippermann)의 연구에 따르면, 역할 모델이 점점 다양해지고 있기는 하지만 "가정을 꾸릴 경우 생계를 책임져야 한다는 역할 규범이 여전히 남성을 지배하고 있다."[48] 또한 많은 남성이 자녀가 태어난 이후 배우자의 미래 삶에 대한 결정권은 배우자에게 있으며, 자신은 배우자가 요구하는 가정 내 역할을 따라야 한다고 생각한다.[49] 이러한 인식은 딜레마에 빠지게 한다. 즉 '남성은 이러이러한 존재가 되어야 한다'라는 깊이 내면화된 이미지가 남성이 자신의 소망을 생각하고 표현하고 실행하는 것을 가로막는 경우가 많기 때문이다. 그 결과 가정 내 역할 분담을 어떻게 바꿀 수 있을지에 대한 열린 대화가 전혀 이루어지지 않게 된다.

하지만 남성은 자신의 사회화 앞에서 무력한 존재만은 아니다. 남성성 규범에 의문을 제기하고 이전과는 다른 방식으로 시간을 사용할 수 있고, '돌봄에서 사회적 관계를 경험하면서 성장할 수 있으며,'[50] 이로 말미암아 돌봄 업무의 가치를 높이 평가할 수도 있다. 오늘날 남성들, 특히 이성애자 남성과 아버지들이 더욱 자유롭게 살기 위해서는 성 역할 다양성에 대한 공적 담론이 필요하며, 무엇보다도 그들 사이의 연대가 필요하다. 그러므로 더 많은 아버지가 육아휴직을 사용하도록 하거나 남성들이 근무 시간을 줄이도록 설득하는 것은 페미니즘만의 과제가 아니다. 물론 남성이 돌봄 노동에 더 많이 참여하면 여성에게도 더 많은 자유가 주어지겠지만, 남성의 해방은 남성 스스로에게서 시작되어야 하기 때문이다. 페미니즘과 퀴어 운동은 이를 위한 본보기이자 귀감이 될 수 있다. 비판적 남성성 연구에서는 남성성과 돌봄 책임이 더 이상 서로 모순되지 않는다고 이야기하며, 이러한 변화 과정을 '돌보는 남성성(Caring Masculinities)'이라는 주제 아래 논의한다. 사회학자들은 돌보는 남성성을 '소득 활동, 권력, 지배력을 강하게 지향하는 전통적인 남성 이미지 및 남성 역할과 여러 면에서 구분되는 유형의 남성성'이라고 이해한다.[51] 돌봄 책임을 포함해 남성이 다양한 역할을 맡게 된다는 것은 가부장적 권력에서 벗어난다는 것을 의미하기도 한다. 이는 돌봄 노동의 가치를 높이고 이를 동등하게 분배하기 위한 정치적인 노력이 왜 아직 이루어지지 않고 있는지, 또한 왜 그토록 많은 남성이 지금까지의 삶의 모델을 포기하지 못하는지를 설명해준다.

평등을 가로막는 돌봄의 외주화

직장에 다니는 부모, 돌봄을 담당하는 사람, 직접적인 돌봄 책임은 없지만 직장에서 장시간 일해야 하는 사람 모두 일상적으로 해야 할 모든 일을 혼자서 처리하기에는 여러모로 시간이 부족하다. 이러한 시간 갈등을 해결하기 위해 직업 활동과 돌봄 노동이 재분배되지 않는 한, 일부 사람들은 집안일이나 돌봄 업무를 대신하는 제3자로부터 시간을 구매한다. 집안일을 외부에 위탁하려는 계층은 가사 노동을 위한 저임금 일자리를 만든다. 2장에서 이미 설명했듯이 이러한 식으로 불평등을 굳히는 사회적 분업이 생겨난다.

원칙적으로 자신의 가사 노동을 대신할 인력을 고용하는 것은 직업 활동을 하는 대부분의 남성이 가사 업무의 책임을 여성에게 전가하는 것, 다시 말해 가부장적 관계를 고착화하는 것과 같다. 생계부양자가 한 명인 이성애 규범적 가족에서는 분업이 명확하게 이루어졌으며, 이러한 분업은 오늘날 가사 노동을 유급 돌봄 인력에게 위탁함으로써 재생산되고 있다. 이제는 남성이 가사에 더 많이 관여하는 대신 청소 인력이 주부를 대신한다. 이는 맞벌이 부부 사이에서도 성별 돌봄 격차가 지속되는 이유이기도 하다. 즉 많은 성인이 가사 노동을 공평하게 분담하기보다는 인력을 고용한다. 청소 인력에 비용을 지불할 수 있는 가정이라면 남성은 변할 필요가 없다. 이러한 편리한 해결책은 평등한 돌봄에 대한 진술한 토론을 가로막고, 돌봄의 외부 위탁이 대부분 불안정한 고용을 통해 다른 사람을 현대판 하인으로 만드는 일이며 여기에 종사하는 사람들의 평등을 저해한다는 사실을 완전히 무시한다.

전 세계의 가사 노동자는 다른 노동자에 비해 최대 노동 시간, 휴일, 임금 등을 규제하는 법률이나 단체협약을 통해 보호받지 못하는 경우가 많다.[52] 유럽인의 관점에서 이러한 유형의 착취는 1억 명이 넘는 가사 노동자가 일하고 있는 아시아, 라틴 아메리카, 아프리카 국가만의 문제로 여기곤 한다. 그러나 독일에서도 약 330만 가구가 다른 사람의 도움을 받고 있다.[53] 독일 사회협회(Sozialverband VdK)의 추정에 따르면 독일에는 30만~50만 명의 돌봄 노동자가 있으며, 이들은 대부분 동유럽 출신으로 노인 가정에 불법으로 고용되어 노동법의 보호를 받지 못하고 있다.[54] 그들 대부분은 전일제로 일할 뿐만 아니라 일부는 24시간 내내 돌봄이 필요한 사람들을 돌보기도 한다.

사회학자 앨리 혹실드는 돌봄 노동의 분배를 분석하면서 **글로벌 돌봄 사슬(Global Care Chains)**이라는 개념을 만들어냈다. 글로벌 돌봄 사슬은 이주 노동자(대부분 여성)가 타국에서 돌봄 업무를 맡으면서 본국의 자기 가족에게 생긴 공백을 그의 어머니나 큰딸과 같은 여성 가족이 메우는 현실을 지적한다. 이러한 이주 노동자 여성들은 경제적 어려움 때문에 자신의 가족과 보내는 시간을 희생하여 부유한 가족의 아주 기본적인 필요를 충족시키는 시간을 제공한다. 그들은 어머니, 자매, 딸로서의 역할을 멀리 떨어진 상태에서, 아주 짧은 시간 동안만, 디지털 미디어를 통해 수행할 수 있을 뿐이다. 인터넷 전화 스카이프를 통해 가족을 돌본다고 하여 '스카이프 마더링(Skype-Mothering)'[55]이라는 신조어도 생겨났다. 이주 노동자의 임금은 생계를 유지하기에 충분하지 않은 경우가 많기 때문에 자신의 가족을 데려올 수가 없다.[56] 이러한 글로벌 돌봄 사슬은 가사 관련 서비스로 제공되는 돌봄 노동이 결코 정의의 원칙에 따라 재분배되는 것이 아니라, 오히려 국경을 초월하여 또 다른 여성에게, 저임금 또는 무급 여성 노동으로 전가된다는 것을 분명하게 보여준다.

한편 이주 노동자의 출신 국가에서 돌봄을 담당하는 가족 구성원은 그곳의 경제가 매우 취약하고 일자리가 없기 때문에 대부분 직업 활동을 할 수 없다. 따라서 글로벌 돌봄 사슬은 가난한 나라의 가족을 해체하여 자신의 부와 안락함을 창출하는 부유한 국가의 '제국주의적 삶의 방식'이라 할 수 있다. 부유한 국가들은 가사도우미 외에도 노인 요양보호사와 같은 외국인 돌봄 인력을 고용한다. 이들은 본국에서도 부족한 인력이며, 이로 인해 돌봄 유출(Care Drain)이 발생한다.[57] 부유한 국가의 경제는 점점 더 이주 노동자의 값싼 돌봄 노동에 의존하는 방식으로 조직되고 있으며 이들 국가는 세계 경제 정의에 거의 관심이 없다. 동유럽이나 글로벌 사우스(Global South)에서 생계를 보장할 수 있는 충분한 일자리가 생기면, 돌봄 노동자의 이주가 크게 줄어들어 부유한 국가의 사람들이 불편을 겪게 될 것이기 때문이다. 그렇기에 돌봄을 위한 충분한 시간은 국가를 초월한 정치적 문제로 이해되어야 한다.

유급 노동 인력이 다른 사람의 가정에 투입되는 시간을 '제3자의 시간' 또는 '제3의 시간'이라고 부를 수 있을 것이다. 그렇다면 우리는 다음과 같은 질문을 던져볼 수 있을 것이다. 내가 원하는 대로 나의 일상을 구성하기 위해 제3자의 시간이 얼마나 많이 필요한가? 제3자의 시간으로부터 누가 혜택을 받고 누가 혜택을 받지 못하는가? 제3자의 시간을 요구할 권한은 누구에게 있는가? 제3자의 시간은 직업 경력에 어떤 역할을 하는가? 대부분의 사람은 자신의 직업적 성공을 위해 제3자의 시간이 필요하지 않을까?

많은 직장인이 다른 사람의 도움을 받아야만 자신의 집안일을 해낼 수 있다고 믿는다는 사실은, 한편으로는 직장 생활에 요구되는 과도한 시간에 대해서는 근본적인 의문을 거의 제기하지 않는다는 것을 보여준다. 다른 한편으로 이러한 믿음 속에는 자신의 좋은 학력이나 높은 수입을 고려하면 도우미 인력을 쓰는 게 마땅하다는 자아상이 담겨 있기도 하다. 이러한 계급적 사고에 따르면 어떤 사람은 다른 사람보다 자유 시간에 대해 더 많은 권리를 가진다. 다른 누군가의 집을 청소해주는 사람은 자신의 집안일을 다른 사람에게 맡겨야 한다는 생각에 동의하지 않을 것이다. 그렇다면 자유 시간은 부자들의 특권이다.

청소 도우미 없이는 직장 생활을 할 수 없다고 생각하는 사람들, 또는 청소 도우미 고용으로 더 많은 자유 시간은 확보하는 사람들은 그들이 가사 관련 서비스에 시간당 지불하는 금액보다 몇 배나 더 많은 돈을 버는 경우가 흔하다. 그렇다면 그들이 청소를 직접 하는 건 금전적으로도 손해일 것이다. 영국의 철학자 아리안 샤비시(Arianne Shahvisi)는 이에 대해 다음과 같이 말한다. "다른 사람이 대신 청소를 해주는 덕분에 당신이 시간을 절약했는데 그 사람에게 자신의 시간 가치만큼의 대가를 지불하지 않는다면, 이는 당신의 시간을 다른 사람의 시간보다 더 가치 있게 여긴다는 뜻이 된다. 이 경우 청소를 위탁하는 것은 도덕적 문제가 된다. 누군가의 노동이 다른 누군가의 자유 시간보다 가치가 덜하다는 시스템을 인정하는 것이기 때문이며, 이로 말미암아 온갖 불공정이 발생할 수밖에 없다."[58] 그녀의 말은 당연히 맞는 말이다. 자신은 시간당 80유로를 받고 손가락 하나 까딱하지 않는데 왜 다른 사람은 13유로를 받고 일해야 한단 말인가?

이러한 점에서 개인 청소 도우미와 베이비시터의 임금을 고용주의 소득과 연계하는 흥미로운 실험을 해볼 수 있을 것이다. 그렇게 되면 아마 수많은 사람들이 직접 진공청소기를 돌리겠다고 나서지 않을까? 맞벌이 부부가 둘이 같이 번—직장에서 일하든 집에서 일하든 상관없이—소득을 똑같이 나눠 갖도록 한다면, 이와 비슷한 효과가 생겨날 것이다. 그러면 더 이상 아이들과 더 많은 시간을 보내는 사람들이 재정적으로 불이익을 받지 않게 될 것이다. 이러한 아이디어는 돌봄 노동에 대한 인식을 보다 높일 수 있을 것이며, 한 사람의 소득 활동이 다른 사람이 집에서 수행하는 더 많은 무급 노동에 달려 있다는 생각을 분명하게 보여줄 수 있을 것이다.

돌봄 소득

가사 노동에 임금을 지급해야 하느냐는 질문은 페미니스트들이 수십 년 동안 고민해온 문제다. 이와 관련하여 아마도 가장 잘 알려진 활동은 1972년 영국의 전국여성해방콘퍼런스(National Women's Liberation Conference)에서 시작된 '가사 노동에 대한 임금 지급' 캠페인일 것이다. 이 캠페인의 창시자 중 한 명인 미국의 셀마 제임스(Selma James)는 "우리는 무급 노동이 모든 분야와 모든 국가에서 여성의 낮은 지위의 핵심이라는 결론에 도달했다"라고 말하면서 이러한 주제 선정에 정당성을 부여했다.[59] 여성들은 무급 가사 노동에 대한 임금을 공식적으로 요구하는 걸 넘어 무엇보다 자신들이 근로 조건을 협상하고 거부할 수 있다는 인식을 알리고자 했다. 돌봄 업무는 다른 업무와 마찬가지로 원칙적으로 누구나 담당할 수 있는 일이며, 지금까지 주로 여성이 돌봄 노동을 해왔다는 사실이 '당연한 일'이 아니라는 것이다.

이 캠페인은 많은 나라의 페미니즘 단체에서 채택되었으며 독일에서도 뜨거운 논란의 주제가 되었다.[60] 일부 페미니스트들은 가사 노동에 임금이 지급되면 여성이 자신의 개인적 소망을 추구하기보다는 계속해서 자신을 가사 역할과 강하게 동일시하게 될 것이라고 주장했다.[61] 반대로 가사 노동에 금전적 가치가 없다면 남성이 가사 노동에 적극적으로 참여할 가능성이 낮으며, 이처럼 경제적 독립이 오로지 소득 활동에 국한되면 여성에게 이중 부담이 될 수밖에 없다고 주장하기도 했다.[62]

이미 1977년에 베를린에서 활동한 '가사 노동에 임금을(Lohn für Hausarbeit)'이라는 단체는 무급 돌봄 노동과 직업의 병행은 "너무 긴 노동 시간과 낮은 수입이라는 결과를 가져오며, 자신을 위한 시간도, 돈도, 공간도 남지 않는다"라고 비판했다.[63] 여성 잡지 〈쿠라지(Courage)〉에 이 글이 실린 지 45년이 지난 지금 돌봄 책임과 직업을 병행하는 사람들의 시간 사용 실태를 조사한 결과, 이러한 상황은 특히 여성에게만 해당하는 것으로 입증되었다. 여성 취업률이 크게 증가했는데도 여성 중 극히 일부만이 경제적 독립과 자신이 바라는 직업을 얻었을 뿐이며, 시간제 또는 임금이 매우 적은 일자리에 종사하는 대다수 여성은 여전히 경제적으로 의존적이다. 그 외에도 아주 많은 여성이 자신의 직업이 만족스럽지 않다고 답했다. 또한 일을 하면서 굴욕을 당하거나 건강이 나빠지거나 심지어 폭력을 경험하는 열악한 사례도 무수히 많다. 당시 베를린의 페미니스트들은 자신들의 비전을 다음과 같이 설명했다. "이제 우리는 일을 덜 하고 싶고, 우리 자신을 발전시킬 수 있고 명령에 휘둘리지 않는 곳에서 우리가 즐길 수 있는 활동을 할 수 있기를 원한다."[64] 과연 오늘날 얼마만큼의 여성이 이러한 자유를 현실로 누리고 있을까?

현재 92세인 셀마 제임스는 돌봄 소득이 돌봄 노동의 부담과 경제력을 공정하게 분배하는 열쇠라고 생각하기 때문에 돌봄 소득에 대한 요구를 계속하고 있다.[65] 예를 들어 한부모나 장애 자녀를 직접 돌보는 부모는 다른 사람들보다 훨씬 더 많은 무급 돌봄 노동을 짊어져야 하기 때문에 유급 직업 활동에 동등하게 참여할 수 없다. 이들에게 평등한 기회는 존재하지 않는다. 그들은 점점 더 길게 일할 것이고, 더 많이 지치게 되며, 개인적인 관심사를 위한 시간도 점점 줄어들게 된다. 셀마 제임스는 '전 지구 여성 파업(Global Women's Strike)'[66] 프로젝트 파트너인 니나 로페즈(Nina López)와 함께 작성한 기고문에서 돌봄 책임이 사회적으로 존중받고 재정적 지원을 받을 때 비로소 돌봄이 모든 성별에게 매력적인 일이 될 것이라고 이야기한다.[67] 돌봄 책임이 더 이상 누구에게도 부담을 주지 않고 누구도 빈곤하게 만들어서는 안 된다는 정의로운 목표를 달성하기 위해서는 돌봄 소득과 같은 새로운 정치적 도구와 전반적인 노동 시간 단축이 필요하다. 이 두 가지 요구 모두 우리에게 매우 급진적으로 느껴지는데, 제임스가 말하길 이러한 변화는 "여성으로부터 시작하지만 모든 사람을 포함하기" 때문이다.[68] 진정으로 평등한 세상을 위해서는 두려움 없이 다른 관점으로 생각할 수 있어야 한다.

그렇다면 돌봄 소득은 누가 부담해야 할까? 돌봄 소득 요구를 마주할 때 이 질문이 가장 먼저 떠오른다면, 지금까지 무급으로 이루어지던 모든 노동이 내일 당장 중단된다면 세상이 어떻게 바뀔지 생각해볼 필요가 있다. 아이가 태어나지 않고 아이에게 젖을 먹이지 않고 아이를 학교에 데려가지 않는다면, 침구를 정리하지 않고 음식을 조리하지 않고 쓰레기를 집 밖으로 버리지 않는다면 세상은 어떻게 될까? 그렇게 일주일, 1년이 흐른다고 생각해보라. 국가 인프라와 마찬가지로 우리 경제는 직장 업무 전후에 이루어지는 돌봄 업무 없이는 굴러갈 수 없다.[69] 노동력은 우리가 서로를 돌봄으로써 재생되기 때문이다. 미래의 노동자에겐 가장 먼저 부모가 필요하다. 돌봄은 경제의 필수 요소이며, 가치 사슬의 일부이자 시스템의 가장 중요한 부문이다. 다른 점이 있다면 돌봄을 통해 창출되는 수익을 돌봄 노동자에게 내주지 않고 있다는 것이다. 그들의 임금은 이미 존재하고 있으며 그들에게 마땅히 지급되어야 한다.

그러나 돌봄 소득만으로는 여성을 비롯해 돌봄에 평균보다 더 많은 시간을 쏟는 모든 사람의 생활 여건을 개선하기에 충분하지 않다는 점을 유의해야 한다. 시간에 금전적 가치를 부여하여 시간을 정치화하는 것은 모든 인간의 권리로서 돌봄의 필요성을 이해하는 데 도움이 되지 않는다. 자유롭고 자기 결정적인 삶을 위해서는 경제적 정의 이상의 것이 우리에게 필요하다. 다시 말해 모든 사람은 자신이 마음대로 사용할 수 있는 충분한 시간을 가져야 한다.

돌봄 직종 종사자를 위한 시간

우리 사회가 반복해서 제기해야 할 질문 중 하나는 어떤 가치에 따라 우리가 함께 사는 삶을 조직하고자 하는지, 그리고 이러한 결정이 가져올 결과를 감수할 준비가 되어 있느냐는 것이다. 예를 들어 우리가 노인들에게 인도적이고 존중과 사랑이 담긴 전문적인 돌봄을 제공하려면 노인을 돌보는 방식을 다방면으로 개선해야 한다. 무엇보다 가장 먼저 시간 문제를 개선해야 한다. 돌봄 제공자와 돌봄 대상자 모두가 더 많은 시간을 원하기 때문이다.

브레멘 대학에서 발표한 연구 보고서[70]에 따르면 현재 요양원 거주자는 하루 평균 99분 동안 돌봄을 받고 있지만, 이상적인 돌봄 목표에 따른다면 1인당 하루 141분을 제공받아야 한다. 여기서 99분은 돌봄이 필요한 사람과 돌봄 제공자가 대면하여 보내는 시간만이 아니라, 이를테면 인수인계나 돌봄 대상자 가족과의 의논, 인사 행정과 같은 간접적인 돌봄 시간도 포함한다. 한편, 돌봄 종사자의 근무 조건에 대한 독일 노동조합총연합 설문 조사에서 간호 직종 종사자의 80%, 노인 돌봄 종사자의 69%가 자주 또는 매우 자주 시간에 쫓긴다고 답했다.[71] 이에 따라 이러한 돌봄 직종의 시간 스트레스는 독일 전체 직장인의 평균치인 55%보다—이 수치 또한 염려스럽긴 하지만—훨씬 높은 것으로 나타났다. 또한 돌봄 종사자의 46%는 실제 할 수 있는 범위보다 많은 업무를 맡고 있기 때문에 일을 대충 처리할 수밖에 없다고 말했다. 이처럼 업무의 질이 저하될 경우 돌봄이 필요한 사람들에게 피해를 줄 뿐만 아니라, 윤리적 기준이 높은 돌봄 종사자에게는 정서적으로 큰 부담을 줄 수도 있다. 그러나 업무의 강도만이 돌봄 직종 종사자를 힘들게 만드는 건 아니다. 저녁 및 야간 교대 근무, 주말 근무, 잦은 돌발 업무에 따른 근무일 변경 등은 전문 돌봄 직종의 특성이다. 독일 전체 근로자의 16%만이 교대 근무를 하는 반면, 돌봄 종사자의 경우 64%가 교대 근무를 하고 있다.

돌봄 직종에서 시간 압박이 발생하는 이유는 무엇보다 보건 의료 시스템에서 인력을 감축하기 때문이다. 즉 요양원 거주자와 병원의 환자를 돌보는 업무를 맡는 사람이 너무 적다. 또한 강도 높은 육체적, 정신적 스트레스, 불규칙한 근무 시간, 지나치게 낮다고 느껴지는 임금 등 익히 알려진 좋지 않은 근무 조건은 기존의 돌봄 종사자가 이 직업을 떠나게 할 뿐만 아니라 돌봄 직종에 관심이 있는 사람들에게 충분한 동기를 부여하지 못해 새로운 사람들을 돌봄 직종으로 끌어들이기 어렵게 만든다. (2장의 비정형적 유연 근로 시간 참고)

그렇기 때문에 더 많은 직원을 고용하고 급여를 인상할 수 있도록 충분한 자금을 확보한다고 해도 인력 부족 문제가 하루아침에 해결되지는 않을 것이다. 그럼에도 기존 인력을 유지하고 떠난 인력을 다시 데려오고 새로운 인력을 채용하여 돌봄 종사자 개개인에게 더 많은 시간을 제공하고, 돌봄 대상자에 알맞은 좋은 돌봄이 이루어질 수 있도록 계획하는 것은 해결책 중 하나가 될 것이다.

돌봄 업무는 기술이 발전하여 작업 속도가 올라가서 짧은 시간에 많은 것을 생산하는 직업과는 다른 시간적 논리를 따른다. 정의롭고 공정한 새로운 시간 문화에서는 이 두 가지 논리가 동등하게 공존할 수 있어야 한다. 또한 돌봄 대상자의 다양한 요구를 충족하는 데 얼마나 많은 시간이 걸릴지 예측할 수 없음을 인정하고, 돌봄 업무가 시간에 쫓겨 이루어지거나 너무 적은 사람이 담당할 경우 다른 사람에게 피해를 준다는 인식이 마련되어야 할 것이다.

그러므로 우리 사회의 새로운 시간 문화는 전문적인 돌봄 업무가 자체적인 시간 논리를 따르고 '시간은 곧 돈이다'라는 명제에서 벗어날 수 있는 환경을 조성해야 한다. 다시 말해 돌봄을 받아야 하는 사람의 존엄성과 그들의 요구를 적절하게 충족시키는 데 중점을 두는 시간 문화를 만들어가야 한다는 것이다. 학술연합 '더 많은 돌봄(Care. Macht.Mehr)'이 요구하는 것처럼 '돌봄과 관련한 모든 이의 목소리에 귀를 기울인다면' 우리 사회가 돌봄 업무를 조직하는 방식이 크게 달라질 것이다.[72] 의사 결정권자들이 사회의 돌봄 노동 비용을 결정할 때, 여기에 직접적으로 영향을 받는 사람들을 자주 간과하기 때문이다. '더 많은 돌봄'이라는 원칙은 노인 돌봄뿐만 아니라 교육 기관 등에도 적용되어야 한다. 1명의 성인이 어린이 10명의 요구 사항을 전부 돌볼 수 없기 때문에 유치원 및 학교 학급의 규모가 지금보다 훨씬 작아져야 할 것이다. 좋은 학습은 교사가 학생 개개인의 학습에 필요한 시간을 얼마만큼 제공할 수 있는지에 달려 있다.

모든 사람은 돌봄이 필요하다

돌봄 노동은 여성적이라고 인식되기 때문에 정치적으로나 사회적으로 충분한 관심을 받지 못한다. 한편, 돌봄 노동이라는 개념은 아기, 환자, 장애인, 노약자 등 자기 자신을 돌볼 수 없는 사람을 보살피는 일 정도로 편협하게 해석된다. 이처럼 돌봄의 범위가 제한되면 사람들은 돌봄이 자신의 삶에서 중요하지 않고, 정치적으로 중요한 주제가 아니라고 생각한다. 일상에서 돌봄 시간이 갖는 중요성을 더 잘 이해하기 위해서는 먼저 돌봄의 세 가지 차원을 분명하게 인식하는 것이 도움이 된다. 첫째, 우리는 다른 사람을 위해 돌봄 책임을 질 수 있고, 둘째, 우리에겐 다른 사람과의 돌봄 관계에서만 충족할 수 있는 욕구(예를 들면 정서적 욕구)도 있으며, 마지막으로 우리는 자기 돌봄, 즉 우리 자신을 돌보기도 한다. 따라서 다른 사람을 위한 돌봄에 더 많은 시간을 요구하는 것만으로는 부족하다.

그러니 정치가 어떻게 더 많은 돌봄 시간을 조직할 수 있느냐는 질문은 단순히 가족 정책이나 여성 정책의 주제가 아니라 포괄적인 사회 정책, 즉 시간 정책의 문제다. 그러나 여러 정당은 여전히 어린 자녀가 있는 가족에만 초점을 맞추어 돌봄 문제에 편협하게 접근하고 있다. 예를 들어 사회민주당(SPD)은 2016년 당시 마누엘라 슈베지히(Manuela Schwesig) 연방 장관이 제시한 '가족 근로 시간(Familienarbeitszeit)'에 대한 구상을 발전시켰지만[73] 당내에서조차 지지를 얻지 못했고 그 이후로 거의 논의되지 않았다. 더욱이 가족 근로 시간 개념은 심각한 약점도 지니고 있다. 즉 가족이 아닌 다른 관계에 필요한 돌봄 시간을 간과한다는 것이다. 불과 몇 년 전부터 인정된(그나마도 부분적으로) 성 소수자의 돌봄 관계는, 시간 정책이 친족 관계만을 전제하여 만들어지는 경우 정치적으로 무시된다. 돌봄은 단순히 자녀를 돌보거나 병상에 누워 있는 노모를 돌보는 것 이상의 의미다. 이를테면 문화인류학자 프란시스 제크(Francis Seeck)가 '성소수자의 돌봄 설계(Care Trans_Formieren)' 연구에서 상세히 설명하는 것처럼 돌봄에는 트랜스젠더와 논바이너리(Non-binary) 사람들이 서로를 돌보고, 개별적으로뿐만 아니라 돌봄 공동체를 통해 집단적으로 서로를 지원하는 것도 포함된다.[74] 제크는 이렇게 쓰고 있다. "(사람들은) 수술실에 동행하고 병실을 화환으로 장식해주었으며, 첫 호르몬 주사를 맞은 날이나 새 이름을 갖게 된 날을 축하하는 파티에 참석하고, 태어날 때 부여된 성별에서 벗어나는 것에 대해 무수히 많은 대화를 나눴다."[75] 서로를 위해 곁에 있어 주고, 다른 사람의 말에 귀 기울이며 삶의 문제에 대해 조언하고 동행하는 것 또한 돌봄의 일부이며, 집 청소와 달리 이러한 돌봄은 외부 서비스에 위탁할 수 없다.

점점 더 많은 사람이 독신으로 살아가는 사회에서 친구 사이의 돌봄이 점점 더 중요해지고 있다. 독일에는 독신 가구가 가장 일반적인 주거 형태이며, 약 1800만 명에 달하는 42%의 독일인이 혼자 살고 있다.[76] 독일 연방 통계청의 추정에 따르면 2040년에는 독일인 4명 중 1명이 혼자 살 것으로 예상된다.[77] 공간적으로 떨어져 살더라도 친구들끼리 돌봄 네트워크를 형성하여 수리를 돕거나 누군가 아플 때 장을 대신 보거나 서로의 정서적 안녕을 보살필 수 있다. 인구 통계학적인 변화 속에서 '선택된 가족(chosen family)'을 통한 지원은 점점 더 중요해지고 있다. 고령 인구의 비율이 꾸준히 증가함에 따라 그 필요성은 더욱 커질 것이다. 돌봄 업무를 맡을 가족 구성원이 있다는 것은 당연한 일이 아니며, 게다가 점점 더 많은 사람이 자녀를 낳지 않으면 직계가족 간의 돌봄 네트워크는 더욱 약해질 것이다.

그렇기 때문에 자녀가 없거나 돌봄이 필요한 가족이 없는 사람도 돌봄 논의에 포함시켜야 하며, 이들에게까지 사회적 연대가 확대되어야 한다. 혼자 살거나 자녀가 없는 사람들은 갑자기 어린이집에 갈 일이 생긴 동료의 업무를 대신해야 할 때, 또는 다른 사람보다 더 자주 휴일에 일하게 될 때 부당함을 느낀다. 직접적인 돌봄 의무가 적은 사람이라도 충분한 여가 시간이 있는 경우에만 다른 개인이나 공동체에 돌봄을 제공할 수 있다. 돌봄 부담을 덜어준다는 이유로 다른 사람의 시간을 빼앗는 오류를 범해서는 안 된다. 한편으로는 오히려 이것이 돌봄 업무의 공정한 사회적 분배를 위한 열쇠가 될 수 있다. 내 친구 중 한 명은 한 주에 30시간을 일한다는 점을 활용해 일주일에 한 번 조카를 데려와 함께 시간을 보낸다. 그녀는 아이와 함께 보내는 시간을 매우 즐거워한다. 이렇게 함으로써 그녀는 조카의 부모에게 시간을 선사한다. 이웃을 위해 장을 보러 가거나 숙제를 도와주거나 난민들의 서류 작성을 돕는 사람에게는 그에 쓸 수 있는 시간이 필요하다. 돌봄은 모든 사람이 **할 수 있고,** 자기 본업의 막대한 시간적 요구에서 벗어날 수 있을 때 비로소 사회의 과제가 될 수 있다.

모든 사람에게 더 많은 돌봄 시간을 부여하는 접근 방식은 더 많은 사람의 지지를 이끌어낼 수 있다. 이 주제는 각기 다른 많은 사람을 서로 연결하고, 이를 통해 일반적인 가족 정책이 불러일으키지 못하는 정치적 힘을 발휘할 수 있기 때문이다. 미국의 철학자 낸시 프레이저(Nancy Fraser)의 '보편적 돌봄 제공자(Universal Caregiver)' 구상처럼 학계에서 개발한 몇몇 시간 정책 모델은 사회 전반이 참여하는 모습을 그리고 있다. 프레이저는 보편적 돌봄 제공자 모델을 제시하며 "모든 일자리가 돌봄 노동을 수행하는 노동자를 염두에 두고 개발되어야 하고", 이를 위해서는 근로 시간이 전반적으로 단축되어야 한다고 주장한다.[78] 만약 프레이저의 비전이 현실이 되었다면 사람들은 자녀 출산 후와 같은 시기에 돌봄 시간을 요구할 것이며, 이미 돌봄 업무가 직업적 업무와 동등하다는 인식 속에서 성장했을 것이고, 성인이 되었을 때 어떤 형태의 돌봄을 맡고 싶은지를 일찍부터 고민하기 시작했을 것이다. 말하자면 언젠가는 다양한 돌봄 공동체에 참여하는 것이 직업을 갖는 것만큼이나 당연한 일이 될 수도 있을 것이다.

2장에서 언급한 가족사회학자 카린 유르크지크와 법학자 울리히 뮈켄베르거가 개발한 '선택적 시간 모델'은 '숨이 트이는 삶의 행로(Atmender Lebenslauf)'라는 말로도 잘 알려져 있는데, 이 역시 모든 사람이 돌봄 시간을 필요로 하고 가져야 한다는 가정에 기초하고 있다.[79] 유르크지크와 뮈켄베르거에 따르면 이 모델은 '남성의 일반적인 생애 규범으로부터의 작별을 의미'하며,[80] 성 평등을 촉진하는 동시에 평생 교육, 자원봉사 또는 자기 돌봄에 충분한 시간을 허용하여 '유연하고 자기 주도적인 직업적 생애'[81]를 가능하게 하는 것을 목표로 한다. '누구나' 전 생애에 걸쳐 유연하게 분배할 수 있는 9년가량의 '선택적 시간'을 '성별과 고용 상태에 관계없이' '사회적으로 중요한 활동을 위해 동등하고 예측 가능하며 계획 가능한 시간으로써 사용'할 수 있어야 한다.[82] 두 사람은 이러한 방식으로 '경력 단절'이 사회적으로 수용되어야 하며, 무엇보다도 선택적 시간을 법적으로 보장하고 재정적으로 충분히 뒷받침하여 모든 사람이 접근할 수 있어야 한다고 주장한다. 이 모델은 부분적으로는 소득 활동 중심의 사고방식에서 벗어나 사회 정의를 고려한다. 그들에 따르면 이 시간은 전적으로 자유롭게 사용할 게 아니라 상당 부분 목적에 맞게, 주로 돌봄 업무에 사용해야 한다. 또한 돌봄 책임이 막중한 사람들에게는 더 많은 선택적 시간이 제공되어야 한다. 유르크지크와 뮈켄베르거는 친구나 선택된 가족과 같은 '친밀한 관계'를 위한 돌봄 업무를 고려하고 있지만, 직계가족 간의 돌봄과 동등하다고 인정하지는 않는다. 선택적 시간을 통해 주당 근무 시간도 단축될 수도 있지만, 원칙적으로 '선택적 시간 모델'은 정규직 전일제 근로 단계도 제공한다.

유르크지크와 뮈켄베르거는 자신들의 모델을 기반으로 경력 단절이 일반화되고 아버지뿐만 아니라 자녀가 없는 남성도 소득 활동을 자주 중단할 수 있게 되면 남성이 돌봄 업무에 더 동등하게 참여할 것이라고 기대한다. 그러면서도 남성의 돌봄 참여가 늘어나려면 남녀 간 동등한 임금이 보장되고 "돌봄 노동의 사회적 가치를 포괄적으

자유롭고 자기 결정적인 삶을 위해서는
경제적 정의 이상의 것이 우리에게 필요하다.
다시 말해 모든 사람은 자신이 마음대로 사용할 수 있는
충분한 시간을 가져야 한다.

로 높여야 한다"고 이야기하며 이러한 기대치를 제한하기도 한다.[83]

내가 보기에 **선택적 시간 모델**의 가장 중요한 약점은 돌봄 업무가 무엇보다 성 소수자의 돌봄보다는 '통상적인' 가족 형태를 바탕으로 하고 있다는 점, 그리고 가족 돌봄이 시민 참여 활동보다 더 큰 비중을 차지한다는 점이다. 이 모델의 목표가 일반적인 근로 시간 단축을 통해서도 달성될 수 있는지에 대해서는 아직 충분히 논의되지 않고 있다. 그럼에도 이들이 주장한 바와 같이 경력 단절 기간에 잘 조직된 실질적인 재교육 기회가 마련되어야 한다는 점은 분명하다.[84] 한편, 자원봉사 활동과 사회적 관계 유지에는 연속성이 필요하다. 그저 단계별로 필요한 시간을 더 많이 할애하는 것만으로는 충분하지 않다. 나는 돌봄의 가치를 높이고, 성 평등한 돌봄을 제공하고, 다양한 돌봄 관계를 고려하기 위해서는 매일 충분한 시간을 돌봄에 할애해야 한다고 생각한다.

돌봄 혁명

학자와 활동가들은 돌봄 혁명을 이 혁신 전략은 지역 및 전 세계적으로 인간의 기본 욕구를 중심으로 사회와 경제를 재편하고 '모두를 위한 좋은 삶'[85]에 초점을 맞춘 혁신 전략[86]이라고 칭한다. 독일, 오스트리아, 스위스의 학제 간 전문가 협회인 '돌봄 혁명 네트워크'는 지속 가능한 돌봄 사회로의 전환을 위한 방법을 개발하는 사람들이 모인 곳이다. 정치적 변화의 출발점은 무급 돌봄 노동과 전문 돌봄 활동이다.[87] 이들에 따르면 지금까지의 자본주의적 경제 조직은 점진적으로 돌봄 경제로 전환되어야 하는데, 그 이유는 이윤 중심의 자본주의 경제와 사회적 돌봄 요구가 서로 상충하기 때문이다. '돌봄 경제(Caring Economy)' 모델은 문화사학자 리안 아이슬러(Riane Eisler)가 2007년에 출간한 『국가의 진정한 부(The Real Wealth of Nations)』에서 처음으로 제시했다. 그녀는 경제에서 비롯된 환경적, 사회적 피해까지 반영하는 '정확한 경제 지표'의 도입을 촉구하는 한편, 무급 노동의 가치를 국민총생산과 같은 경제 지표에 통합할 것을 주장한다. 아이슬러는 "이러한 변화가 없다면 우리가 무모한 정책과 관행에 대가를 치르고 있다는 사실을 이해할 수 없을 것"이라고 말한다.[88] 돌봄 경제는 지금까지의 경제에 대한 대응책으로서 모든 사람이 자신과 타인을 잘 돌볼 수 있도록 해야 한다.

돌봄 혁명에 관한 수많은 출판물에서 공통으로 나타나는 중요한 지점은, 돌봄 개념이 언제나 자연을 고려하고 환경을 배려하는 행동을 포괄하고 있다는 것이다. 이는 전 세계 모든 사람의 생활 환경을 고려하는 것이며, 전 세계적으로 서로를 돌보는 데 필요하다. '연대'를 사회의 핵심[89]으로 끌어올리는 이러한 패러다임 전환은 현재의 다양한 위기를 점진적으로 해결해나갈 것이다. 여기에는 앞서 이야기한 돌봄 종사자의 시간 부족과 과중한 부담, 돌봄이 필요한 사람들에 대한 방치, 숙련된 인력 부족, 공중 보건과 같은 관련 정책 분야의 축소 등의 형태로 나타나는 돌봄 위기가 포함된다. 또한 사람들을 실존적 위기에 빠뜨리고 생계를 위협하는 다른 모든 위기, 이를테면 기후 재앙이나 빈곤을 유발하고 악화시키는 주택, 식량, 에너지 가격 인상 등도 돌봄 혁명이 고민하는 대상이다. 물질적 안정 없이는 결코 서로와 우리 자신을 안정적으로 돌볼 수 없기 때문이다. 무엇보다 우리에겐 이를 위한 충분한 시간이 필요하다.

정의로운 사회는 인간 공존의 토대인 돌봄 관계에서 출발해야 한다. 우리의 시간은 태어날 때 시작하여 죽을 때 끝난다. 인생의 처음과 마지막은 돌봄의 시간으로, 우리는 타인의 돌봄에 기반해 이 세상에 태어나고 삶을 마무리한다. 말하자면 우리의 시간 문화의 중심에는, 돌봄 없이는 우리가 살아갈 수 없는 삶의 단계들이 포함되어 있다. 우리는 돌봄 없이는 아무것도 할 수 없다. 평생 서로에게 의존한다는 공통점을 바탕으로 오늘날 우리 앞에 놓인 모든 다양한 삶의 방식을 연결하기 위해 돌봄 사회라는 근원으로 돌아가야 한다.

가족을 비롯한 다양한 돌봄 공동체에 대한 지원은 안정적인 돌봄 네트워크가 생겨날 수 있도록, 그리고 그 누구도 혼자 남겨지지 않도록 사회적으로 조직되어야 한다. 우리는 돌봄이 개인적인 문제라는 신자유주의적 내러티브를 극복해야 한다. 돌봄을 개인적인 문제라고 주장하는 것은 자신의 존재 기반을 망각하는 것이고, 자신을 사회로부터 단절시키는 것이며, 부모가 자신을 길러주었기 때문에 성장할 수 있었다는 사실을 망각하는 것이다. 다른 사람을 돌보는 것은 개인적인 문제가 아니다. 돌봄은 우리 문명의 근본적인 요소다.

돌봄이 없었다면 우리 중 누구도 이 세상에 존재하지 않았을 것이다. 이미 그 전에 사라지고 말았을 것이다.

돌봄 노동에 대한 인정은 단순히 돌봄에 많은 시간을, 그것도 경제적 계산과 관계없는 많은 시간을 할애하는 것에서 시작된다. 모든 사람은 좋은 돌봄을 받을 권리가 있다. 돌봄에 얼마나 많은 시간이 필요한지는 돌봄을 제공하는 사람과 돌봄에 의존하는 사람이 함께 결정해야 한다. 또한, 돌봄 노동의 재분배와 제대로 된 가치 평가는 가장 시급한 정치 문제 중 하나다. 그렇지 않으면 돌봄 노동자들은 가난하고 지치고 소외된 삶을 계속 살게 될 것이다. 그리고 돌봄 노동을 분배하는 것이 억압의 수단이 되어서는 안 된다. 돌봄 관계는 우리 모두에게 힘을 싣는 방향으로 구성되어야 한다.

사람들이 서로를 잘 돌볼 수 있게 되면 서로 안정적인 관계를 구축하고 사회 집단에 대한 소속감과 자기 효능감을 경험할 수 있다. 한나 아렌트가 이야기한 '인간사의 그물망(Bezugsgewebe menschlicher Angelegenheiten)'[90]은 사람들이 자신에게 필요한 것에 대해서는 올바른 정보를 토대로 자신 있게 '예'라고 말하고 자신에게 해가 되는 것에 대해서는 '아니오'라고 말할 수 있는 토대가 된다. 돌봄 혁명은 사람들이 타율과 억압에 저항하고 사회적 관계를 다시 중심에 두는 세상을 민주적으로 함께 건설할 수 있는 시간과 힘을 부여할 것이다.

새로운 시간 문화에 돌봄이 포함되는지, 또 어떻게 포함되는지는 한 사회가 인간의 잠재력을 얼마나 발전시킬 수 있는지에 결정적인 영향을 끼친다. 인류애와 사회적 결속력이 더 이상 소수의 이익보

다 하찮게 취급되어서는 안 된다. 우리 사회가 돌봄을 대하는 태도
는 우리가 인간으로 살고 싶은지, 기계로 살고 싶은지를 보여준다.

4

자유 시간

우리의 일 중독과 과소비의 근원은 자유 시간을
그 자체로 소중히 여기는,
좋은 삶에 대한 개념이 사라졌기 때문이다.

−주디 와이즈먼(Judy Wajcman)[1]

자유 시간마저 알차게 보내야 한다는 강박

시간이 있다는 것은 여러분에게 어떤 의미인가? 여러분에게 소중한 시간은 무엇인가? 내일부터 하루가 25시간이라면 여러분은 무엇을 하겠는가? 새롭게 주어진 1시간, 무언가를 계획할 수 있는 이 1시간에 여러분은 어떤 일을 하겠는가? 과학사회학자 헬가 노보트니는 1989년 펴낸 『자기만의 시간을 다시 찾다』 서문에서 이렇게 말하고 있다. "우리는 다른 사람들과 시간을 공유하는데도(혹은 다른 사람들이 우리에게, 또는 우리가 그들에게 충분한 시간을 내어주지 않는다고 불평하는데도), 시간에 대한 담론의 교류는 활발하게 이루어지지 않았다."[2] 오늘날까지 이와 관련하여 변한 건 거의 없다. 우리는 가족 안에서, 친구나 동료끼리, 또는 혼잣말을 통해 시간에 관한 생각을 끊임없이 교환하지만 대부분 표면적인 것에 머물러 있다. 우리는 너무 짧게 느껴지는 시간, 아주 천천히 가는 것처럼 느껴지는 시간, 우리 앞에 놓인 시간에 대해 이야기하면서 과거를 떠올린다. 그러나 대부분 우리가 무엇을 하면서 시간을 보내는지, 시간 속에서 우리가 어떻게 움직이는지, 우리가 시간을 어떻게 느끼는지를 적절한 말로 표현하지 못한다.

나는 여러분이 이 책을 읽으며 자신의 시간을 어떻게 생각하는지, 어떤 말로 자신의 시간을 이야기하는지, 구체적으로 어떤 개념을 사용하는지, 자신의 시간 사용을 어떤 범주로 나누고 있는지를 성찰해보았으면 한다. 누구나 한 번쯤 '시간이 없다'라고 생각해보거나 말해본 적이 있을 것이다. 하지만 정확히 무엇을 할 시간이 부족한 것일까? 차라리 다른 일을 했으면 하는 시간 동안에 여러분은 어떤 기분이 드는가?

우리가 시간을 어떻게 인식하는지, 또 시간을 어떻게 느끼는지, 무엇을 하며 시간을 보내는지를 정확하게 명명하지 않으면 시간 부족이 어디에서 비롯되는지, 무엇이 우리를 불만족스럽게 만드는지, 우리가 무엇을 원하는지를 표현하지 못하게 된다. 다양한 시간에 고유한 이름을 부여한다면 시간이 부족하다고 느끼는 현상과 우리가 시간적으로 요구하고 희망하는 사항을 인식하는 데 도움이 될 것이다. 또한 우리가 시간에 관해 이야기하고 다른 사람들과 이를 주제로 소통하는 것도 보다 쉬워질 것이다. 우리가 시간에 대해 생각하고 이야기하는 걸 꺼리는 한, 시간은 내가 소유한 것이 아닌 다른 누군가의 것으로 느껴질 것이다.

자신이 시간을 사용하는 다양한 방식에 대해 구체적으로 설명하고 세세한 부분까지 인식하려고 노력하면 시간이 어디로 흘러가는지, 때로는 왜 시간이 거의 흐르지 않는 것처럼 느껴지는지, 왜 자유 시간에도 쉬고 있다고 느끼지 못하는지를 더 잘 이해하게 된다. 여러분은 언제, 어떤 시간이 주어졌을 때 자유롭다고 느끼는가? '자유 시간'이라는 개념을 정확히 무엇과 연관시키는가? 나는 이 책을 쓰기 위해 시간과 관련한 여러 핵심 단어를 수집하면서 당연히 자유 시간에 대해서도 다뤄야 한다고 생각했다. 그런데 자유 시간에 대해 고민해보니, 나에게 자유 시간이라는 개념은 모든 것이기도 하다가 아무것도 아니기도 하다는 사실, 내가 자유 시간 개념을 의식적으로 사용한다기보다는 아무 생각 없이 사용한다는 사실, 그리고 자유 시간이라는 개념이 사실 굉장히 애매모호하다는 사실을 깨달았다. 또한 자유 시간이라고 말할 수 있는 그런 시간이 내 삶에서 자주 빠져 있기 때문에 다른 사람과의 대화에서 이 용어를 거의 사용하지 않는다는 사실도 알게 되었다.

전통적인 사고방식에서 자유 시간은 직업 활동을 하지 않는 시간이나 수업이 없는 시간을 의미한다. 그러나 이 시간을 완전히 자유롭게 사용할 수는 없기 때문에(일에서 자유로운 것이지 다른 의무에서 자유로운 것은 아니므로) 오히려 **남은 시간**이라고 말하는 편이 더 나을 것이다. 오늘날 사람들이 말하는 자유 시간은 하루의 일정으로 끼워 넣을 수 있는 작고 구체적인 시간 단위를 의미한다. 이를테면 운동 1시간, 짬을 내어 카페에서 사람을 만나는 시간, 좋아하는 드라마를 보는 시간, 매일 저녁 명상하는 20분 등의 시간이다. 우리는 자유 시간을 계획할 수 있는 시간, 확실히 제한되어 있는 시간, 특정한 의도에 따라 사용하거나 일상이 된 시간으로 인식하며, 마치 근무 시간처럼 계획하는 경우가 많다. 자유 시간이 어느 정도 긴 시간으로 경험되지 않고 이에 따라 더 이상 여기에서 어떤 느낌을 얻지 않는다면, 정말로 자유로운 시간이란 무엇인지에 대한 개념이 점점 더 상실된다. 그 결과 개인적으로도, 집단적으로도 우리에게 충분한 자유 시간이 필요하다는 인식이 점점 사라진다.

자유 시간이 넘쳐흐를 정도로 넉넉하다면 양심의 가책 없이 허비할 수 있을 것이다. 하지만 자유 시간은 희소하고 소중한 재화처럼 여겨진다. 그렇기 때문에 자유 시간은 유의미하게 사용되어야 하며, 우리가 속한 문화 안에서 정당하다고 간주되는 목적을 가져야 한다. 이는 우리 삶의 시간을 다루는 이데올로기다. 이러한 관점은 종종 자유 시간을 후기 자본주의의 성과주의와 연결하는데, 이를테면 누군가가 1시간을 더 자는 이유는 자는 게 좋아서가 아니라 다음 날 더 좋은 성과를 발휘하기 위해서다. 또한 수많은 비즈니스 잡지에서 취미의 중요성을 강조하는데, 취미가 직업 세계에 필요한 기술에 긍정적인 영향을 끼치기 때문이다.[3] 다시 말해 우리의 자유 시간 중 많은 부분이 미래에 다른 사람들과의 경쟁에서 더 나은 위치에 서기 위한 목표를 추구하는 데 사용된다. 이러한 유형의 시간 사용을 자유 시간이라고 부르는 것은 우리를 잘못된 길로 인도한다.

일정이 명확하게 정해지지 않은 자유 시간은 소위 '미 타임(Me-Time)', 즉 **나만의 시간**이다. 계획할 필요도 없고 어떤 의도도 필요 없는 진정한 자유 시간, 미 타임은 어떻게 사용할지 공개할 필요가 없는 비밀스러운 시간을 뜻하는 말이다. 따라서 미 타임은 타인의 평가에서 벗어나 있으며, 자유 시간을 유의미하게 구성해야 한다는 사회적 규범으로부터도 자유롭다. 또한 미 타임이라는 용어는 **자기 시간** 또는 **나를 위한 시간**이라는 말보다 가볍고, 덜 까다로워 보인다. 미 타임이 필요하다는 것은 쉬고 싶은 욕구, 아무것도 하고 싶지 않은 욕구, 때로는 피로를 나타내는 문화적 코드이기 때문에 다른 사람에게 거부되지 않는다. 이러한 시간을 미 타임이라고 지정한다는 것은 (대부분의 사람이 인식하지 못하더라도) 나머지 시간이 다른 사람의 시간이라는 뜻이 된다.

미 타임은 휴식을 하기에는 너무 짧은 경우가 많다. 미 타임은 보다 긴 자기 시간을 갈망하는 사람, 평안함을 위한 시간이 필요한 사람 들에 대한 최소한의 인정이다. 인터넷에서 미 타임을 검색해보면 '다른 가족이 일어나기 전에 발코니에서 혼자 맛있는 카푸치노 마시기'와 같이 주로 5분짜리 의례에 관한 조언을 발견할 수 있다.[4] 물론 아침에 따뜻한 커피를 마시며 방해받지 않고 신문을 읽거나 휴식을 즐기는 게 좋을 수는 있겠지만, 5분간의 휴식은 과로에 대한 해결책이 될 수 없으며 부족한 자유 시간을 대체할 수 없다. 이러한 방식의 미 타임 의례는 상징적인 제스처일 뿐 실질적인 효과가 없다. 진정한 자유 시간을 충분히 많이 가진 사람이라면 미 타임을 요구할 필요가 없다.

이분법적 시간 구분을 넘어

우리가 자유 시간을 어떻게 대하는지를 더 잘 이해하기 위해서는 자유 시간이 우리의 시간 문화 속에서 어떤 위치를 차지하는지를 분명히 알아야 한다. 지금 우리의 시간 문화에서는 소득 활동, 즉 의무를 행하는 시간이 중심에 있으며, 이 시간이 가장 중요하고 가치 있다고 간주되기 때문이다. 나머지 삶은 그 주변에 위치한다. 이와 관련하여 시간 사회학자 바버라 아담(Barbara Adam)은 자유 시간을 '파생된 시간'이라고 기술하고 있는데, 이 시간은 '노동 시간으로부터 뽑혀져 나온 시간이자 경제 밖에 있는 실질적으로 무의미한 시간'이라는 것이다.[5] '노동 시간'은 지배적 시간 범주로서 이로부터 다른 시간들이 파생된다는 특징을 지닌다. 하지만 동시에 노동 시간을 안정화하기 위해서는 다른 시간들이 필요하다는 특징 또한 가지고 있다. 즉 돌봄을 받아야 비로소 우리는 일을 시작할 수 있다. 또한 소비 사회는 생산된 상품과 서비스를 판매할 수 있는 상업화된 자유 시간이 필요하다. 이러한 상업화된 자유 시간에 사람들이 무엇을 요구하는지는 이 분야에서 돈을 버는 사람들의 일자리와 근무 시간에 영향을 끼친다. 따라서 자유 시간의 일부는 경제적으로 직접적인 관련이 있다.

우리가 자유 시간을 자유 시간이라고 부르는 이유는 자유롭지 않은 시간도 알고 있기 때문이다. 우리는 일상적인 언어로 시간을 일하는 시간과 자유 시간, 수업 시간과 쉬는 시간, 의무적인 과업을 하는 시간과 자발적인 활동을 하는 시간으로 나눈다. 이처럼 시간을 둘로 나누는 것은 일상을 계획하고 언제 무엇을 해야 하는지를 알 수 있도록 도와주며, 이는 우리에게 삶의 과제를 부여한다. 그러나 이러한 시간 구분이 일에 얽매인 시간과 자유 시간이 균형을 이룬다는 것을 의미하지는 않는다. 또한 이 같은 단순한 이분법은 우리의 시간 사용의 복잡성에 대해 제대로 설명하지 못한다. 우리의 일상은 이분법적인 시간 그 이상으로 구성되어 있으며, 서로 명확한 경계가 그어져 있는 것이 아니라 서로 얽혀 있거나 새로운 시간으로 합쳐지기도 한다.

소득 활동 시간과 그로부터 파생되는 자유 시간 외에도 저마다의 의미와 가치를 지니면서 고유한 시간 경험으로 이어지는 다른 많은 시간도 존재한다. 이를테면 집에서 노는 어린아이의 시간, 집에서 종일 어린 자녀를 돌보는 보호자의 시간, 어린이와 청소년의 시간, 직장을 다니지 않는 장애인의 시간, 비자발적으로 실직했거나 질병으로 집에 있는 사람, 돌봄을 받는 사람, 슬픈 일 때문에 휴직한 사람의 시간, 더 이상 직장에 다니지 않는 은퇴자의 시간, 난민과 망명 희망자의 시간, 외로움을 느끼는 사람의 시간 등, 이처럼 다양한 시간들은 자유 시간이라는 말로는 설명할 수 없다.

우리가 이분법적인 시간만을 명시적으로 지정하고 인식하는 한, 우리 삶과 타인의 삶을 바라보는 시각은 편협해질 수밖에 없다. 그렇게 우리 시간 문화의 언어에 따라 누구의 시간이 중요한지, 누구의 시간이 정치적 논쟁의 대상이 될 수 있는지가 결정된다. 정의로운 시간 문화를 위한 정책은 이분법적 시간 이상의 것을 바라볼 수 있어야 한다. 이분법적인 시간 구분은 우리 삶이 얼마나 다양한지, 지금까지 우리가 시간에 관해 이야기할 때 얼마나 많은 사람이 다방면으로 제약받고 배제되었는지를 숨기기 때문이다. 과학자 하랄트 레쉬(Harald Lesch), 칼하인츠 가이슬러(Karlheinz Geißler), 요나스 가이슬러(Jonas Geißler)는 『모든 것은 시간의 문제다(Alles eine Frage der Zeit)』에서 사람들이 시간을 바라보는 시선과 사회생태학적 위기 사이의 연관성을 다루면서 '시간 다양성'을 재발견하고 보존해야 한다고 주장했다. 규격화되고 금전적 가치로 환산되는 시간을 지나치게 지향하는 것은 자연과 인간의 착취와 밀접한 관련이 있기 때문이다. 저자들에 따르면 지속 가능성과 삶의 질은 다양한 시간 문화를 통해서만 이룰 수 있다.[6] 그들은 "시간은 다양한 형태와 속성을 가진 복수로만 존재한다"라고 말한다. 좋은 삶을 위해서는 "가속과 정지, 빠름과 느림, 단기적인 것과 장기적인 것, 이동과 정주, 리듬과 박자, 빠른 일 처리와 여유롭게 즐기기" 모두가 필요하다는 것이다.[7]

다양한 시간을 모두 눈에 보이게 만들어야만 공정한 시간 분배에 관해 이야기할 수 있으며, 이러한 시간의 공정한 분배가 우리의 자유에 어떤 영향을 미치는지 이야기할 수 있다. 시간이 정치적으로 논의할 수 있고, 논의해야 할 대상이라는 사실을 인식하려면 시간의 다양성에 대한 개인적, 사회적 관련성을 파악해야 한다. 우리가 우리 시간의 대부분을 자유롭게 사용할 수 없다는 사실은 숙명적인 것이 아니라 바꿀 수 있는 사실이다.

재충전의 시간, 사색의 시간, 친구를 위한 시간, 돌봄 시간, 가족을 위한 시간, 감정을 느끼고 인내하는 시간, 회복의 시간, 문화의 시간, 자원봉사와 정치적 참여의 시간, 계획되지 않은 미정의 시간 등 이 모든 시간은 경제적 가치 창출이라는 의미에서는 아닐지라도 '생산적인 시간'이다. 이 시간들은 무언가를 만들어낸다. 이 시간들은 우리 자유를 구성하는 재료다. 이 시간들은 쟁취해야 하는 것이 아니라 우리에게 주어진 권한이다.

시간에 쫓긴다는 감각

일상 시간이라는 개념은 사람들이 소득 활동이나 학업을 하지 않는 시간을 말하며, 이 말로 묶인 모든 시간을 자유롭게 사용할 수 있지는 않기 때문에 자유 시간이라는 개념보다는 포괄적이다. 우리는 일상을 떠올릴 때 매일 또는 이따금 처리해야 하는 다양한 업무와 연관시킨다. 자유 시간에 대해 연구하는 호르스트 오파스코브스키(Horst W. Opaschowski)는 직업적 업무 외에 구속력이 약한 느슨한 시간들, 이를테면 장보기, 수리 작업, 세금 신고, 집안일 등을 하는 시간들을 **의무 시간**(Obligationszeit)이라고 칭했다.[8] 의무 시간은 특정 목적을 위해 자기 시간을 사용해야 하거나 주관적인 관점에서 해야 한다고 느끼는 일을 처리하는 시간을 의미한다. 이를테면 잔디를 깎을 수도 있고 무성하게 자라도록 내버려 둘 수도 있다. 머리를 자를 수도 있고 땋아서 묶고 다닐 수도 있다. 직접 요리를 할 수도 있고 피자를 주문할 수도 있다. 말하자면 의무 시간은 전적으로 자율적이지는 않지만, 계약으로 정해진 근무 시간보다는 자유롭게 구성할 수 있다.

연구에 따르면 평균적인 성인은 하루에 수 시간의 자유 시간을 가지고 있다. 그런데도 많은 사람이 시간 압박을 느끼는 이유는 우리의 일상이 의무라고 여겨지는 일들로 가득 차 있기 때문이다. 시간 압박은 특정 상황에서 갑작스럽게 느껴지는 시간 부족과는 달리 일상적인 시간 안에서 정서적 욕구가 충족되지 않을 때 인지된다. 사회학자 주디 와이즈먼은 이러한 느낌에 대해 다음과 같이 설명한다. 오늘날 "사람들은 자신이 가장 중요하다고 생각하는 과제와 활동을 끝마칠 시간이 더 이상 없다는 느낌을 받는다."[9] 이에 따르면 시간 압박은 우리가 다른 삶을 알거나 상상할 수 있기 때문에 생겨난다. 충분한 시간을 통해 물질적 안정을 얻을 수 있고 사회적, 정서적으로도 풍요롭게 살 수 있는 그런 삶 말이다. 만성적인 시간 압박은 사람들의 행복과 삶의 만족도를 떨어뜨린다고 입증되었기 때문에 이를 당연한 것으로 받아들여서는 안 된다.[10] 복지 국가에서는 모든 사람의 삶의 질을 점진적으로 향상하는 것이 정치적 과제이며, 여기에는 시간 압박을 줄이는 것도 포함된다.

호르스트 오파스코브스키는 오늘날 시간 압박은 널리 퍼져 있는 감정이며, 21세기에 들어 '일상적인 의무와 책임의 시간'이 크게 확대되었고 많은 일들이 '반드시 해야 하는 일의 성격'을 띠게 되었기 때문이라고 설명한다.[11] 말하자면 사람들은 실제로 해야 하는 일 외에도 주관적으로 필요하다고 여겨지는 온갖 일을 해야 한다는 의무감을 더 강하게 느낀다. 이로 말미암아 직업 활동 외에 사용하는 시간의 질에도 변화가 생긴다. 이를테면 매일 직접 요리를 해야 한다는 의무를 느끼는 사람은 하고 싶을 때만 하는 사람과 요리 시간을 다르게 경험한다. 이런 맥락에서 몸매나 건강을 위해 운동을 해야 한다고 생각하는 사람, 미의 기준에 맞추기 위해 공들여 화장해야 한다고 생각하는 사람, 친구들과의 대화에 끼기 위해서 뉴스를 봐야 한다고 생각하는 사람, 자녀의 높은 학습 성취도를 위해 정기적으로 숙제를 도와야 한다고 생각하는 사람, 지금까지 늘 해 오던 대로 일요일에 시가나

처가를 방문해야 한다고 생각하는 사람은 저마다의 강박을 느낀다.

'꼭 해야 할 일'이라고 느끼는 활동이 많을수록 '자유 시간'으로 느껴지는 시간이 줄어든다. 자신의 욕구를 따르는 데 어려움을 느끼고, 그보다는 사회적 규범이나 다른 사람의 기대, 강한 내적 이상을 따르는 사람들은 자유 시간을 그 자체로 느끼지 못한다. 일상을 의무와 유사한 활동에 거의 전부 소비한다면 이 시간에는 휴식을 거의 취할 수 없게 된다. 반드시 해야만 하는 일은 즐길 수 없다.

이처럼 주관적으로, 또는 규범적으로 해야 한다고 느끼는 의무적인 일들을 분석하면 자유 시간을 가시화하고 되찾는 데 도움이 될 수 있다. 우리가 왜 어떤 특정한 일을 하는지, 그리고 얼마나 자유롭게 그러한 결정을 하는지를 이해할 때 비로소 자유로울 수 있다. 누가, 또는 무엇이 배후에서 영향을 끼치고 있는가? 이 일은 누구의 요구를 충족하고 있을까? 언뜻 보면 자기 자신의 시간인 것처럼 보이는 시간도 사실은 다른 사람의 시간인 경우가 많다.

시간 연구에서는 자유 시간을
어떻게 측정하는가

시간 사용과 관련한 여러 조사는 오늘날 우리가 풍부한 자유 시간을 누리며 살아가고 있다는 결과를 보여준다. 최근의 주요 연구에 따르면 독일 사람들은 하루 평균 약 6시간의 자유 시간을 가지고 있다.[12] 자녀와 배우자가 있는 사람들은 약 5시간, 한부모는 4~5시간의 자유 시간이 있다. 이러한 수치는 주말을 포함한 일주일의 평균값을 계산해서 나온 결과다. 그러나 실제 일상생활을 들여다 보면 대부분 평일에는 자유 시간이 적고 토요일과 일요일에는 5시간 이상 자유 시간을 갖는다. 특히 자녀나 가족을 돌보는 사람과 직장인은 평일에는 의무에서 벗어난 자유로운 시간이 1~2시간에 불과한 경우가 많으며,[13] 그마저도 대부분 자투리 시간이거나 시간 부스러기(Time Confetti)[14]로 하루에 걸쳐 조각나 있기 때문에 **사회적으로 가치 있는** 시간으로 보기 어렵다.

이 연구에서는 연구 참가자들이 무엇을 하며 시간을 보내는지를 10분 단위로 기록한 일지를 통해 측정했다. 2012~2013년 연방 통계청에서 실시한 시간 사용 조사에서는 다양한 연령대와 가족 형태의 일상생활 구조를 최대한 전형적으로 파악하고 여성과 남성의 차이점을 가시화하기 위해 독일 전역에 걸쳐 약 5000가구의 10세 이상 1만 1000명 이상을 인터뷰했다.[15] 연방 정부는 1990년부터 10년마다 이 연구를 실시하고 있다.[16]

시간 사용을 다룬 주요 연구에서는 우리가 일반적으로 근무 시간과 여가 시간 두 가지로 구분하는 것보다 좀 더 정확하게 시간 사용 실태에 관해 파악하고 있다. 2012년 제8차 가족 보고서(연방 정부의 가장 포괄적인 시간 정책 보고서로, 정책적 권장 사항을 담고 있다)는 소득 활동 혹은 직업 교육, 가사, 육아 및 돌봄, 수면, 자유 시간, 기타 자기 시간 등 총 여섯 가지 범주를 사용한다. 이 보고서에 따르면 미성년 자녀가 있는 남성은 평균적으로 다음과 같은 하루를 보낸다. 7시간 56분 잠을 자고 5시간 17분 근무하며 40분 동안 자녀를 돌보고 2시간 18분 집안일을 하며 5시간 19분 자유 시간을 갖고 2시간 27분 기타 자기 시간을 갖는다.[17]

여기서 '기타 자기 시간'은 나머지 시간을 구성하는 데 필수 전제 조건인 신체 관리와 식사를 위한 시간을 의미한다.[18] 단정한 몸과 옷차림에 대한 요구가 높은 문화에서 사람들은 직업 세계나 사회 환경의 요구 사항을 충족하기 위해 이러한 품위 유지를 위한 시간이 필요하다. 현실적으로 옷도 입지 않고 빗질도 하지 않은 모습으로 직장에 나가는 걸 선택할 수는 없다. 오늘날 단정한 외모에 대한 기대치가 성별을 불문하고 높아졌는데, 이에 대해 철학 교수 헤더 위도우스(Heather Widdows)는 '최소한의 기준 상승(Rise of Minimal Standards)'이라고 설명했다.[19] 2016년 영국의 한 연구에 따르면 여성의 메이크업 단계가 10년 동안 평균 8단계에서 27단계로 늘어났으며, 이제는 17분이 아닌 40분이 소요된다고 한다.[20] 가족 보고서에 따르면 독일 성인은 신체 관리에 하루 최소 2시간이 필요하다고 답했다.[21] 신체 관리 시간이 지난 10년간 어떻게 변화했는지는 현재 조사 중이다.[22] 신체 관리 및 영양 섭취에 필요한 시간을 하나의 카테고리로 조사하는 게 중요한 이유는, 샤워 및 저녁 식사에 드는 시간을 자유 시간과 혼동해서는 안 되기 때문이다. 이러한 활동은 긴장을 푸는 효과가 있을 수 있지만, 다른 일에 더 많은 시간을 할애하기 위해 서둘러서 할 수 있는 필수적인 일상이다. 다른 한편으로 이러한 필수적인 자기 관리에 얼마나 많은 시간이 필요한지 알아야 한다. 그래야 우리의 일상 시간이 어디로 흘러가는지 알 수 있다. 이를테면 근무와 출퇴근 8시간, '기타 자기 시간' 2시간이면 이미 하루가 꽉 찬다.

따라서 가족 보고서에서 자기 관리에 필요한 시간을 '자기 시간'이라고 부르는 것은 오해의 소지가 있다. 이 개념을 도입한 헬가 노보트니가 말하는 자기 시간은 '자신을 위한 더 많은 시간', 즉 필수적이지는 않지만 진정으로 자유롭게 선택할 수 있는 자기만의 욕구를 추구할 수 있는 시간을 뜻하기 때문이다.[23] 그녀는 자기 시간이란, 모든 사람이 가지고 있는 것은 아니며, '우리를 타인과 구별해주는 개인적 욕구를 위해 의식적으로 구성한 자유 시간'이라고 정의한다. 우리는 자기 시간 속에서 개성을 표현한다. 이 책에서 자기 시간에 관해 이야기할 때는 헬가 노보트니의 개념을 뜻하는 것이지 우리가 샤워하며 보내는 시간을 의미하는 것이 아니다. 외모에 대한 사회적 요구를 충족시키기 위해 화장실과 옷장 앞에서 보내는 시간은 스스로 결정한 시간이라기보다는 오히려 소득 활동과 자기 관리 업무에 속하기 때문이다. 많은 사람이 외모를 가꾸는 노력이 자신을 위한 것이라고 주장하지만 이는 진실의 일부일 뿐이다.

시간 사용 연구의 또 다른 한계점은 성인의 경우 개인적인 자유 시간과 가족과 함께 보내는 자유 시간이 명확하게 구분되지 않는다는 점이다. 우리가 실제로 얼마나 많은 자기 시간을 갖는지를 더 잘 알기 위해서는 이 시간들이 구분되어야 한다. 동물원 나들이와 같이 가족이 함께 여가 활동을 하는 시간은 자유 시간과 자녀를 돌보는 시간이 섞여 있는 형태이기 때문이다. 부모는 자녀와의 나들이를 당연히 좋은 시간으로 경험하지만, 가족과의 시간이 항상 자신을 위한 시간이나 휴식에 대한 욕구를 충족해주는 것은 아니다. 각종 연구나 조사에서 돌봄 담당자들이 자녀 또는 돌봄 대상자와 함께 보내는 자유 시간과, 그들 없이 보내는 자유 시간을 구분하지 않는 한, 이러한 조사는 돌봄 담당자의 일상 경험에 대해 정확히 진술하지 못한다. 이는 가족 보고서에서 묘한 결과로 이어진다. 즉 어린 자녀를 둔 부모는 특히 주말에 거의 모든 시간을 자녀와 함께 보내는데도 자녀를 돌보는 시간보다 자유 시간이 더 많은 것으로 나타났다. 한편, 일부 부모는 주말보다 월요일에 자유 시간이 많다고 답했다.

심리적 안녕을 위해 사회적 접촉이 필요하지만, 아무리 사교적인 사람이라도 혼자만의 시간이 필요하다. 우리 뇌는 휴식을 취할 때 비로소 생각과 기억, 감정을 정리할 수 있기 때문이다.[24] 심리학자 울리케 쇼이어만(Ulrike Scheuermann)은 "우리는 혼자 있을 때 자신을 더 잘 인지하며, 다른 사람과 함께 있을 때는 불가능한 내면에 대한 통찰을 얻을 수 있다. (…) 따라서 우리는 혼자 있을 때 더 깊이 생각하고 더 집중하며 새로운 방식으로 사고할 수 있다"라고 설명한다. 혼자만의 시간은 창의력을 강화할 뿐만 아니라 자기 자신과 교류하기 위해 없어서는 안 되는 시간이다.[25] 우리가 자유롭게 발전할 수 있으려면 자기 시간뿐만 아니라 혼자만의 시간도 필요하다.

그렇기 때문에 사람들은 자유 시간을 다음의 세 가지 사회적 욕구를 위해 사용하는 것이 이상적이다. 첫째, 친구를 돕거나 가족과 함께 무언가를 하는 등 다른 사람을 위해 자신의 욕구를 제쳐두는 시간, 둘째, 다른 사람과 함께 또는 혼자서 경험하는 활동적인 시간, 마지막으로 우리가 경험한 내용을 성찰하고 정리할 수 있는, 계획되지 않은 미정의 시간.

많은 사람이 단순하게 자유 시간이라고 부르는, 직장 업무를 제외한 일상 시간에는 최소 여덟 가지의 다양한 시간이 포함된다. 즉 의무 시간, 자기 관리 시간, 타인을 돌보는 시간, 신체적 휴식 시간, 수면 시간, 타인을 위해 보내는 자유 시간, 개인적인 욕구를 위한 자기 시간, 정신적 회복과 발전을 위한 혼자만의 시간이다. 일상 시간을 진정 자유롭게 보내는 게 힘든 이유는 이러한 다양한 시간들이 저절로 적절한 균형을 이루는 것이 아니기 때문이다. 자신의 일상 시간을 사용하려면 대개는 다른 사람들과 조율하고 협상해야 한다. 직장 업무가 자유 시간으로 흘러 들어가지 않도록, 또는 '우리를 묶어두기 위해 개발되어' 우리의 자유 시간을 점령하는 앱으로부터 자신을 보호해야 한다.[26] 우리의 자기 시간에 대한 타인(가족 구성원부터 고용주, 우리의 자유 시간으로 돈을 버는 회사에 이르기까지)의 요구는 매우 막대하며, 우리는 종종 진정한 자유 시간의 가치를 과소평가하기 때문에 자유 시간을 기꺼이 포기하려는 경우가 많다. 또한, 무엇이 자유 시간의 질을 떨어뜨리는지, 어떻게 하면 자유 시간을 더 잘 활용하여 좋은 삶에 가까워질 수 있는지 잘 모르기 때문에 자유 시간의 가치를 알아보지 못하고 포기하는지도 모른다.

시간 부스러기

시간 사용에 관한 여러 조사에서는 자유 시간이 많은 것으로 측정되는데, 이는 다분히 기만적이다. 자유 시간이 그 자체로 매우 다층적이고 다양할 뿐만 아니라, 자유 시간의 절대적인 총합에 차 마시는 시간이나 신문을 읽는 시간, 일정 사이의 공백 등 작은 틈새 시간이 포함되기 때문이다. 자유 시간이 아주 잘게 조각나 있는지 아니면 몇 시간씩 이어지는지는 일일 자유 시간에 대한 평균 데이터만으로는 알 수 없다. 사람들의 경험을 묻는 조사 결과에서 자유 시간이 1시간이라고 보고되더라도 이 1시간은 10분씩 여섯 번으로 구성된 것일 수도 있다. 많은 사람들이 자유 시간을 너무 적다고 느끼는 이유는 무엇보다도 자유 시간이 짧은 틈새 시간 속에 있기 때문이다. 이러한 틈새 시간은 본인도 모르게 의무적인 일들로 채워질 뿐만 아니라 자유 시간으로 **느끼기엔** 너무 짧다. 미국의 저널리스트이자 '더 나은 삶 연구소(Better Life Lab)' 소장 브리짓 슐트(Brigid Schulte)는 이러한 짧은 틈새 자유 시간을 유의미하게 사용할 수 없는 **시간 부스러기(Time Confetti)**라고 표현했다.[27] 자유 시간이 있기는 하지만 잘게 조각나 있기 때문에 이를 하고 싶은 일에 전혀 사용하지 못하거나 제한적으로만 사용할 수 있다는 것이다. 우리가 자유 시간을 진정 자유로운 것으로 느끼기 위해서는 자유 시간이 보다 길게 지속되어야 한다.

우리가 돌봄이 필요한 사람들과 함께 일상 시간을 보낼 때 우리의 자유 시간은 시간 부스러기로 구성된다. 이를테면 소파에 누워 책을 읽는 부모는 무언가가 필요한 아이들에게 방해를 받는다. 또 가족들과 함께 외출 준비를 할 때 모든 가족 구성원이 옷을 다 입을 때까지 스마트폰으로 문자를 읽거나 메시지를 보내면서 기다린다. 시간 사용 조사에서 이러한 짧은 읽기 행위나 소통은 '미디어 사용' 또는 '사회생활'(둘 다 자유 시간의 범주에 속한다)로 일지에 입력된다. 그런데 이 몇 분이 과연 얼마나 **자유롭게** 느껴질까? 우리는 무언가를 기다리는 동안 우리가 있는 그 자리에서 그 짧은 시간 안에 할 수 있는 일들을 한다. 아버지가 아침에 아이를 기다리면서 요가 단련을 하거나 목욕을 즐기는 경우는 거의 없으며, 단지 그 시간에 가능한 일을 한다. 이 시간은 어떻게 사용할지 선택의 폭이 매우 제한적이며, 전혀 자율적이지 않다. 우리가 자유 시간을 '자유롭다'라고 느끼는 가장 큰 특징은 '자율성'이다. 따라서 자유 시간이 얼마나 잘게 조각나 있는지, 30분 또는 60분 단위로 얼마나 이어져 있는지는 자유 시간의 질을 측정하는 한 가지 접근 방식이 될 수 있다.

자율성의 정도가 클수록 일상뿐만 아니라 직장에서도 연속적으로 이어진 시간을 실현할 가능성이 높아진다. 예를 들면 일정을 직접 정할 수 있거나 연기 혹은 취소할 수 있는 결정권을 가진 높은 직위의 사람들이 이에 해당한다. 상사는 비서에 비해 중단 없는 시간을 더 오래 가질 수 있다. 반면 대부분의 사람들은 자녀나 가족, 상사, 더 많은 권한을 가진 사람 등 다른 사람이 자신의 시간 사용에 개입하기 때문에 자율적으로 시간을 사용할 가능성이 줄어들고, 시간은 더 작은 단위로 쪼개진다. 예를 들면 높은 자리에 있거나 타인의 시간을 배려하지 않는 누군가가 다른 누군가를 기다리게 할 때 이러한 현상이 눈에 띈다.

권력이 더 많은 사람은 권력이 적은 사람과는 달리 자기 시간을 만들고 보호할 수 있다. 사회 구조 내에서 발언권이 적은 사람은 자율적으로 사용할 수 있는 긴 시간을 보장받기 위해 더 많은 노력을 기울여 이를 지켜내야 한다. 주디 와이즈먼의 연구에 따르면 여성의 자유 시간은 남성의 자유 시간에 비해 돌봄 업무를 하느라 훨씬 더 자주 중단된다.[28] "전반적으로 남성이 여성보다 양질의 자유 시간을 더 많이 가진다"[29]는 사실은 성별에 따른 사회화로 말미암아 여성이 자유 시간에 돌봄 노동을 책임지는 경우가 많고 남성은 이를 거부할 가능성이 높다는 사실과 관련이 있을 수 있다. 아이들도 어른들의 시간 규칙을 따르기 위해 자기 활동에 종종 방해를 받는다. 이를테면 부모는 전화 통화를 끝내고 식사 시간을 가질 수 있지만, 아이는 식사 시간이 되면 당장 놀이를 그만두어야 한다. 이때 아이는 시간적인 위계상 부모보다 아래에 위치한다. 말하자면 시간 부스러기는 불평등하게 분배된 권력에서 비롯한다는 것이다. 시간 정의를 실현하기 위해서는 직업적, 사회적 관계를 보다 민주적으로 조직하고, 모든 사람이 자기 시간을 보호받을 방법을 마련해야 한다. 우리 사회의 성별 여가 격차와 불평등한 자유 시간 분배를 정치적 주제로 내세워 자유 시간이 소수의 특권이 되지 않도록 해야 한다. 모든 사람이 행복하고, 자기 자신을 발전시키며, 자유로워지기 위해서는 실질적이고 연속적인 자유 시간이 필요하다.

　나의 경우, 파트너가 저녁 식사를 준비하는 이른 저녁 시간에 시간 부스러기가 흩날린다. 그 시간에 나는 아이들이 무엇을 하느냐에 따라 다르지만 보통 아이들과 놀아주거나 곁에서 아이들을 돌본다. 그사이에 빨래를 널고 장보기 목록을 작성한다. 이윽고 아이들의 학급 파티에 필요한 목록을 작성해야겠다는 생각이 들어 휴대폰을 여는 동시에, 기어다니는 아기를 주시하며 주변에 부딪힐 만한 물건이 없는지 살핀다. 아이들이 뭔가를 한참 하고 있을 때에는 가끔 책을 집어 들고 잠깐 읽기도 하지만 한 챕터를 끝까지 다 읽는 경우는 드물다. 나에게 주어진 자유 시간은 8분이라는 부스러기에 불과했다.

　사회학자 크리스티아네 뮐러-비히만(Christiane Müller-Wichmann)은 이러한 자투리 시간에 대해 다음과 같이 말한다. "이러한 자투리 시간을 적당한 때에, 충분히 길게, 마침 배우자도 옆에 있을 때 갖는 것은 우연이다."[30] 자신의 자유 시간을 하루에 걸쳐 마음대로 분배하지 못하는 사람들은 '어떤 의미에서 삶의 시간 전체를 빼앗긴 것'이라고 비히만은 말한다.[31] 앞에서 언급한 나의 사례에서 '내 시간을 빼앗겼다'라고 말한다면 과장처럼 들릴 수 있겠지만, 시간 부스러기는 경쾌하고 알록달록한 비처럼 우리에게 떨어지는 것이 아니라 우리 시간에 구멍을 만든다. 자기 시간이 시간 부스러기로만 이루어질 경우 이는 향유할 수 있는 일상이 아니라 관념으로만 존재한다.

　너무 자주 소셜 네트워크를 확인하는 것도 자유 시간을 너덜너덜하게 만드는 행동이라 할 수 있다. 독일, 프랑스, 영국에서 수집한 데이터에 기반한 한 연구에 따르면 피험자들은 평균 5분마다 휴대 전화를 집어 들었다.[32] 모바일 기기와의 상호작용은 대부분 60초 미만이며, 너무 자동적인 행동이기 때문에 사용자들은 그 빈도를 과소평가한다.[33] 또한 이메일에 **빠르게** 답장을 보내는 것도 자유 시간에 구멍을 내는 행동이다. 오늘날 독일 직장인의 60%가 공식적인 근무 시간이 끝난 후에도 업무용 이메일과 전화에 응답하고 있으며, 40% 이상이 고용주가 이렇게 언제라도 연락할 수 있는 것을 기대한다고 답했다.[34] 2021년, 독일의 스마트폰 사용자들은 하루 평균 3.4시간을 스마트폰에 소비했으며,[35] 젊은 층에서는 주당 70시간 넘게 사용하는 사례도 있다.[36] 이처럼 오늘날 화면에서 보내는 시간은 우리 삶에서 점점 더 큰 비중을 차지하고 있다. 고용주나 기술 회사, 앱에 광고를 게재하는 회사들은 우리의 행동을 바꾸기보다는 오히려 이를 강화하고, 부스러기 시간을 자유 시간으로 착각하게 만드는 데 관심을 갖고 있다.

자유 시간의 질

자유 시간을 측정하는 방법론적 미묘함과 자유 시간은 도대체 무엇인가라는 이론적 고찰은 복잡하고 다소 무미건조할 수 있지만 그럼에도 무척 중요한 주제다. 연방 정부의 가족 정책을 다루고 있는 시간 정책 책자에 명시된 내용에 따르면, 어머니의 하루 자유 시간은 4시간 59분이며 자녀를 돌보는 시간은 1시간 25분밖에 되지 않는다. 이에 따르면 가족 정책이 일반적인 시간 부족 현상을 부인하는 것은 당연한 일이다. 여기에 제시된 5시간의 자유 시간은 돌봄을 책임지는 사람들과 많은 직장인의 실제 일상에는 존재하지 않는, 시간 천국과도 같은 수치임에도 말이다.

실제로 진정한 자기 시간이 자유 시간에 얼마나 들어 있는지는 정량적 시간 사용 연구를 통해서는 거의 알 수 없다. 한편, 자기 시간을 별도의 범주로 측정하기 어려운 이유는 사람들이 '자신을 위한 시간'이 무엇을 의미하는지, 이 시간을 어떻게 채우고 싶은지를 제각기 완전히 다른 방식으로 정의하기 때문이다. 어떤 사람에게는 운동이 될 수도 있고, 또 어떤 사람에게는 독서, 긴 수면, 가족 및 친구와의 만남, 성생활이나 기도를 위한 시간 등이 될 수도 있다. 요리나 집수리 같은 집안일도 본인이 기꺼이 하려는 의지가 있다면 기분 좋은 자기 시간으로 느껴질 수 있다. 자유 시간에 대한 순전한 정량적 연구는 여기서 한계에 부딪힌다. 1986년부터 사람들의 시간 사용을 조사해온 '자유 시간 모니터(Freizeit-Monitor)'의 2019년 조사에서처럼 연구자들이 시간 압박 느낌에 대해 질문하거나 다른 질적 평가를 수집할 경우에 사람들의 자기 시간이 얼마나 부족한지를 가장 잘 파악할 수 있다. 이 연구에서 응답자 100명 중 46명은 '자유 시간에 나는 정말로 내가 원하는 일을 하지 않는다'라는 문항에 '그렇다'라고 대답했고, 응답자의 42%는 자유 시간을 자주 '허비한다'라고 답했으며, 100명 중 20명은 '나는 내가 원하는 것보다 더 많이 소셜 미디어에 의존한다'라는 문항에 동의했다.[37] 사람들이 자신의 자유 시간을 얼마나 자율적이고 가치 있게 경험하는지, 또는 무엇이 자유 시간을 제한하는지에 대해 자가 진단을 하도록 해보면 자유 시간을 매우 다양하게 경험한다는 것을 알 수 있다.

특정한 활동으로 채워진 긴 시간이 문화적 규범에 따라 더 가치 있거나, 반대로 덜 가치 있는 시간으로 여겨지는 경우 잘못된 해석을 내릴 수도 있다. 예를 들어 비디오 게임에 많은 시간을 보내는 젊은이들은 사회 문제에 관심이 거의 없는 것으로 간주되는 반면, 운동에 많은 시간을 보내는 것은 사교성이나 만족감과 동일시된다. 그러나 하루 2시간 이상을 매일 운동에 쏟는 건 삶의 기쁨이라기보다는 운동 중독에 가까우며, 이는 섭식 장애의 증상일 수도 있고 표준 체형을 달성하기 위해 운동을 의무처럼 생각하는 것일 수도 있다. 텔레비전을 몇 시간씩 시청하는 사람은 전 세계 사건들에 대한 정보를 잘 얻을 수 있고 이로부터 사회적 참여에 대한 동기를 이끌어낼 수도 있지만, 반대로 끔찍한 지루함을 느낄 수도 있다. 인터넷에 많은 시간을 보내는 이유가 연애편지를 쓰기 위한 것인지, 자기 치유 단체를 조직하려는 것인지 아니면 소셜 미디어에 수십 개의 악성 댓글을 쓰려는 것인지 누가 알겠는가?

1장에서 이미 설명한 바와 같이 시간 연구가들은 자율성을 **시간 풍요**를 구성하는 핵심 요소로 설명하며,[38] 따라서 자유 시간에서도 자율성을 되찾아야 한다. 그러나 자율성이라는 개념을 비판적으로 성찰하는 것도 중요하다. 사람들이 자율적이라고 느끼며 내린 결정이 사회적 가치와 규범, 가능성이라는 배경에 바탕을 둔 경우가 많기 때문이다. 이는 잠재 의식에 영향을 끼치고 다른 결정을 선택할 가능성을 제한할 수도 있다. 헤더 위도우스는 사람들이 '자유 의지'를 가지고 있다고 해서 그들이 내리는 결정이 절대적으로 자유로운 것은 아니라고 설명한다. "개인은 자신에게 주어진 가능성 중에서 선택을 한다. 자신이 처한 상황에서 자신이 가지고 있는 정보를 바탕으로 결정을 내리는 것이다. (…) 그렇다고 해서 이러한 결정이 강압 없이 완전히 자유롭다는 뜻은 아니며, 행동만으로 **행위주체성**(Agency)[39]을 입증하기에는 충분치 않다. 이 점은 아주 중요하다."[40]

이러한 맥락에서 우리가 우리 시간을 자유롭게 사용하는 데, 무엇을 할 것인지 계획하며 그 계획을 실현하는 데 매우 다양한 방식으로 제약을 받는다는 점이 바로 '우리가 처한 상황'이다. 다양한 내부 및 외부 여건들이 우리가 계획을 실현할 수 있을지에 영향을 끼친다.

빈곤은 사람들이 자유 시간을 누구와 어떻게 보낼지를 강하게 제한하는 외부 여건 중 하나다. 집 밖에서 다른 사람들을 만날 수 있는 곳, 즉 술집, 식당, 영화관 등을 가기 위해서는 돈이 필요하기 때문이다. 시간은 돈이 아니지만, 돈은 시간의 제약으로부터 자유롭게 할 수 있다. 예를 들어 돈을 많이 지닌 이는 집에 있든 밖으로 나가든 상관없이 자기 시간을 다채롭고 자유롭게 사용할 수 있다. 어린이에게 가난하다는 것은 보통 함께하는 자유 시간에서 배제된다는 것을 의미하며, 노년기에는 사회적 고립을 증가시키기도 한다.

시간과 날씨에 따라 사람들이 만날 수 있는 장소가 달라진다. 오후가 되면 이미 어둑어둑해지는 겨울에는 여름과는 다른 방식으로 시간을 보낸다. 특히 어둠 속에서 안전함을 느끼지 못하는 사람은 어둠을 무서워하지 않는 사람보다 저녁 시간을 자유롭게 사용하지 못한다. 인종차별적 폭력, 트랜스젠더 및 동성애 혐오 공격, 장애인에 대한 적대감, 성적 괴롭힘 및 강간 등 위협적이고 폭력적인 공격의 표적이 되는 사람은 자유 시간을 보내기 위해 안전하다고 느끼는 장소와 시간을 선택해야 하기 때문에 공간적으로도, 시간적으로도 제약을 받는다. 따라서 저녁 시간에 운동을 하라고 하거나 사람을 만나라는 선의의 조언이 모든 사람에게 같은 방식으로 적용될 수 없다. 늦은 밤 공원에서 조깅을 할 수 있는 사람은 누구인가? 안전을 이유로 집에서 운동을 할 수 있는 사람은 누구이며, 매월 이용료를 내고 체육관에 갈 수 있는 사람은 누구인가? 스포츠 강좌에서 불편을 느끼거나 무시당하는 경험을 하는 사람은 없는가? 접근성 부족으로 얼마나 많은 사람이 여가 활동에서 배제되는가? 사회 내 어떤 집단이 공공장소에 대한 접근성이 높고, 어떤 집단이 낮은가? 누가 한부모에게 자유로운 저녁 시간을 베풀어주는가? 이처럼 사람들은 자유로운 시간에 동등하게 접근하지 못한다.

우리는 바다에 가고 싶다고 해서 손가락을 튕겨 날씨나 장소를 바꿀 수는 없다. 주말이 시작되었다고 해서 사랑의 슬픔과 독감 증상이 사라지지는 않는다. 우리는 시간에 대한 이러한 제약을 주변 사람들도 비슷하게 겪을 때(누구에게나 비가 온다는 사실처럼), 이를테면 이러한 제약이 일시적이거나(늘 변하는 날씨처럼) 변할 수 있는 것처럼 느껴지거나 실제로 변하는 경험을 했을 때(사랑의 아픔은 지나가고, 나는 다시 건강해질 것이라고 믿는 것처럼), 이러한 시간적 제약을 정상적인 것이라고 느낀다.

다시 말해 자신의 시간 구조가 변할 것처럼 보이지 않거나 실제로 변하지 않는 경우 시간이 부족하다는 느낌을 더 강하게 받는다. 게다가 이러한 제약이 다른 사람들보다 나에게 더 크게 작용하고, 다른 사람들이 나보다 자유 시간을 더 많이 가지고 있을 뿐만 아니라 그들의 자유 시간이 내 자유 시간보다 여건과 질이 더 낫다고 생각하면, 우리는 자신의 자유 시간의 양과 그 가능성을 다르게 판단하게 된다. 이처럼 사회적 비교 또한 우리의 자유 시간 경험에 적지 않은 영향을 끼친다.

너무 지친 사람들

낮 시간에 직장에서 일하는, 혹은 가족을 위해 일하는 성인의 경우 대부분 주중에는 연속된 자유 시간을 저녁 시간에 갖게 된다. 아이들이 잠들었을 때, 주방 정리를 마쳤을 때, 마지막 회의가 끝났을 때, 가게 문을 닫을 때 비로소 자유 시간이 시작되는 것이다. 이름뿐이긴 하지만 이 1시간가량의 자유 시간은 정말로 자유롭다. 개인이 자기 시간을 얼마나 자율적으로 사용할 수 있는지는 무엇보다도 자기 시간이 주어진 그 시간대의 신체적, 정신적 상태에 따라 달라진다. 모든 시간이 똑같지는 않다.

바쁜 하루를 마치고 나면 피곤하고 집중력이 떨어지며 아침보다 더 무기력해진다. 특히 고된 업무에 시달리거나 집으로 돌아가는 길이 먼 사람들은 퇴근 후에도 피곤하지 않거나 일상 시간으로 빨리 전환할 수 있는 사람들과는 퇴근 후의 시간을 다르게 보낼 수밖에 없다.

중환자실 간호사 넬레 쉰펠더(Nele Schönfelder)는 코로나 위기 동안 자신의 일상을 담은 한 다큐멘터리에서 병원에서의 업무 스트레스 때문에 일이 끝나면 자신의 하루도 끝난다고 이야기한다. "퇴근하고 나면 더 이상 아무것도 할 수가 없어요." [41] 그녀는 직장에서 겪은 신체적, 정신적 피로가 남은 시간에 고스란히 스며든다고 말한다. 그녀는 전통적인 의미에서의 자유 시간, 즉 교대 근무가 끝난 후의 시간을 자기 시간으로 보낼 수 없다. 그녀가 경험하는 자유 시간은 업무가 끝난 뒤 온전히 꺼내 쓸 수 있도록 타임캡슐 속에 보관된 것이 아니다. 사람들이 자유 시간을 그 자체로 경험하려면 그 외의 다른 시간에 어떤 일을 하는지가 중요하다.

팬데믹 기간 동안 나와 내 친구들은 서로 음성 메시지를 주고받곤 했다. 육아와 직장 일을 병행하면서 거의 모든 시간을 빼앗긴 날에는 서로 통화하는 것조차 어려웠기 때문이다. 한 친구는 자정 직전에 이런 메시지를 보냈다. "지금은 책 한 권 읽는 것도 힘들어. 꼬맹이가 잠들면 내가 16살에나 좋아했을 법한 넷플릭스 드라마를 볼거야. 36년이 된 내 뇌는 지금 이 정도밖에 할 수 없어."

내 친구가 긴 하루를 마친 후 긴장을 풀기 위해 하이틴 드라마를 보는 잠깐의 시간을 시간 사용 연구에서는 '자유 시간'으로 측정할 것이다. 피험자들은 '기운이 좀 남으면 다른 것을 하고 싶어. 나는 다른 곳에 가고 싶어. 바에서 친구들을 만나고 싶어. 아직 해가 떠 있는 시간에 잔디에 누워 있고 싶어. 밤 10시가 아니라면 수영하고 싶어'와 같은 생각을 시간 사용 일지에 기록하지는 않는다. 일지에는 피험자가 자유 시간 중 1시간을 TV를 시청하는 데 사용했다고만 기록될 뿐이다.

전 세계 선진국에서 미디어 소비는 가장 인기 있는 여가 활동이다. 노트북과 스마트폰을 통한 인터넷 사용, 텔레비전 시청, 음악 감상, 라디오 청취는 자유 시간의 많은 부분을 차지한다. 2021년 독일 사람들은 하루에 213분 동안 텔레비전 앞에 앉아서 영화, 뉴스, 스포츠, 다큐멘터리, 리얼리티 드라마를 시청했다.[42] 하지만 이들이 TV를 시청하는 이유가 TV가 만족감을 주어서일까? 자유 시간이 좀 더 일찍 시작된다면, 해가 떠 있는 시간에 퇴근하고, 함께 시간을 보내고 싶은 사람들이 5분 거리에 살고 있다면, 그래도 그들은 TV를 가장 먼저 선택했을까? 미디어 소비는 쉽게 접근할 수 있기 때문에, 말하자면 집에서, 별다른 계획 없이, 적은 비용으로 즐길 수 있기 때문에 인기가 있다. 코로나19 팬데믹 기간 동안 사람들이 집을 꾸미기 위해 DIY 상점과 스웨덴 가구점으로 몰려들고, 소셜 네트워크가 인테리어 계정으로 가득 찬 것은 놀라운 일이 아니다. 우리 시대의 가능성은 자주 공동체가 아닌 미디어에의 집착으로 흘러든다. 시간 부족과 피로에 허덕이는 문화에서는 집이 삶의 중심이 된다.

미디어 사용 시간의 확대는 공적 담론에서 종종 계급주의적 편견으로 폄하되거나 정규 교육 부족과 동일시된다. 그러나 여기에서 간과되고 있는 사실은 행동이 항상 가능성을 반영한다는 점이다. 장시간 근무하거나 불규칙한 교대 근무를 해야 하는 부모는 시간이 부족하거나 자녀와 같은 시간대에 집에 있지 않기 때문에 자녀에게 책을 읽어주지 못한다. 가난한 사람들이 고소득층보다 TV를 더 많이 시청하는 이유는 TV 앞에서 저녁 시간을 보내는 것이 식당에서 보내는 것보다 훨씬 저렴하고, 자녀의 피아노 레슨보다 저렴하며, 휴가를 가는 것보다 비용이 적게 들기 때문이다.

하지만 사회경제적 지위가 높은 사람들도 미디어에 많은 시간을 소비한다. 자유 시간 모니터 조사에 따르면 독일에서 미디어 활동이 전체 여가 활동 시간을 차지하는 비중이 점점 더 커지고 있는 반면, 다른 휴식 활동과 외부 활동에 소비하는 시간은 점점 더 줄어들고 있다. 그러나 이러한 조사 결과로는 사람들이 진정 자유로운 선택을 할 수 있을 때 자유 시간에 무엇을 하고 싶은지에 대해서 알기는 어렵다. 자유 시간 모니터에서 질문을 바꾸어, 사람들에게 무엇을 더 자주 하고 싶은지를 묻자 미디어 관련 활동보다는 활동적이고 사교적이며 재생적인 활동을 하고 싶다는 응답이 상위에 올랐다. 2020년 조사에서 사람들은 '지금 하고 싶은 일을 즉흥적으로 하기'(77%), '자연 속에서 시간 보내기'(75%), '건강을 위한 활동'(73%), '당일치기 여행'(72%), '친구와 함께하기'(71%), '더 자주 푹 자기'(71%)를 위한 시간이 부족하다고 응답했다.[43] 2017년의 연구에 따르면, 활동적인 여가 활동이 수동적인 여가 활동보다 행복한 삶에 더 큰 영향을 미치기 때문에 사람들은 활동적인 여가 활동을 갈망한다.[44]

베를린 공과대학교의 과학자 슈테파니 게롤트(Stefanie Gerold)와 존야 가이거(Sonja Geiger)는 코로나 팬데믹의 첫 봉쇄 조치가 시작되기 전인 2020년 2월, 사람들에게 '1시간의 자유 시간이 주어진다면' 무엇을 하고 싶은지를 물었다. 그들은 자유 시간 모니터의 조사와는 다소 다른 대답을 들을 수 있었다. 응답자들은 주어진 자유 시간을 수면과 휴식뿐만 아니라 가족을 위해 사용하겠다고 가장 많이 답했다. 연구진은 이러한 연구 결과에 대해 "자신과 가족을 위한 시간과 휴식이 절실히 필요한 피로 사회의 이미지가 두드러지게 나타난다"라고 설명했다.[45]

두 조사의 응답 결과가 각기 다르게 나타나는 이유는 자유 시간 모니터에서는 사람들에게 무엇을 더 자주 하고 싶은지 시간 제한 없이 광범위하게 질문한 반면, 이 연구에서는 주어진 딱 1시간을 어떻게 사용하고 싶은지를 질문했기 때문일 수도 있다. 다시 말해 자유 시간 모니터 조사에서는 응답자들이 자유 시간을 더 갈망하고 더 많이 가졌으면 하는 마음으로 자신의 자유 시간을 생각하도록 했고, 슈테파티 게롤트와 존야 가이거의 연구에서는 응답자들이 지금 당장 하고 싶은 것이 무엇인지를 파악했다고 볼 수 있다. 정리하자면, 오늘날 사람들은 더 많은 휴식을 갈망한다. 너무 지친 나머지 우리는 활동적인 행위나 사람들과 함께 보내는 시간이 가져다주는 좋은 감정을 떠올리기보다 피로감을 더 자주 떠올린다.

관계를 위한 시간

정치권이 최대한 많은 사람이 건강하게 오래 살면서 그 대부분의 시간을 만족스럽게 보내도록 하는 것에 관심을 가진다면 어떨까? 그러기 위해서는 지금까지 정치의 주제로 거의 다루지 않았던 두 가지 사회적 측면에 대해 논의해야 할 것이다. 바로 우정과 유대감이다. 미국의 심리학 교수 줄리안 홀트-룬스타드(Julianne Holt-Lunstad) 연구팀이 실시한 연구에 따르면, 이 두 가지만큼 건강과 삶의 질에 중요한 것은 거의 없다.[46] 우정이 지니는 건강상의 중요성이 과소평가된다는 내용의 책을 저술한 독일의 심리학자 울리케 쇼이어만은 모든 유형의 좋은 사회적 관계는 '질병과 죽음에 대항하는 힘의 장'[47]을 생성한다고 말한다. 공동체의 일원이라는 느낌을 받거나 의지할 수 있는 가까운 인맥이 여럿 있는 것은 우리가 일반적으로 건강한 생활 방식과 연관 짓는 것들, 이를테면 금연, 금주, 충분한 운동, 부유한 나라에 사는 것 등보다 사망 위험을 크게 줄인다.[48, 49]

최근 들어 외로움이라는 문제를 다루는 정치적 이니셔티브들이 생겨나고 있기도 하다. 하지만 모든 연령대의 사람들이 외로움을 겪고 있고 특히 젊은 사람의 비중이 증가하고 있지만, 이 문제는 여전히 노인에 초점을 맞추고 있다. 청년의 외로움 문제에 대해 정치적 전략을 펼치고 있으며, 이와 관련하여 2021년에 책을 저술하기도 한 기독민주당(CDU) 정치인 디아나 키네르트(Diana Kinnert)는 '현대적 직업을 가진 도시 청년들이 외로움에 취약한 고위험군'[50]이라고 말한다.[51] 그렇지만 한편으로는 무엇보다 외로움이라는 포괄적 용어로 사회적 관계의 중요성을 이야기하는 것은 오히려 담론을 저해할 수 있음을 유의해야 한다. 외로움은 스스로 인정하고 싶지 않은 부정적 감정이기 때문이다. 외로움은 외부뿐만 아니라 내면의 결핍을 뜻한다. 말하자면 외로움은 다른 사람들과 더 이상 정서적으로 연결되어 있다고 느끼지 않을 때 생겨난다. 가족이나 단체, 인간관계 안에서 외로움을 느낄 때 스스로 또는 다른 사람에게 자신의 외로움을 인정하고 토로하기란 쉽지 않은 일이다. 특히 갈등이 있는 관계 속에서는 외로움을 더 크게 느낄 수 있으며, 배우자나 가족에게만 집중하며 다른 사람과의 접촉이 줄어드는 경우도 있다. 두 자녀를 홀로 키우는 어머니인 아네테 로어스(Annette Loers)는 사회적 문제로 인식되지 않고 있는 한부모의 외로움에 대해 다음과 같이 말한다. "나는 항상 아이들과 함께 있으니 결코 혼자가 아니에요. 그런데 우정과 인간관계를 쌓고 관리할 시간도, 그럴만한 여력도 없어서 항상 혼자예요."[52]

또한 이 감정이 서서히 시작한다는 사실을 아는 것도 중요하다. 사회적 접촉이 너무 부족하거나 진정한 친밀함이 아닌 표면적이고 지속적이지 않은 만남만 계속되면, 행복감은 서서히 떨어지기 마련이다. 일시에 '완전히 버림받았다'라고 느끼는 게 아니라는 것이다. 나는 '관계를 위한 시간'을 주장하는 게 사회적, 정치적 담론을 구성하는 데 더 적합하다고 생각한다. 이를 통해 외로움이 무엇인지 이야기하고, 외로움을 방지하기 위해서는 시간 빈곤을 해결해야 한다는 점을 전달할 수 있을 것이다. 외로움과 사회적 고립을 동일한 것으로 볼 수는 없지만, 그냥 아는 사람이 친한 친구가 되려면 많은 시간을 함께 보내야 한다는 과학적 근거가 있다.[53] 또한 정서적 친밀감을 유지하려면 정기적으로 직접 만나야 한다.[54] 오늘날 우리는 소셜 미디어를 통해 다른 사람들의 삶을 더 많이 알 수 있기는 하지만, 이러한 형태의 접촉으로는 우정을 제한적으로만 유지할 수 있다.[55] 다른 사람들에게 시간을 거의 내지 못하는 시기에는 실제로 우정이 사라지거나 친밀한 관계가 멀어질 수 있다.

외로움의 원인은 다양하며, 사회적 접촉이 거의 없는 시기가 오래 지속되었다고 해서 반드시 외로움이 발생하는 것은 아니다. 하지만 친밀한 관계에 너무 적은 시간을 보내는 것은 위험 요소가 될 수 있다. 다른 사람들과 끈끈하고 신뢰할 수 있는 관계를 구축하려면 친근한 대화와 편안한 유대감이 필요하다. 유대감을 향한 욕구는 단순히 사람들 사이에 있는 것만으로는 충분하게 충족되지 않기 때문에 관계를 쌓기 위한 시간과 단순히 타인을 만나는 시간을 구분하는 것이 중요하다.

'친구와 함께 무언가를 하고 싶다'는 욕구는 2000년대 초반 자유 시간 모니터의 상위 10위권에서 자취를 감췄으며, 그 이후로 이 욕구의 중요성은 점점 떨어지고 있다.[56] 2019년 조사에 따르면 독일인의 18%만이 일주일에 한 번 이상 친구를 만났는데, 이는 코로나 팬데믹으로 인한 접촉 제한이 시행되기 전의 수치다.[57] 개인적으로 이 수치를 보고 외로움과 고립감이 커지고 있다는 사실에 안타까운 마음이 들었지만, 한편으로 그들은 드물게라도 친구들을 볼 수 있으니 다행이라는 생각도 들었다. 엄마가 된 이후 내 하루의 대부분은 돌봄 노동, 직장 업무, 너무나도 부족한 잠으로 채워져 있다. 저녁에는 너무 피곤해서 누구를 만나거나 전화하는 일이 거의 없다. 특히 한부모였던 때에는 베이비시터를 고용할 돈이 부족해서 거의 모든 저녁 시간을 혼자 보냈다. 다른 많은 부모들과 마찬가지로 나 역시 처음 몇 년 동안은 주변에 아이를 함께 돌봐줄 친척들이 없었다. 다른 사람의 도움을 받는다고 해도 놀이터에서 다른 부모를 만나는 것 외에 자신의 친구들과 시간을 보낼 수 있다는 보장은 없다. 친구들의 자유 시간과 내게 주어진 자유 시간이 서로 맞아야 하기 때문이다. 가족 내에서뿐만 아니라 가족 밖에서도 우리는 서로의 일정을 몇 번이고 조율해야 한다. 베이비시터가 갑자기 오지 못하게 되어서, 혼자서 집에서 조용히 있고 싶다는 이유로(나는 이러한 소망을 너무 잘 이해한다) 약속이 자주 무산된다. 둘째 아이가 태어난 해에 나는 너무 피곤해서 드라마도 볼 수 없을 정도였다. 당시 나는 스마트폰 화면을 아래로 내리며 몇몇 기사 제목만을 읽었다. 간혹 기사를 터치해서 내용 화면으로 넘어가기도 했지만, 집중을 할 수 없어서 끝까지 읽는 경우가 드물었다. 육아휴직을 내고 낮 시간에 아기를 돌봐주었던 파트너는 저녁이 되면 이미 잠들어서 대화를 나눌 시간도 없었다. 가족 안팎에서 사회적 접촉이 점점 줄어들었다. 저녁에 깨어 있는 자유 시간은 아무 쓸모도 없는 이상한 시간 조각들로 채워졌다. 실제로 우리의 인맥 규모는 청년기부터 나이를 먹어 갈수록 점점 줄어든다. 이는 아마도 직장 활동 때문에 이전보다 자유 시간이 줄어들거나, 이 시기가 '부모가 되어 인간관계가 단절되는 과도기'이기 때문일 것이다.[58]

　부모와 마찬가지로 돌봄 제공자도 자신의 일상 시간을 제한적으로만 사용할 수 있다. 2019년 말 기준으로 약 480만 명이 가족을 돌보고 있다(이 중 70%가 여성이다).[59] 돌봄 제공자는 돌봄 대상자와 한집에 사는 경우가 많고, 돌봄 대상자를 혼자 둘 수 없거나 그들 곁에 있어야 하기 때문에 집 밖에서 자유 시간을 보내지 못한다. 독일 노인문제 연구소(DZA)의 헤리베르트 엥스틀러(Heribert Engstler)와 클레멘스 테쉬-뢰머(Clemens Tesch-Römer)는 돌봄 제공자의 시간 사용에 대한 조사 결과에서 놀라운 사실을 발견했다. 주당 평균 34.6시간 동안 다른 가족 구성원을 돌보는 사람들과 돌봄 업무를 거의 혹은 전혀 하지 않는 사람들을 비교했을 때 자유 시간의 양이 크게 차이가 나지 않는다는 결과였다.[60] 그러나 앞서 이야기했듯, 자유 시간의 양만 살펴서는 곤란하다. 돌봄 업무를 많이 하는 사람은 주로 집에 있기 때문에 배우자와 훨씬 더 많은 자유 시간을 보내며, 지인과 친구를 거의 만나지 않는 것으로 나타났다. 말하자면 돌봄 업무를 많이 하는 사람은 돌봄 업무를 거의 또는 전혀 하지 않는 사람에 비해 자유 시간을 자율적으로 사용하지 못하며, 이러한 차이를 자유 시간의 부족으로 인식한다. 응답자 중 절반 이상이 개인적인 관심사와 휴식을 위한 시간이 너무 적다고 답했다. 배우자 및 자녀와 보내는 시간이 너무 적다고 답한 사람도 많았지만, 가족 외의 사람들과 보내는 시간이 부족하다는 응답이 가장 많았다.[61] 이들은 다른 사람들에 비해 자신의 자유 시간에 매우 제한적이라고 느끼지만, 시간 사용 연구에서는 돌봄 제공자의 자유 시간이 부족하다는 걸 포착하지 못한다. 또한, 부부 관계에 문제가 있거나 돌봄 제공자가 독신인 경우 외로움을 겪을 위험이 높다.

친구를 만나고 싶어 하는 마음이 있고 수치상으로는 얼마간의 자유 시간이 있지만, 우리가 친구를 만나지 못하는 이유는 무엇일까? 시간 연구 결과에 따르면 사람들은 이렇게 말한다. "자유 시간은 있다. 그것도 아주 많이!" 하지만 이 시간을 영화나 팟캐스트를 보고 듣는 데 쓰거나 좋지 않은 뉴스를 끝없이 스크롤하는 데 사용하고, 옆에 앉아 있는 사람과 포옹하고 대화를 나누는 데 쓸 수 없다면, 그 시간은 자유롭지 못하다. 뭔가를 할 의욕이 떨어지는 저녁 시간, 아이들이 잠든 뒤 집에 갇혀 있는 피곤한 저녁 시간에는 할 수 있는 일이 제한된다. 이러한 유형의 자유 시간은 지친 일상에 대한 보상이 아니라 오히려 외로움을 악화할 수 있다.

우정에 대해 연구하는 사회학자 율리아 하만(Julia Hahmann)은 **바쁜 일상** 속에서 사회적 접촉이 점점 줄어들고 있는 이유를 사람들의 욕구가 변화해서가 아니라 시간이 부족하기 때문으로 보고 있다.[62] 우리는 좋은 친구만큼 중요한 것은 없다고 생각하지만—알렌스바흐(Allensbach) 연구소의 설문 조사 AWA 2020에 따르면 우정이 가족, 행복한 부부 관계, 직장에서의 성공보다 높은 순위를 차지했다[63]—우리의 행동은 이와 모순된다. 다시 말해 우리는 친구보다는 배우자와 훨씬 더 많은 시간을 보내고, 초과 근무를 하며, 퇴근 후에도 직장 업무를 처리하는 경우가 점점 더 많아지고 있다. 성인 연령대의 사람들 대부분이 친구를 만날 시간이 거의 없거나 도저히 시간을 내지 못한다는 사실은 이제 '정상적인 것'으로 생각되며 사소하게 여겨진다. 하지만 친한 친구를 한 달에 한 번도 못 만나는 것이 우리가 원하는 정상일까? 또는 반대로, 일주일에 한 번 친구를 만난다고 해서 무슨 문제가 생길까? 과학 저널리스트 캐서린 프라이스(Catherine Price)는 『파워 오브 펀』에서 사람들은 주로 다른 사람과 함께 있을 때 진정한 기쁨을 느끼며, 이는 심지어 내향적인 사람에게도 해당된다고 말한다.[64] 또한, 다른 사람과 즐겁게 보내는 저녁 시간과 유대감이 운동이나 사회적 성공보다 건강과 만족감, 정신적 안정에 더 큰 몫을 한다. 대부분의 부부 관계는 유한한 관계이기 때문에 우리는 친구와 함께하는 많은 시간을 개인적으로도, 정치적 시각에서도 포기해서는 안 된다. 조금 과장해서 말하자면 이러한 시간은 생존에 매우 중요하다.

자유 시간 모니터의 조사에서 사람들이 더 자주 하고 싶어 한 활동들은 분명 이런 활동이 사회적으로 바람직하다고 여겨지기 때문이기도 할 것이다. 하지만 우리가 인터넷 사용 및 미디어 소비와는 극명한 대조를 이루는 즉흥적이고 자발적인 활동, 숙면, 자연과의 접촉 및 사회적 접촉을 갈망한다는 사실은, 가능하기만 하다면 자유 시간을 다르게 구성할 것임을 암시한다. 자유 시간이 남는 시간 그 이상이 되려면 우리는 자유 시간 속에서 시간 주권을 경험해야 한다. 즉 자유 시간을 다양한 방식으로 사용할 수 있어야 하고, 가능한 한 자주 개인적 소망을 자유 시간 속에서 표현할 수 있어야 한다.

사람들이 즉흥적인 활동을 하고 싶어 하는 것은 우리가 자유 시간마저 종종 일정으로 계획해야 하는 제약으로 경험한다는 사실을 보여준다. 우리는 계획되지 않은 것에 대한 갈망을 가지고 있다. 시사평론가이자 작가인 바버라 지히터만(Barbara Sichtermann)은 '우연적이고 예상치 못한 일'을 '우여곡절(Wechselfälle)'이라고 부른다. 즉 우여곡절이란 "원하든 원하지 않든 간에 삶의 불연속성, 주름, 곡선, 균열을 인식하고 받아들일 수 있는 (사건) 차원이 삶에서 재현되는 것"[65]을 말한다. 일상이 단조로울 때 우리는 무언가 부족하다는 느낌을 받는다. 생각을 자극하는 일상의 작은 모험들을 통해 우리는 창의적인 해결책이나 협력이 필요한 새로운 것 또는 새로운 사람들을 알게 된다. 사람들은 여러 다른 속성의 자유 시간이 존재한다는 사실, 자유 시간에 더 많은 즐거움과 유대감, 우리가 후일에 기억할 수 있는 순간들이 존재할 수 있다는 사실을 무의식적으로 깨닫고 있는 것 같다. 우리는 이러한 형태의 자유 시간을 경험할 수 있다는 것을 알면서도 놓치고 있다.

성인에게도 필요한 놀이 시간

여러분은 시간 가는 줄 모르고 몰입한 적이 있는가? 있다면, 마지막으로 이를 경험한 건 언제였는가? 그리고 그런 경험은 무엇을 의미할까? 우리가 시간을 인식하고 있을 때, 다시 말해 어떤 일의 지속 시간을 추정할 수 있을 때 우리는 시간과 상관없는 일을 할 때와 다르게 행동한다. 어떤 상황이 유한하다는 인식은 내적으로 한계를 설정한다. 불쾌한 사건의 경우에는 이러한 한계 설정이 도움이 된다. 불쾌한 상황이 끝날 것이라는 사실이 안도감을 주고 마음을 진정시켜주기 때문이다. 미세한 문신 바늘의 아픔을 견딜 수 있는 이유는 문신이 피부에 새겨진 후에는 통증이 가라앉는다는 것을 알고 있기 때문이다. 반면, 기분 좋은 손길은 더 오래 지속되기를 바라며, 이러한 느낌이 곧 끝날 것이라는 아쉬운 생각을 미리부터 하게 된다. 시간을 잊으려면 일단 그 경험이 몇 분 이상 지속되어야 한다.

시간을 잊을 때 우리는 홀가분함, 자유로움, 해방감을 느낀다. 그 순간, 경험 자체에 집중하게 되고 이 순간이 제한되어 있다는 사실은 중요하지 않게 된다. 우리는 보통 더 많은 시간을 갈망하지만, 시간이 흘러가는 걸 느끼지 못할 때 비로소 풍성한 시간, 무제한적인 시간을 경험한다. 시간을 잊는 순간, 즉 우리가 만든 인위적인 시계상의 시간이라는 한계를 느끼지 못할 때, 비로소 시간과의 자연스러운 관계가 생겨난다. 이 상태를 몰입이라고 표현하며, 이 상태에서 우리는 내면의 경험과 감정에 집중하며 외적인 것, 이성적인 것을 비롯한 많은 생각이 어느 정도 사라진다. 바로 놀이를 하는 순간 그렇다.

아이들은 자발적으로 놀이를 시작하고 무언가를 발견하고 상호작용하는 것에서 즐거움을 느낀다. 그런데 아이들이 부모로부터 인정을 받으려고 어떤 활동을 하게 되면 순수한 놀이에서 멀어지게 된다.

순수하게 자유로운 놀이는 내적 동기에서 비롯된다. 자기 시간을 도구적으로만 사용하지 않는다면 우리는 모두 나이에 상관없이 놀 수 있다. 놀이는 놀이 그 자체 외에 다른 목적이 필요하지 않다. 놀이를 하면서 시간을 잊는다는 것은 자유롭다는 뜻이다. 이러한 놀이 시간 개념은 시간을 효율적으로 사용하고 미래의 무언가를 추구하는 활동만을 해야 한다는 지배적인 문화의 계명과 어긋난다.

독일계 미국인 심리학자 존 뉴링거는 이러한 상태를 '순수 여가(Pure Leisure)'라고 부르며, '자신과 자신이 하는 일에서 평화로운 마음의 상태'[66]라고 정의했다. 다시 말해 우리는 '무엇을 하느냐'가 아닌 '무엇을 느끼느냐'로 자유를 인식한다. 뉴링거에 따르면 사람마다 '느끼는 자유'의 정도가 다른데, 그 정도에 따라 시간을 경험하는 차원도 달라진다.[67] 순수한 자유 시간은 타인의 기대에서 자유롭고, 어떤 행동을 통해 달성하려는 목표나 사회적 규범과 같은 강요에서 자유로울 때 생긴다는 것이다.[68] 또한 자신의 활동을 두고 다른 사람들이 어떻게 생각할지 내적으로 완전히 자유로울 때, 그리고 단순히 자신이 지금 하고 있는 그 활동을 의식적으로 경험하는 것 외에 다른 목적이 없을 때 순수한 자유 시간은 생겨난다.

이러한 정의에 따르면 어떤 활동을 할 때 만족감이 그 활동 자체에서 발생하는 것이 아니라 그 결과에서 비롯된다면 그 순간은 순수한 자유 시간이 아니다. 뉴링거는 우리가 건강을 위해서 하는 운동과 좋은 기분을 느끼기 위해서 하는 운동을 예로 들었다. 하기 싫은 마음을 극복하고 억지로 하는 운동은 자유의 강도가 낮은 편이다.

반면 정말로 자유롭게 선택한 경우라면 운동을 통해 어떤 효과를 얻는지는 중요하지 않으며, 그야말로 운동을 하며 느끼는 즐거움 때문에 운동을 할 것이다. 운동을 해야만 한다고 요구하는 사회적 규범은 타율적인 결정과 다를 바 없다. 자유롭지 못한 자유 시간의 또 다른 예로는, 오로지 다음 모임에 초대받지 못할까 봐 두려운 마음 때문에 모임에 나가는 경우다. 또는 발코니에 꽃을 심는 이웃을 보고 따라 하는 경우도 그렇다. 뉴링거는 보상이 주로 외적으로 경험되는 활동은 '직업'처럼 느껴져서 자유 시간의 특성을 잃게 된다고 말한다.

무언가를 '재미 삼아' 한다는 표현을 떠올린다면 존 뉴링거가 말하는 '순수 여가'의 의미가 무엇인지 보다 쉽게 이해할 수 있다. 재미 삼아 하는 활동의 목적은 단지 재미, 즉 즐거움이다. 이러한 활동을 하면 주변의 모든 것을 잊을 수 있다. 이와 같은 활동은 다른 사람에게 말할 필요도 없고 어떤 목표를 추구하는 것도 아니며 대가나 보상이 주어지는 것도, 미래를 위해서 필요한 것도 아니다. 그 자체로 가치가 있는 것이다. 이러한 의미에서 보면 순수 여가 시간에 하는 일은 시간을 초월한 일이다.

여러분은 시간을 초월한 활동을 경험한 적 있는가? 다른 목적 없이 순수한 즐거움과 관련된 무언가를 곧바로 떠올릴 수 있는가? 나 역시 어떤 목표도 추구하지 않는 여가 활동을 떠올리기 위해 한참 동안 생각해야 했다. 실은 지금껏 내가 즐긴다고 생각해온 아주 많은 활동이 그 자체만을 위해서 하는 것이 아님을 깨닫고 깜짝 놀랐다. 이를테면 내가 달리기를 좋아하는 이유는 달리기 자체가 좋아서

만은 아니다. 또 나는 책 읽는 것을 좋아하지만, 사람들과 함께 대화하거나 더 똑똑해지고 싶어서 책을 읽기도 한다. 해변에 앉아 파도를 바라보고, 물속에 돌을 던지고, 조개를 줍는 시간이 정말 소중하고 마법 같은 이유는 이 시간에는 아무것도 하지 않고 있을 수 있기 때문이다. 어쩌면 그래서 내가 바다를 자주 그리워하는 것이 아닐까.

30대 중반에 사회와 가족이 여성의 자유 시간에 얼마나 큰 영향을 끼치는지에 대한 내용을 읽었을 때, 내게 각인된 생각이 어디에서 비롯되었는지, 내 딸이 자기 시간을 자유롭게 사용할 수 있도록 엄마로서 내게 어떤 책임이 있는지 어렴풋이 깨달았다. 사회학자 제니 쇼에 따르면, 청소년기에 대부분 성별에 따른 사회화를 경험하며, 소녀로 길러진 아동은 자기 착취와 시간 스트레스를 '의무적인 규범'으로 내면화한다.[69] 즉 여자아이는 다른 사람을 위하는 것을 여성 역할의 일부로 여기고, 이러한 '여성다움'을 가능한 한 충실하게 이행하기 위해 자신의 욕구를 위한 시간을 허용하지 않는다. 시간 연구자 샬린 S. 섀넌(Charlene S. Shannon)과 수잔 M. 쇼(Susan M. Shaw)는 딸들이 주로 어머니로부터 자유 시간에 어떤 행동을 하는지 배운다는 사실을 보여주었다. 그들은 다음과 같이 이야기한다. "개인적인 자유 시간을 갖지 않는 어머니들의 악순환을 끊는 것은 매우 어려운 일이다."[70] 따라서 여자아이들은 다른 사람들만큼의 많은 자유 시간이 자신에게 주어져 있음을 일찍부터 배우는 것이 좋다. 특히 어머니들이 자녀를 정기적으로 다른 사람에게 맡기고 순수한 자유 시간을 보내고, 그 이후 무엇을 하며 즐거움과 자유를 느꼈는지 자녀와 이야기하는 활동을 할 필요가 있다. 예를 들어 작가 알렉산 드라 지쿠노프(Alexandra Zykunov)는 주말에는 서로 각자의 시간을 갖기로 남편과 합의했다.[71] 이렇게 두 사람은 정기적으로 오롯이 자기만을 위한 시간을 갖는다. 한부모도 이러한 작은 자유 시간을 가질 수 있도록 방법을 찾아야 하지 않을까?

경험에 비추어 볼 때, 오랜 기간 자기 시간을 거의 갖지 못하다가 갑자기 많은 시간을 갖게 되면 처음에는 부담스러울 수 있다. 성인이 되어서 오랫동안 일상생활에 여유가 없었다면, 자신이 어떤 활동에서 순수한 여유를 느끼는지 즉각 알지 못할 것이다. 이는 지극히 정상적이다. 많은 사람들이 자유 시간을 단순히 일에서 벗어나 휴식을 취하는 것과 혼동하기도 하고, 자신에게 물질적 보상을 주는 것으로 대체하기도 한다(이를 가리켜 좌절 쇼핑(Frustshoppen)이라고 한다). 캐서린 프라이스는 『파워 오브 펀』에서 자신의 여가 취향을 재발견하거나 새롭게 찾기 위한 몇 가지 방법을 제시한다. 우선 '고요함과 열린 마음'을 일상생활로 흡수시켜 새로운 것을 시도한다. 그리고 어떤 활동에서 '장난기, 유대감, 몰입'을 경험하는지를 살피면 된다.[72] 프라이스에 따르면 장기적 행복을 향상하는 '진정한 기쁨'을 느끼려면 이 세 가지 측면이 함께 작용해야 한다.[73] 그녀의 가족은 새로운 경험을 위한 정신적 여유를 마련하기 위해 일정 시간을 정해서 스마트폰 없이 생활한다. 이를테면 남편과 함께 금요일부터 토요일 저녁까지를 '디지털 안식일'로 정하고 디지털 기기를 사용하지 않는 것이다.[74] 프라이스에 따르면 디지털 기기에 대한 신경증적인 집

착은 대체로 토요일 정오 무렵에 멈추면서 일종의 안도감으로 바뀌는데, 이를 육체적으로 느낄 수 있을 정도라고 한다. 그녀는 "오후가 되면 우리는 화면을 더 이상 켜고 싶지 않다고 생각할 정도로 자유를 느낀다"라고 이야기한다.

존 뉴링거는 여가 활동을 통해 얻는 만족감이 어떤 목표를 추구해야 한다는 생각에서 비롯된 것이라면 여가 활동이 직업 활동과 비슷하게 느껴질 수 있다고 지적했다.[75] 얼핏 보면 휴식 및 오락과 연관된 활동들, 이를테면 드라마 시청과 같은 활동도 그러한 직업적 성격을 띨 수 있다. 특히 교육 수준이 높은 사람들은 자신의 미디어 소비를 정당화하기 위해 유용성을 내세우기도 한다. 새로운 시리즈물이나 전 세계 뉴스에 대해 아는 것을 문화적, 정치적 평생 교육으로 생각하며, 또래 집단이나 업계에서의 대화에 동참하기 위해 반드시 필요하다고 여기는 것이다. 말하자면 사람들이 팟캐스트를 듣는 이유는 해당 주제에 정말로 관심이 있어서가 아니라 팟캐스트에서 제공하는 지식을 모르면 대화에 동참할 수 없다고 생각하기 때문일 수도 있다. 이처럼 우리는 부분적으로 자유 시간에도 사회적 지위에 신경 쓰는 일을 한다. 그렇게 되면 얕은 오락은 순수하게 즐기는 것이라기보다 '길티 플레저(Guilty Pleasure)', 즉 죄책감이 드는 즐거움으로 느껴진다. 사회적 규범을 따르기 위해, 혹은 업무를 위해 미디어 소비를 한다면 그러한 활동은 자율적이라고 할 수 있을까? 미디어 시청이 '해야 할 일' 중 하나가 된다면, 이걸 보는 시간은 자유 시간이라 할 수 있을까?

238

이처럼 일부 사람들이 미디어를 소비하는 방식을 보면 우리가 시간을 '오로지 목적 달성을 위한 수단으로만' 사용하는 자원으로 간주한다는 것을 알 수 있다.[76] 우리는 자유 시간에도 우리 문화에서 바람직한 것으로 여겨지는 목표를 달성해야 한다. 이러한 식으로 (우리 자신에 대한) '일'은 우리 시간에서 점점 더 많은 부분을 차지한다. 퇴근 후에 업무용 이메일을 작성하거나 직업상의 인맥을 관리하는 것만이 일이 아니다. 일의 경계가 사라지는 것은 우리가 자기 시간을 희생하면서까지 끊임없이 자신을 위해 일하고 있다는 것을 의미한다. 작가 앤 헬렌 피터슨은 '자기 최적화'를 위해 자유 시간을 구성하는 것을 또 다른 형태의 '무급 노동'이라고 부르며, 이것이 일부 사람들이 자유 시간을 '너무 지치고 너무 불만족스럽고 좌절할 정도로 너무 피곤하다'고 느끼는 이유라고 설명한다.[77]

업무 시간과 자유 시간의 경계가 흐릿해지는 현상을 오늘날 '워크 라이프 블렌딩(Work-Life Blending)'이라고 부르는데, 이는 무엇보다 디지털화, 구체적으로 말하자면 장소와 시간에 구애받지 않고 계속 일할 수 있는 이동성과 유연성에서 기인한다. 그러나 업무에서 벗어나 휴식하고 업무를 재개할 수 있도록 자유 시간에 원기를 회복하는 활동은 반드시 필요하다. 지금까지 우리의 모든 시대에서 일과 휴식은 언제나 밀접하게 연결되어 있었다. 다시 말해 근무 시간은 그 내용과 강도, 그리고 우리가 일을 통해 소속감과 인정, 자율성을 경험하는 방식을 통해 나머지 시간에 영향을 준다는 것이다.

인류학자 제임스 수즈먼(James Suzman)은 『일의 역사』에서 정원

가꾸기나 낚시와 같은 오늘날의 많은 여가 활동이 '우리가 과거에 보수를 받고 했거나 오늘날에도 보수를 받고 하는 일의 다양한 변형'임을 관찰했다고 말한다. 이러한 활동은 과거 인간의 진화 과정에서는 필요했지만, 현대의 직업 세계에서는 불필요해진 육체적, 정신적 기술을 단련하는 활동이라는 것이다.[78] 수즈먼은 이러한 취미 활동에 '자율적인 일'을 향한 갈망[79]이 내재되어 있으며, 이러한 갈망이 본업인 직업 활동을 마친 후 휴식을 취하고 싶은 욕구를 밀쳐낸다고 본다.

사람들이 직장에서 자율적이고 의미 있는 행동을 하지 못하기 때문에 이를 자유 시간에 만회하려 한다는 수즈먼의 논제가 옳다면, 이는 직업 활동에 쓰는 시간과 실제 자유 시간이 더욱 밀접하게 얽혀 있음을 보여준다. 직장에서 자신의 행위에 대한 요구가 충족되지 못하면 그 행동은 사적인 시간으로 옮겨진다. 즉 직장에서의 업무가 만족스럽지 않거나 무의미하다고 느껴지면 자유 시간에도 계속 일하게 된다. 우리는 '불쉿 잡(Bullshit Jobs)', 즉 쓸모없는 일을 하고 싶지 않아 한다. 지금은 고인이 된 인류학 교수 데이비드 그레이버(David Graeber)는 『불쉿 잡』에서 "할 필요가 없다고 은밀히 믿는 일, 단순히 시간과 돈을 낭비하는 일, 또는 세상을 오히려 더 나쁘게 만드는 일"을 '불쉿 잡'이라고 불렀다.[80] 그는 사람들이 자유 시간에 무엇을 하는지를 보면 그들이 직장 업무의 내용과 설계에 더 많은 영향력을 갖기 위해 어떻게 일하고 싶은지를 알 수 있다고 보았다. 따라서 업무에 대한 자율성이 높아지면 우리의 자유 시간도 더 자유로워질 수 있다.

진정한 자유 시간이 많아지면
지금까지 부족한 시간으로 인해 알 수 없었던
나의 자아를 탐색하고, 온전한 나를 알 수 있게 될 것이다.
자유롭게 사용할 수 있는 시간이 충분하지 않으면
우리는 나 자신이 누구인지 결코 알 수 없다.

진짜 자유 시간

여가 시간과 휴식 시간을 갖는 것은 세계 인권 선언 제24조에 명시된 인권이다. 하지만 일에 매여 있는 사람들, 특히 다른 사람을 돌봐야 하는 사람들은 대부분 자유 시간이 거의 없다. 시간 연구에서 자유 시간으로 측정되는 시간 대부분은 결코 자유롭게 사용할 수 있는 시간이 아니며, 나아가 자유 시간으로 느껴지지도 않는 경우가 많다. 진정한 자유 시간의 핵심은 우리가 그 시간을 자유 시간으로 느껴야 한다는 것이다. 우리는 자신에게 의미 있는 일을 할 수 있는 정도까지만 자유롭다.

오늘날 많은 사람이 느끼는 시간 압박이 지나치게 높은 기대치와 잘못된 시간 관리에서 비롯된다는 주장은, 사람들로 하여금 올바른 자기 인식을 가로막고 자신을 의심하도록 한다. 피로와 시간 부족은 개인적인 실패가 아니며, 올바른 수단만 찾는다면 해결할 수 있는 문제다. 직업 활동과 필수적인 활동, 스스로 구성하는 시간 사이의 균형을 맞추기란 오늘날의 성인 대부분에게 달성하기 어려운 일이다. 더 일찍 일어나는 것도, 더 철저하게 자기 관리를 하는 것도, 주어진 시간에 만족하는 것도 시간 부족을 해결하는 효과적인 수단이 될 수 없다. 그보다는 시간 부족을 눈 가리고 아웅 하는 식으로 다루지 않고, 문제의 근원을 캐는 포괄적인 정치적, 사회적 변화가 필요하다. 이를 위해서는 자유 시간을 충분히 자기 주도적으로 구성할 수 있는 권리가 정치적 의제가 되어야 한다.

왜 그렇게 많은 사람이 시간에 쫓긴다는 느낌을 받는지 이해하기 위해서는 시간 연구가 단순히 정량적인 조사를 넘어 사람들이 하루에 얼마나 **사회적으로 가치 있는 시간**을 보내는지, **순수 자유 시간**을 얼마나 갖는지를 측정해야 한다. 관계를 위한 시간과 자기 계발을 위한 시간과 우리의 의무가 진정한 균형을 이룰 수 있을까? 시간 분배에 대한 학문적 담론에는 1장에서 언급한 **시간 풍요**라는 개념이 있다. 앞에서 설명한 것처럼 위르겐 린더슈파허의 정의에 따르면 시간 풍요는 다음의 네 가지 요소로 구성되어 있다. 즉 자신의 욕구를 위한 충분한 시간을 갖는 것, 다른 사람들과 함께 시간을 보낼 수 있는 것(이는 주말과 같은 공통의 자유 시간을 통해 보장된다), 자기 시간에 대해 최대한 높은 수준의 자율성을 갖는 것, 특히 업무 활동과 관련하여 서두르지 않고 일할 수 있도록 가능한 한 여유로운 시간을 갖는 것이다.[81]

인간이 존엄하게 살 수 있는 최저 생계비처럼 **최저 생계 시간**을 책정하는 것도 방법이 될 수 있다. 법학자이자 정치학자인 울리히 뮈켄베르거는 이 아이디어에 대해 다음과 같이 설명한다. "최저 생계 시간이란 무엇이며, 이를 정확히 측정해낼 수 있다면 '자기 시간에 대한 권리'를 실현하는 데 지금보다 좀 더 가까워질 것이다."[82] 뮈켄베르거는 좋은 삶을 위해 필요한 최소한의 자유 시간을 측정할 수 있다면 시간 빈곤도 보다 정확하게 정의할 수 있으리라고 본다. 이는 시간 빈곤을 줄이기 위한 정치적 구상을 개발하는 데 도움이 될 것이다.

그러나 최저 생계 시간을 책정하는 것은 최저 생계비를 계산하는 것보다 훨씬 더 복잡하다. 우선 의식주와 같은 물질적 필요를 정량화하기가 더 쉽다(사회 참여에 관해서는 문제가 더 어려워지지만, 이는 별개의 주제). 또한 의식주가 살아가는 데 반드시 필요하다는 사실은 반박할 수가 없다. 이를 보장하지 않으면 사람들이 굶어 죽거나 얼어 죽을 것이 명백하니 말이다. 반면에 시간은 최소한 얼마만큼이 필요한지 구체화하기 힘들고, 덜 필수적인 것처럼 보인다. 물론 여기에는 수면이나 스스로 돌볼 수 없는 사람을 보살피는 것과 같이 생존에 필요한 부분이 포함되기는 한다. 하지만 대화나 산책, 놀이, 성에 대한 욕구는 음식에 비하면 포기할 수 있는 사회적 욕구로 여겨진다. 또한, 자유 시간은 양으로만 측정할 수 있는 것이 아니라 매우 질적인 경험이기 때문에, 분 단위로 제시되는 최소 생계 시간은 시간 정의를 바로 세우는 데 최소한의 조건이 될 수 있을 뿐이다.

시간과 돈의 차이점을 살펴보면 좀 더 명확히 이해할 수 있다. 돈은 분배할 수 있다. 이를테면 최저임금 인상, 기본소득 도입, 세율 변경 등을 통해 경제적 불평등을 줄일 수 있다. 그러나 시간의 경우에는 국가가 예산을 집행해 국민에게 추가 시간을 줄 수도 없고, 시간 빈곤을 줄이기 위해 부채를 떠맡을 수도 없다. 하지만, 사람들이 자기 마음대로 자유롭게 사용할 수 있는 시간이 더 많아짐으로써 나타날 사회적 변화는 빈곤층을 위한 재정 지원보다 훨씬 더 빠르고 강하게, 그리고 우리 모두가 체감할 수 있을 것이다. 하지만 이는 쉬운 일은 아니다. 아이를 홀로 키우는 어머니의 시간 빈곤은 다른 사람이 시간을 들여 그녀의 의무를 대신할 때에만 완화될 수 있다. 또한,

성별 여가 격차를 줄이는 것은 남성에게는 쉽지 않을 것이다. 이는 시간 풍요를 증진하는 것이 지금까지 국가 목표가 되지 못했던 이유이며, 성장 지향적 정치가 더 많은 사람의 더 많은 자유 시간에 대한 권리를 등한시한 이유이기도 하다. 자율적 행동을 위한 자유로운 시간은 다른 영역에서 가져와야 한다. 시간 정의를 실현한다는 것은 급진적인 재분배 정책을 한다는 것을 의미한다.

일반적으로 생존을 걱정할 필요가 없는 상태를 '물질적 풍요'로 이해한다. 이러한 생각에 따르면 돈은 안전을 위해 필요한 것이다. 더 나아가 우리는 소비를 통해 자신의 존재를 드러내기도 한다. 이와 마찬가지로 나는 시간 풍요라는 개념을 일반적인 정의보다 더 넓게 이해하여, 정체성 표현을 위해 필요한 시간을 여기에 포함하고자 한다. 시간 풍요를 단순히 '삶의 다양한 영역에서 더 많은 자유를 누리고, 자신의 욕구를 위한 시간'이라고 특징 짓는다면, 더 많은 시간을 자유롭게 사용할 수 있게 해달라는 요구는 정치적으로 큰 설득력을 얻지 못할 것이다. 자유로운 행동은 일반적으로 좋은 것이라고 여겨지지만 절대적으로 필요한 것은 아니기 때문이다. 또한, '자신의 욕구'를 이야기하는 지점은 무엇이 정당한 욕구인가에 대해서 충분한 합의가 내려져 있지 않으므로 쉽게 공격받을 수 있다. 자유 시간이 많을수록 사람들의 만족도가 높아진다는 주장 역시 생활 수준이 높은 국가에서는 그렇게 설득력이 있지는 않다. 만족은 '그럭저럭 괜찮다'에서 '정말 좋다'에 이르는 광범위한 감정 스펙트럼을 포함한다. '지속적 행복' 역시 목표가 될 수 없는데, 우리에게는 행복뿐만이 아니라 모든 감정이 필요하기 때문이다. 이스라엘의 사회학자 에바 일루즈(Eva Illouz)는 행복에 강박을 느끼도록 하는 '해피크라시(Happycracy)'를 자본주의 사회에서의 성과 압박의 또 다른 형태라고 적절히 설명한 바 있다.[83]

영어 동사 중에 '잘되다', '번영하다', '번성하다'라는 뜻의 'thrive'라는 단어를 이용해 시간 풍요를 이해하면 어떨까? 경제학자 케이트 레이워스(Kate Raworth)는 인간의 번영을 현대 경제의 첫 번째 과제로 둘 것을 제안한다. "오늘날 우리 경제 시스템은 우리 인간이 그 안에서 번영하든 그렇지 않든 성장만을 추구한다. 하지만 우리에게, 특히 부유한 나라에서 필요한 건 경제 성장 여부와 관계없이 우리가 '번영'하는 경제 시스템이다."[84]

여기에서 '번영한다'는 말을 개인의 발전으로 이해할 수 있다. 이는 주로 직업 세계에서 이룩할 수 있는 것으로 여겨진다. 그러나 개인의 이익, 존중, 사회적 포용, 유급 노동이 동시에 주어지는 것은 극소수의 사람들만이 누릴 수 있는 특권이다. 그렇기 때문에 개인적으로 발전하고 공동체의 일원이 될 수 있는 비슷한 정도의 자유가 모두에게 주어져야 한다.

시간이 본질적으로 가치를 갖는 이유는 우리가 시간을 자유롭게 사용함으로써 자신을 발전시킬 수 있기 때문이다. 사람들이 자기 시간에 대한 주권을 충분히 가져야만 자신이 노동자와 돌봄 담당자 이상의 존재라는 사실을 보여줄 수 있고, 또 스스로 이를 이해할 수 있다. 우리가 번성하고 번영한다는 것은 다채로운 이 세상에서 우리 시간을 다양하고 충만하게 경험할 수 있다는 것을 의미한다. 진정한 자유 시간이 많아진다면 지금까지 부족한 시간으로 인해 알 수 없었던 나의 자아를 탐색하고, 온전한 나를 알 수 있게 될 것이다. 또한 '우리가 온전한 인간으로서 살고, 사랑하고, 죽을 수 있는 세상'을 만들 수 있을 것이다.[85] 자유롭게 사용할 수 있는 시간이 충분하지 않으면 우리는 나 자신이 누구인지 결코 알 수 없다.

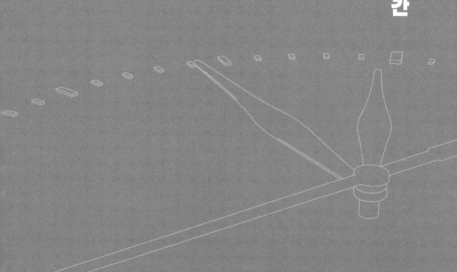

5

어린이의 시간, 미래의 시간

아동이라는 사회적 집단을 포함하지 않고
사회를 연구하는 것은 사회 현실의 일부를 누락시키는 것이다.

-라우라 베어(Laura Wehr)[1]

아이를 낳기에 적합한 시기

우리는 아이가 태어나기도 전에 자신이 부모가 되고 싶은지, 그렇다면 언제 부모가 되고 싶은지 고민한다. 아이를 가질 적절한 시기는 언제인지, 아이를 돌보기에는 너무 늦은 것은 아닌지를 생각하고 또 생각한다. 자녀를 갖는다면, 지금까지 우리가 시간을 사용하는 방식에 아이가 어떤 영향을 끼칠지 거듭 고민한다.

자녀를 원하는 많은 사람에게 여전히 가장 간단한 해결책은 자신이 직접 아이를 갖는 것이다. 그렇지만 여성은 자신의 난자로 임신할 수 있는 시기가 한정되어 있기 때문에 조기에 계획을 세워 시간적인 문제를 해결해야 한다. 이러한 신체적 한계뿐만 아니라 부모가 되는 적정한 시기에 대한 문화적 규범도 자녀를 갖거나 갖지 않는 결정에 영향을 끼친다.

흥미로운 사실은, 거의 모든 시기에 하필이면 왜 지금 아이를 가지려고 하느냐는 질문을 듣게 된다는 것이다. 왜 직업 교육을 받기 직전에? 왜 대학 졸업 직후에? 왜 승진을 앞두고? 결혼한 지 아직 5년도 안 되었는데? 첫째를 낳은 지 7년밖에 안 되었는데? 기후 위기가 한창인 지금? 하지만, 인간의 삶은 너무 방대하고 예측할 수 없으므로 아이를 낳기에 이상적인 시기라는 건 애초에 존재하지 않을 것이다.

첫 아이를 맞이하는 평균 연령은 전 세계적으로 꾸준히 높아지고 있다. 오늘날 아이를 계획하는 사람들은 이전 세대에 비해 자신과 상대에게 결정을 내릴 시간을 더 많이 주고, 확신이 설 때까지 더 오랜 시간이 필요하며, 해야 할 일과 경험할 것이 더 많다고 생각한다. 한편, 나이가 들면서 생식 능력이 감소하여, 이상적인 배우자를 찾지 못해서 등의 이유로 아이를 갖고 싶어도 갖지 못하는 경우도 있다. 첫 아이를 낳은 후 상대와 관계가 깨지거나, 그 이후에 더 이상 기회가 생기지 않거나, 아이를 더 낳기에는 적합하지 않은 상황이 되어 원했던 것보다 적은 수의 자녀를 갖는 사람들도 있다. 독일의 경우 여성은(터키나 폴란드 등 이주 여성을 포함하여)[2] 자신의 현재 자녀 수보다 더 많은 자녀를 원하며,[3] 남성보다 더 많은 자녀를 원한다는 통계가 있다.[4]

생식 의학의 발전은 난자 동결 보존이나 난자 기증(독일에서는 허용되지 않음)에 비용을 지불할 수 있는 모든 사람에게 부모가 될 수 있는 기간을 확장하는 기회를 제공했다. 하지만 이 기술들이 자녀를 완전히 보장하지는 않는다. 독일에 거주하는 부부 중 절반 이상이 여러 문제로 임신을 위한 의학적 도움을 받지만, 성공하지 못하는 경우도 많다.[5] 생물학적으로 여성은 35세가 넘어가면 임신 확률이 급격히 감소하며,[6] 이는 난자를 냉동 보관한 사람들에게도 해당된다. 연구에 따르면 난자를 동결한 뒤 아이를 갖지 않는 사람들도 있는데, 이는 경력상의 이유보다는 적절한 파트너를 찾지 못했기 때문이라고 한다.[7] 이는 아이를 갖는 적절한 시기가 다른 사람과의 관계에 따라 결정되는 경우가 있음을 보여준다. 또한, 많은 남성은 여성과 달리 자신의 임금으로 가족을 부양할 수 있을 때 비로소 자녀를 가질 준비가 되었다고 느낀다.[8]

반면에 소수이기는 하지만 파트너 없이 '선택에 의한 독신 부모 (Single Parent by Choice)'로서 자녀를 출산하거나 입양하기로 결정하는 사람들도 늘고 있다.[9] 혼자서 아이를 돌보겠다는 결정은 자신의 삶에 대한 통제권, 부모가 되는 시기에 대한 통제권을 되찾게 해주며, 홀로 아이를 가질 수 있는 가능성을 부여한다. 현재 의도적으로 한부모가 되고자 하는 사람들은 주로 여성이다. 이들은 스스로 혼자 엄마가 되기로 결심함으로써 세속적인 가부장제의 족쇄를 깬다. 가부장적 사고방식에서는 이성애 여성이 아이를 가질 수 있는 적절한 시기가 남성의 존재와 가족을 꾸리겠다는 남성의 의지에 달려 있기 때문이다.

자녀를 가질 적절한 시기를 결정하는 것은 자녀를 가질 준비가 되었는지를 고려하는 것과는 다른 방식으로 접근할 수 있다. 작가 톰 스코카(Tom Scocca)는 '진정한 생물학적 시계(Real Biological Clock)'[10]를 부모가 된 후 이론적으로 자녀와 함께 보낼 수 있는 햇수로 설명했다. 스코카는 아이를 낳기에 적절한 시기를 찾기 위해 '내가 죽어갈 때쯤이면 아이들은 몇 살 무렵일까?'라는 어려운 질문을 던져볼 것을 제안한다.[11] 우리가 자녀의 삶에서 멀어지는 시기가 언제인지, 자녀의 삶의 어느 단계에 우리가 세상을 뜨게 될지 진지하게 생각해 보도록 하는 것이다. 이를 통해 우리는 가족과 사회의 가치에 대해 성찰할 수 있다. 우리는 어떤 요인을 통해 자녀와 관계를 맺는지에 대해, 자녀에게 물질적으로 무언가를 제공하는 부모의 역할에 대해 생각해 볼 수 있다. 예를 들어, 우리가 돈을 충분히 벌 때까지 기다리려고 하는 이유를 돌아보는 것이다. 자녀를 위해 많은 시간을 보내는 것이 나에게 중요한가? 자녀와 함께 보내게 될 그 시간은 내 인생의 어느 단계에 있는가? 나중에 내 자녀가 부모가 되면 나는 조부모가 되어 그들 곁에 있을 수 있을까? 자녀가 아직 대학을 다닐 때 내가 그들의 돌봄이 필요한 상황이 되지는 않을까? 등 다양한 문제를 고려할 수 있다.

톰 스코카는 자녀가 없는 삶보다는 가족을 구성해 오랜 세월을 함께 보내는 것이 더 가치 있다고 생각한다. 그는 아이들과 함께 살면 아이들이 자라는 것을 보면서 시간이 얼마나 빨리 지나가고 얼마나 많은 것이 변하는지 알 수 있고, 이를 통해 우리의 시간 감각을 점검할 수 있다고 이야기한다. 아직 가정을 꾸리지 않은 사람들이나 자녀를 원하지 않는 사람들은 돌봄 책임이 없는 시간을 포기하고 싶지 않은 개인적인 자유라고 표현하는 경우가 많다. 이는 우리가 왜 지금까지 다른 사람을 돌보는 것과 자유를 함께 생각하지 못했는지를 돌아보도록 하는 계기를 제공한다. 자녀가 없어야만 자유롭다면, 이는 무언가 단단히 잘못된 것이 아닐까?

가정 안에서 각 세대의 수명이 얼마나 겹치는지 살피는 것도 서로를 이해하는 데 중요한 요인이다. 가족과 친척은 우리를 다른 연령대의 일상적인 경험과 연결해주며, 그들을 통해 공감대를 형성할 수 있기 때문이다. 직장에서는 나이가 아주 많은 사람과 아주 젊은 사람이 얼마 없기 때문에 세대 간 접촉이 제한적이다. 조부모와 부모가 일찍 사망한 경우에는 노인과의 접촉이 부족하여 그들이 갖고 있는 격정이나 어려움, 소망에 대해 거의 알지 못할 수 있다. 이와 마찬가지로 자녀를 직접 키우거나 아이들과 함께 일하거나 보호자로서 아이들을 자주 보게 되면 아이들과의 유대감이 강해진다.

세대 간의 정기적인 만남은 다른 사회적 방식으로도 조직될 수 있지만, 현재로서는 주로 가족과 친척을 통해 이루어진다. 사람들은 가족 안에서는 다른 세대에 매우 큰 관심을 보이며, 자기 삶의 한 단면을 그들과 공유하는 것이 의미가 있다는 사실을 눈으로 확인할 수 있다. 우리보다 이 세상에서 더 오래 살아온 노인을 통해 우리는 추상적인 지식과는 다른 방식으로 과거와 연결된다. 우리는 그들을 통해 다른 시대에 대해 알게 된다. 반대로, 우리가 안고 다니는 아이는 우리가 경험하지 못할 미래를 살아가게 될 것이다. 아이들과 함께 시간을 보내는 사람들, 아이에게 관심을 가지는 사람들은 아이들이 살아갈 미래에 대한 책임을 외면하지 못할 것이다.

자녀를 낳음으로써 미래 세대에게 시간을 선사한다는 인식은 예전에 비해 오늘날에는 그다지 당연하지 않은 일이 되었다. 독일은 세계에서 자녀가 없는 인구의 비율이 가장 높은 국가 중 하나다. 물론 이 집단의 사람들이 사회의 가장 어린 구성원에 대해 얼마나 많이 알고 있으며, 아동과 청소년의 관심사를 얼마나 중요하게 생각하는지 단언할 수는 없다. 또한, 부모가 된다고 하여, 혹은 아이들과 함께 시간을 보내는 일을 한다고 해서 자동으로 아이들을 동등한 인간으로 보고 아이들을 위한 세상을 만들어 가는 것도 아니다.

나 역시 오랫동안 아이를 원하지 않는다고 확신했다. 그 이면에는 전통적인 성 역할에 대한 거부감과, 아이가 있으면 아무것도 할 수 없을 거라는 생각이 깔려 있었다. 나는 내 직업과 관심사에 온전히 집중하고 싶었다. 여성에게 아이를 갖겠다는 결정은 가족을 위해 대부분의 시간을 희생해야 하는 일이며, 이로 말미암아 자유를 잃게 되리라 생각했다.

우리는 인생의 여러 목표를 동시에 추구하며 살아가는 게 쉽지 않다는 걸 매번 확인한다. 이는 자녀를 갖고자 고민할 때 가장 무겁게 작용하는 측면일 것이다. 자녀가 있으면 어쩔 수 없이 내 시간의 일부를 할애해야 하고, 다른 관심사를 위한 시간을 충분히 갖지 못하게 된다. 지금 우리 사회에서 자녀 양육에 대한 책임을 진다는 것은 자신의 인생에서 엄청난 시간을 다른 사람에게 무료로 제공하는 것을 의미한다. 이러한 헌신을 대가로 무엇을 돌려받을지 모르는데도 말이다. 오히려 5년제 학위가 삶에 장기적으로 어떤 영향을 미칠지 상상하는 것이 훨씬 더 쉬울 것이다. 교육이나 훈련은 재정적 안정과 사회적 인정을 보장해준다. 반면에 부모가 되겠다는 결정은 예측할 수 없는 미래에 기꺼이 헌신하겠다는 의지를 전제로 한다. 우리는 자녀로 인해 우리 삶이 어떻게 변화할지 알 수 없다. 따라서 자녀를 갖겠다는 결정은 현명한 시간 사용에 대해 배워온 내용과 모순된다. 우리는 시간을 가치 있는 일에 의식적으로 사용하기를 원하며, 들인 시간이 가치 있기를 바란다. 자녀는 이러한 계산에 적합한 화폐라고 보기 어렵다.

부모가 되는 것은 한편으로는 순전히 개인의 결정이다. 그렇지만 한 국가에 얼마나 많은 젊은이가 살고 있느냐는 질문은 정치적으로나 사회적으로나 중요한 문제다. 미래 세대가 크게 줄어들지 않아야 사회보장제도나 경제, 노인 돌봄 등이 제대로 유지될 수 있기 때문이다. 독일 기본법에서는 가족을 사회를 구성하는 요소로 명시하고 이를 위한 특별한 보호 조항을 두고 있다. 마찬가지로 유럽연합 기본권 헌장에도 '가족을 꾸릴 권리'가 포함되어 있다. 따라서 사람들이 가정을 꾸리길 원하는데도 그러지 못하게 하는 장애 요인들을 파악하고 이를 제거하는 것이 정치적 과제가 되어야 할 것이다.

이러한 문제를 논의하는 과정에서 어쩔 수 없이 나치의 인구정책을 떠올리거나 단독 생계부양자와 주부라는 명확한 성 역할 구분과 다자녀를 독려하는 반페미니즘적 목표를 따른다는 비난을 받게 될 수도 있다. 그러나 이것이 민감하고 복합적인 문제라고 해서 자녀를 갖는 결정을 '개인의 문제'로 규정하고 이를 정치적으로 배제해서는 안 된다. 다양한 삶의 모델을 동등하게 인정하는 사회 정책에는 피임과 낙태에 대한 권리뿐만 아니라 자녀를 갖는 결정에 대한 지원도 포함된다. 수십 년에 걸친 저출산 현상을 개인이 스스로 내린 결정의 표현으로 해석하여 긍정적으로 여기는 건 한쪽 면만 보는 것이다. 이러한 해석은 돈이나 시간이 부족한 사람들 또는 동성애자나 장애인으로 차별을 받은 사람들, 아이를 (더 많이) 낳았으면 하는 아쉬움을 느끼는 사람들을 전혀 고려하지 않고 있다.

오늘날 가족 정책과 이에 대한 담론은 모순투성이다. 한편으로는 일과 가정의 '양립'을 위한 조치를 통해 사람들이 아이를 갖도록 장려한다. 하지만 다른 한편에는 계속 증가하는 저임금 또는 비정규직 일자리, 과도한 업무량 등 일과 가정의 양립이라는 목표와는 정반대로 보이는 직업 세계가 있다. 현대 사회는 우리에게 아이를 갖지 않기로 결정할 수 있는 자유와 부모가 되는 것을 상상할 수 있는 자유를 모두 부여했다. 하지만 우리가 가족을 꾸려나가는 방식과 일하는 (또는 일하고 싶은) 방식의 조화, 삶의 다양한 목적이 온전히 자유롭게 조화를 이루는 삶은 아직 요원해 보인다.

직업 세계의 일부로서 자녀

연방 정부의 가족 보고서에 따르면 아버지의 3분의 2, 어머니의 3분의 1은 자녀와 함께할 시간이 너무 적다고 생각한다. 보고서 저자들은 "자녀들도 대체로 부모만큼 이러한 시간 부족을 인지하고 있다"라고 밝혔다.[12] 그런데도 어떻게 하면 아이들에게 가족과 보내는 시간을 더 많이 제공할 수 있느냐는 질문은 정치적으로 중요하게 다루어지지 않고 있다. 그보다는 보육 시간, 즉 아이들이 가정 밖에서 보내는 시간을 확대하는 것에 집중했다. 이러한 가족 정책에는 소득 활동을 중심으로 돌아가는 우리 사회의 모습이 반영되어 있다. 오늘날 가족 정책의 핵심 주제는 무엇보다 일과 가정의 조화, 그리고 이와 관련하여 여성이 직업 세계에서 더 나은 기회를 얻을 수 있도록 하는 것이라고 볼 수 있다. 또한, 가족 정책은 성인의 필요에 최우선적으로 맞춰져 있으며, 자녀는 부모의 일상 구조를 따라야 한다. 아동과 청소년에게 사회에서의 독립적 지위를 부여하고 그들의 필요와 요구 사항을 동등하게 반영하는 정책은 거의 시행되지 않는다.

동화책『니나(Nina)』는 지배적인 시간 문화가 아이들에게 어떤 영향을 끼치는지 잘 보여준다. "여름방학이 되면 모든 것이 달라진다. 엄마, 아빠는 어디를 가느라 서두르지 않는다. 니나가 스스로 일어날 때까지 잠을 자도 아침마다 화를 내지 않는다."[13] 딸과 함께 이 구절을 처음 읽었을 때 우리에게 익숙한 상황이라 둘 다 웃음을 참지 못했다. 스웨덴의 작가 에미 구너(Emi Guner)가 이 책에서 표현한 내용, 즉 많은 아이들의 하루가 나쁜 기분이나 심지어 분노로 시작되고 아침 7시의 피곤함이 가족 간의 스트레스와 다툼으로 이어진다는 내용은, 우리가 시간을 다루는 방식, 특히 아이들의 시간을 다루는 우리의 기이한 방식에 대한 냉혹한 진단이다.

학교에 다니는 아이들을 깨우는 것은 좀 더 쉬울 수 있다. 성인의 관점으로 볼 때 이 무렵 아이들은 서서히 삶을 무겁게 받아들이고 삶의 불편함도 느끼는 시기이기 때문이다. 하지만 아주 어린 아이를 깊은 잠에서 깨워 어린이집에 데려가야 할 때는 마음속 커다란 저항을 느낄 수밖에 없다. 새근새근 숨을 쉬며 자는 아기 모습만큼 평화로운 광경은 거의 없다. 아기를 깨우고 싶기보다는 지켜주고 싶다는 생각이 들지 않을 수 없다. 잠을 충분히 자는 것은 쉽게 허락할 수 있고 그 자체로 비용이 들지 않는 기본 욕구지만, 어쩐지 우리의 시간 문화에서는 거의 불가능한 것처럼 보인다.

어른의 현재와 미래를 소중히 여기는 것과 마찬가지로
어린이의 현재와 미래에도 동일한 가치를 부여할 때,
비로소 시간 정의가 실현될 수 있다.

하지만 수면은 쉽게 포기할 수 있는 사치가 아니다. 신경과학자 매슈 워커(Matthew Walker)는『우리는 왜 잠을 자야 할까』에서 10대 청소년은 낮과 밤의 리듬이 성인과 1~3시간 정도 차이가 나기 때문에 아침 일찍 일어나는 것은 한밤중에 일어나는 것과 같다고 설명한다.[14] 워커에 따르면 청소년의 수면 요구량을 고려한 생활 리듬은 청소년의 학습 효과에 긍정적인 영향을 미칠 뿐만 아니라, 정신 건강에도 안정감을 준다. 또한, 렘수면 단계가 너무 짧으면 정신적 장애를 유발할 수도 있다. 워커는 수업을 아침 일찍 시작하는 데에는 실질적인 이유가 있다는 점을 인정하면서도 다음과 같이 지적한다. "데이터에서 단점이 명확하게 드러나는데도 구시대적이고 해로운 모델을 고수하는 건 바람직하지 않다고 생각한다."[15] 독일에서도 아동 및 청소년기의 충분한 수면과 건강, 능률 사이에 연관성이 있다는 사실을 고려하지 않고 있는데, 이는 우리 사회가 아동과 청소년의 생활보다는 성인의 삶을 우선적으로 생각하며, 가능한 한 현 상태에서 변하려 하지 않는 태도를 보여준다.

우리는 사회 모든 부분, 특히 보호가 필요하고 자신의 이익을 효과적으로 대변할 능력이 없거나 부족한 사람들의 다양한 요구와 생활 여건을 고려한 새로운 시간 문화를 개발하는 것을 목표로 삼아야 한다. 아동은 부모 및 보호자와 충분한 시간을 보낼 권리, 다른 어린이, 형제자매 및 친구와 함께 시간을 보낼 권리, 스스로 결정할 수 있는 자유 시간에 대한 권리를 보장받아야 한다. 다시 말해 우리는 아동과 청소년이 잘 발달할 수 있도록 그들의 시간적 요구를 반영하여 사회를 설계하고 정치적 주제로 삼아 논의해야 한다.

어린이에게 적합한 시간 문화

시간이 우리 사회를 어떻게 구조화하며 시간 배분을 통해 권력이 어떻게 표현되는지는 성인과 어린이 간의 시간적 관계에서, 특히 시간과 나이를 활용해 사회 질서를 만드는 방식에서 분명하게 드러난다. 성인과 아이가 어떤 형태로 같이 생활하는지와, 아동기의 중요성에 대한 사회적 평가와 미래의 시간을 대하는 정치적 방식이 어떠한지는 시간 문화를 들여다볼 수 있는 세 가지 핵심 측면이다. 일반적으로 정치, 사회적 문제에서는 생애 중반 지점의 사람들, 즉 중년층의 관심사를 고려한다. 이때, 아동과 노인의 일상을 사적 영역으로 밀어두는 것을 정당화하기 위해 다른 세대와 시간 문화상의 거리를 만든다. 세대 간의 이러한 인위적인 시간적 경계는 특히 아동이 자신의 생활 여건을 정치적으로 형성하는 데 능동적으로 참여하지 못하는 사회 설계로 이어진다. 어린이를 포용하지 않는 사회에서는 궁극적으로 어린이를 위한 실질적인 정책이 부족해진다. 이는 무엇보다 최근 몇 년간 독일에서 경제가 발전했음에도 아동 빈곤이 증가한 사실에서 잘 드러난다.[16] 오늘날 아동들은 그 어느 때보다 불안정한 사회 집단 속에서 시간을 보내고 있다. 하지만 아이들은 이러한 상황을 아무것도 바꾸지 못한다.

어린이의 권리를 보장하기 위해서는 어린이의 일상에서 어떤 종류의 돌봄과 놀 거리가 필요한지 살펴야 한다. 각 가정의 재정 상태는 아이의 삶에 큰 차이를 만들어낸다. 따라서 보호자가 자신의 자녀를 적절히 돌볼 수 있도록 지원하고 모든 가정에서 비슷한 수준으로 돌봄이 이루어지도록 하는 것이 가장 중요한 목표 중 하나가 되어야 한다. 빈곤을 겪는 성인은 종종 만성 스트레스에 시달리고[17] '부모로서 가족을 부양하기 위해 시간적, 사회적으로 큰 노력을 쏟아야 하기' 때문에 빈곤 가정의 아동은 부유한 가정의 아동보다 부모와 함께할 시간이 적다고 응답하는 경우가 아주 많다.[18] 또한 빈곤층 아동은 부유층 아동에 비해 평균적으로 친구가 적으며, '다른 아이들이 어떤 활동을 하고 있는 자유로운 오후 시간대나 방학 기간에 소외감과 지루함을 느끼는 것'을 가장 큰 고통으로 꼽았다.[19] 다양한 활동을 하면서 사회성을 기를 수 있는 충분한 시간은 아동에게 특히 중요하다. 아동이 이러한 시간을 통해 더 많은 것을 배우고 자신을 발전시키기 때문이다.

공공 보육 서비스는 아동 발달에 긍정적인 영향을 주며, 가정에서 배우지 못하는 다양한 능력을 아동에게 가르치기도 한다. 하지만 가정에서 아동의 기본 욕구를 충족할 수 있도록 재정적, 시간적으로 지원하는 걸 전문 보육 및 교육 서비스만으로 대신할 수는 없다. 예를 들어 장애 자녀를 둔 부모나 본인이 장애가 있는 부모는 가정생활을 꾸려나가기 위해 비관료적이고 신뢰할 수 있는 지원이 필요하다. 오늘날 독일 아동 5명 중 1명이 빈곤한 환경에서 자란다는 사실은 정치적으로도 용인될 수 없는 상황이다. 모든 아동에게는 안전하고 자신을 포용해준다고 느끼는 곳, 성장하고 발달할 수 있는 곳, 참여와 공동 결정을 배우고 경험할 수 있는 곳이 필요하다.

시간에 대한 아동의 권리는 보육 및 교육의 질적 측면에서도 가장 중요한 요소다. 아동에게 안정감을 주는 좋은 돌봄을 제공하기 위해서는 충분한 시간이 보장되어야 하기 때문이다. 노동자에게는 좋은 근무 조건을 보장하고 법적으로 자신을 보호할 수 있는 산업안전보건법이 있다. 하지만 아이들에겐 자신의 권리를 보호하고 보장받을 수단이 없다. 너무 적은 보육교사가 너무 많은 아이를 돌본다고 해서 어린아이들이 불평하는 소리를 들어본 적 있는가? 독일의 많은 지역에서 어린이집 부족 현상이 심각하기 때문에 부모들은 선호하는 교육 방식에 따라 어린이집을 선택하지 못하고 자리가 나는 곳이면 어디라도 보내야 하는 실정이다. 보육의 질이 좋지 않다고 해서 시설을 옮기는 것은 거의 불가능하다.

독일 보육 시설 4분의 3가량이 돌봄 직원 비율에 대한 EU 최소 요건을 준수하지 못하고 있다.[20] 유아 교육학에서 권장하는 것보다 교사 1인당 아동의 수가 훨씬 더 많은 실정이다. 유치원에 다니는 170만 명의 아동이 적절한 돌봄을 받지 못하고 있다. 독일 어린이집 관리협회(Deutscher Kitaleitungskongress)의 2020년 연구에 따르면, 거의 모든 어린이집에서 감독 의무를 보장하지 못할 정도로 직원 배치 수준이 매우 낮다.[21] 연구자들은 "아동에 대한 개별 지원은 상상조차 할 수 없다"라고 쓰고 있다. 특히 서독 지역에서 규정이 잘 지켜지지 않고 있다고 한다. 일부 전문가들은 돌봄 인력이 부족한 보육 기관의 상황을 두고 '아동 복지가 위험에 처한 상황'이라고 설명한다.[22] 정리하자면, 독일의 어린이집 수요는 매우 높은 데 반해 공급은 충분치 않고, 직원의 근무 조건은 열악하며, 아동은 적절한 돌봄을 받지 못하고 있다. 독일 청소년 연구소(Deutsches Jugendinstitut)의 2020년 아동 보육 보고서에 따르면, 부모가 자녀를 보육 기관에 맡길 때 가장 중요히 고려하는 부분은 '신뢰할 수 있는 보육'과 '(본인) 직업 활동의 가능 또는 확장'이었으며, 그다음으로 추가 학습 지원, 자녀의 더 많은 사회적 접촉, 오후 시간에 활동하고 싶은 자녀의 요구 등이 뒤따랐다.[23]

아동이 제대로 돌봄받지 못하는 현실을 개선하기 위해 부모가 적극적으로 나서지 못하는 이유는 무엇일까? 직접 나설 경우 직업 활동을 하지 못하기 때문이다. 그럼에도 일부 부모는 직접 아이를 돌보는 결정을 내린다. 베를린에 거주하는 작가 카롤리네 로잘레스(Caroline Rosales)는 보육 기관에서 좋지 못한 경험을 한 탓에 셋째를 어린이집에 보내지 않기로 결정했다고 말했다. "어린이집에서 아이를 제대로 관리하지 못할 것 같았어요. 보육 교사들이 아이를 돌보는 것이 아니라 데리고 있는 정도에 그치는 거지요. 막내아들이 위의 두 남매만큼 어린이집에서 도움을 받지 못할 것이라는 사실이 분명해 보였습니다." 로잘레스는 가정에서 다른 방식으로 아이를 돌보는 것이 가능했기 때문에 이러한 결정을 내릴 수 있었다고 말한다.[24] 3세 미만 자녀를 둔 어머니의 3분의 2 이상이 직장을 다니지 않는다는 사실[25] 또한 눈여겨 살필 필요가 있다. 물론 어떤 사람들은 어린이집에서 제공하는 것보다 더 많은 관심을 아이에게 기울이고 싶어서 몇 년에 걸쳐 육아휴직을 결정하기도 한다. 하지만 오늘날 영유아 보육을 어린이집에 맡길지 아닐지를 완전히 자유롭게 결정할 수 있다고 보기엔 어렵다.

종일제 학교와 방과 후 돌봄 상황도 매우 비슷하다. 2018년에 독일의 종일제 학교 상황과 관련된 설문에 응했던 학교장들은 학생들의 학습을 지원하거나 다양한 방과 후 활동을 제공하는 것이 아니라 안정적인 돌봄을 제공하는 것이 현재 그들의 가장 중요한 목표가 되었다고 답했다.[26] 초등 및 중등학교의 절반 이상이 종일 프로그램을 진행하면서 '역량 강화를 지향하는 목표를 추구하지 않고' 있을 뿐만 아니라, '확장된 학습 문화'를 위해 노력하는 김나지움(Gymnasium, 인문계 중등학교)의 수도 감소하고 있다. 이 연구의 저자들은 종일제 학교가 "학생들에게 안정적인 돌봄을 제공하여 일과 가정의 양립을 위해 많은 일을 하고 있다"라고 말하면서도, 현재 종일제 학교의 교육적 기능이 충분히 발휘되지 않고 있다고 비판한다. 이러한 점에서 볼 때 종일제 학교가 교육의 질과 교육 형평성을 증진한다는 건 그저 미래의 비전으로만 남아 있을 뿐이다.

종일제 학교가 아이들에게 좋은 곳이 되기 위해서는, 무엇보다 학생들이 종일제 학교로부터 무엇을 원하는지를 먼저 물어야 한다. 2018년에 발표된 제4차 월드비전 아동 연구에 따르면, "종일제 학교는 단순히 수업 시간을 연장하는 것 이상의 의미가 있을 때, 그리고 어떤 활동을 할지를 학생들과 함께 결정할 수 있을 때에만 아동 복지에 기여하는 것으로 볼 수 있다."[27] 성인이 직장과 일상에서 시간 주권을 갖게 되면 긍정적인 변화를 경험하는 것처럼, 아동도 다른 사람의 지침을 일방적으로 따르고 싶어 하지 않는다. 오늘날 부모 자녀 관계는 동등한 관계로 여겨지기 때문에 아이들은 의사 결정에서 발언권을 갖기를 원하며, 실제로 오늘날의 아이들은 가족 내에서 이전 세대보다 더 많은 발언권을 갖고 있다. 그렇기 때문에 월드비전 연구 결과처럼 '학교에서 공동 결정의 기회가 적다'는 현실은 아이들에게 혼란을 가중시킨다. 아이들은 자신이 많은 시간을 보내는 곳에서 존중받는다는 느낌을 받고, 자신의 일상에 영향력을 발휘할 수 있어야 한다. 한편 독일 청소년 연구소의 한 연구팀은 종일제 학교를 청소년이 민주적으로 교육받는 기관으로 보고 있기도 하다. 종일제 학교가 "아이들의 개인적 생애와 지속 가능한 민주 사회에 필수적인 가치와 과정을 가르치는 곳"이라는 것이다.[28] 말하자면 종일제 학교에서는 학생들을 학습자로만 보지 않고 그들의 다양한 역량과 요구를 진지하게 받아들여야 할 것이다.

어린이와 청소년이 하루 대부분 시간을 학교에서 보내는 건 어쩌면 아동에게 적합한 시간 문화에 위배되는 것인지도 모른다. 성격이 조용한 아이나 신경 다양성 성향을 지닌 아이, 혼자만의 시간이 필요하거나 집에서 가만히 쉬고 싶은 아이[29], 방과 후에 반려동물을 돌보거나 정기적으로 조부모를 찾아가는 아이, 어린 동생을 돌보거나 학교 밖 친구를 만나는 아이, 아르바이트를 해야 하는 아이들에게 의무적인 종일제 학교는 어떤 영향을 미칠까? 매일 늦은 오후까지 학교에 머무는 아동과 청소년의 자유 시간은 직장에 다니는 성인과 마찬가지로 주말에 집중되어 있으며, 주중에 하지 못한 일을 하기에는 자유 시간이 너무 짧다고 느낄 수 있다. 유엔 아동권리협약에는 아동이 "휴식과 여가를 즐기고, 나이에 맞는 놀이와 오락 활동에 참여하며, 문화생활과 예술 활동에 자유롭게 참여할 수 있는 권리"를 명시하고 있다. 그러므로 정치적으로 모든 아동이 가정과 보육 기관에서 이러한 경험을 할 수 있도록 보장해야 한다.

우리에게는 더 이상 전일제 근무에 종사하는 성인의 생활 모델에만 초점을 맞추는 시간 문화가 아니라, 모든 아동이 다양한 보호자로부터 충분한 관심을 받도록 하는 데 중점을 둔 새로운 시간 문화가 필요하다. 이는 부모의 근로 시간 단축을 통해서뿐만 아니라 여러 성인으로 구성된 돌봄 공동체(이를테면 한부모들이 함께 사는 주거 공동체, 자발적으로 돌봄 책임을 맡는 성인, 아동 1명당 더 많은 시간을 할애하는 교사 등)를 통해 이룩할 수 있다.

가족을 비롯한 다양한 돌봄 공동체는 아이들이 유대감과 네트워크를 형성하도록 돕는 사회적 기능을 수행하며, 이를 위해서는 역시 시간이 필요하다. 어린아이들은 어른들에게 상당 부분 의존한다는 점 또한 유념해야 한다. 쉬운 예로 어린아이들은 또래에게, 수백 킬로미터 떨어진 곳에 사는 친척에게 연락할 때 어른들에게 의존한다. 아이들끼리 혹은 다른 연령대의 사람을 만나기 위해서는 보호자가 시간을 할애해야 한다. 그러나 점점 더 많은 성인이 전일제 근무를 하고 아이들은 저녁까지 보육 기관과 학교에 머무르면서 어른, 아이 할 것 없이 가족, 학교, 직장을 넘어 다른 사람들과 소통할 시간을 거의 갖지 못하고 있다. 이에 따라 우리는 사회적 연결고리를 상실하고, 구성원들의 모든 요구를 결코 충족시킬 수 없는 핵가족 환경에 과도한 부담을 안겨주고 있다. 사회적 결속력은 매일 만나는 사람들과의 긴밀한 관계뿐만 아니라, 가끔 만나더라도 관심과 애정을 바탕으로 한 관계로부터 생겨난다.

어른과 아이, 노인이 동네에서, 동호회, 공공장소 등에서 함께 보내는 시간이 줄어들면서 세대 간 결속력이 약화하며 사회적 분열이 심화되고 있다. 우리가 다양한 연령대의 사람들을 정기적으로 만나지 않는다면 공적 및 정치적 담론은 불완전하고 왜곡될 수밖에 없다. 우리 사회에는 아동과 청소년이 원하는 공간, 그들을 마주할 수 있는 공간이 필요하다. 그래야 점점 줄어드는 인구 집단인 아동과 청소년을 우리 시야에서 놓치지 않을 수 있다. 다양한 집단과 세대가 함께 모여 서로를 이해하고 존중할 수 있는 더 많은 공간이 우리 사회에 필요하며, 이러한 공간을 만들기 위해서는 시간이 필요하다.

미래에 대한 동등한 권리

우리는 어린이를 가리켜 미래 세대라고 칭하지만, 이들에겐 정치적 힘이 없기 때문에 미래에 아무런 영향을 끼칠 수 없다. 그러니 이들을 가리켜 '미래의 설계자'라고 이야기하는 건 수사학적인 자기 위안에 불과하다. '어린이는 우리의 미래다'라는 경구는 구체적으로 어떤 의미일까? 여기서 말하는 어린이는 모든 아이일까, 선택받은 아이일까? 아니면 각자 자신의 자녀를 일컫는 걸까? 이 아이들의 미래는 어떤 모습일까? 한 사회의 어른들은 아이들의 미래에 대한, 다시 말해 자기 삶을 넘어서는 시간에 대한 책임을 받아들일 것인지 결정해야 한다. 그렇게 한다는 것은 **현 시대에 대한 책임**을 진다는 것이다.

우리는 자신의 미래에 영향을 끼칠 수 있다고 생각한다. 이처럼 삶의 흐름에 좌지우지되지 않고 스스로 미래를 만들어갈 수 있다고 여겨지기에 미래는 가치가 있다. 이런 맥락에서 미래의 반대말은 무력감이다. 시간 정의를 미래에 적용한다는 것은, 우리가 정치적으로 모든 아동에게 미래를 열어준다는 의미다. 난민 아동, 장애 아동, 메마른 땅의 아동, 빈곤 속에서 자라는 아동 등 모든 아이가 자기 앞에 놓인 시간을 실제 미래로 인식할 수 있어야 한다.

유엔 아동권리협약은 전쟁을 피해 온 아동에게도 난민 수용국에 살고 있는 모든 아동과 동일한 권리를 보장하고 있지만, 난민 아동들은 관료적인 문제로 인해 취학이 상당 기간 지연되는 등 교육받을 권리를 침해받는 경우가 많다. 독일 공영방송 체데에프(ZDF) 취재진은 아테네 인근 리소나 난민 캠프를 방문하여 시리아 출신의 14세 소녀 사라를 만났는데, 사라는 2년 넘게 학교에 가지 못하고 있었다. 사라가 경험하는 공간은 캠프뿐이다. 난민 캠프가 버스 정류장 및 인접 도시에서 멀리 떨어져 있는 탓에 이곳에 거주하는 아이들은 사실상 캠프를 떠날 수도 없고 그리스 아이들과 어울릴 수도 없다. 사라는 저널리스트 셰리프 리즈칼라(Sherif Rizkallah)와의 인터뷰에서 체념한 채 이렇게 말한다. "저는 꿈이 없어요. 어렸을 때는 의사가 되고 싶다고 말하곤 했어요. 하지만 그런 일은 절대 일어나지 않을 거예요."[30] 사회와 단절된 곳에서 학교에 갈 날만 기다리며 보낸 2년 동안의 세월은, 단지 학습에 지장을 준 것에서 그치지 않고 그녀 자신의 가능성에 대한 관점도 바꾸어 놓았다. 그렇게 사라는 미래에 대한 자신감을 잃었다. 오랫동안 난민 아동의 권리를 인정해오지 않은 정책은 파괴적인 시간의 힘을 드러내고 있다. 유엔난민기구(UNHCR)의 추정에 따르면 2021년에 8400만 명이 넘는 사람들이 난민과 실향민이 되었으며, 전 세계 난민 42% 이상이 18세 미만의 어린이와 청소년이다.[31] 많은 사람들에게 난민 수용소나 캠프는 잠시 머무르는 장소가 아니라 출생지이자 수년, 때로는 수십 년에 걸친 거주지가 되는 경우가 많다.

미래는 운명에 달린 문제가 아니라 분배의 문제다. 우리가 미래의 어떤 모습을 상상할 때, 여기에는 현재의 권력이 반영된다. 아이들이 자신의 미래 모습을 상상하기 위해서는 발언권을 갖고 소속감을 경험해야 한다. 어른들은 아이들과 권력을 나눠야 한다.

일반적으로 미래를 그릴 때 성인들의 생각만 반영하며 청소년의 생각과 꿈은 배제되는 경우가 많다. 소외된 집단, 특히 아동의 관점은 무시되는 경우가 많다. 사람들은 나이가 들면서, 또 젊은 세대와 접촉이 줄면서 아이가 세상을 바라보는 특징 중 하나인 개방성을 잃게 된다. 한편으로는 이런 어린이와 청소년기의 특성을 경시하는 태도가 널리 퍼져 있다. 누군가의 행동이 마음에 들지 않을 때 '어린애처럼 행동한다'라고 말하는 걸 예로 들 수 있다. 하지만 성인이 호기심이나 감흥 능력과 같은 아이의 긍정적 특성을 보일 때에는 그렇게 말하지 않는다. 이는 사회적 담론에서 아동의 입장을 고려하지 않고, 어린이에게 성인과 동등한 가치를 부여하지 않는 것과 같은 맥락이다. 우리는 다양한 사람들의 생각을 정치적으로 고려하고 다양한 집단이 자기 생각을 말할 수 있도록 하는 데 진전을 이루었지만, 아동과 청소년을 자기 삶의 여건을 대변하는 전문가로서 대우하고, 이들과 함께 정치적 결정을 하는 데에는 어려움을 겪고 있다. 현재 독일에는 18세 미만의 아동과 청소년이 1300만 명 이상 거주하고 있다. 이들은 자신과 가족에게 무엇이 필요한지 중요한 의견을 제시할 수 있다. 또, 불의를 인식하고 이에 맞서 싸운다. 정치가 청소년의 요구에 부응하기 위해서는 그들의 목소리에 귀를 기울이고, 그들의 요구 사항을 존중하고 실행에 옮겨야 한다.

전체 인구에서 청년층이 차지하는 비중이 줄고 있는 것도 이들이 무시되는 이유 중 하나다. 연방 통계청은 2021년 세계 청소년이 날 (International Youth Day)을 맞아 내놓은 발표에서 15~24세 연령대의 인구가 그 어느 해보다 적다고 밝혔다. 1990년대 중반 이후에 출생한 이른바 Z세대의 비중은 10.1%로 사상 최저치를 기록했다. 1980년대에 해당 연령층 인구 비율은 16.7%였다.[32] 이러한 인구 구성 변화는 선거에서도 중요하다. 현재 유권자 중 기성세대가 훨씬 더 큰 비율을 차지하기 때문에 정치적 주제나 해결책에 대해 세대별로 견해 차이를 보이는 경우, 젊은 층이 늘 패배하게 될 것이다. 2021년 연방의회 선거 직전에 실시한 설문 조사에서 "투표 결정을 내릴 때 기후 및 환경 보호에 대한 젊은 세대의 이해를 고려하겠다"라는 문항을 선택한 65세 이상 응답자는 30%가 되지 않았다.[33] 또한, 응답자의 나이가 많을수록 투표에서 젊은 세대의 이해를 고려할 가능성이 낮은 것으로 나타났다. 안타깝지만 대부분의 고령층이 미래 세대를 위해 책임감 있는 결정을 내릴 것이라는 희망은 말 그대로 희망에 불과한지도 모른다.

2021년 연방의회 선거에서 18~29세 유권자는 전체 유권자의 14.4%, 70세 이상은 21.3%였다. 연령대 폭을 확대하더라도 그 차이는 여전히 상당하다. 18~49세 유권자 비율이 42.2%를 차지한 반면, 50세 이상 유권자 비율은 57.8%에 달했다.[34] 다음 2025년 선거에서는 노년층이 차지하는 비중이 더 늘어서 젊은 세대가 선거를 통해 자신의 관심사를 관철할 가능성이 더 줄어들 것으로 예상된다.

정치학자 엘리자베스 F. 코헨(Elizabeth F. Cohen)은 나이만을 기준으로 삼아 젊은 사람들을 정치 참여에서 배제하는 것은 문제가 있다고 비판한다. "아무리 뛰어난 이성적 능력을 보이더라도 아동은 18세가 될 때까지 투표권과 정치 참여권을 얻지 못한다."[35] 현재 신호등 연정(사회민주당, 자유민주당, 녹색당으로 구성된 연정—옮긴이)에서는 연방 투표 가능 연령을 16세로 낮추는 방안을 계획하고 있으며, 이는 이미 16개 연방주 중 5개 주에서 실행되고 있다. 하지만 이러한 방안으로는 세대 간의 정치적 불균형을 거의 해소하지 못할 것이다. 투표 가능 연령을 0세로 낮추고 독일 시민권이 없는 모든 사람에게 투표권을 주는 정도가 되어야 완전한 균형을 이룰 수가 있다.[36]

따라서 각 세대가 공평하게 정치에 참여하기 위해서는 지금과는 다른 방식으로 젊은 층의 정치 참여 기회를 마련하는 것이 필수적이다. 독일이 이미 1992년에 비준한 유엔 아동권리협약은 아동과 청소년에게 자신의 생활에 영향을 주는 모든 일에 대해 정치적으로 결정할 수 있는 '참여권'을 규정하고 있다.[37] 이 협약을 이행하기 위한 가장 확실한 방법은 기본법에 아동의 권리를 명시하는 것이다. 그러나 이는 지난 의회기에 표현에 대한 합의를 이루지 못해 무산되었다.[38] 유엔 아동권리협약은 아동의 이익을 '우선적으로' 고려할 것을 요구하지만, 당시 연합 정당들은 이를 '적절하게'라는 표현으로 약화시켰다. 이러한 표현은 유엔 아동권리협약 규정과 달리 아동의 권리가 여전히 성인에게 종속되어 있다는 것을 의미한다. 이러한 일련의 상황은 우리가 아동을 지배하는 것이 아니라 진정으로 아동과 동등하게 함께 살아가려면 아동의 권리를 바라보는 사회적 시각이 얼마나 근본적으로 바뀌어야 하는지를 보여준다.

아동과 청소년이 의사 결정 과정에서 자신의 주장을 펼치고, 정치적 결정을 내릴 수 있는 권리는 반드시 법으로 보장되어야 한다. 많은 성인들은 아동이 자신에게 무엇이 필요한지를 아직 잘 모르기 때문에 아동의 관심사를 고려하는 것이 불필요하다고 생각한다. 이러한 형태의 차별을 전문용어로 성인중심주의(Adultism)라고 한다.

여러분도 아동기나 청소년기에 어리다는 이유만으로 무시당했던 경험이 있을 것이다. 또한, 인생의 마지막 단계인 노년에는 연령 차별이라고도 불리는 연령주의(Ageism)를 경험한다. 그런데도 정의에 관한 담론에서 나이를 중요하게 고려해야 한다는 인식은 아직 크게 부족하다. 단순히 성인이라는 이유로 더 많은 혜택이 주어지는 정책은 정의롭지 않다. 민주주의 사회에서 성인중심주의 문제를 비판적으로 검토해야 하는 중요한 이유 중 하나는 아동과 청소년이 직접 차별을 겪으면서 '타인을 경시하고 억압해도 괜찮다'는 것을 배우기 때문이다.[39] 보다 정의로운 사회로 가는 길은 가장 어린 사회 구성원을 어떻게 대하는가에서 시작된다.

모든 사람의 요구를 충족하는 교차적 시간 정책만이, 즉 시간과 관련한 일련의 정책이 아동의 이익을 대변할 수 있을 때 시간 정의를 실현할 수 있다. '너의 때가 올 것이다'라는 흔한 말은 정치적으로 옳지 않다. 우리는 분리된 시대에 살고 있지 않으며, 오늘날 우리가 정치적으로 결정하는 모든 것은 지금 시점에만 국한된 일이 아니고 앞으로의 진행 과정에 돌이킬 수 없는 영향을 끼치기 때문이다. 아동에 대한 우리의 정치적 책임이 매우 막중한 이유는 아동이 두 시대에 걸쳐 있기 때문이다. 즉 우리는 그들과 현재를 공유하고 있으며, 동시에 우리가 더 이상 함께하지 못할 그들의 미래에 대한 책임을 추가로 져야 한다.

따라서 진정 각 세대에 공정한 정책을 펼치기 위해서는 아동과 청소년의 현재 및 미래의 이익을 적어도 성인의 이익과 같은 정도로 고려해야 한다. 2021년 연방 헌법재판소는 기후보호법에 대한 판결[40]에서 연방 정부의 시대적 책임을 촉구했다. 헌법재판관들은 2030년까지 이산화탄소 배출량을 줄이겠다는 현재의 계획이 미래 세대의 '심각한 자유 침해'로 이어질 것이라고 지적했다. 지금의 계획으로는 기후 위기를 막기에 충분하지 않을 뿐만 아니라, 그 이후에는 탄소 배출량을 더욱 급격하게 감축해야 하기 때문이다. 지속 가능한 정책을 요구하며 이 판결의 근거가 된 독일 기본법 제20조는 이미 1994년에 '국가는 미래 세대를 위한 책임으로 자연적 생활 기반을 보호해야 한다'는 내용을 포함했다. 독일 기본법은 모든 인간이 미래를 가질 권리와 그에 대한 우리의 공동 책임을 명시하고 있다. 젊은 세대의 시간이 그들이 정치적 권력을 얻는 시기에 시작되는 것이 아니기 때문이다. 또한 기후 보호 문제는 미래에 대한 책임이 자국의 아동에게만 해당하는 것이 아니라 전 지구적인 문제임을 깨닫게 해준다. 개별 국가만을 위한 기후 정의는 존재하지 않는다.

아동의 권리를 '적절히' 고려하는 것과 '우선적으로' 고려하는 것의 차이는 기후 재앙을 막는 과제에서 다시 한번 분명하게 드러난다. 이러한 맥락에서 유엔 아동권리협약의 해당 조항은 급진적으로, 그리고 분명하게 우리 삶의 방식에 의문을 제기한다. 미래 세대를 희생시키면서 살아가는 시대는 이제 끝나야 한다. 많은 사람이 이런 변화에 불편함을 느낄 수도 있겠지만, 한 사회의 해방 정도는 다른 사람들이 미래에 자유롭게 살아가고 생존할 수 있도록 당장의 이익을 기꺼이 제쳐둘 의향이 있는지를 통해 가늠할 수 있다.

어린이의 시간을
온전히 바라보기 위해

지금까지 우리는 생애 과정 중 하나인 아동기를 동등한 권리를 가진 단계로 포용하지 못했다. 어린이는 예나 지금이나 미래의 주역인 동시에 아직 미완성인 상태로 여겨진다. 하지만 아동의 삶은 이미 출생과 동시에 온전히 시작되었다. 사회학자 배리 손(Barrie Thorne)은 아동과 성인에 대한 사회적 인식 차이에 대해 "성인은 현재 행하는 행동과 경험의 측면에서 이해되지만, 아동의 행동과 경험은 성인이 되어가는 과정으로 이해된다"라고 설명한다.[41] 유엔 아동권리협약에서도 "아동은 사회에서 한 개인으로 삶을 살아가기 위해 충분히 준비되어야 한다"라고 명시하면서 아동을 미래의 성인으로 간주하고 있다. 하지만 모든 아동이 사회에서 이미 한 개인으로서 삶을 살고 있다는 언급은 없다. 아동을 미완성의 존재로 바라보거나 아동기를 그저 거쳐가는 시기로 바라보는 관점은 젊은 세대가 우리의 시간 질서에서 확고한 위치를 차지하지 못하게 만든다. 모든 세대에 공정한 사회가 되기 위해서는 아동을 현재 사회의 동등한 구성원으로 인정하는 의식의 변화가 필요하다.

미래를 위해 아동을 준비시키는 것을 우리 성인의 우선적인 역할로 여기는 한, 아동에 대한 정치적 책임은 미지의 영역으로 밀려난다. 많은 사회적 문제는 당장 지금의 아이들에게 영향을 끼치며, 이들이 성인이 된 뒤 스스로 변화를 위해 노력하는 것만으로는 이를 해결할 수 없다. 예를 들어 성인이 된 후의 경제적 안정은 어린 시절의 빈곤 경험을 없었던 것으로 만들 수 없으며, 그저 과거의 아쉬움을 달랠 수 있을 뿐이다. 우리는 미래를 들먹임으로써 아동에 대한 현재의 사회적 책임을 거부하고 삶이 시간적 연속체라는 사실을 무시한다. 삶의 시간은 단지 이론적으로만 아동기와 그 이후의 시간으로 나뉠 뿐이다. 아동기 역시 삶의 일부이다.

시간 정의를 지향하는 사회에서는 아동의 현재 행위가 미래를 위해 어떤 중요성을 지니는지에 따라 아동을 평가하지 않는다. 아이가 오늘 잘 지내려면 무엇이 필요한가? 지금 이 순간 아이는 무엇이 되고자 하는가? 아동기 역시 현재에 진행되기 때문에 우리는 지금 이 순간 그 모습 그대로 바라봐야 한다. 특히 아동을 미래의 직장인으로 여겨서는 안 된다. 청소년을 위한 정책은 학습이라는 주제를 넘어 아동과 청소년의 자유를 강화하는 것이어야 한다. 어린이를 미래에 기여해야 하는 존재로만 바라본다면, 아이들이 현재에 원하는 것이 중요하지 않게 된다. 그렇게 되면 현재의 삶은 의미를 잃고 미래의 가치를 높이기 위한 수단으로 전락하게 된다. 그러나 미래는 우리 모두에게 상당 부분 불확실하다. 따라서 현재의 삶과 미래를 위한 행동 사이에 균형을 맞추는 것이 합리적일 것이다. **지금 이 순간** 우리 삶의 모든 시간은 저축할 수도 없고 **나중**을 위해 돈으로 바꿀 수도 없다.

'미래를 위한 금요일(Fridays for Future)' 활동가들은 이미 이러한 방식으로 시간을 이해하고 있다. 그들은 이렇게 말한다. "우리에게 미래가 없다면 무엇을 위해 공부를 해야 한단 말인가?"[42] 이러한 그들의 생각은 다음과 같이 삶 전체에 확장할 수 있다. '미래를 예측할 수 없다면 우리는 무엇을 위해 공부하고, 일하며, 시간을 투자한단 말인가?' 현재의 삶에 시간을 쓰고, 현재를 의식적으로 살며, 현재 안에 존재하는 것은 '시간은 돈이다'라는 흔한 말에 저항하기 위한 정치적 전략이 될 수 있다. 이는 아동과 성인에게 동일하게 적용된다.

한 국가의 인구에서 젊은 세대의 비율이 줄어들어 아이들과 함께 사는 것이 자연스러운 일이 아니게 된다면, 사람들은 더 이상 아동을 미래에 필요한 존재로 보지 않게 된다. 오늘날에는 자녀 출산이나 입양이 부모의 이기적인 일로 여겨지는 경우도 있을 정도로 어린 세대와의 유대감과 결속력이 해체되고 있는 실정이다. 자녀를 갖는 건 개인적인 삶의 결정이며 포기할 수 있는 부분이라고 여겨진다. 그러나 아이는 인생의 결정 사항이 아니며, 한 명의 독립적인 사람이다. 아동을 포기할 수 있는 존재로 여기는 사회는 미래를 포기하고 있는 것이다.

아이가 성가신 이유는 단지 손이 많이 가기 때문은 아니다. 인생의 원활한 흐름을 가장 많이 방해하긴 하지만, 이는 전적으로 시간이 부족한 세상이기 때문에 문제가 된다. 물론 아이들은 예측 불가능하고 참을성이 없으며 많은 시간을 들여 보살펴야 한다. 그렇지만 우리는 아이들로 인한 시간 부족 문제를 해결할 수 있는 시간 정책 및 돌봄 구조를 마련할 수 있다. 우리에겐 새로운 시간 문화를 만들 가능성이 있다. 하지만 어리석게도 우리는 문제를 대부분 아이에게서 찾으며, 그러다 보니 어떤 사람들은 부모가 된 것을 후회하기도 한다. 하지만 우리가 정말로 후회해야 할 지점은 현재의 시간 문화를 바꾸기 위해 충분히 노력하지 않았다는 점이다. 어쩌면 수면 부족과 아이의 울음소리가 아니라, 아이들과 돌봄이 필요한 사람들과 함께 사는 것이 과도한 부담이 되지 않도록 정치적 틀을 바꿀 힘이 없다는 무력감 때문에 괴로운지도 모른다. 그렇다면 누가, 그리고 무엇이 새로운 시간 문화와 돌봄 구조를 창출하는 걸 가로막는지 명확히 인식할 필요가 있다.

시간은 사치품이 아니다. 오히려 기본적인 욕구를 충족하기 위한 필수품에 가깝다. 교육학자 아민 크렌츠(Armin Krenz)는 아동 발달에서 시간의 중요성에 대해 이야기한다. 그에 따르면, 아동에겐 "다양한 인지를 받아들이고 분류하고, 지금까지의 자신의 경험과 서로 연결시키는 데" 많은 시간이 필요하다.[43] 아이가 길가에 있는 돌멩이를 하나하나 뒤집어 보는 행동은 성가신 습관이 아니다. 자신의 주변 환경을 폭넓게 인지하면서 세상을 이해하는 데 필요한 지식을 쌓아가는 필수적인 일이다. 우리는 아동의 배움을 위해 일상에서 충분한 시간을 제공해야 한다. 이러한 관점에서 볼 때 아동에게 적합한 시간 문화는 우리 성인들의 조급한 시간 사용 방식, 이를테면 원하는 대로 휴식하거나 천천히 길을 빙 돌아 갈 시간을 허용하지 않는 방식과는 상반된다. 우리는 시간에 대한 아동의 권리를 사회 설계에 통합해야 한다. 아동이 마땅히 받아야 할 보호를 받으려면 어른이 아동의 시간 요구에 맞춰야 한다. 지금까지의 관행처럼 아동기가 성인 일상에서 중요하지 않은 것으로 여겨진다면, 아동기라는 시기는 물론 모든 어린이는 보호받을 수 없다.

우리가 아이 없이 살 수 있다는 것은 착각이다. 자녀를 갖지 않더라도 우리 모두는 아이들과 함께 살고 있으며, 아이들은 사회의 일부다. 그러므로 부모가 되고 싶든 아니든 상관없이 모두가 아이들에 대해 책임감을 느껴야 한다. 진정한 민주 사회라면 우리는 어린이를 완전한 권리를 가진 인간으로 인정하고 이들의 권리를 정치적 사고와 행동에 포함시켜야 한다. 어른의 현재와 미래를 소중히 여기는 것과 마찬가지로 어린이의 현재와 미래에도 동일한 가치를 부여할 때, 비로소 시간 정의가 실현될 수 있다.

6

정치를 위한 시간

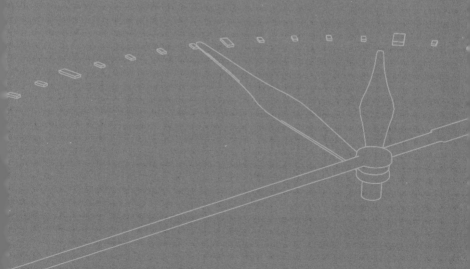

정치를 하고자 하는 이유는 우리가 지향하는 바가
세상에 공감을 얻고 가시화되는 것이 바로 우리 손에
달려 있다고 생각하기 때문이다.

-키아라 잠보니(Chiara Zamboni)[1]

시간과 정치 참여의 상관관계

모든 관계의 중심에는 시간이 있다. 많은 시간을 함께 보내고 싶다는 바람, 기꺼이 시간을 내어주고 싶은 마음, 일정 시간 혹은 영원히 함께하겠다는 약속 등에서 이를 엿볼 수 있다. 관심과 애정은 상대를 향한 마음을 내비치고 시간을 함께 보낼 때 비로소 전달된다. 또한 시간은 세상과의 관계를 결정한다. 우리는 어떤 문제에 시간을 들임으로써 관심을 표현한다. 정치적 문제에 관심을 쏟는 것 역시 여기에 시간을 얼마나 들이느냐로 확인할 수 있다. 한 시대의 '각성과 세계 개방성'[2]은 자유롭게 사용할 수 있는 시간이 얼마나 되느냐에 달려 있는데, 그 이유는 사람들이 주변을 둘러보고 정보를 얻고 아이디어를 교환하고 힘을 합치고 새로운 것을 시도할 시간이 있어야 하기 때문이다. 다시 말해, 시간 빈곤은 사람들의 정치적 참여를 방해한다. 그렇기 때문에 온전한 자기 시간을 갖는 건 정의의 문제이며, 사회에서 시간이 불평등하게 분배되는 건 민주주의의 문제다.

기존의 권력 구조를 유지할 때 이익을 보는 사람들은 자유 시간을 보다 공정하게 분배하여 사회 참여를 위한 시간을 더 많이 만들자는 제안을 거부하는 경우가 많다. 시간이 있다는 건, 궁극적으로 권력 구조에 도전할 시간이 있다는 의미이기 때문이다. 사회 구조가 개개인의 시간을 주도적으로 사용할 가능성을 제한하는 오늘날의 시간 문화에서는, 생활 여건을 개선하고 변경하는 것이 불가능하다.

사회적 각성 수준과 포용 수준이 높은 사회로 나아가려면 공동체를 위한 시간, 즉 사람들이 서로 교류할 시간 필요하다. 관심사, 필요, 이해관계는 말하는 사람과 듣는 사람이 서로 같은 시간에 모일 때 비로소 공감하고 이해할 수 있다. 밤에 혼자서 해양 보호에 대해 생각해봤자 자기 효능감도, 정치적 영향력도 생겨나지 않는다.

앞에서 살펴본 저널리스트 브리짓 슐트의 '시간 부스러기' 개념을 사회 참여 측면에도 적용할 수 있다. 사람들이 자신의 정치적 관심사를 추구하고 표현할 시간을 갖더라도 책을 읽거나 소셜 네트워크 게시물에 '좋아요'를 누르거나 정치인에게 이메일을 보내는 등의 활동을 혼자서 하는 경우, 이는 부스러기처럼 서로 연결되지 않은 조각으로 분리된다. 말하자면 이런 개별적 활동은 공동체를 흉내 내고 정치 참여를 흉내 내는 것에 불과하다. 그렇기 때문에 우리 사회를 보다 정의로운 사회로 만들기 위해서는 모두에게 시간 주권을 부여하여 좀 더 많은 사람이 참여하도록 하는 것이 하나의 전략이 될 수 있다.

우리 중 많은 사람들은 일부러 교류가 없는 삶, 권력이 없는 삶을 선택하지는 않는다. 사회학자 자비네 하르크(Sabine Hark)는 오늘날 점점 더 많은 사람이 어디에도 소속감을 느끼기가 점점 더 어려워지는 이유를 다음과 같이 설명한다. "공동체 안에서 다른 사람들과 '함께 사는 경험'이 점점 줄고 있으며 공동체에 참여할 권리는 점점 더 약해지고 있다. 이러한 권리를 박탈당한 사람들의 수는 전 세계적으로 지속적으로 증가하고 있고, 너무 많은 사람들이 추방되거나 억압된 채로 살고 있으며 변두리의 존재로, 자신의 것이 아닌 몸으로 강등되고 있다."[3] 소외와 고립을 경험하거나 좁은 일상적 관계 외에 친구나 친밀한 사람들과 보내는 시간이 적은 건 심각한 문제다. 다른 사람들과 힘을 합칠 수 있는 가능성이 저해되기 때문이다. 고립과 시간 빈곤은 정치적 방어력, 또는 한나 아렌트의 표현을 빌리자면 한 시대의 '정치적 수준'을 제한한다.[4]

어떤 정치적 주제가 주목을 받으려면 이를 주장하는 사람들이 한데 모여야 한다. 다 같이 모여 시위를 하거나, 정해진 날짜에 투표를 하러 가거나, 온라인 네트워크에서 단기간에 같은 주제에 대해 토론하거나, 다른 사람들과 만나 생각과 계획을 논의하는 등 다양한 방식으로 정치적 관심사를 표현할 수 있다. 물론 꼭 완전히 동 시간에 이루어지지 않는 경우도 있다. 이를테면 누군가가 작성한 글을 다른 사람이 나중에 읽거나, 연극 대본이 쓰인 후 리허설을 거쳐 최종적으로 관객 앞에서 공연되는 것처럼 말이다. 우리가 서로 직접 만나 상호 작용 하지 않는다고 해서 근본적으로 혼자가 되는 것은 아니다. 그러나 어떤 정치적 의제가 새로운 사람들에게 지속적으로 전달될 때, 잠깐 반짝하는 것에 그치지 않고 반복과 교류를 통해 공고해질 때 비로소 효과적인 정치적 행동의 기반이 마련된다. 정치학자 린다 저릴리(Linda Zerilli)는 공동체의 정치적 의제를 대중적으로 공론화하는 것을 '세계를 구축하는 실천(World-Building Practice)'이라고 부른다.[5]

정치는 의회와 정당에서만 행해지는 것이 아니라 우리의 일상적인 행동에서도 일어난다. 우리가 하는 활동을 정치적인 활동이라고 미처 생각하지 못하더라도 우리는 이미 정치를 실천하고 있다. 이탈리아의 여성 철학자 모임인 디오티마(Diotima)에 소속되어 권력과 정치의 차이와 정치적 행동의 다양한 표현 방식에 대한 책을 쓴 루이사 무라로(Luisa Muraro)와 키아라 잠보니(Chiara Zamboni)는 다음과 같이 말한다. "사람들이 문제를 마음에 새길 때, 개인적인 관심사에서 벗어나 다른 사람들과 힘을 합치고 싶은 충동을 느낄 때, 그리고 이것이 열정과 반응을 불러일으킬 때 정치가 일어난다."[6] 이들이 옹호하는 정치는 "권력이 행사하는 것이 아니라 공동체가 행사하는" 정치다.[7] 공동체 정치는 사람들이 여기에 지속적으로 참여할 시간과 다른 사람들과 지식을 공유할 시간을 충분히 가질 때 발생할 수 있다.

참여적 삶이 가능한 새로운 시간 문화를 위해 가장 먼저 확립되어야 할 문제는 각 개인이 세상과 정치적 관계를 맺을 수 있도록 자기만의 시간을 갖는 것이다. 이는 아이들이 가능한 한 일찍 자신의 문제에 대해 공동으로 결정을 내리는 걸 경험하고, 성인이 되어서도 자신이 정치적으로 참여할 수 있다는 생각을 잃지 않는 것에서부터 시작한다. 우리에겐 자발적이고 민주적인 활동에 참여할 수 있는 충분한 자유 시간이 전 일생에 걸쳐 필요하다. 그렇게 되려면 지금까지 이러한 시간을 갖지 못했던 사람들이 다른 여러 '일'에서 벗어나야 한다. 활기찬 시민사회는 참여를 우연에 맡겨서는 안 되며, 자율적으로 정치에 참여하는 데 필요한 시간을 빼앗는 구조를 해체해야 한다. 예를 들면 지금까지 정치적 삶이 불가능했던 사람의 자녀를 함께 돌보는 것, 돌봄을 책임져야 하는 사람들의 지원에 대해 고민하는 것 또한 공동체를 지향하는 참여 활동이 될 수 있다. 또는 참여 방식에 대한 지식을 자발적으로 공유하는 것, 지금까지 참여 활동을 잘 하지 않은 사람들을 포섭하는 것도 이에 포함된다. 돌봄과 정치 참여는 밀접하게 연관되어 있다. 이를테면 아스트리드 린드그렌(Astrid Lindgren)이 창작한 동화책 주인공 잉가, 브리타, 리사는 앞을 못 보는 할아버지에게 신문을 읽어주면서 흔들의자에 앉아 있는 그의 일상보다 더 큰 세상을 볼 수 있게 해준다. 공동체 정치는 우리에게 다른 사람의 말에 귀를 기울이고, 다른 사람에게서 배우고, 때때로 다른 사람에게 참여의 기회를 주기 위해 자신의 생각을 잠시 내려놓을 것을 촉구한다.

정치로부터 소외되는 사람들

공동체 정치를 위해 자기 시간을 사용하는 것, 즉 자신이 속한 환경의 경계를 넘어 참여하는 것은 아직까지 우리의 시간 문화에서 당연하게 여겨지는 활동이 아니다. 여기에는 여러 가지 이유가 있다. 대의 민주주의에서는 정치가 분업화되어 조직되고, 정치 업무에 특별한 자격을 갖추었다고 생각되는 비교적 소수의 사람이 정치를 일종의 전일제 유급 직업으로서 수행할 때 최상의 결과를 낳는다는 견해가 널리 퍼져 있다. 그러나 정치적 적성이라는 것이 정확히 무엇인지는 여전히 불분명하다. 정치에는 전형적인 경력 개발 과정이나 교육 및 훈련도 없다. 게다가 우리 사회는 의회가 어떤 다양성과 역량을 갖추어야 하는지에 대한 공통된 생각을 아직 갖고 있지 않다. 어떻게 하면 정치인이 될 수 있는지, 어떤 정치인이 바람직한지에 대한 방향성이 없다 보니 많은 사람들은 자신이 정치에 적합하지 않다고 생각하게 되며, 이는 공직을 고려하는 사람들의 수를 크게 제한한다.

높은 교육 수준과 재정적 안정을 갖춘 사람은 훨씬 쉽게 정치에 입문할 수 있다. 우리 시스템에서 정치에 참여하기 위해서는 지식과 특정 성향, 네트워크는 물론, 자유롭게 사용할 수 있는 시간과 돈이 상당히 많이 필요하기 때문이다. 〈쥐트도이체 차이퉁(Süddeutsche Zeitung)〉에 따르면 연방 하원의원 선거 비용은 최대 7만 유로에 달하며,[8] 일반적으로 후보자는 몇 주 동안 직장을 쉬고 근무 시간을 줄이며[9] 선거 운동 기간 동안 급여를 포기해야 한다. 이러한 요구 사항은 안정적인 물질적 기반 없이는 거의 수용할 수 없기 때문에 잠재적 후보군이 막대하게 줄어든다.

정치 환경은 대부분 스스로 재생산된다. 현재 독일의 정당들은 독일에 거주하는 모든 사람을 더 잘 대표할 수 있는, 쉽게 접근할 수 있고 포용적인 조직이 되기 위한 전략을 충분히 마련하지 못하고 있다. 미국의 정치학자 조안 트론토(Joan Tronto)는 민주주의 사회임에도 참여와 포용이 어려운 이유, 다시 말해 참여와 포용을 어렵게 만드는 숨겨진 메커니즘에 대해 다음과 같이 설명한다. "때때로 권력자들은 형식적으로는 통합을 이야기하면서, 실제로는 배제로 이어지는 구조적 장벽을 만든다."[10] 정당에는 늦은 밤 회의에 참석하기 어려운 한부모 등 돌봄을 맡고 있는 이들이 거의 존재하지 않는다. 2021년의 한 설문 조사에 따르면 이주 배경을 가진 사람들은 정치 참여에 평균 이상의 관심을 보이지만, 그 과정에서 차별을 경험하기 때문에 관심을 다시 접는 경우가 많다.[11]

오늘날 우리의 민주주의는 엘리트주의를 지향하는 걸 당연하게 여기고 있다. 독일 연방 하원의 구성 현황은 우리 사회에서 적극적인 정치 참여에 대한 접근이 바뀌어야 한다는 것을 분명하게 보여준다. 의회에는 백인 남성이 차지하는 비중이 두드러지게 과도할 뿐만 아니라 학사 및 박사 학위를 가진 사람들도 상당히 많다. 독일에 거주하는 국민의 18.5%만이 학위를 가지고 있는 반면, 바로 이전 의회에서 활동한 의원 중 학위 소지자는 80% 이상이었다. 장애인, 직업계 중학교(Hauptschule)만 마친 사람, 이주 배경을 가진 사람, 시골 출신의 사람, 심지어 독신인 사람 들이 독일에서 모든 사람에게 영향을 미치는 법률과 물질적 자원의 분배를 결정하는 데 참여하는 비중은 매우 미미하다.[12] 이 책을 쓴 2022년에는 연방의회 의원 736명이 독일 국민을 대표하고 있다. 이들 중 녹색당 소속 트랜스젠더 여성 테사 간제러(Tessa Ganserer)와 니케 슬라빅(Nyke Slawik)이 2021년에 처음으로 연방의회 의원으로 선출되었고,[13] 독일 최초의 흑인 여성 연방의회 의원 아베트 테스파이에수스(Awet Tesfaiesus)도 같은 해에 선출되었다. 독일에 거주하는 아프리카계 인구가 100만 명이 넘는 것으로 추산되는 상황에 비추어 볼 때,[14] 3명의 흑인 사회민주당 의원(카람바 디아비(Karamba Diaby)는 2013년부터, 아르망 존(Armand Zorn)은 2021년부터 연방의회 의원직을 맡고 있다)은 그들을 제대로 대변하기에는 충분하지 않다. 2021년에는 수년 전부터 트랜스젠더와 인터

섹슈얼(Intersexual) 사람들로부터 인간의 품위를 떨어뜨리고 낙인을 찍는다는 비판을 받아온 '성전환법(Transsexuellengesetz)'을 대체하기 위한 '자기결정권법(Selbstbestimmungsgesetz)'이 독일 연방의회에 발의되었다. 이는 정치 제도에서 다양성이 확대되면 소수자 집단이 법적으로도 곧잘 직면하는 불공정에 대응하는 데 도움이 된다는 것을 보여주는 많은 사례 중 하나다. 더 많은 저소득층 사람들이 연방의회에 진출한다면 최저임금이 빈곤을 해소하는 수단이 될 수 있지 않을까? 더 많은 초고령자가 건강 정책을 설정할 수 있다면 노인 돌봄에 어떤 변화가 생길까? 더 많은 한부모가 의회에 진출한다면 가족 정책은 어떻게 달라질까? 이민자 사회가 의회에 진출한다면 어떤 망명 정책이 우세해질까? 정치적 문제를 연방의회에서만 논의하는 것으로는 충분하지 않다. 정치적 결정으로부터 현실의 삶에 직접적인 영향을 받는 사람들이 자신의 시간 안에서 해당 문제를 직접 다룰 수 있어야 한다.

정치가 쉽게 접근할 수 있는 집단적인 실천으로서가 아니라 소수에게만 열려 있는 직업으로 여겨지는 경우 사람들은 정치로부터 소외된다. 공식적인 정치적 업무를 하지 않거나 시민 참여와 접점이 없는 사람들은 자신의 행동을 정치와 상관없는 것으로 여기고, 민주주의 문화 안에서 자신을 단지 구경꾼으로 여긴다. 이러한 현상은 사람들이 정치적 사건에 관심을 표하고 투표나 온라인 청원에 서명하는 방식으로 정치에 참여할 수 있지만, 본질적으로는 자신이 정치 밖에 존재한다고 여기게 한다. 이 같은 구분은 '타자화(Othering)'의 한 형태로도 설명될 수 있다. 즉 '우리'와 '타자'로 구분되는 과정에서 자기 자신을 종종 낮게 평가하거나 편견이 생기는 것이다.[15]

이러한 타자화 과정은 다른 방향으로도 진행될 수 있다. 공식적인 정치 업무를 수행하는 사람들이 일상생활 차원의 정치를 무시하고, 정치를 전문가인 자신들만이 할 수 있는 의회 절차로 축소하는 걸 예로 들 수 있다. 그들은 이처럼 정치를 협소한 개념으로 정의하고, 이러한 정치 밖에 있는 사람들을 정치를 잘 모르는 일반인이라고 간주하고 이들이 경험에서 얻은 지식을 거의 고려하지 않는다. 정치학자 마리온 라이저(Marion Reiser)는 새로 선출된 주 의회 의원들의 행동 변화를 연구했는데, 이들 중 3분의 1 이상이 불과 몇 달 만에 정치권 밖의 사람들에 대해 '일종의 냉담한 태도'를 보였다고 설명한다. 의원들은 자신들이 복잡한 맥락을 다른 사람들보다 더 잘 이해할 수 있다고 생각했으며, 따라서 비판을 잘 받아들이지 않는다고 한다. 동시에 이 의원들을 뽑은 주민들은 시간이 지남에 따라 자신들이 선출한 의원들과 거리를 두었고, 그렇게 두 집단이 서로 멀어졌다고 한다.[16] 또한 정치인 중 상당수는 당선 이전의 사회적 관계에서 분리되는 경향을 보인다. 독일 연방의회에서 소수자 집단에 속한 의원들에 관한 연구에 따르면, 이주 배경이 있거나 경제적 취약계층에 해당하는 정치인들은 경력 초기에는 자신이 속한 집단의 문제를 해결하기 위해 노력했지만 시간이 지남에 따라 이러한 노력은 급격히 감소하고 더 인기 있는 다른 주제로 관심을 전환하는 것으로 나타났다.[17]

자본주의 논리 속에서 정치인이 하나의 직업으로 굳어지면서 정치가 상품화되는 현상이 생겨났고, 이는 정치와 사회를 서로 멀어지게 만드는 이유 중 하나이기도 하다. 이러한 현상이 심화하면서 정치인들은 자신의 일을 시민을 위한 서비스라고 인식한다. 여기엔 시민들에겐 자신이 원하는 것을 스스로 해결할 전문 지식이 없다는 생각이 깔려 있다. 한편으로 어떤 사람들은 정치를 소비자의 관점에서 소비할 수 있는 서비스로 보는데, 정작 그러한 서비스 설계에는 관여하지 않는다. 정치를 서비스로 본다면, 또 사람들이 법과 제도로부터 아무런 영향을 받지 않는다면 정치는 불필요해질 것이다. 예를 들어 근로 시간 단축을 요구하는 대신 청소 인력을 고용하는 등 정치가 아닌 다른 상품이나 서비스로 자신의 욕구를 충족하는 상황이 일어날 수도 있다.

물론 이러한 관점은 지나치게 단순화한 것으로, 다양한 차원에서 자발적으로 이루어지는 정치 활동을 충분히 반영하지는 못한다. 그러나 여기에서 궁극적으로 말하고자 하는 건, 아주 많은 사람이 우리 공동의 삶의 여건을 형성하는 데 관여하는 걸 자신의 임무나 권리가 아니라고 생각하고, 자신을 정치 밖에 위치시킨다는 점이다. 정치를 자신의 삶과 분리할 수 있는 것으로 생각하고, 자신보다 더 잘 이해할 수 있는 다른 사람들이 하는 일로 여기는 인식은 다양한 인구 집단에서 더 많은 사람이 정치적으로 활동하지 못하게 만든다.

오늘날 정치에 관한 사회적 분업은 다음과 같은 방식으로 이루어진다. 우리가 선출한 정치인과 여러 국가 기관에 사회를 평화롭고 공정하게 조직하고, 이를 발전시키고 유대를 증진할 제도를 만들어낼 시간을 준다. 그리고 그 외의 다른 사람들은 제도화된 정치 바깥에서 각자의 일에 집중하는 방식이다. 그렇기 때문에 현재의 시간 문화 속에서 우리는 다양한 정치적 조치에 크게 의존한다. 가령 친환경 제품을 구매할 수 있고, 사람들이 착취당하지 않도록 고용이 규제되며, 아이들이 안전하게 잘 성장할 수 있도록 학교와 어린이집에서 돌봄과 교육을 받고, 차별과 배제를 종식하는 정책들에 우리 삶도 영향을 받는다는 말이다. 기본법과 다양한 인권 협약에는 좋은 정책의 대략적인 틀이 규정되어 있다. 그러나 인종차별, 젠더 폭력, 기후 보호 등 많은 정책적 문제가 정치에서 충분히 다루어지지 않고 있으며, 정부가 일정한 조치를 취하게 만들기 위해서는 시민사회의 압력이 필요하다.

오늘날 청문회 등 일련의 과정을 통해 경제계, 학계, 문화계 또는 시민사회가 법안에 대해 논평하고 영향을 주고 그 내용을 변경할 수 있기는 하지만, 이는 굉장히 드문 일이며, 여전히 법과 제도를 만드는 건 배타적인 전문가들의 일로 인식된다. 활발한 공적 담론은 표현의 자유, 언론의 자유, 집회의 자유를 통해 법적으로 보장되고 민주주의의 기본 개념에 속하지만, 이에 참여하기 위해서는 여러 가지 자원이 필요하며 그중 가장 중요한 것 중 하나가 시간이다. 자발적으로 '미래를 위한 금요일(FFF)'을 조직한 청소년들의 사례는 시간을 내어 직접 정치에 참여할 때 권력 관계가 변할 수 있다는 것을 인상적으로 보여주었다. 청소년과 청년층이 더 많은 자유 시간을 가질수록 정치적 활동은 그만큼 힘을 갖게 된다. 학생들이 학교 수업에 빠지지 않고 주말에 모여 시위를 했다면, 기후 보호를 위한 그들의 외침은 지금만큼 많은 관심을 끌지 못했을 것이다. 그들은 시간의 질서에 도전하여 미래를 위한 참여보다 학습 시간이 더 중요하다고 믿는 많은 어른들을 자극했다.

철학자 크리스티나 라퐁(Cristina Lafont)은 사회에 소속감을 느끼기 위해서는 자신의 주장을 표현하고 다른 사람의 주장에 열린 마음을 가지는 정치적 토론에 기꺼이 참여하려는 의지가 중요하다고 말한다. 그녀는 "시민들이 서로를 설득해야 한다는 책임감을 느낄 때에만 제도, 법률, 규정과 자신을 계속해서 동일시하고, 소외감 없이 이를 **자신의 것으로 이해**할 수 있다"라고 썼다.[18] 이러한 관점에서 볼 때 정치를 분업에 기반한 것으로 보는 인식은 많은 사람에게 수동적 태도를 갖게 하며, 이러한 수동성은 민주주의를 저해한다. 다시 말해 오늘날 시민들은 점점 더 정치에 참여할 필요성을 느끼지 못하며, 자신의 참여가 불필요하다고 판단되면 더는 정치적 규정에 구속되지 않으려 한다는 것이다. 따라서 민주주의 사회는 의사 형성에 기여하거나 시정 조치에 참여할 기회를 모든 사람에게 제공하기 위해 적극적으로 노력해야 한다.

시민사회 참여를 위한 시간

2019년 자원봉사 설문 조사(Freiwilligensurvey)에 따르면, 독일에서는 전체 청소년과 성인의 약 40%가 자원봉사 활동에 참여하고 있으며, 이는 20년 전보다 약 10% 증가한 수치다.[19] 설문 조사를 진행한 연구자들은 이러한 증가 추세가 더 나은 교육 기회, 참여에 대한 대중의 인식 향상, 여성의 고용 증가, 은퇴 후 건강 증진 등의 사회적 변화 때문이라고 설명한다.[20] 이 같은 높은 수치는 얼핏 보면 사람들이 사회 활동에 광범위하고 다양하게 참여하고 있다고 느끼게 한다. 그러나 단순한 이 수치만으로는 사회의 정치적 수준과 자발적 참여의 잠재력을 평가하기는 적합하지 않다. 이러한 수치에는 누가 참여할 수 있고 누가 참여할 수 없는지, 사람들이 어떤 주제에 참여하는지, 참여 활동에 얼마나 많은 시간을 할애하는지가 나타나지 않기 때문이다.

실제로 자원봉사 부문에서도 정치에서 보이는 것과 비슷한 배제 메커니즘이 작동하고 있다. 즉 교육 수준이 높고, 고소득층이며, 이주 이력이 없는 사람들이 과도하게 많다.[21] 에베르트 재단(Friedrich-Ebert-Stiftung)의 보고서에 따르면, "장애인, 실업자, 사회적 약자, 이민자는 (⋯) 사회뿐만 아니라 많은 자원봉사자 개인 및 조직으로부터 기껏해야 자선 대상으로 인식될 뿐, 고유한 강점과 아이디어, 창의적 의도를 가진 (잠재적) 자원봉사자로 인식되지 않는다."[22]

지금은 여성의 참여율이 남성을 따라잡기는 했지만, 여전히 시간제로 일하거나 다른 사람이 자녀 돌봄을 맡아 줄 수 있는 여성이 주로 참여한다. 한부모의 경우 정치 조직의 일원이 되어 참여 활동을 하는 것이 훨씬 더 어렵다.[23] 일이 많은 직장 여성은 참여 활동을 거의 못하는 반면, 남성의 참여 활동 비율은 근로 시간에 따라 증가한다.[24] 직장에 매여 있는 남성일수록 퇴근 후에 추가로 자원봉사를 할 가능성이 오히려 높아지는 것이다. 또한 자녀가 있는 남성이 자녀가 있는 여성보다 참여 활동을 더 많이 하는 것으로 나타났는데, 이는 성별 돌봄 격차가 여기에도 영향을 미치는 것이라고 볼 수 있다. 크리스티나 클레너(Christina Klenner)와 스벤야 팔(Svenja Pfahl)은 남성이 가사에 덜 관여함으로써 자발적 참여 활동을 할 시간이 더 많다는 연구 결과를 다음과 같이 비꼬듯이 설명했다. "성별 분업에 따라 파트너 관계를 맺고 있는 남성은 여성 파트너 덕분에 여타 무급 재생산 노동의 짐을 덜게 된다."[25] 이는 악순환을 낳는다. 즉 남성 파트너가 자원봉사 활동을 이유로 자주 자리에 없기 때문에 여성 파트너가 가정에서 더 많은 돌봄 업무를 맡아야 하고, 이로 말미암아 여성의 자발적 참여 활동 시간이 더욱 부족해진다.

차별 문제를 다루는 이라면 자원봉사 부문에 다양성이 부족하다는 것에 그리 놀라지 않을 것이다. 자원봉사 활동의 기회가 직업 세계나 정치에서의 기회와 다를 이유가 있을까? 시민사회의 참여는 정치적 의사 형성에 기여하고, 어떤 주제가 사회적 관심을 받는지에 영향을 끼치기 때문에 지금 수준에 머물러서는 안 된다. 배타적인 구조는 불공정을 영속화하고 나아가 강화하는 결과를 초래한다. 시민사회가 보다 폭넓고 포용적인 정치적 논의를 이끌고 사회 결속력을 강화하는 역할을 하려면, 더 다양한 사람들이 참여하고 논의를 주도할 수 있는 환경을 만들어야 한다.

위에서 언급한 배제 요인 외에도 시간 빈곤은 자발적 활동에 참여하지 못하게 만드는 가장 큰 장애물 중 하나다. 여러 설문 조사에서 사람들은 긴 노동 시간과 교대 근무제를 자발적 참여 활동의 장애 요인으로 자주 언급한다. 동호회나 자원봉사 단체에서 활동해본 적이 없다고 응답한 사람 중 4분의 3은 시간 부족을 이유로 들었다.[26] 또한 자발적 참여 활동을 종료하거나 중단하는 가장 큰 이유도 시간 부족 때문이라고 한다. 즉 자원봉사 활동에 너무 많은 시간이 필요하거나, 참여 활동에 할애했던 시간을 직업적, 가정적 일에 사용해야 하기 때문이라는 것이다.[27]

가장 최근의 자원봉사 설문 조사에서 나타난 사실은, 사람들이 자원봉사 활동에 사용하는 시간이 전반적으로 감소하고 있다는 것이다. 20여 년 전부터 자발적 참여 활동에 주당 6시간 이상을 할애하는 사람들의 비율이 줄고 있는 추세를 보인다.[28] 1999년에는 이들의 비율이 23%였으나 지금은 17%로 떨어졌다. 자발적 참여 활동을 덜 함으로써 생겨난 시간은 소득 활동과 돌봄 노동을 더 많이 하는 데 사용된다. 물론 더 많은 자유 시간을 위해 참여 활동을 줄이는 경우도 있다. 주당 6시간 이상 자발적 참여 활동을 하는 집단에는 남성이 여성보다 많고, 65세 이상 사람들의 비중이 높았다. 이 연령에는 이미 은퇴한 경우가 많고, 자녀를 돌보는 데 더 이상 오랜 시간을 소모할 필요가 없기 때문이다. 30~49세 연령대의 사람들이 자원봉사 활동을 하는 시간은 특히 적다. 이 연령대는 부모가 되어 돌봄에 많은 시간을 할애해야 하고, 직장에서의 요구도 특히 많은 시기이기 때문이다. 또한, 이들은 자유 시간이 있는 경우 또 다른 형태의 일을 하는 것보다 휴식을 취하는 걸 택한다.

정치인들이 자주 언급하는 독일의 높은 자원봉사 참여율은 주로 주당 1~2시간의 짧은 시간을 참여하는 사람들로 구성된다. 1999년 이후 아주 짧은 시간에만 자발적 참여 활동을 하는 사람들의 비율이 50%에서 60%로 증가했다.[29] 총량으로 볼 때 이는 인상적인 수치기는 하다. 하지만 이러한 짧은 자발적 참여 활동이 세세한 부분에서 얼마나 큰 힘을 발휘할 수 있을까? 아이디어를 개발하고 전략을 세워 이를 실행하는 데 일주일에 한두 시간이면 충분할까? 그러한 시간 부스러기가 얼마나 효과를 발휘할 수 있을까?

또한, 지금까지 독일에서 자발적 참여 활동에 대한 평가는 활동의 질과 사회적 관련성에 대해 제한적인 결론만 도출할 수 있다. 독일에서 자발적 참여 활동을 조사하는 가장 대표적인 설문 조사인 '자원봉사 설문 조사'는 각 활동이 실제로 사회 결속력을 강화하는지, 사람들의 정치적 관심사를 통합하고 표명하는지, 또는 민주주의를 위협하는 경향에 대응하기 위해 노력하는지 등 질적 측면을 확인하지 않고 모든 유형의 참여 활동을 단지 시간의 양을 기준으로만 조사하고 있기 때문이다. 말하자면 자발적 참여 활동에 대한 통계에는 반민주적 방식으로 활동하는 단체, 자신의 특권을 보호 및 확대하고 공동선을 지향하지 않는 단체에서 활동한 이력도 포함될 수 있다. 2019년 자원봉사 설문 조사에 따르면 자발적 참여 활동에서 가장 높은 비율을 차지한 분야는 '스포츠 및 운동'으로, 응답자의 13.5%가 이 분야에서 활동했다. '정치 및 정치적 이익 대변' 분야는 약 3%, '환경, 자연 및 동물 보호' 분야는 4%에 불과했다.[30] 많은 부모, 특히 어머니들은 자녀의 유치원과 학교에서도 참여 활동을 하고 있다. 그런데 이러한 활동은 부분적으로만 자발적 참여일 뿐, 가족 돌봄 노동의 연장이자 추가적인 시간 부담으로 볼 수 있다. 어머니에 대한 역할 기대와 돌봄 기관에 도움을 주어야 한다는 필요성은 어머니들이 자유롭게 자발적 참여 활동을 선택하지 못하도록 제한한다. 정치적으로 관심 있는 주제보다 자녀를 위한 참여 활동에 더 많은 시간을 할애해야 한다면 그 사람들의 정치 세계는 당연히 좁아질 수밖에 없다.

몇 해 전부터 나는 느슨한 여성운동 단체에서 활동하고 있다. 이 단체는 2016년 새해 전야인 12월 31일 쾰른에서 발생한 집단 성폭력 사건 이후 '노 민스 노(No Means No)' 원칙을 반영한 성범죄 관련 법률 개혁을 지지하며 '#ausnahmslos(예외 없음)' 활동을 펼치는 등 교류와 지원, 구체적인 행동을 위해 모임을 가졌다.[31] 하지만 이러한 참여 활동을 장기적으로 이어나가는 것은 불가능했다. 우리는 직장 업무나 가정 일을 병행하면서 충분한 시간을 낼 수 없었고, 얼마 되지 않는 자유 시간 역시 장기적으로 함께 무언가 할 수 있는 시간으로 조정하기 어려웠기 때문이다. 게다가 코로나 팬데믹으로 말미암아 대면 회의가 어려워졌다. 새로운 아이디어와 동기 부여를 위해서는 온라인 회의보다 기존의 대면 회의가 훨씬 더 효과적이라는 사실을 깨달았다. 팬데믹을 거치면서 실제로 만나서 함께 사고하는 것이 얼마나 중요하고 효과가 뛰어난지를 더욱 분명히 알게 되었다.

나는 일주일이 8일이고 마지막 여덟 번째 날을 오롯이 자발적 참여 활동에만 전념할 수 있으면 좋겠다는 상상을 오랫동안 해왔다. 혹은, 일주일에 4일만 일한다면 어떨까? 지금은 우리가 어떤 문제에 대해 정치적인 활동을 하고 싶다는 마음, 또는 해야 한다는 생각과 실제로 이러한 관심사를 표현하는 행동 사이에 큰 간극이 존재한다. 우리가 품고 있는 방대한 생각을 공동체와 연결해야 그 생각에 집단적 의미를 부여할 수 있고, 이로부터 변화가 발생할 수 있다.

우리에겐 의미 있는 삶, 가치를 만들어내는 삶에 보다 가까이 다가가기 위해 자신의 삶을 조직하고, 이를 다른 사람들과 함께 형성해 나가고자 하는 욕구가 있다. 대부분의 사람들은 때때로 자발적 참여 활동을 하긴 하지만, 이를 바쁜 일상에 끼워 맞추기 힘들기 때문에 많은 시간을 들여 장기적으로 참여하는 경우는 드물다. 2022년 6월 독일 연방 대통령 프랑크-발터 슈타인마이어(Frank-Walter Steinmeier)는 한 인터뷰에서 "여성과 남성이 일정 기간 동안 사회에 봉사한다면 국가에 도움이 되지 않을까?"라는 질문을 제기하며 의무 사회봉사제 도입을 논의하겠다고 밝혔다.[32] 슈타인마이어에 따르면, 지역사회에서 좀 더 오랫동안 자발적 참여 활동을 한다면 편견을 줄이고 다른 사람들의 삶과 견해를 이해할 수 있을 뿐만 아니라 공동체 의식을 강화할 수 있으리란 것이다. 그는 이러한 의무 사회봉사제 복무 대상을 학교를 졸업한 이들로 한정할 것인지, 아니면 모든 연령층을 포함할 것인지 명확히 규정하지는 않았다. 그런데 이를 발단으로 소셜 네트워크와 언론에서 청년층이 의무적으로 1년 동안 사회 참여 활동을 해야 하는지를 두고 논쟁이 시작되었다. 젊은 층의 자발적 참여 활동 비율이 노년층보다 높다는 점으로 미루어 보아 부적절한 논쟁으로 보인다는 의견도 있었다. 나는 나이에 상관없이 어떤 문제에 대해 자발적 참여 활동을 하고 싶은 모든 사람에게 이러한 활동을 할 수 있는 시간과 기회가 일상적으로, 혹은 인생 중간중간 원하는 시기에 주어진다면, 사회 결속력을 강화하고 민주주의를 활성화할 수 있는 잠재력이 훨씬 더 커지리라 생각한다. 직업적으로, 또는 개인적으로 새로운 방향을 설정하고자 하는 많은 사람들은 육아휴직 기간에, 혹은 직장을 그만둔 이후 재취업 전까지의 기간에 자발적 참여 활동을 한다. 하지만 일부러 몇 달간 직장을 쉬면서 자원봉사를 하거나 기후 운동이나 난민 구호 활동에 참여하는 사람 중 30~50대가 거의 없는 이유는, 무엇보다 월급을 포기할 수 없고 자발적 참여 활동을 위해 경력을 중단한다는 생각을 쉽게 하지 못하기 때문일 것이다. 그래서 나는 누구나 일생 동안 여러 번 가질 수 있는 '시민사회 참여 안식년'에 대한 논의가 이루어졌으면 한다. 시민사회 참여 안식년을 통해 일 중심 문화에서 너무 적은 자리를 차지하고 있는 개인의 사회적 생각 및 관심사를 위한 시간을 확보할 수 있을 것이다. 우리는 사회 참여를 새로운 에너지와 아이디어, 관점을 불러일으킬 수 있는 긍정적인 활동으로 해석해야 하며, 따라서 이에 들이는 시간을 의무가 아닌 선물로 받아들여야 한다. 시민사회 참여 안식년은 개인의 이력의 일부로서 정치적으로 인정받을 수 있어야 하며, 육아휴직이나 실직 기간처럼 모든 사람이 재정적으로 생활할 수 있는 수준의 임금 대체 혜택이나 기본소득으로 금전적 보상을 받을 수 있어야 한다.[33] 우리 사회가 개방적이고 다양성을 포용하는 사회로 나아가려면 육아휴직만으로는 충분하지 않다.

경력 단절 문제는 2021년 연방의회 선거에서 거의 모든 정당의 공약으로 등장했지만, 노동 시장에 국한한 직업 재교육 문제로만 다루어졌다. 좌파당만이 '문화적, 정치적, 직업적 재교육'[34]을 위한 '교육 휴가' 개념을 공식적으로 표명하면서 교육의 개념과 경력 단절의 범위를 보다 폭넓게 정의했다. 또한 좌파당은 안식년을 법적 권리로 도입하는 걸 공약으로 내세웠다. 직장 생활 동안 각 1년씩 두 차례의 안식년을 보장한다는 내용이었다.[35]

안식년은 지금까지 주로 과로나 개인적 위기에서 벗어나기 위해, 혹은 커리어 방향 전환을 위한 개인적 해결책으로 인식되어 왔으며, 함께 모여 공동의 생각과 행동을 발전시키고 도모하기 위한 활동을 위한 시간으로 여겨지지는 않고 있다. 그러나 안식년은 직업 활동을 벗어나 집단적 행동 능력을 경험하고, 여럿이 함께 모여 힘과 새로운 아이디어를 얻을 기회가 될 수 있다. 시민사회 참여 안식년은 1년이 될 수도, 2개월이 될 수도, 일주일 중 다섯 번째 날이 될 수도 있다. 앞서 말했듯이 현재 대부분의 사람이 주당 1~2시간만 자발적 참여 활동을 하고 있으며, 14세 이상 인구의 약 60%는 전혀 자발적 참여 활동을 하고 있지 않다. 그렇기 때문에 한 사람당 하루 중 오후에만 자발적 참여 활동을 해도 우리 사회가 공동선을 위해 할애하는 시간이 몇 배로 늘어날 것이다.[36] 민주주의를 삶으로 실현하는 이러한 시간을 당연하면서도 없어서는 안 될 민주주의의 한 부분으로 인식하는 것은 많은 시사점을 던져줄 것이다. 그러므로 사회 참여는 일생에 한 번 어느 순간에 의무적으로 하고 끝내는 것이 아니라, 모든 사람이 전 생애에 걸쳐 지속적으로 해나갈 수 있는 방향으로 나아가야 한다.

정치를 새롭게 바라보기

적극적이고 다양한 참여 활동을 원하는 사회에서는 시간 정의를 어떻게 실현할 수 있는지, 일상에서 정치적 참여에 얼마나 많은 시간을 써야 하는지 고민하면서 시민사회 참여를 시간 정책 구상에 포함해보자.

나는 정치적 삶을 위한 시간을 '세계에 관심을 가지는 시간'이라고 부른다. 그런데 오늘날 모든 사람이 이러한 시간을 갖지는 못한다. 이 시간은 단순히 정치 참여를 위해 일상 시간의 일부를 비워둔다고 해서 생겨나는 것은 아니다. 우리가 이 시간을 실제로 사회적 관계를 만들어가는 데 사용할 수 있으려면 이 시간이 우리의 권리임을 인식하고, 이 시간을 통해 우리가 무엇을 얻을 수 있는지 깨달아야 한다. 이는 자기 이해, 해방, 진정한 자유, 그리고 관계에 관한 문제다. 세계에 관심을 갖는 시간을 공통의 정치를 위한 공간으로 만들어가려면 네 가지 전제 조건이 필요하다.

가장 먼저 사람들이 자신의 생각과 행동으로 세상을 변화시킬 수 있다는 것을 경험하거나 그것이 가능하다고 믿어야 한다. 사람들은 자신에게 **행위 능력이 있음을 경험**하고 자신뿐만 아니라 다른 사람을 신뢰할 때 이 세상을 위해 자신의 시간을 헌신하기 때문이다. 사회과학자 가브리엘레 빈커는 다음과 같이 쓰고 있다. "실패할 위험을 알면서도 현재 대부분의 사람들은 사회적 관계를 맺고 있고, 바로 그러한 생활 조건을 유지하려 애쓴다."[37] 이는 우리가 정치적 결정을 내릴 때 아동을 배제하지 않아야 하는 중요한 이유이기도 하다. 정치적으로 각성한 사회에서는 어린이들이 어릴 때부터 자신에게 행위 능력과 발언권이 있음을 경험하며, 이러한 자아상을 어른이 되어서가 아니라 어릴 때 이미 습득한다. 참여를 통해 사회에 기여하기 위해서는 모든 시민에게 정치적 역량이 부여되어야 한다. 조안 트론토는 일부 사람들이 다른 사람들 밑에서 하인 노릇을 하는 등 계급 차이가 커지면서, 경제적으로 취약한 사람들이 '민주주의적 삶에 기여할 수 있는 동일한 권리'를 가진 '동등한 사람'으로 보이지 않게 되었다고 비판했다.[38]

또한, 포용적 민주주의는 무력감과 무관심, 불신을 낳는 그 어떤 구조적 배제와 폭력도 허용해서는 안 된다. 끊임없는 공격에 맞서 싸워야 하는 사람들, 생존을 위해 바삐 살아가는 사람들, 난민이나 포로 상태의 사람들, 전쟁으로 인해 쫓겨난 사람들의 시간은 자유롭지 않으며, 그들의 시간은 타인이 행사하는 힘에 의해 외적으로 결정된다. 말하자면 그들의 시간은 거의 소멸된다. 작가 토니 모리슨(Toni Morrison)은 1975년의 한 연설에서 인종차별이 어떻게 흑인의 시간을 빼앗고, 어떻게 그들의 시간을 점령하며, 그들의 성장 가능성을 어떻게 매장시켜 버리는지를 생생하게 묘사했다. "그렇기 때문에 진짜 적이 누구인지 아는 것, 우리 시야에서 벗어나 있는 인종차별의 가장 심각한 문제를 아는 것이 중요하다. 인종차별은 우리가 아무 일도 하지 못하게 만든다. 그리고 우리 자신의 존재 이유를 계속 반복해서 설명하도록 강요한다."[39]

배제에 대한 경험은 그 당사자들이 어떤 행동도 취하지 못하게 만들 수 있으며, 그들이 다룰 수 있는 주제의 범위를 제한할 수도 있다. 작가 퀴브라 귀뮈샤이(Kübra Gümüşay)는 자신이 겪은 차별 경험이 자신의 사고를 제한한다는 사실을 깨달은 후 이러한 효과에 대해 설명했다. 그녀는 증오 메일, 살해 위협, 거리에서의 모욕, 심지어 신체적 공격의 형태로 인종차별과 성차별, 무슬림 혐오를 경험했다. 이로 인해 그녀는 오랫동안 자신에게 호의적이지 않고 선입견을 가지고 있는 사람들의 공격에 대응해야 한다는 생각으로 머릿속이 꽉 차 있었다고 한다. 그녀는 한 인터뷰에서 다음과 같이 이야기했다. "어느 순간 스스로 이렇게 묻기 시작했어요. 이 사회에 인종차별과 성차별, 혐오가 없다면 나는 무엇을 쓰고, 무엇에 대해 생각하고, 어떤 이야기를 하고, 어떤 활동을 하게 될까? 처음에는 이 질문에 대한 답을 찾지 못했지만, 몇 달 동안 답을 찾기 위해 노력했어요. 그렇게 찾은 답이 나를 움직였고, 그 안에서 행동의 단초도 찾을 수 있었어요."[40] 그녀는 자신을 향한 증오가 자신의 문제를 스스로 선택하지 못하게 만든다는 사실을 점점 깨달았다. 그 후로도 그녀는 자신이 어떤 문제를 다루고 싶은지 명확하게 깨닫기까지는 몇 달이 걸렸다. 세계에 관심을 가지는 시간에 접근하기 위해서는 자신에게 의미 있는 **주제와 계획**이 무엇인지, 이를 통해 더 넓은 주변 세계와 어떻게 소통하고 싶은지를 최대한 자유롭게 파악할 수 있어야 한다.

다음으로, 자기 시간을 세계에 관심을 가지는 시간으로 사용할 수 있으려면 **기회**가 필요하다. 즉 사색을 위한 자유 시간 및 교육과 지식에 접근할 기회, 다른 사람들과 만나서 교류할 기회, 또는 관심사를 공유할 사람들을 찾을 기회 등이 필요하다. 우리는 다른 사람들과 공동으로 만든 제반 조건을 바탕으로 자신의 생활 여건을 형성하는 데 직접 참여할 수 있다. 우리가 다른 사람들과 관계를 맺을 때 시간의 범위는 확대된다. 이는 시간을 정치적으로 이해하기 위한 가장 중요한 인식이다. 우리를 고립으로 몰아넣는 사회는 우리의 시간에 내재한 힘을 제한한다. 한나 아렌트는 "권력은 사람들이 함께 행동할 때 생겨나며, 흩어지는 즉시 사라진다"라고 말한다. "어떤 이유로든 고립을 추구하고 함께하는 삶에 참여하지 못하는 자는 개인적 강점이 아무리 크고 자신이 내세우는 이유가 아무리 훌륭하더라도, 자신이 권력을 포기하고 무력함을 선택했다는 사실을 알아야 한다."[41] 우리는 사람들과 함께할 시간이 부족하다고 자주 생각한다. 그럼에도 함께할 순간을 만들어내야 한다. 함께 행동하기 위해 필요한 만큼의 시간을 사람들과 함께 보내야 한다. 우리는 나 자신과 다른 사람들을 위해 이 시간을 지켜내야 한다. 정치적으로 살아가기 위해 우리는 서로 가까워져야 하며, 우리를 멀어지게 하는 상황을 극복해야 한다. 또한, 우리를 둘러싼 세계에 지속적으로 열린 마음을 지녀야 하며, 이를 위해서도 시간이 필요하다.

세계에 관심을 가지는 시간에 집단적으로 접근하기 위해 마지막으로 우리가 인식해야 하는 사실은, 정치적 참여가 **필수적인 사회적 돌봄**의 한 형태라는 점이다. 우리는 우리가 활동할 수 있는 범위, 즉 자유를 최대한 활용하여 세상에 관심을 가지고, 세상과 관계 맺으며 살아간다. 한 사회 안에서 살고 있다는 인식뿐만 아니라 이 사회가 한 명 한 명의 개인으로, 그리고 이들 모두의 행동으로 구성되어 있다는 생각, 여기에는 누구나 참여할 수 있어야 한다는 의식, 이러한 참여 기회를 얻지 못하는 건 문제라는 생각은 개인의 행위 능력을 넘어 정치적인 영향력을 발휘하는 공동체의 행위 능력으로 확장된다. 모든 인간은 돌봄이 필요하다. 태어난 뒤 누군가 돌보지 않으면 제대로 살 수 없기 때문이다. 이 맥락에서 정치 참여를 반드시 필요한 사회적 돌봄 활동으로 이해한다면, 정치 참여 시간을 우리의 권리로 인식하고 모두가 이 권리를 누려야 한다고 생각하게 될 것이다.

정치를 돌봄의 한 형태로 이해하는 것은 아마도 민주주의 정치를 적절하게 정의하는 가장 간단한 방법일 것이다. 즉 정치는 모두의 안녕을 돌보는 일이다. 하지만 현시점에서 돌봄 행위는 공적인 일이 아닌 사적인 일로 간주된다. 정치학자 이자벨 로라이(Isabell Lorey)는 2020년에 출간한 『현재의 민주주의(Demokratie im Präsens)』에서 "어째서 그토록 광범위하고 무한하며 우리 주변을 둘러싸고 있는 돌봄 관계가 민주주의의 기초가 될 수 없다는 말인가?"라는 질문을 던지면서 지금까지 민주주의 개념에 돌봄이 거의 반영되지 않은 사실을 드러낸다.[42] 그녀의 물음은 전 세계 민주주의가 모든 사람의 안녕을 추구하는 걸 최우선 과제로 삼지 않았음을 깨닫게 한다. 무엇보다 지배적인 시간 문화에서 엿볼 수 있듯, 오늘날 우리 사회의 정치적 질서는 시민들이 서로를, 그리고 자신과 자신을 둘러싼 환경을 돌보는 것을 매우 어렵게 만들고 있다. 이는 불평등한 기회, 과로, 빈곤, 생태계 붕괴로 이어진다. 허울뿐인 민주주의는 계속해서 배제를 양산하고, 불평등을 해결하지 못하며, 세계 곳곳에서 많은 이들이 국가적 이익을 위해 힘겹게 살아간다는 사실을 외면한다.

조안 트론토는 모든 사람이 '가능한 한 잘 살 수 있도록' 사회를 구성하고 세상을 보존하는 **돌봄 민주주의**(Caring Democracy) 개념을 발전시켰다.[43] 돌봄 민주주의는 트론토가 시민권 운동가 버니스 피셔(Bernice Fisher)와 함께 구상한 돌봄의 정의에 기반하고 있다. "돌봄에는 우리가 가능한 한 잘 살 수 있도록 '세상'을 보존하고 지속시키고 바로잡기 위해 하는 모든 활동을 포함한다. 이러한 세상은 우리의 몸과 자아, 생명을 유지시키는 복잡한 그물망으로 서로 얽혀 있는 주변 모든 환경을 포괄한다."[44]

돌봄 경제(Caring Economy)라는 개념도 존재한다. 이 개념에서 경제는 "우리가 서로를 돌볼 수 있도록 하는 모든 것"[45]이다. 사람들이 자신과 타인을 잘 돌보기 위해서는 생존에 필요한 소득만으로는 충분하지 않다. 이러한 점에서 볼 때 돌봄 민주주의는 삶을 포괄적으로 이해하는 관점 전환의 계기를 제공하며, 좋은 삶과 재정적 안정을 혼동하는 사고에서 벗어나게 해준다.

돌봄에는 인간의 삶의 토대를 돌보는 것도 포함되므로 이를 기본 원칙으로 삼는 정치는 전 세계를 지향하는 정치일 수밖에 없다. 돌봄을 **세상을 살리는 활동**으로 이해한다면, 돌봄이라는 주제는 대중의 시선을 끌 뿐만 아니라 나아가 정치적으로도 더 큰 중요성을 얻을 수 있다. 사회적 돌봄을 우리 활동의 기반으로 삼는다면, 다른 사람들과 자연 환경을 위한 시간을 더 소중히 대하는 사회가 먼 유토피아가 아님을 알게 되고, 공동체를 돌보는 게 인간 활동의 가장 큰 부분을 이루고 있다는 사실 또한 깨달을 수 있다. 자기 자신을 돌보는 것만을 장려하고 이를 자유의 전형으로 여기는 신자유주의적 사회는 함께 사는 우리 삶을 이해하지 못할 것이다.

조안 트론토는 "진정으로 자유로운 사회는 사람들에게 돌봄의 자유를 제공한다. 잘 돌봄 받고 돌봄 관계를 맺을 수 있는 기회를 모두에게 제공한다"라고 말한다.[46] 가브리엘레 빈커가 자신의 동명의 저서에서 설명하고 있듯이 '연대적 돌봄 경제(Solidarische Care-Ökonomie)'[47]는 지금까지의 삶과 과격하게 단절하는 것이 아니라, 자본주의적 가치 창출보다 훨씬 더 직접적으로 우리를 연결하는 새로운 사회 질서를 창출하기 때문에, 즉 돌봄 관계를 중심에 놓기 때문에 유토피아가 될 수 있다. 우리가 타인과 주변 세계, 민주주의, 미래를 돌보는 것을 권리로 이해한다면 이를 위해 필요한 시간에 대한 권리도 요구할 수 있을 것이다. 모든 사람에게 필요한 민주주의와 돌봄에는 넉넉한 시간이 반드시 필요하니 말이다.

모두를 포용하는 연대와
미래 지향적 삶을 위해서는 무엇보다
이를 위한 시간이 필요하다.

다양한 활동을 시도할 자유

사회학자 프리가 하우크는 4-in-1 모델을 제안하며 분업 기반의 사회가 우리의 바람과 능력에 부합하는지, 그리고 이러한 분업이 의미 있고 정의로운지 의문을 제기했다. 대부분의 직업이 전문화되고, 무급 돌봄 노동을 여성에게 전가하며, 정치는 소수 집단의 전유물이 되고, 소수의 사람만이 자신의 재능 범위를 폭넓게 탐색한다면 결국 우리는 자신의 잠재력은 물론 사회의 잠재력을 제한하는 것이 아닐까? 하우크는 모든 사람이 다양한 활동을 할 수 있는 시간을 보장받고, 그로 말미암아 우리 모두가 정치 참여를 포함하여 삶의 여러 영역에 대한 책임감을 느낀다면 결과적으로 변화 가능성이 더 큰 사회, 더 평등한 사회가 생겨날 수 있다고 주장한다. 그녀는 다음과 같이 쓰고 있다. "사회를 형성하는 일이 분업에 기초한 전문 분야가 되어서는 안 된다는 것, 이것이 바로 우리가 정치적으로 요구하며 나아가야 할 방향이다. 일부 소수의 사람들만 정치를 하게 되면 다른 다수의 사람들까지 이로 인한 고통을 받는다."[48]

사람들이 삶의 여러 영역에 시간을 더 고르게 분배하고 싶어 한다는 생각은 '삶의 의미' 연구에 의해 뒷받침된다. 심리학 교수 타트야나 슈넬(Tatjana Schnell)은 연구를 통해 사람들이 삶의 어떤 측면을 의미 있다고 생각하는지를 종교, 생성성(Generativity), 지식, 전통, 사랑 등 26가지로 범주화했다.[49] 슈넬에 따르면 "(범주화한 삶의 의미 중) 더 많은 삶의 의미가 실현될수록(즉, 더 많은 범주가 충족될수록) 만족감이 높아지며 최소 4개의 삶의 의미가 임계값이다."[50] 그녀는 삶의 의미를 느끼는 원천이 삶의 다양한 영역에서 나온다는 사실도 발견했다. 각 영역은 서로 균형을 이루어야 한다. 그래야 "자신이 살아 있고, 사회와 관계를 맺고 있고, 참여할 수 있음을 경험"할 수 있다는 것이다.[51] 슈넬은 이러한 균형을 위해서 다섯 가지 차원(자아실현, 수직적 및 수평적 자기초월, 질서, 우리라는 감정, 행복감) 중 적어도 세 가지 차원에서 의미를 느껴야 한다고 보았다.

자신의 삶이 의미 있다는 감각은 다양한 일과 활동에서 느낄 수 있다. 이를테면 직업은 도전, 창의성, 성과, 권력 등 여러 가지 삶의 의미를 아우를 수 있지만 모두 '자아실현'이라는 차원으로 수렴된다. 타트야나 슈넬에 따르면, 의미의 원천이 한 부분에만 집중되어 있고 다른 삶의 의미들을 충분히 보살피지 못했다면 은퇴기가 시작될 때나 자녀가 부모의 집을 떠날 때 위기가 찾아올 수 있다. 중심을 이루던 단 하나의 삶의 의미가 상실되고, 이러한 상실을 무엇으로도 보전하기 어렵기 때문이라는 것이다.[52] 새로운 삶의 의미를 발견하고 이를 일상생활에 통합할 수 있을 때까지 그 삶은 무의미하게 느껴진다. 연구 결과에 따르면 정신 건강과 행복감을 위해서는 자신의 삶을 한 가지 영역으로 좁히지 않는 것이 바람직하다. 슈넬은 직업 활동이 "삶의 다른 영역, 특히 우리라는 감정과 행복감의 영역을 소홀히 할 정도로 우리의 자원을 독차지하는 경향이 있다"라고 지적한다.[53] 우리라는 감정과 행복감의 차원에는 공동체, 즐거움, 사랑, 건강, 배려, 의식적인 경험, 조화가 포함된다.[54]

프리가 하우크가 제안한 4-in-1 모델, 즉 직업, 돌봄 업무, 자기 관리, 사회정치적 참여에 각각 하루 4시간을 할당한다는 생각은 누군가에게는 과도한 요구로, 또 누군가에게는 억압으로 느껴질 수 있다. 지금까지의 경쟁 이데올로기는 오랫동안 우리에게 어떤 일을 할 때 최대한 능숙해야 한다고 재촉해왔다. 말하자면 균형보다 탁월함을 우선시했다. 그렇기 때문에 '내 직업이 곧 내 인생이다'와 같은 신념은 사람들에게 안정감을 준다. 그러나 다른 관점에서 보면 모든 사람은 다양한 능력을 가지고 있으며 누구나 하나 이상의 영역에서 탁월성을 발휘할 수 있다. 또한, 하우크의 모델이 적용된 사회에서는 지금까지 밀려났던 사람들이 다시 자리를 찾을 수 있는 포용적인 일의 세계가 생겨날 수 있다. 이 세계에서는 모든 사람이 공동체를 위해 무언가를 하는 것은 당연한 일이기 때문에 특정 사람들이(특정 성별, 국적, 인종 등) 돌봄 업무에 더 적합하다는 고정관념이 사라질 것이다.

하우크의 모델은 모든 사람이 '창의적이고 예술가적인 능력'[55]을 가지고 있다고 믿는다. 즉 우리에게는 유희하고 꿈꿀 시간이 필요하다는 것이다. 그리고 이는 사회 참여를 고무한다. 사람들에게 매우 다양한 활동을 할 수 있는 시간을 허용하는 것은 '당신은 이 일을 할 수 있고, 이 일에 당신이 필요하다'는 신호를 보내는 것이다. 직업 활동을 더 이상 가장 중요한 일로 여기지 않는 이러한 시간 문화는 자신의 뛰어난 재능을 아직 찾지 못한 모든 이에게 자신감과 소속감을 선사할 것이다. 우리는 이러한 새로운 시간 문화 속에서 서로 경쟁하면서 힘을 소모하는 대신 서로에게 힘이 되어줄 수 있다.

많은 일을 할 수 있는 시간이 주어지면, 잘못된 결정으로 시간을 낭비할지 모른다는 두려움이나 빨리 더 잘 해내야 한다는 압박감을 느낄 필요가 없어진다. 여러 활동을 시도해 보면서 천천히 성장하면 된다. 우리가 시간을 새롭게 분배한다면 분명 새로운 갈등도 생겨나겠지만, 훨씬 더 많은 자유를 얻게 될 것이다. 또한, 무엇이 성공적인 삶인지 새롭게 정의하고 이를 직접 경험할 수 있을 것이다. 이러한 시간 질서는 복잡성을 허용한다. 삶을 어느 한 가지에 집중할 필요가 없게 된 세상에서는 삶의 풍요로움을 만끽할 수 있다. 각기 다른 내면의 다양성을 바탕으로 각자의 삶을 평생 탐구할 수 있을 것이다.

정치적인 측면에서도 더 많은 시간은 놀라운 변화를 가져올 것이다. 기후 변화를 비롯한 위기에 대처하는 법을 배우는 데는(여기에는 다가올 변화를 제대로 이해하고 상상하는 능력도 포함된다) 지금까지의 시간 문화가 제공한 것과는 다른 형태의 사회적 교류와 더 많은 시간이 필요하기 때문이다. 사회의 다양한 문제에 대처하기 위해서는 사람들이 스스로 그에 대한 정보를 얻고 아이디어를 교환할 수 있어야 한다. 우크라이나 전쟁, 인플레이션, 임박한 에너지 위기, 기후 정책, 코로나 팬데믹, 의료 파업 등 다양한 문제를 동시에 이해하려고 노력했던 모든 사람들은 이를 위해 얼마나 많은 시간이 필요한지 경험했다. 여기에 나열한 문제는 국제 및 지역 문제의 일부에 불과하다. 단지 머리로 이해하는 데 그치지 않고 연대와 같은 정치적 행동을 위해서도 시간이 필요하다. 가브리엘레 빈커는 우리 자본주의 사회가 연대적인 사회, 세계를 보존하는 사회, 세계 지향적인 사회로 변화하는 것에 대해서 다음과 같이 설명한다. "자신의 행동이 멀리 떨어진 사람들의 환경에도 영향을 끼친다는 사실을 깨달아야 한다. 여기에서 말하는 멀리 떨어진 사람에는 미래 세대도 포함한다. 어떤 필요를 충족할 때 미래 세대의 필요 역시 고려해야 한다. 물론 이는 많은 시간이 걸리는 일이다."[56]

어쩌면 사람들이 일상에서 이러한 문제를 다룰 여유를 없게 만드는 것이 정치적인 의도에서 비롯된 것일 수도 있다. 하지만 큰 변화에 대비하고 그 과정에서 아무도 외면하지 않기 위해 우리에게 필요한 시간을 함께 끊임없이 고민하는 것이 훨씬 현명하지 않을까? 그리고 모든 시민이 이에 적극적으로 참여하여 자기 자신을 무력하고 타인에게 휘둘리는 존재가 아니라 행동하고 참여할 수 있는 존재로 인식하는 것이 더 바람직하지 않을까? 모두를 포용하는 연대와 미래 지향적 삶을 위해서는 무엇보다 이를 위한 시간이 필요하다.

더 큰 정치를 상상하며

우리가 살고 있는 경쟁 위주의 개인주의 사회에서 우리는 삶의 목표와 의미에 대한 질문을 주로 개인으로서의 자신과 연관시키는 법을 배운다. 우리는 자기 삶을 최대한 활용하기 위해 계획을 세우고, 앞으로 나아갈 수 있는 주제와 활동을 찾는다. 하지만 이렇게 자신의 이력과 좁은 인간관계에 집중하다 보면 주변을 둘러볼 시간이

나 에너지, 관심, 책임감이 부족해지고, 중요한 물음을 놓치며 살게 된다. 다른 사람의 삶이 나에겐 어떤 의미가 있을까? 우리 모두를 하나로 연결해줄 정도로 중요한 것은 무엇일까? **함께** 만들어나가고 싶은 세상에 대한 이미지가 우리에게 있는가? 우리는, 고치를 벗고 초원의 나비가 될 수 있을까?

우리 중 많은 사람은 전 세계 공통의 미래보다는 자신 개인의 미래에 책임감을 느낀다. 하지만 이는 자신의 미래와 다른 사람들의 미래가 서로 분리될 수 없고, 그렇게 하려고 하면 오히려 손해를 입는다는 사실을 간과하는 것이다. 과연 완전히 분리된 '개인'의 미래라는 게 존재할 수 있을까?

어떤 시간 문화가 사회를 지배하고 있는지에 따라 사람들이 노력해 얻으려고 하는 것이 달라지고, 공동체의 삶을 설계하는 방식이 달라진다. 지금보다 훨씬 더 많은 자유 시간을 갖게되면 장기적으로 공동체의 삶에 대해 어떤 주제와 가치가 제시될지, 어떤 삶의 형태가 발전할지 우리는 알 수 없다. 그러나 시간 사용에 관한 여러 연구에 따르면 자유롭게 사용할 수 있는 시간이 주어져야만 자기 시간을 미래에 어떻게 사용하고 싶은지 성찰할 수 있는 여지가 생긴다. 예를 들어 주당 근로 시간이 줄어들면 자유 시간을 점점 더 소중한 일에 사용하게 되고, 결과적으로 소득 활동 이외의 활동에 더 높은 가치를 부여할 수 있게 되는 일종의 '반복 프로세스'를 거치게 된다.[57] 일을 덜 한다고 해서 나의 욕구가 다른 사람의 욕구보다 무조건적으로 우선시되는 시간 문화로 이어지지는 않을 것이며, 점심 때까지 태평하게 잠을 자는 일도 없을 것이다. 모두를 위한 시간제 일자리라는 개념은 세상을 바라보는 새로운 사고방식의 시작이 될 수 있다.

사회적 결속을 위해서는 다양한 연령층의 사람들이 만나서 무엇이 지금 자신을 움직이는지, 자신에게 무엇이 필요한지에 대해 서로 대화할 수 있는 공간이 필요하다. 일터와 사적 영역에만 치중한 사회에서는 이러한 공간이 너무 부족하다. 사람들은 비슷한 욕구와 관심사를 가진 비교적 동질적인 집단 안에만 머물러 있는 경우가 많기 때문이다. 이를 벗어난 새로운 만남은 새로운 가능성을 만들어낸다. 예를 들어 이주민을 이웃으로 만나는 경우 이는 '사회적 친밀 공간'에서의 만남으로, 이주민에게는 그들을 수용한 사회와의 교류 및 접촉의 공간으로 기능할 것이다.[58] 또한 원래 거주하고 있던 이들에게도 편견을 해소하는 기능을 할 수도 있다. 이처럼 고정관념을 극복하고 수용과 관심을 이끌어내며, 나아가 응원이나 우정으로 이어질 수도 있는 상호 이해와 공통의 경험은 함께하는 시간을 전제로 한다. 다른 사람을 알아가고 그들을 존중하기 위해서는 상대에 관한 정보를 책이나 신문을 통해 접하거나 단순히 길에서 인사를 나누는 것만으로는 충분하지 않으며, 그들과 시간을 보내며 함께 살아가야 한다. 모두를 위한 시간제 일자리 모델은 사람들이 의식적으로 새로운 만남을 찾고, 서로 방문하고 돕고 진정으로 알아가며 타인과 이웃과 사회의 다양성에 대해 훨씬 더 깊이 이해할 수 있는 기회를 제공한다. 우리에게 더 많은 시간이 있다면—경제적 걱정 없이—우리는 새로운 형태의 공동체적 삶과 지금과는 다른 함께 일하는 방식을 시도해볼 수 있다. 이를 통해 지금까지 충족되지 않았던 욕구를 만족시키고, 크고 작은 질문에 대한 새로운 해답을 만들어낼 수 있을 것이다. 또한, 이 같은 공동체적 시간은 우리 정치의 자양분이 되어주고 우리에게 힘을 실어주며, 우리 자신과 세상으로부터의 소외를 극복할 수 있게 해줄 것이다. 처음에는 일부 사람들만이 이러한 기회를 포착하겠지만, 이처럼 시간을 다르게 활용한다면 점점 더 열린 사회로 나아갈 수 있다.

이제 우리는 공동체적 삶의 주제와 임무, 필요를 재발견하고, 다른 것들에 점령당한 시간을 되찾아 성찰과 토론, 변화를 위해 사용해야 한다. 마르크스주의 페미니스트 활동가 마리아로사 달라 코스타(Mariarosa Dalla Costa)가 1972년에 출판한 글에는 인상적인 내용이 담겨 있다. 그녀는 지금까지 공적인 의미가 없는 것으로 여겨진, 일상에 치여 갖지 못한 '자기만의 시간'을 요구한다. 그로부터 우리의 정치적 욕망에 대해 배울 수 있다는 것이다.

"공장의 여성 노동자들이 야간 노동 폐지를 요구하는 건 밤에 잠을 자는 것 외에 사랑도 나누고 싶기 때문이며, (…) 이는 그들이 노동 조직 체계에 맞서 고유하고 자율적이며 주관적인 여성의 이익을 지키고자 하며 남편과 자녀에게 부족한 어머니가 되기를 거부한다는 것을 의미한다."[59] 다시 말해, 공장 여성 노동자들은 더 많은 임금을 요구하는 것이 아니라 부부간의 잠자리, 친밀감, 열정 등 더 나은 삶을 요구한 것이다. 그들은 투쟁할 가치가 있을 만큼 중요하다고 생각하는 요구 사항을 찾아내고 요구했으며, 개인적인 주제를 집단적 의제로 전환하고 자신들이 요구한 부부간의 잠자리 시간에 정치적 의미를 부여했다. 이들의 요구는 돈으로 충족할 수 없는 것이며, 이들이 요구한 사랑을 위한 시간은 경제적 가치 이상의 것이다.

보다 다양하고 다채로운 삶, 참여 활동이 가능한 삶, 더 이상 시간에 쫓기지 않고 편히 숨 쉴 수 있는 삶에 대한 갈망은 우리가 오늘날 노동을 조직하는 체계에 맞서는 이유이기도 하다. 직업 활동을 중심에 두는 시간 문화를 거부한다는 건 아무것도 하지 않겠다는 뜻이 아니라 새롭고 자유로운 삶을 선택하겠다는 걸 의미한다. 공동체적 정치는 제도화된 정치에 앞서 일상에서 시작된다. 그러니 우리는 모두 정치를 할 수 있고, 이미 하고 있다. 다시 말해, 누구도 정치 바깥에 존재하지 못한다. 우리가 존재하는 것, 다른 사람들을 비롯하여 주변 환경과 관계를 맺는 것만으로도 이미 정치에 관여하는 것이기 때문이다. 사회학자 프란치스카 슈츠바흐(Franziska Schutzbach)는 '관계 행동(Beziehungshandeln)', 즉 사회적 유대를 깊게 하고 이를 위해 시간을 내는 행동이 '피로에 저항하는 대항 모델'이라고 생각한다.[60] 하지만 이것이 전부가 아니다. 세계에 관심을 가지는 시간에 서로 결속하고 수동적인 자세에서 벗어나 힘을 모으는 것이야말로 더 정의롭고 공동체적인 미래를 향한 첫걸음이다.

우리의 시간 문화를 변화시킬 공동체적 정치는 다음과 같은 질문들로 시작한다. 우리 사회에 **공통**의 주제가 있는가? 우리 삶의 중심에 무엇을 두고 싶은가? 정치의 사명은 무엇인가?

'좋은 정치'란 함께 살아가는 삶을 위한 법안을 마련하기 위해 정치인들이 뜻을 모으는 것만으로는 부족하다. 이러한 정의는 정치가 어떤 이미지와 가치를 지향하는지에 대한 의문을 남긴다. 모든 사람이 자신의 정치적 힘을 인식할 수 있는 방식으로 정치를 정의하려면, 기존의 정의를 넓혀 정치에 생동감을 불어넣어야 한다.

철학자 루이사 무라로(Luisa Muraro)는 정치를 다음과 같이 정의한다. "정치는 인간의 공존을 가로막는 장애물을 찾아서 해결하는 것, 가능하다면 이를 제거하는 일을 의미한다. (…) 그러나 무엇보다도 정치는 이러한 모든 난관을 뚫고 인간의 공존을 실현하는 활동이다. 더 위대하고 더 자유로운 모험에 도전하고자 하는 사람들을 지지하기 때문에 정치의 영역도 확대된다."[61] 그녀가 생각하는 정치에서 자유는 성장할 수 있는 어떤 것, 그 온전한 크기를 아직 알 수 없는 것, 우리가 그 크기를 전혀 짐작할 수 없는 무엇이다. 그렇기 때문에 나는 그녀가 이해하는 정치가 매우 가치 있다고 생각한다.

우리는 자유를 명확한 윤곽을 가진 무언가로 이해할 것이 아니라 각자의 삶의 상황과 필요에 따라 각기 다르게 형성할 수 있는 실천이자 방식으로서 이해해야 한다. 다시 말해, 자유는 나 자신과 세상을 끊임없이 발견하고 창의적으로 살아가도록 이끌며, 무엇보다 미리 결정된 경로가 아닌 다른 방식으로 살아가고자 하는 모든 사람을 지지하고, 그 모든 행로를 동등하게 가치 있는 것으로 여기게 한다. 이러한 자유를 실현하는 것, 이것이야말로 정치의 올바른 정의라고 할 수 있다.

마치며

유토피아로 나아가기

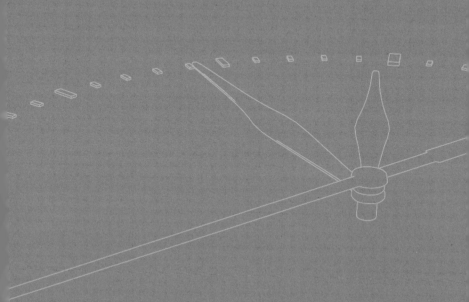

연대를 한다고 해서 함께 싸우는 모든 사람을
좋아해야 하는 건 아니다. 하지만 어깨를 나란히 하는
그 순간에는 서로를 사랑하게 된다.

−세라 자페(Sarah Jaffe)[1]

미래를 상상할 권리

"살아 있어서 다행이에요. 이제 내 인생은 전쟁 전과 전쟁 후의 두 가지 버전으로 존재해요. 지금은 내가 더 이상 나 자신처럼 느껴지지 않고, 마치 다른 사람이 된 것 같아요. 나는 저널리스트였어요. 그때는 나 자신이 자랑스러웠고 화려한 날들을 보냈지요. 하지만 이제 나는, 난민이에요." 이는 전쟁이 발발하고 얼마 뒤 우크라이나 국경을 넘은 한 키이우 출신 젊은 여성이 폴란드의 한 난민 보호소에서 화상 인터뷰를 통해 말한 내용이다. 그녀는 눈물을 꾹 참으면서 자신을 난민이라고 소개했다. 또 다른 여성은 이렇게 말했다. "나는 사실 경제학자예요. 하지만 지금은 내가 누구인지, 무엇을 해야 하는지, 어떻게 살아야 하는지 더 이상 모르겠어요."[2]

피난을 떠나게 되면, 그의 생애는 한순간에 뒤틀린다. 전쟁은 사람들을 자신이 선택하지 않은 미래로 갑작스럽게 던져버린다. 전쟁을 겪은 사람들은 '살아가는 것'이 아닌 '살아남는 것'에 대해 이야기한다. 말하자면 피난과 함께 다른 시간이 시작되며, 이 시간은 이전의 삶과 동떨어져 비현실적인 층이 되어 이전까지의 경험을 덮어버린다. 생존을 위해 힘쓰는 한편 정체성에 대한 탐색도 시작되는 것이다. 바버라 아담은 "우리는 시간과 공간을 초월하는 존재다. (…) 우리는 지금의 현재뿐만 아니라 역사적, 사회문화적, 지리적 공간도 초월한다"라고 이야기한다.[3] 자신이 누구인지 알기 위해서는 자신의 과거와 현재, 자신이 바라는 미래를 서로 연관시키고, 시간 속에서 자신의 위치를 찾아야 한다.

난민에게 이는 무척 어려운 일이다. 그들은 트라우마와 함께 현재에 대한 불확실성, 미래에 대한 불안감을 갖고 있기 때문이다. 대체로 난민의 삶은 긴 기다림으로 가득 차 있으며, 참고 견디는 것 외에는 할 수 있는 일이 거의 없다. 때로는 수년이 걸리는 망명 절차와 이 과정의 불투명성으로 말미암아 그들이 감당해야 하는 스트레스는 치유되지 않거나 심지어 더 나빠지기도 한다. 독일에서 설립된 난민 구호 단체 프로아질(Pro Asyl)은 이들이 "체류 가능 여부에 대한 수년간에 걸친 불확실성으로 몹시 지쳐 있다"며, 그들이 안정감을 되찾는 것은 극히 어려운 일이라고 비판한다.[4]

"감옥에 갇힌 느낌이에요. 그것도 아주 큰 감옥에요. 물론 우리는 죄수가 아니라 자유로워요. 하지만 아무것도 할 수가 없어요."[5] 20대 초반의 시리아 남성 니자르는 노르웨이 연구진에게 임시 거처에서의 삶에 대해 이렇게 이야기한다. 니자르에게는 시간이 있지만, 이 시간을 새로운 삶을 꾸리거나 계획을 세우는 데 사용할 수 없다. 자신의 시간을 자율적으로 사용할 수 없기 때문이다. 인터뷰 당시 이미 14개월째 난민 보호소에서 생활하던 18세 아드난은 기다림의 시간적 차원에 대해 다음과 같이 뚜렷하게 언급한다. "이곳으로 오기 전에는 내 삶이 많이 바뀔 것이라고 생각했어요. 하지만 현실은 그 반대이고, 시간을 계속 잃는다는 것에 놀랐어요. 그리고 시간은 소중하고 삶의 일부라는 사실을 알게 되었어요."

이주는 자신과 타인을 위해 상황을 더 나은 방향으로 변화시키고자 하는 바람에서 비롯된다. 난민을 수용하는 사회는 바로 이러한 이유로 이주를 통해 혜택을 얻는다. 그러나 이주민과 난민이 몇 달 또는 몇 년에 걸쳐 아무것도 하지 못하는 경험을 한다면 자신감을 상실하게 된다. 이는 앞으로의 자신의 삶에 영향을 줄 자유를 잃는 일이다. 미래를 상상하고 미래를 위해 무언가를 할 수 있으려면 현재에 안정감, 소속감, 자율성을 느끼는 것이 중요하다. 타인이 자신의 상황을 결정하기 때문에 자기 스스로 자신의 삶을 꾸려나갈 수 있다는 사실을 의심하는 사람들은 더 이상 미래를 믿지 않는다. 그들은 수동적인 태도를 취하고 공동체와 민주적 참여에서 물러난다.

그러나 모든 사회는 각 개인이 할 수 있는 한도 내에서, 그리고 시민들이 정치적으로 참여하는 만큼만 발전할 수 있다. 그렇기 때문에 당면한 과제에 대한 새로운 해결책을 찾고자 하는 활기찬 사회는 모든 사람이 미래를 상상할 수 있도록 해야 한다. 모두가 긍정적인 방식으로 참여하는 미래를 말이다. 우리는 자기 시간을 의식적으로 활용할 때 스스로를 자유롭고 행위 능력이 있는 인간으로 인식하며, 이는 우리 사회를 나아가게 한다.

더 많은 사람들과 시간을 공유하기 위하여

'더 많은 자유 시간'은 많은 사람을 결집할 수 있는 정치적 주제다. 생계를 위해 또는 가족을 부양하기 위해 아주 많이 일하는 사람들만 자유 시간과 주말을 바라는 건 아니기 때문이다. 엄청나게 많은 사람들이 각기 다른 방식으로 시간을 자유롭게 사용하는 데 제약을 받고 있다. 정치적 이유, 인종차별, 빈곤, 돌봄 부담 등 그 이유는 다양하지만, 모두 공통된 시간적 관심사를 가지고 있다.

이는 기후 위기에서 가장 분명하게 드러난다. 기후 위기의 완화는 모든 아동의 이해가 달린 주제이자 글로벌 사우스에 사는 사람들은 물론 전 세계 사람들의 절박한 의제다. 시간 정책과 관련된 또 하나 중요한 문제는 돌봄 노동의 불공평한 분배를 끝내는 것이다. 이를 위해서는 서로 다른 힘을 가진 사람들이 뜻을 모아야 한다. 부유하고 정치적으로 영향력 있는 여성들이 각계각층의 돌봄 노동자 및 돌봄 담당자와 함께 재정적 안정과 평등한 돌봄 부담을 위해 노력하지 않는 한, 돌봄 노동의 분배는 전 세계 여성의 자유에 계속 불리하게 작용할 것이다. 작가 안젤라 가브스(Angela Garbes)는『필수 노동(Essential Labor)』에서 코로나 팬데믹 상황을 예로 들면서 사람들이 돌봄을 통해 서로 어떻게 연결되는지 설명한다. "인종이나 계급에 관계없이 어떤 여성도 재생산 노동에 대한 기대에서 자유롭지 못하다. 심지어 모든 일을 외부에 위탁할 수 있는 가장 부유한 백인 여성도 수년간 지속된 이 글로벌 보건 위기로 인해 자신이 조직하고 고용한 지원 체계가 증발하면, 갑자기 모든 것을 본인이 책임지게 된다."[6] 이는 오늘날 저렴한 비용으로 돌봄 노동을 구매하는 모든 사람이 자기 삶의 방식을 반성하고 변화시켜야 한다는 것을 의미한다. 가브스의 말처럼 "진정한 연대를 위해서는 물질적 자원과 권력 등이

가져다주는 편안함을 일부 포기하고, 이를 다른 사람들과 공유해야 하기" 때문이다.[7]

각본 없는 인생의 잠재력

사회적 규범은 우리 행동에 큰 영향을 미친다. 모든 사람에게 더 큰 자유를 선사하는 새로운 시간 문화에서 우리는 자신의 생각에 따라 자신의 생애를 더 잘 꾸려나갈 수 있을 것이다. 퀴어 이론가인 잭 할버스탬(Jack Halberstam)은 '대안적 시간성'[8]으로 자기 삶을 설계하는 퀴어들의 사례에서 이러한 가능성을 발견했고, 이로부터 '퀴어 타임(Queer Time)'이라는 개념을 만들었다. 퀴어 하위문화는 "인생 경험의 모범적 경로 바깥에 있는 논리에 따라 미래를 상상"하거나 청소년, 성인, 성숙에 대한 인습적인 관념을 무너뜨리는 것을 가능하게 했다. 그렇기 때문에 퀴어 타임은 '각본 없는 삶의 잠재력'[9]에 관한 것이기도 하다고 잭 할버스탬은 말한다.

적절한 정치적 제도는 보다 큰 시간 주권을 가능케 한다. 연방 장학금(BAföG)에 대한 연령 제한 폐지, 적절한 유급 재교육 기간, 법으로 보장하는 자원봉사 활동(Freiwilligendienst), 무조건적 기본 소득 등을 그러한 제도의 예로 들 수 있다. 앞에서 살펴본 '선택적 시간 모델'이 적용된 사회에서는 소득 활동, 돌봄 업무, 재교육, 자원봉사, 자기 돌봄을 자유롭게 넘나들며 행할 수 있을 것이며, 이는 답답한 오늘날 삶의 경로에 숨통을 트이게 해줄 것이다.

획일적인 삶의 틀을 따르지 않는 다양한 삶을 위해서는 이를 수용하고 지지하는 사회가 필요하다. 우리는 졸업, 결혼, 출산, 승진 이외의 다른 이벤트를 축하하고 이를 자신을 위한 이정표로 삼을 수 있다. 나이에 맞는 행동에 대한 생각의 폭을 넓혀서 70세에도 클럽에 가거나 튜브 슬라이드를 즐길 수 있다. 또한 인생에서 **무언가를 꼭 성취해야 한다는 생각**을 버리는 것도 하나의 방법이다. 우리가 이 세상에서 가지는 시간은 성과가 아니기 때문이다. 생산적이어야 한다는 생각, 직업적, 물질적, 가정적 성공이 성공한 삶이라는 생각을 포기하지 않는 한 우리는 서로 평등한 존재로 마주하지 못할 것이다. 이러한 이데올로기는 모든 사회에서 수많은 사람을 소외시키고, 자유로운 삶을 살지 못하게 한다.

우리가 미리 정해진 경로를 따르거나, 이 길에 대해 의문을 제기하지 않거나 변화를 주고 싶다고 생각만 할 뿐 시도하지 않는다면, 잭 핼버스탬이 말한 **각본 없는 인생의 잠재력**은 요원하기만 하다. 또한, 편협한 기준으로 서로를 판단하고 끊임없이 경쟁한다면 공동체의 잠재력도 놓치게 된다. 다양한 맥락에서 서로를 알아가고 서로를 위해 곁에 더 있어 주며, 서로에게 더 관대하고 나 자신의 본모습에 더욱 가까워지는 것, 이것이 바로 각본 없는 삶의 잠재력이다. 각본 없는 삶의 잠재력은 더 많은 자유를 의미하며, 이는 충분히 추구할 만한 가치가 있다.

근로 시간 단축은 해법이 될 수 있을까?

현재의 시간 문화는 모두를 위한 좋은 삶이 아닌 자본주의적 삶을 지향하고 있다. 이로 말미암아 우리는 점점 더 시간을 돈과 동일시하고, 경제적으로 파악하기 어려운 시간의 가치를 우리 의식에서 밀쳐두게 되었다. 이러한 식으로 우리는 시간이 정치적인 것이고, 시간 부족과의 싸움은 사회적으로만 해결할 수 있다는 깨달음도 잃어버렸다. 최근 들어 근로 시간 단축에 대한 사회적 논의가 더욱 활발해지긴 했지만, 이를 실제로 시도하고 있는 곳은 몇몇 기업체뿐이거나 이미 채용 면접에서 주 4일 근무를 협상하여 주당 근로 시간을 줄인 몇몇 직원들뿐이다. 어쨌든 노동 시간 단축과 관련해 적어도 일부 사람들에게는 구체적인 사회적 논의를 모색하는 기회의 창이 열리고 있고, 점점 더 많은 사람을 위한 해결책으로 전환되어가고 있다. 여러 선행 연구[10]와 근로 시간 및 생산성에 관한 연구에 따르면 주 4일 근무제로의 전환은 많은 기업에서 실현 가능성이 높은 것으로 나타났다.[11]

밀레니얼 세대와 Z세대가 일을 덜 하기를 원하고 일자리에서 더 높은 위치에 오르기를 원하지 않는다는 사실은 그리 놀라운 일이 아니다.[12] 1995년생 저널리스트 레아 쇤보른(Lea Schönborn)은 다음과 같이 말한다. "우리는 부모님이 뼈 빠지게 일한 결과가 무엇인지 보았다. 바로 번아웃과 은퇴를 향한 간절한 기다림이다."[13] 다양한 연구에서 입증된 바와 같이 청년 세대가 직업 외에 많은 자유 시간을 갖고 싶어 한다는 사실을 우리는 진지하게 받아들여야 한다. 그들은 순진하지도, 뻔뻔하지도 않다. 그런데, 자발적으로 주 4일 근무로 전환한 사람들과 대화를 나누면서 놀라웠던 점은 그들이 노동 시간 감축을 대부분 개인적인 특권이나 우대로 받아들일 뿐이었다는 것이다. 다시 말해, 그들은 적절한 정치적 참여를 통해 주 4일 근무제를 사회 전체에 실현하는 것에 대해서는 전혀 생각하지 않고 있었다. 시간을 정치적으로 바라보는 인식의 결여는 특히 희망 근로 시간에 대한 담론에서 두드러지게 나타나는데, 여기에는 집단적, 연대적 차원이 결여되어 있다. 그러나 개개인이 근로 시간을 단축하여 시간 풍요를 실현하는 건 정의로운 사회로 나아가는 길이 아니다. 그렇게 되면 누군가에게 주어진 자유 시간의 양은 지금보다 훨씬 더한 계급적 특성이 될 것이다. 이는 현재 시민 참여 활동에서 큰 비중을 차지하는 고소득층 사람들이 또다시 자신의 정치적 이익을 위한 더 많은 시간을 얻게 된다는 점에서 민주주의의 문제이기도 하다.

새로운 시간 문화를 정치적 프로젝트로 만드는 운동이 꼭 젊은 세대에게서 시작될 필요는 없다. 새로운 시간 문화는 모든 연령층에 혜택을 가져다주며, 실제로 이 영향을 벗어날 수 있는 사람은 없기 때문이다. 특히 진정한 민주주의는 연령 다양성을 이루어야 달성될 수 있기 때문에, 시간 정의를 위한 연대는 세대를 뛰어넘어야 한다.

취약한 시스템

돌봄 위기는 현재 우리가 겪고 있는 위기의 큰 부분을 차지한다. 이는 지금까지 적절한 정치적 대안을 마련하지 않은 채 공중 보건 문제로만 다뤄져 온 돌봄 책임자들의 탈진 상태에서 드러난다. 또한, 많은 직종에서 노동자가 전일제 근무제를 거부하며 숙련된 인력을 구하지 못하는 현상에서도 나타난다. 시간제 근무는 재정적으로 불리한 결과를 가져올 수도 있지만, 사람들은 이를 통해 정치적 저항을 표현하고, 시간 정책의 취약한 시스템을 드러내 보이고 있다.

시간 정책의 취약성은 노년층의 욕구를 통해서도 확인할 수 있다. 여기에는 은퇴 이후에도 일하고 싶은 욕구와, 반대로 조기 퇴직이나 희망퇴직을 하고 싶어 하는 욕구가 포함된다. 근로자의 거의 4분의 3은 건강상의 이유로 독일의 법정 정년인 67세까지 일할 수 없을 것이라고 생각한다. 이런 응답으로 그들은 정치적으로 획일화된 인생행로가 자신의 한계를 어떻게 침범하는지 암묵적으로 표현하고 있다.[14] 획일적인 정년은 많은 직업의 현실에 맞지 않는다. 상당한 육체적, 정신적 부담감 때문에 정년을 크게 낮춰야 하는 직업도 많다. 그 외에도 노인 빈곤 문제는 돌봄 제공자들이 평가 절하되고 충분한 보수를 받지 못하는 실정과도 큰 관련이 있다. 오늘날까지 많은 부모와 돌봄 담당자가 전일제로 일하는 것이 불가능하기 때문에 노인 빈곤은 계속되고 있다. 이는 시간 정책이 부족하기 때문에 발생하는 사회적 고충이다.

다행히 많은 사람들이 시간의 다양한 의미를 재발견하고 있다. 이러한 징후는 2021년에 인구통계 네트워크 협회(ddn)에서 발표한 희망 근로 시간에 대한 설문 조사 데이터에서 확인할 수 있다. 이에 따르면 독일 근로자 절반 이상이 63세가 되기 전에 은퇴하기를 희망한다.[15] 심지어 젊은 응답자들은 더 많은 자유 시간을 갖는 것에 더 큰 관심을 가지고 있다. 18~29세 응답자의 60%가 61세 또는 그 이전에 일을 그만두고 싶다고 답했다. 젊은이들이 자유 시간에 큰 가치를 부여한다는 사실은 청소년 연구의 결과와도 일치한다. 젊은 층에서 어떤 변화가 일어나고 있다. 사람들은 자기 삶의 시간을 다른 방식으로 다루고 싶다는 갈망을 분명히 느끼고 있다. 이제까지의 시간 문화 규범을 수용하는 태도에 균열이 생겨나고 있으며, 이러한 현상은 적어도 조기 은퇴를 희망하는 목소리에 대한 비판을 정치적으로 고심해보는 계기를 제공한다.

공정한 은퇴 연령, 적절한 노동 시간, 돌봄 노동의 공정한 분배, 자신을 위한 충분한 자유 시간, 다른 이들과의 관계를 위한 시간, 정치적 참여의 권리는 지금의 시간 정책이 얼마나 불공정하고 불평등한지 드러내 보여주는 지점이다. 새로운 시간 정책을 확립하기 위해서는 지금까지 우리가 사회를 이해하고 조직하는 방식에 의문을 제기해야 한다.

더 많이 일한다고 해서
문제가 해결되지는 않는다

공정한 시간 정책이 과격한 해결책을 수반한다는 이유로 이를 비현실적이라고 치부하고, 그 필요성을 부정하기가 쉽다. 누군가에게는 이러한 시간 정책이 현재 직면하고 있는 주요 과제와 모순되는 것처럼 보일 수도 있다. 식료품 가격 상승, 막대한 전기 및 난방 비용, 일부 부문에서 눈에 띄는 인력난, 그리고 베이비 붐 세대의 은퇴 시기가 임박해있다는 사실 등 이 모든 문제는 언뜻 보기에 더 많은 돈이 필요한 문제인 듯하고, 이는 다시 우리가 더 많이 일해야 하는 이유로 여겨진다.

2022년 6월, 독일경제연구소(IW)의 미하엘 휘터(Micahel Hüther) 소장은 전일제 일자리의 주당 근로 시간을 42시간으로 늘릴 것을 제안했다.[16] 그는 주 42시간을 5일에 걸쳐 분산할 수 있도록 산업안전보건법을 완화하여 하루에 8시간 이상 근무할 수 있도록 하고 규정된 휴식 시간을 단축하는 방안을 제시했다. 하지만 산업안전보건법은 단순히 노동 시간에 관한 규제가 아니라 건강을 보호하기 위한 법이다. 근로자에게 지금보다 더 많은 부담을 주는 근로 시간 연장은 오히려 휘터 소장의 목표에 역행하는 것일 수도 있다. 한편으로, 부모가 저녁 8시까지 일하면 누가 저녁을 준비할 것인가라는 문제가 남는다. 조부모가 아직 은퇴하지 않았다면 누가 이들을 도울 것인가? 우리 사회를 책임지는 돌봄은 누가 맡을 것인가? 경제 위기 상황에서 주 42시간 일자리를 얻는 사람은 누구이며, 미니잡만 얻거나 아예 일자리를 구하지 못하는 사람은 누구일까?

사람들은 휘터 소장의 근시안적인 관점에 눈살을 찌푸리면서 그가 많은 근로자의 일상에 대해, 아동과 돌봄이 필요한 사람들에 대해, 평등이 어떻게 이루어지는지에 대해, 또는 단순히 삶의 질에 대해 잘 모른다고 비판했다. 하지만 독일경제연구소 소장인 그는 인간의 기능과 권리를 단지 경제적 관점으로만 바라보는 이들의 입장을 대변한다. 얼마 지나지 않아 독일산업연맹(BDI)의 회장도 주 42시간 근무제가 '70세 정년 도입보다 확실히 더 쉽게 시행할 수 있을 것'이라고 말했다.[17] 또한, 자유민주당 소속 크리스티안 린드너(Christian Lindner) 연방 재무장관은 '우리의 번영을 보장하기 위해서는 더 많은 초과 근무'가 불가피하다고 말했다.[18]

노동자의 시간을 점점 더 많이 점령해가면서 삶의 질, 건강, 돌봄, 인간관계, 생태적 균형을 갉아먹는 경제는 누구를 위한 것일까? 이러한 발전 중심 사고는 민주주의의 가치와 양립할 수 있을까? 인류학자 제이슨 히켈(Jason Hickel)은 "자본주의는 반민주주의적 성향을 가지고 있으며, 민주주의는 반자본주의적 성향을 가지고 있다"라고 쓰고 있다.[19] 그의 논지는 노조가 잘 조직되어 있는 부문의 근로자들이 근로 시간 단축 등을 통해 기업 이윤의 상당 부분을 자신의 몫으로 얻는다는 사실을 통해 뒷받침된다. 그렇기 때문에 기업들은 지속적으로 노동조합 설립을 막아서고 있다.

본문 여러 장에서 살펴본 바와 같이 소득 활동 중심으로 돌아가는 현재의 사회는 과도한 소득 활동이 저임금 노동자의 서비스에 의존하고 있으며, 하인을 부리는 것을 정상으로 취급하는 계급 사회를 만들어낸다. 『돌봄 선언』의 저자들은 다음과 같이 쓰고 있다. "돌봄을 둘러싼 가장 큰 아이러니 중 하나는, 부유층이 보수를 지불해서 돌봄을 제공하는 사람들을 고용하지만, 사실 그들에게 가장 많이 의존하는 사람들이 부유한 사람들이라는 것이다."[20] 이러한 불공정한 분업은 저임금, 저숙련 서비스 직종에 지속적으로 머무르는 사람들이 있어야만 존속될 수 있다. 부유한 국가에서 이러한 일자리를 얻으려는 사람들을 계속 공급하려면, 세계의 어느 지역이 영구적으로 위기 상태에 처해있거나 적어도 현저히 가난한 상태여야 한다. 전 세계 모든 사람이 잘 살고, 교육받고, 직업을 택하고 그 여건을 형성하는 데 아무런 관심이 없는 삶, 그것이 바로 제국주의적 삶의 방식이다. 이러한 맥락에서 전 세계적 사회 정의와 세계 평화는 부유한 국가의 일상적인 생활에 아무런 도움이 되지 않는다.

이는 국가 차원에서도 마찬가지다. 즉 우리 자신의 습관을 바꾸거나 포기하며 새로운 공존 모델을 실현하고자 할 때 정의로운 시간 문화를 발전시킬 수 있다. 어린이집, 사회복지 및 돌봄 분야 근로자가 더 나은 보수를 받게 하려면 세금 등을 통해 공공 예산을 재분배하거나 늘려야 한다. 사회 전체에 걸친 돌봄이 실현된 진정한 돌봄 공동체는 지금까지 무급 돌봄 노동을 피했던 사람들이 돌봄 활동을 더 많이 이행하고, 모든 사람이 돌봄 행위를 삶의 일부로 여길 때에만 공정하게 조직될 수 있다. 경제적 격차가 어떻게 사람들을 억

압하는지, 나 자신이 어떤 방식으로 타인의 착취에 관여하고 있는지를 이해해야 비로소—전 세계적으로든 가까운 관계에서든—평등이 실현될 수 있다.

물가가 상승할 때, 근로 시간을 늘리거나 아르바이트를 하여 가계 재정을 보충하겠다는 생각은 일견 타당하다. 나 역시 난방비를 보태기 위해 아르바이트를 하나 더 해야 하는지 자주 고민한다. 동시에 나는 팬데믹이 발생하면 얼마나 많은 유치원과 학교가 휴원이나 휴교를 하게 되는지, 집중적으로 일할 시간이 얼마나 부족한지를 알고 있다. 이 문제에 대한 시간 정책이 마련되어 있지 않기 때문에 코로나19 팬데믹 당시 근무 시간을 줄인 사람은 주로 여성이었다.[21] 비상사태가 오래 지속될수록 평등은 점점 더 퇴보한다. 그 외에도 경제 위기는 성별 임금 격차와 전통적인 역할 모델로 말미암아 남성은 더 많은 일을 하도록 하고, 여성은 추가적으로 가사 업무까지 맡게 하여 불평등을 강화한다. 코로나 팬데믹이 다시금 보여준 것처럼 위기는 사회 전반의 경제적 불평등을 심화시키고 더 많은 사람을 빈곤층으로 몰아넣는다.

그러므로 전일제 근무 시간을 늘리거나 정년을 70세로 올리는 건 해결책이 될 수 없다. 그보다는 소득 활동을 위한 시간과 돌봄을 위한 시간을 보다 공정하게 분배해야 한다. 또한 위기 상황에서도 모든 사람의 평등한 권리를 보장하기 위한 노력을 쉽게 포기해서는 안 된다. 여성, 이주민, 장애인 등 특정 집단의 노동 시간을 구조적으로 평가 절하하는 실태에 대한 대응책이 반드시 마련되어야 한다.

시간 정의를 바로 세우는 정책에서는 '일'이 무분별한 성장으로 다른 사람들의 삶의 기반과 미래를 파괴하는 것이 아니라 더 나은 미래를 위한 기여로서 이해되어야 한다. 우리에겐 아이와 돌봄 책임이 환영받는 시간 문화, 삶을 긍정적으로 확장할 수 있는 시간 문화가 필요하다. 이러한 시간 문화는 사람들이 앞으로 더 큰 돌봄 공동체[22] 속에서 모이고, 돌봄을 모든 사람이 공평하게 참여하는 사회적 과제로 조직함으로써 달성할 수 있다.

진정한 민주주의로 가는 길

시간은 가장 중요한 정치적 자원 중 하나다. 모든 사람에겐 일상적으로 해야 할 일 외에 자신에게 중요한 일에 대해 몰두할 수 있는 시간이 필요하다. 생각하고 고민할 시간이 없다는 것은 무언가를 바꿀 힘이 전혀 없다는 것과 마찬가지다. 하지만 오늘날 우리 사회를 지배하고 있는 시간 질서는 '살아 있는 민주주의'라는 관념과 모순된다. 따라서 시간 정의 문제를 미루는 것은 정치적으로 태만한 일이라 할 수 있다.

자본주의 질서 속에서 우리 시간의 너무나 많은 부분이 다른 사람들에 의해 결정되고, 평가 절하되며, 착취당하고 있다. 오늘날, 이에 저항하는 행동이 다양한 형태로 확산되고 있다. 이러한 다양한 저항 행동은 오늘날 많은 사람이 자기 자신과 다른 사람들이 가능한 한 잘 살 수 있는 세상을 바라고, 이를 민주적으로 요구하고 있음을 보여준다. 이러한 참여 의식은 정치적 참여 시간의 권리를 인정할 때 더욱 강력해진다.

노동조합은 직장에서 더 많은 공정과 정의를 실현하고, 노동자의 전반적인 삶의 질을 향상시켰다. 이는 한편으로 우리가 직업 활동에 어떤 사회적 가치를 부여하는지를 드러낸다. 즉 직업 활동을 하는 사람들은 노동조합을 통해 단결하여 목소리를 낼 수 있다. 반면에 돌봄을 책임지는 사람, 실업자, 아동, 돌봄이 필요한 사람, 고령자에게는 이러한 힘이 없다. 사회학자 게르힐트 호이어(Gerhild Heuer)가 1979년에 주부 노조를 설립한 사례가 있기는 하다.[23] 하지만 이 주부 노조는 교섭 상대가 누구인가, 다시 말해 공식적으로 고용 관계에 있지 않은 주부들이 누구를 상대로 돈과 시간에 대해 협상할 것인가라는 문제에 직면했다.

돌봄 담당자가 하루에 얼마나 일하면 충분한지, 그에게 휴가는 얼마나 주어야 하는지, 온전한 돌봄 공동체를 위해 몇 명의 성인이 필요한지, 적정 임금은 얼마인지 등을 협상하는 담당 기관이 있다고 상상해보자. 그들은 어떤 요구안을 제시할까? 협상 테이블에 아이들이 나온다면 어떨까? 아이들은 가족과 함께 보내는 시간과 자신의 장기적인 미래 이익에 대해 무엇을 요구할까? 노동 투쟁에 자유 시간 및 사회적으로 가치 있는 시간을 요구하는 내용을 포함한다면, 실업자나 빈곤층, 노동 허가가 없는 난민 들도 이러한 투쟁에 참여할 수 있어야 한다는 것이 분명해진다. 그러나 시간이 정치적 재화로 인식되지 않는 한, 시간은 불공정을 야기하는 방식으로 사용될 것이다.

시간 정의를 위한 정책은 나이를 비롯한 모든 조건을 불문하고 모든 사람의 다양한 요구의 균형을 맞추고, 사람들에게 더 많은 자유를 제공하며, 사람들이 갈망하는 인생 설계에 더 가까이 다가갈 수 있는 방식으로 사회를 만들어가도록 노력해야 한다. 우리가 왜 민주주의 정치를 선택했는지, 이를 통해 우리가 달성하고자 하는 것은 무엇인지 사회적 논쟁을 통해 끊임없이 고민해야 한다. 철학자 코린 펠뤼숑(Corine Pelluchon)은 "생명을 사랑한다는 것은 생명의 관대함과 풍부함을 사랑한다는 것이며 (…) (이는) 윤리와 정치의 기본 원칙이 되어야 한다"라고 쓰고 있다.[24] 이는 기본법에서 침해할 수 없는 것으로 규정한 인간의 존엄성이다. 돌봄이 필요한 사람들이 보살핌을 잘 받아야 한다는 사실은 타협할 수 없지만, 우리가 경제와 직업 활동, 돌봄을 어떻게 조직할지는 타협할 수 있다. 삶에서 우리가 어떤 시간과 공간을 가져야 하는지는 협상할 수 있는 주제다. 다시 말해, 이는 우리 손에 달린 문제다.

무엇이 우리의 자유를 가로막는가

페미니즘은 자유롭고 개방적이고 새로운 어떤 것을 세상에 가져오고자 하는 정치적 움직임이다. 페미니스트들은 자기 자신의 문제를 공론화하는 방식으로 가부장적 구조에 대항할 수 있다. 시간은 낡은 권력을 깰 수 있는 주제이며, 페미니즘 운동의 관심사와도 맞닿아 있다. 즉 가능한 한 많은 사람에게 행동의 선택권을 더 많이 제공하여 자율적인 삶이라는 새로운 수준의 자유를 실현할 수 있는 주제다.

나에게 페미니즘은 직업적 평등 그 이상을 의미한다. 나에게 페미니즘은 주어진 자유를 삶으로 채우고, 재해석하고, 확장하는 것을 의미한다. 다시 말해 우리가 실제로 얼마나 자유로운지, 이러한 자유로부터 누가 소외되어 있는지를 반복적으로 묻고, 해결책을 개발하고 실행에 옮기는 것을 의미한다. 장기적인 전략만 추구하는 것이 아니라 **지금** 당장 구체적인 개선을 위해 노력하는 것도 매우 중요하다. 당장의 필요를 해결할 수 있어야 정치 운동이 강화되기 때문이다.

우리는 인생과 일상을 일관되고 가치 있는 것으로 경험할 때, 그것이 고유한 형태로 사회라는 모자이크에 잘 끼워 맞춰질 때, 스스로 행위 능력을 갖춘 주체적 개인으로 인지한다. 각 개인의 인생 여정은 다른 사람의 자리를 빼앗지 않는 한 모두의 자유에 기여한다. 모든 사람이 자율적인 삶의 모델에 접근할 수 있을 때, 비로소 사회 정의를 실현할 수 있다.

나는 내 생각에 대해 다른 사람들과 함께 이야기하고 논쟁하며 함께 성찰할 때, 그들의 삶에서 무언가를 배울 때, 그들의 이야기를 귀담아듣고 서로 위로하고 격려할 때, 함께 웃고 기뻐할 때 자유로움을 느낀다. 이로부터 얻는 감정적 에너지는 나를 재충전해주고 깨어 있게 해주며, 이는 그 무엇과도 바꿀 수 없다. 다른 사람들이 있기에 나는 더 자유롭다.

자유로운 삶을 위해 필요한 건 모두 함께 만들어낸 것이다. 함께 이룩해낸 자유의 어깨 위에서만 우리는 개인적인 자유의 순간을 경험할 수 있다. 오늘날 우리는 자립과 재정적 독립을 개인의 목표로 삼는다. 이러한 사회에서는 자신의 삶을 홀로 통제하는 것을 자유라고 여기며, 타인에게 의존하는 것을 삶의 고유한 요소로 보지 않는다. 이처럼 우리는 개인주의적인 자유 개념에 너무 익숙해져 있기 때문에 다른 사람에게 더 많이 의존하고, 다른 사람에 대해 더 많은 책임을 맡음으로써 보다 자유로운 삶이 가능하다는 관점을 낯설게 느낄 수밖에 없다.

아이와 노인, 일이 우리의 시간을 빼앗는 것이 아니다. 우리의 시간이 늘 부족한 이유는 큰 책임을 져야 하거나 해야 할 일이 많을 때 우리가 서로를 충분히 지원하지 않기 때문이다. 인생은 결코 혼자서 통제할 수 없다. 단둘이서도 불가능하다. 하지만, 우리는 책임에 대한 이러한 설계상의 결함을 언제든 고칠 수 있다. 서로 힘을 합치면 우리가 원하는 일을 할 수 있는 시간을 더 많이 만들어낼 수 있다. 돌봄을 새롭게 재구성하는 건 자녀 혹은 다른 사람에 대한 책임을 지는 일이며, 이는 분명 더 활기차고 사랑스럽고 미래 지향적인 일이다.

또한, 우리는 모두가 좋은 소득 활동을 하도록 할 수 있고, 꺼리는 일은 보다 공정하게 분배하고 나쁜 일자리가 애초에 만들어지지 않도록 할 수 있다. 녹초가 된 근로자가 집에서 홀로 자기를 돌보는 것만으로는 노동 조건을 개선할 수 없다. 이를 위해서는 좋은 근무 조건을 위해 다른 사람들과 함께 체계와 조직을 만들어야 한다. '교차적 정의를 위한 센터(Center for Intersection Justice)'의 설립자인 에밀리아 로이그(Emilia Roig)는 지역사회 통합 돌봄(Community-Care)에 더 많은 시간을 할애해야 한다고 주장한다. "우리의 운동이 저항에 맞서서 대안적인 형태의 권력을 만들어내기 원한다면, 여기에 더 많은 사랑과 관심을 쏟아야 한다."[25]

새로운 형태의 권력을 위해 우리는 더 많은 정치적 시간을 함께 보내야 한다. 협력을 통해 생겨나는 배려 넘치고 정의로우며 자유로운 사회에서는, 혼자서 자신을 돌보는 것은 의미가 없다. 무엇보다 서로 돌보는 세상을 위한 정치적 참여는 곧 자신을 돌보는 일이기도 하다. 우리는 혼자서 싸우다 지친 과거의 시간을 공동체를 통해 되돌려 받게 될 것이며, 그렇게 돌려받은 시간을 보다 자유롭게 사용할 수 있을 것이다.

유토피아적으로 생각하고 느끼기

어떤 사회 변화에 대한 주장을 가리켜 '유토피아적'이라고 말하는 것은 그 생각에 정치적인 부분이 빠져 있다고 보는 것이며, 이러한 주장을 펼치는 사람을 허황된 몽상가라고 비하하는 것이다. 유토피아를 달성할 수 없는 것, 너무 크고 먼 미래의 일로 해석하면 지금의 권력 관계를 뒤흔들 수 없다.

힘주어 말하건대, 정의로운 시간 문화는 유토피아가 아니라 달성할 수 있는 것이다. 더 많은 정의를 실현하기 위한 여러 도전 과제가 남아 있지만, 그렇다고 이를 성급하게 유토피아라고 부르는 건 그 본질을 잘못 판단하는 것이다. '모두를 포용하는 사회'를 고정된 어떤 것으로 해석해서는 안 되기 때문이다. 모두를 포용하는 사회, 정의로운 사회는 고정된 어떤 지점이 아니라 계속해서 진행되어가는 과정이다. 그 과정에서 우리는 무엇이 공정한지, 무엇이 평등인지 배우고 조정하고 수정해 나간다. 반면에 경직된 사회 시스템은 평등을 지향하더라도 항상 배제와 억압으로 이어진다. 정의로운 시간 문화는 지금의 우리 시간 문화와는 확실히 다를 것이다.

철학자 루스 레비타스(Ruth Levitas)는 유토피아를 목표가 아니라 '더 나은 미래의 잠정적 버전'을 공동으로 논의하며 추구하는 과정으로 바라보며, 실패 또한 그 과정의 일부라고 이야기한다.[26] 말하자면, 크게 생각하고, 과제를 공유하고 개방적인 자세를 지니며, 과정을 소중히 여기되 너무 안주하지 않는 것이다. 유토피아는 우리를 안내할 수는 있지만 유토피아로 이르는 길은 우리가 함께 일구어야 한다. "유토피아를 상상하는, '유토피아적 사고'는 달라진 사회가 어떤 모습일지 상상할 수 있게 해줄 뿐만 아니라, 그 사회에 사는 것이 어떤 느낌일지도 상상할 수 있게 해준다."[27] 나는 루트 레비타스의 이 문구를 읽고 우리가 새로운 시간 문화를 꿈꾸고 그리는 것, 즉 유토피아적 사고를 하는 일의 중요성을 깨달았다.

시간 정의를 실현하는 건 지난한 정치적 싸움이 될 것이다. 그렇지만 우리가 시간 정의가 실현된 세상을 상상한다면, 이를 통해 시간 정의에 공감한다면 이는 곧 현실이 될 것이다. 무엇보다 시간을 우리의 행복, 자율성, 상호 관계를 강화하는 데 사용해야 한다고 보는 관점은 시간 스트레스, 시간 빈곤, 고립이라는 오늘날의 다양한 문제를 근본적으로 재해석한다. 시간은 우리를 몰아세우는 무언가가 아니라 진정한 삶으로 인도하는 어떤 것이 될 수 있다. 이처럼 관점을 변화하는 것도 정치적 저항이다. 시간 속에서 느끼는 진정한 자유, 이는 우리에게 힘을 실어줄 것이다.

"시간을 적이라고 말한다면 너무 극단적일까?" 작가 프리다 욜스 포먼(Frieda Johles Forman)은 여성의 시간 경험에 대해 다룬 30여 년 전의 글에서 이러한 질문을 던졌다. 포먼은 "시간은 여성에게 자유가 아니다(물론 우리 중 일부는 가끔 약간의 자유 시간을 가질 수 있지만)"라고 썼다.[28] 나는 그녀의 의견에 이의를 제기하고 새로운 관점으로 전환하고 싶다. 시간이 우리의 것임을 이해한다면 시간은 우리의 친구이자 동반자가 될 수 있다. 셀마 제임스가 말한 것처럼, 우리의 시간이 '우리의 삶이 된다'[29]는 사실을 깨닫는다면 말이다. 그렇기 때문에 시간은 철저하게 정치적이며, 그렇기 때문에 시간 정의를 위해 싸우는 것은 가치 있고 필요한 일이다.

우리가 우리의 욕구를 미래로 미루거나 '삶의 성과'에 대한 보상으로만 허용한다면, 이는 우리를 현재의 삶으로부터 분리하는 셈이다. 우리가 사람들과 시간을 함께 보내면 우리 사이에 시간이 생겨나지만, 혼자 보내면 시간이 계속 흘러가기만 한다. 우리의 시간, 우리가 시간을 인식하는 느낌은 언제나 지금이다. 우리가 살면서 가장 많은 시간을 할애하는 일들, 그것이 바로 우리의 삶이다. 그렇기 때문에 우리가 진정으로 자유로워지려면 대부분의 시간을 자유롭게 사용할 수 있어야 하고, 그 시간에 진정한 자유를 느껴야 한다. 자유는 삶의 한 단면에만 국한되는 개념이 아니다.

이제 우리는 '시간은 돈이다'라는 말을 새롭고 다양한 서사로, 더 이상 환상이 아닌 현실의 이야기로 확장해야 한다. 시간이 공정하게 분배된다면 시간은 우리의 행위 능력이 되고 삶의 기쁨이 되며 결속력이 된다. 진정한 시간 주도권을 되찾은 우리는, 시간이라는 형형색색의 블록 더미로 우리 삶을 새롭게 만들어갈 수 있다. 예측할 수 없고, 나만의 것이며, 공동체적인 방향으로.

감사의 글

우리가 세상에 대해 알고 있는 대부분은 다른 사람의 시간을 바탕으로 형성된다. 태어난 순간 내 곁에 있던 누군가의 시간, 함께 어울린 친구들의 시간, 직접 하지 못한 경험을 나누어주는 사람들의 시간 등을 바탕으로. 작가는 무엇보다 독자의 시간에 의존한다. 그렇기 때문에 나는 내 글을 읽고, 이에 대해 나와 함께 토론하고, 질문을 제기하고, 자신의 일상과 바람을 들려주고, 이의를 제기하고, 함께 계속해서 생각하는 사람들에게 감사하고 싶다. 인터넷에서의 교류는 나의 지식과 관점을 넓혀주며, 참여와 다양한 목소리의 장으로서 매우 소중한 가치가 있다.

글쓰기의 가장 훌륭한 점 중 하나는 이를 통해 스스로 더 많은 것을 읽고 배운다는 것이다. 책을 쓰며 참고한 모든 저자, 과학자, 철학자, 활동가 들의 연구 결과와 그들의 생각, 무엇보다 그들의 시간은 이 책을 위해 없어서는 안 될 것들이었다.

이 책이 나오기까지 지난 2년 반 동안 나를 격려하고 올바른 질문을 던지며 조언이 필요할 때 항상 곁에 있어 준 퀴브라 귀뮈샤이, 아킴 크레머, 바버라 벤너가 큰 힘이 되어주었다. 이렇게 많은 지원을 받았다는 것은 큰 선물이다.

담당 편집자 베티나 엘트너에게 감사를 표한다. 그녀는 처음부터 열정을 가지고 내가 더 자유롭게 생각하고 글을 쓸 수 있도록 도와주었고, 필요한 지원을 아끼지 않았다. 또한 뒤에서 큰 도움을 준 클라우디아 슐로트만에게도 감사의 말을 전하고 싶다. 윤곽만 준비된 원고에 믿음을 가져준 카스텐 크레델에게도 고마움을 전한다. 그리고 이 책을 만드는 데 공들여준 울슈타인 출판사(Ullstein Verlag)의 모든 직원에게도 감사드린다.

글을 쓰는 동안 나의 가장 중요한 대화 상대가 되어주고, 팬데믹이 시작된 이후로 유머 감각을 발휘하여 나를 몇 번이고 구해준 에바 호른에게 감사한다. 나는 먼 훗날 그녀와 함께 우파에 맞서는 할머니가 되고 싶다. 우정으로 나를 강하게 만들어주고 나의 롤모델이 되어준 라우라 도른하임에게도 감사를 표한다. 그리고 딱 적절한 시기에 내 인생에 들어온 다니엘 히셔, 사랑해.

라라 프리쵀, 이자 존넨펠트, 아살 다르단, 프리데리케 쉴바흐, 얀 야스퍼 코쇽, 아우렐리아 모니악, 질비아 폴만, 헬렌 하네, 리자 젤리히, 마가레테 슈토코브스키, 해티스 아퀸, 베라 슈뢰더, 아리아네 바르트, 베른트 울리히에게 고마움을 전한다. 여러분과의 대화와 협업은 여러 차례에 걸쳐 이 책에 큰 변화를 가져다주었다. 여러분과 함께 시간을 보내는 것은 나에게 큰 의미가 있다.

예테, 나디네, 펠릭스, 아힘, 브뤼네에게 가장 큰 감사를 전한다. 여러분과 함께 하는 시간이 즐거웠고, 여러분은 우리 아이들에게도 한 가족이나 다름없다. 여러분이 아동을 위한 돌봄 혁명을 일으켜준 것에 감사한다. 넓은 아량과 사랑, 미래에 대한 아이디어를 내어준 아힘에게 감사한다.

마지막으로 M.과 W., 여러분은 내 세상을 더 크게 만들어주며, 여러분과 함께하는 깨어 있는 모든 순간이 나에게는 모험이자 행복이다.

ALLE
ZEIT

1 Adam, Barbara: *Das Diktat der Uhr. Zeitformen, Zeitkonflikte, Zeit-perspektiven.* Dt. von Frank Jakubzik, Frankfurt am Main 2005, p.196.

2 Herrmann, Steffen: "Den Unterstrich zu verwenden bedeutet, sich politisch zu positionieren"(2018.08.08.), in: Bundeszentrale für politische Bildung https://www.bpb.de/themen/gender-diversitaet/geschlechtliche-vielfalt-trans/269889/steffen-herrmann-den-unterstrich-zu-verwenden-bedeutet-sich-politisch-zu-positionieren/
(검색일: 2022.07.17.).

1장 ‖ 시간은 왜 늘 부족한가

1 Crary, Jonathan: *24/7. Gesellschaft ohne Schlaf,* Berlin 2014, p.15.

2 Shaw, Jenny: "Geschlechterverhältnis und die Beschleunigung des Lebens", in: Adam, Barbara / Geißler, Karlheinz A./ Held, Martin (Hrsg.): *Die Nonstop-Gesellschaft und ihr Preis,* Stuttgart/Leipzig 1998, p.63-83.

3 참고: Westlund, Ingrid: "Kinderzeiten. Zeitdisziplin und Nonstop-Gesellschaft aus Sicht der Kinder", in: Adam, Barbara / Geißler, Karlheinz A./ Held, Martin (Hrsg.): *Die Nonstop-Gesellschaft und ihr Preis,* Stuttgart/Leipzig 1998, p.93-106.

4 같은 곳, p.102.

5 같은 곳.

6 Geyer, Christian / Luhmann, Niklas: *Die Knappheit der Zeit und die Vordringlichkeit des Befristeten,* Berlin 2013, p.29-30.

7 참고: Schneider, Michael: "Der Kampf um die Arbeitszeitverkürzung von der

Industrialisierung bis zur Gegenwart"*, in: *Gewerkschaft-liche Monatshefte*, Vol. 35, 1984, p. 77-89 http://library.fes.de/gmh/main/pdf-files/gmh/1984/1984-02-a-077.pdf(검색일: 2022.06.27.).

8 참고: Bundeszentrale für politische Bildung: Soziale Situation in Deutschland. Lebenserwartung(2020.08.10.) https://www.bpb.de/kurz-knapp/zahlen-und-fakten/soziale-situation-in-deutschland/61547/lebenserwartung/(검색일: 2022.06.28.).

9 참고: Statista Research Department: "Entwicklung der Lebenserwar-tung bei Geburt in Deutschland nach Geschlecht in den Jahren von 1950 bis 2060",(2022.01.24.) https://de.statista.com/statistik/daten/studie/273406/umfrage/entwicklung-der-lebenserwartung-bei-geburt-in-deutschland-nach-geschlecht/ (검색일: 2022.06.28.).

10 평균 기대 수명은 인구 집단에 따라 차이를 보인다. 로베르트 코흐 연구소에 따르면 독일에서 가난한 사람들과 교육 수준이 낮은 사람들은 소득이 높은 사람들에 비해 평균 기대 수명이 수 년가량 낮다. 연구소에 따르면 이러한 차이는 지난 25년 동안 줄어들지 않았다. 참고: *Ärzteblatt*: "Lebenserwartung von ärmeren Menschen in Deutsch-land weiterhin niedriger"(2019.03.14.) https://www.aerzteblatt.de/nachrichten/101652/Lebenserwartung-von-aermeren-Menschen-in-Deutschland-weiterhin-niedriger(검색일: 2022.06.28.). 이처럼 건강 데이터가 다른 인구통계학적 데이터와 관계를 보이는 다른 사례를 살펴보면 기대 수명의 불평등이 심하다는 사실을 알 수 있다. 예를 들어 미국에서는 흑인 남성과 여성이 백인 남성과 여성보다 기대 수명이 낮다. 참고: World Economic Form: "This is the toll that everyday racism takes on black men in America"(2020.07.02.) https://www.weforum.org/agenda/2020/07/george-floyd-racism-opportunities-life-expectancy/(검색일: 2022.06.28.).

11 '버킷 리스트(bucket list)'라는 표현은 과거 교수형에 처한 사형수의 양동이(bucket)를 걷어차기 전, 마지막 소원을 묻던 것에서 유래했다. 오늘날 이는 죽기 전에 하고 싶은 일의 목록을 가리키는 말로 사용된다.

12 Wehr, Laura: *Alltagszeiten der Kinder. Die Zeitpraxis von Kindern im Kontext generationaler Ordnungen*, Weinheim/München 2009, p. 131.

13 참고: Wajcman, Judy: *Pressed for time. The acceleration of life in digi-tal capitalism*, Chicago und London 2015, p. 5.

14 같은 곳, p. 65.

15 Bundesministerium für Familie, Senioren, Frauen und Jugend: *Zeit für Familie. Familienzeitpolitik als Chance einer nachhaltigen Fami-lienpolitik. Achter Familienbericht*, Berlin 2012, p. XIII.

16 같은 곳, p.5.

17 참고: Institut für Arbeitsmarkt-und Berufsforschung der Bundes-agentur für Arbeit: *IAB-Arbeitszeitrechnung. Daten zur Entwicklung der Arbeitszeit und ihrer Komponenten. Die lange Zeitreihe mit den Quartals-und Jahreszahlen ab 1991. Durchschnittliche Arbeitszeit und ihre Komponenten,* 2022.06.07., https://www.iab.de/de/daten/iab-arbeitszeitrechnung.aspx(검색일: 2022.06.28.).

18 참고: *Haufe Online* "Urlaubstage in Deutschland ungleich verteilt"(2020.07.28.) https://www.haufe.de/personal/hr-management/urlaubsanspruch-wer-hat-die-meisten-urlaubstage-in-deutschland_80_368876.html(검색일: 2022.06.28.).

19 참고: Kultusministerkonferenz: "Ferienregelung" https://www.kmk.org/service/ferien.html(검색일: 2022.06.27.).

20 참고: Deutsche Rentenversicherung: *Rentenversicherung in Zahlen 2021,* Berlin 2021, p.65 https://www.deutsche-rentenversicherung.de/SharedDocs/Downloads/DE/Statistiken-und-Berichte/statistikpublikationen/rv_in_zahlen_2021.pdf?blob=publicationFile&v=1(검색일: 2022.06.27.).

21 그러나 오늘날 사람들은 더 오래 일한다. 독일에서는 2020년 평균적으로 64세가 조금 넘는 나이에 연금을 받기 시작했는데, 이는 20년 전보다 2년 늦어진 것이다. 현행 범규에 따르면 1964년 이후 출생자, 즉 2022년에 58세 미만인 사람은 67세에 은퇴한다.

22 참고: Statista Research Department: "Anzahl der Personen in Deutschland, die das Gefühl haben in einer gehetzten Zeit zu leben, von 2017 bis 2021"(2021.08.20.) https://de.statista.com/statistik/daten/studie/171247/umfrage/gefuehl-von-zeitnot/ (검색일: 2022.06.27.).

23 참고: Rinderspacher, Jürgen P.: "Zeitwohlstand - Kriterien für einen anderen Maßstab von Lebensqualität", in: *WISO – Wirtschafts-und Sozialpolitische Zeitschrift des ISW,* 01/2012, p.11-26, https://www.isw-linz.at/index.php?eID=dumpFile&t=f&f=493&token=ea21c3684060d2915833a8b237bca77f628a0195(검색일: 2022.06.27.).

24 참고: *Der Spiegel:* "In Deutschland gibt es immer mehr Pendler"(2020.02.06.), https://www.spiegel.de/karriere/pendeln-in-deutschland-nehmen-immer-mehr-menschen-lange-wege-zum-arbeitsplatz-in-kauf-a-085c2c3a-36ef-4aeb-b807-6fbc70e5d95d(검색일: 2022.07.10.).

25 참고: Katz-Gerro, Tally / Sullivan, Oriel: "Voracious Cultural Consump-tion The intertwining of gender andsocial status", in: *Time & Society,* 2010, 19(2), p.193-219. doi:10.1177/0961463X09354422.

26 참고: Stiftung für Zukunftsfragen: "Freizeit-Monitor 2015: Die be-liebtesten Freizeitbeschäftigungen der Deutschen", in: *Forschung aktuell*, 264, 36. Jg., 2015.08.27. https://www.stiftungfuerzukunftsfragen.de/en/newsletter-forschung-aktuell/264/(검색일: 2022.06.27.).

27 참고: Katz-Gerro, Tally / Sullivan, Oriel: "Voracious Cultural Consumption The intertwining of gender and social status", in: *Time & Society*, 2010, 19(2), p.193-219. doi:10.1177/0961463X09354422.

28 참고: Wajcman, Judy: *Pressed for time. The acceleration of life in digi-tal capitalism*, Chicago und London 2015, p.73.

29 참고: Schwarz, Franziska: Überstunden: Deutsche schenken Unter-nehmen dreieinhalb Jahre Arbeitszeit"(2021.09.17.), in: *Merkur*, https://www.merkur.de/wirtschaft/ueberstunden-arbeitnehmer-deutschland-durchschnitt-studie-erhebung-arbeitszeitmonitor-2021-90985750.html(검색일: 2022.06.27.).

30 참고: Levine, Robert: *Eine Landkarte der Zeit. Wie Kulturen mit Zeit umgehen*, München 1998, p.212.

31 Bunting, Madeleine: *Willing Slaves. How the overwork culture is ruling our lives*, London 2004, p.155.

32 2021~2022년 조사에 따르면 독일인의 50% 이상이 인스타그램(Instagram)을 사용한다. 20~29세 연령대는 78%가 사용한다고 응답해 가장 높은 수치를 기록했다. 참고: Statista Research Department: "Anteil der befragten Internetnutzer, die Instagram nutzen, nach Altersgruppen in Deutschland in den Jahren 2015 bis 2021/22"(2022.06.16.) https://de.statista.com/statistik/daten/studie/691584/umfrage/anteil-der-nutzer-von-instagram-nach-alter-in-deutschland/(검색일: 2022.06.27.).

33 참고: Jacobs, Luisa: "Der Job kann morgen weg sein und was bleibt dann von mir?"(2020.08.17.), in: *Zeit Online*, https://www.zeit.de/arbeit/2020-08/tijen-onaran-migrationshintergrund-marketing-branding-digitalisierung-sichtbarkeit/komplettansicht(검색일: 2022.06.27.).

34 참고: Gershuny, Jonathan: "Busyness as the Badge of Honor for the New Superordinate Working Class", in: *Social Research*, Vol. 72, Nr. 2, 2005, p.287-314 http://www.jstor.org/stable/40971766(검색일: 2022.06.28.).

35 Petersen, Anne Helen: *Can't Even: How Millennials Became the Burnout Generation*, Boston/New York, 2020, p.189.

36 Price, Devon: *Laziness Does Not Exist*, New York 2021, Kindle-Version, p.206.

37 Die US-Amerikanerin Anne-Marie Slaughter stieß 2012 mit ihrem Essay *Why*

women still can't have it all eine Debatte über die Verein-barkeit von Familie und Karriere an: https://www.theatlantic.com/magazine/archive/2012/07/why-women-still-cant-have-it-all/309020/(2022.06.28.)

38 Nowotny, Helga: "Eigenzeit Revisited", in: Scherer, Bernd (Hg.): Die Zeit der Algorithmen, Berlin 2016, p.32-68.

39 Otto, Jeannette / Scholz, Anna-Lena: "Was waren Sie für ein Kind, Claus Kleber? "Ein Klugscheißer. Immer mit der Schnauze vorne"(2021.01.06.), in: Die Zeit, https://www.zeit.de/2021/02/claus-kleber-journalist-heute-journal-gendern-lernen/komplettansicht(검색일: 2022.06.28.).

2장 ‖ 노동 시간

1 Storz, Wolfgang: "Frigga Haug: Wir brauchen Zeit, um mehr Freundlichkeit in diese Welt zu bringen"(2013.09.12.), in: WOZ. Die Wochenzeitung, https://www.woz.ch/-4488(검색일: 2021.08.14.).

2 Mayr, Anna: Die Elenden. Warum unsere Gesellschaft Arbeitslose verachtet und sie dennoch braucht, München 2020, p.69.

3 Bunting, Madeleine: Willing Slaves. How the Overwork Culture is Ruling Our Lives, London 2004, p.157.

4 Bock, Gisela / Duden, Barbara: "Arbeit aus Liebe - Liebe als Arbeit: Zur Entstehung der Hausarbeit im Kapitalismus", in: Frauen und Wissenschaft: Beiträge zur Berliner Sommeruniversität für Frauen, Juli 1976, Berlin 1977, p.118-199.

5 Jaffe, Sarah: Work won't love you back. How Devotion to Our Jobs Keeps Us Exploited, Exhausted, and Alone, New York 2021, p.335.

6 참고: Allgemeine Erklärung der Menschenrechte, Resolution 217 A(III) der Generalversammlung der Vereinten Nationen vom 10. Dezember 1948, Artikel 24: "Jeder hat das Recht auf Erholung und Freizeit und insbesondere auf eine vernünftige Begrenzung der Arbeitszeit und regelmäßigen bezahlten Urlaub." https://www.ohchr.org/sites/default/files/UDHR/Documents/UDHR_Translations/ger.pdf(검색일: 2022.03.22.).

7 참고: World Inequality Lab: World Inequality Report 2022. Executive summary

(2021), https://wir2022.wid.world/executive-summary/(검색일: 2022.03.22.).

8   참고: Statistisches Bundesamt: "3,1 Millionen Erwerbstätige waren 2019
    hierzulande von Armut bedroht"(2021.01.28.), https://www.destatis.de/DE/
    Presse/Pressemitteilungen/2021/01/PD21_N008_634.html(검색일: 2022.03.22.).

9   참고: Spannagel, Dorothee / Seikel, Daniel / Schulze Buschoff, Karin / Baumann,
    Helge: "Aktivierungspolitik und Erwerbsarmut in Europa und Deutschland",
    WSI-Report Nr. 36, Juli 2017, https://www.boeckler.de/de/pressemitteilungen-
    2675-arm-trotz-arbeit-in-deutschland-hat-sich-erwerbsarmut-seit-2004-verdoppelt-
    staerkster-3237.htm(검색일: 2021.12.22.).

10 참고: Giesecke, Johannes / Kroh, Martin / Tucci, Ingrid / Baumann, Anne-Luise
    / El-Kayed, Nihad: "Armutsgefährdung bei Personen mit Migrationshintergrund.
    Vertiefende Analysen auf Basis von SOEP und Mikrozensus. Endbericht",
    p.13. Studie im Auftrag der Beauftragten der Bundesregierung für Migration,
    Flüchtlinge und Integration, Staatsministerin Aydan zoðuz, erstellt durch
    die Ab-teilung Arbeitsmarkt, Migration und Integration des Berliner Ins-
    tituts für empirische Integrations-und Migrationsforschung (BIM) an der
    Humboldt-Universität zu Berlin, Berlin 2017, https://www.diw.de/documents/
    publikationen/73/diw_01.c.557426.de/diw_sp0907.pdf(검색일: 2021.12.22.).

11 참고: Schneider, Michael: "Der Kampf um die Arbeitszeitverkürzung von der
    Industrialisierung bis zur Gegenwart", p.88, in: *Gewerk-schaftliche Monatshefte*,
    Jg. 35, 1984, 2, p.77-89, https://library.fes.de/gmh/main/pdf-files/gmh/1984/1984-
    02-a-077.pdf(검색일: 2020.12.22.).

12 IG Metall: "Wie Metaller die 35-Stunden-Woche erkämpften"(2020.10.01.), https://
    www.igmetall.de/tarif/wie-metaller-die-35-stunden-woche-erkaempften(검색일:
    2020.12.19.).

13 IG Metall: "Durchbruch bei der Angleichung Ost"(2021.05.12.), https://www.
    igmetall.de/tarif/tarifrunden/metall-und-elektro/durchbruch-bei-der-angleichung-
    ost(검색일: 2020.07.10.).

14 참고: Scharf, Günter: "Wiederaneignung von Arbeitszeit als Lebens-zeit", p.522, in:
    Zoll, Rainer (Hrsg.), *Zerstörung und Wiederaneig-nung von Zeit*, Frankfurt am
    Main 1988, p.509-530.

15 ver.di - Vereinte Dienstleistungsgewerkschaft: *Mehr Zeit für mich. Impulse für
    eine neue arbeitszeitpolitische Debatte*, Berlin 2015, p.33.

16 참고: Jürgens, Kerstin / Hoffmann, Reiner / Schildmann, Christina: *Arbeit*

transformieren! Denkanstöße der Kommission "Arbeit der Zu-kunft", p.139, Forschung aus der Hans-Böckler-Stiftung, Bielefeld 2017.

17 Website der Forschungsstelle Arbeit der Zukunft. Statements der Kommissionsmitglieder. https://www.arbeit-der-zukunft.de/reiner-hoffmann-13684.htm(검색일: 2022.03.19.).

18 Gützkow, Frauke: "Kurze Vollzeit für alle"(2017.03.08.), in: Ge-werkschaftErziehung und Wissenschaft, https://www.gew.de/aktuelles/detailseite/neuigkeiten/kurze-vollzeit-fuer-alle/(검색일: 2021.08.13.).

19 참고: GEW-Diskussionspapier "Feministische Zeitpolitik": "Zeit zu leben, Zeit zu arbeiten - Zeit, die unbezahlte und die bezahlte Sor-gearbeit in den Blick zu nehmen", Beschluss des GEW-Hauptvor-stands am 7./8. Mai 2021, https://www.gew.de/fileadmin/media/publikationen/hv/Gleichstellung/20210518-Diskussionspapier-Feministische-Zeitpolitik.pdf(검색일: 2022.03.14.).

20 Sandberg, Vera: "Wie wichtig ist Gendern in der Medizin?"(2022.03.07.), in: *Esanum*, https://www.esanum.de/today/posts/wie-wichtig-ist-gendern-in-der-medizin (검색일: 2022.03.14.).

21 Bundesministerium für Familie, Senioren, Frauen und Jugend: *Zeit für Familie. Familienzeitpolitik als Chance einer nachhaltigen Fami-lienpolitik. Achter Familienbericht*, Berlin 2012, p.5.

22 참고: Institut für Arbeitsmarkt-und Berufsforschung: *IAB-Arbeits-zeitrechnung*, 1991-2019, https://www.iab.de/de/daten/iab-arbeitszeitrechnung.aspx(검색일: 2020.08.20.).

23 Bundesministerium für Familie, Senioren, Frauen und Jugend: *Zeit für Familie. Familienzeitpolitik als Chance einer nachhal-tigen Familienpolitik. Achter Familienbericht*, Berlin 2012, p.XIII.

24 1999년에 비해 2019년 업무량은 580억 시간에서 620억 시간으로 증가했고, 고용인 수는 3910만 명에서 4470만 명으로 증가했다.(IAB-Arbeitszeit-rechnung).

25 참고: Institut für Arbeitsmarkt-und Berufsforschung: *IAB-Arbeits-zeitrechnung*, 1991-2019, https://www.iab.de/de/daten/iab-arbeitszeitrechnung.aspx(검색일: 2020.08.20.).

26 Institut Arbeit und Qualifikation der Universität Duisburg-Essen: "Beschäftigte in Minijobs 2003-2020", in: *Sozialpolitik aktuell*, http://www.sozialpolitik-aktuell.de/tl_files/sozialpolitik-aktuell/_Politikfelder/Arbeitsmarkt/Datensammlung/PDF-Dateien/abbIV91.pdf(검색일: 2020.08.25.).

27 Kittelmann, Marlies / Adolph, Lars / Michel, Alexandra / Packroff, Rolf / Schütte, Martin / Sommer, Sabine (Hrsg.): *Handbuch Gefähr-dungsbeurteilung*. Dortmund: Bundesanstalt für Arbeitsschutz und Arbeitsmedizin 2021, https://www.baua.de/DE/Themen/Arbeitsgestaltung-im-Betrieb/Gefaehrdungsbeurteilung/Expertenwissen/Arbeitszeitgestaltung/Lange-Arbeitszeiten/Lange-Arbeitszeiten_node.html(검색일: 2021.09.01.).

28 Sell, Stefan: "Es werden mehr und mehr: Über 3,5 Millionen Mehr-fachbeschäftigte. Zwischen gerne mehr bei einigen und mehr müssen bei vielen"(2020.01.21.), in: *Sozialpolitik aktuell*, https://aktuelle-sozialpolitik.de/2020/01/21/es-werden-mehr-und-mehr/(검색일: 2021.08.16.).

29 싱글인 직원은 주당 37.8시간을, 여러 직업을 가진 직원은 41.5시간을 일한다. 심지어 혼성 고용 근로자는 주당 44.6시간을 일한다. 출처: Monsef, Roschan / Schäfer, Holger / Schmidt, Jörg: *Der Trend zur Zweitbe-schäftigung – Nur eine Frage des Geldes?*, p.53, in: IW-Trends - Vier-teljahresschrift zur empirischen Wirtschaftsforschung aus dem In-stitut der deutschen Wirtschaft K ln e. V., 48. Jahrgang, Heft 2/2021, https://www.iwkoeln.de/fileadmin/user_upload/Studien/IW-Trends/PDF/2021/IW-Trends_2021-02-03_Monsef_Sch%C3%A4fer_Schmidt.pdf(검색일: 2021.08.12.).

30 참고: Graf, Sebastian / Höhne, Jutta / Mauss, Alexander / Schulze Buschoff, Karin: "Mehrfachbeschäftigungen in Deutschland: Struk-tur, Arbeitsbedingungen und Motive", p.9, in: *WSI-Report 48/2019*, https://www.boeckler.de/pdf/p_wsi_report_48_2019.pdf(검색일: 2021.08.12.).

31 Hochschild, Arlie Russell: *Keine Zeit. Wenn die Firma zum Zuhause wird und zu Hause nur Arbeit wartet*. Dt. von Hella Beister, Opladen 2002, p.56.

32 Schüller, Anne M.: "Feel Good und Touch Point Manager. Berufs-bilder für die neue Arbeitswelt der Zukunft"(2015.06.24.), in: *Best of HR –Berufebilder.de®*, https://berufebilder.de/feelgood-touchpointmanager-arbeitswelt-zukunft/(검색일: 2021.08.14.).

33 참고: ADP: *The Workforce View in Europe 2019*, p.14, https://de.adp.com/ressourcen/hr-themen-wissenswertes/artikel/w/workforce-view-2019.aspx(검색일: 2021.08.17.).

34 참고: Blömer, Maximilian / Garnitz, Johanna / Gärtner, Laura / Peichl, Andreas / Strandt, Helene: *Zwischen Wunsch und Wirklichkeit. Unter-und Überbeschäftigung auf dem deutschen Arbeitsmarkt*, p.19-20, Studie im Auftrag

der Bertelsmann-Stiftung, Gütersloh 2021, https://doi.org/10.11586/2021019.

35 Kurz-Scherf, Ingrid: "Vom guten Leben - Feministische Perspektiven jenseits der Arbeitsgesellschaft", p.80, in: Ulla Knapp (Hrsg.): Be-schäftigungspolitik für Frauen in der Region, Opladen 1998, p.79-98.

36 참고: Kittelmann, Marlies / Adolph, Lars / Michel, Alexandra / Pack-roff, Rolf / Schütte, Martin / Sommer, Sabine (Hrsg.): Handbuch Gefährdungsbeurteilung. Dortmund: Bundesanstalt für Arbeits-schutz und Arbeitsmedizin 2021, https://www.baua.de/DE/Themen/Arbeitsgestaltung-im-Betrieb/ Gefaehrdungsbeurteilung/Expertenwissen/Arbeitszeitgestaltung/Lange-Arbeitszeiten/Lange-Arbeitszeiten_node.html(검색일: 2021.08.14.).

37 참고: Schwarz, Franziska: "berstunden: Deutsche schenken Unter-nehmen dreieinhalb Jahre Arbeitszeit"(2021.09.17.), in: Merkur, https://www.merkur.de/ wirtschaft/ueberstunden-arbeitnehmer-deutschland-durchschnitt-studie-erhebung-arbeitszeitmonitor-2021-90985750.htm(검색일: 2022.07.02.).

38 참고: Institut DGB-Index Gute Arbeit (Hrsg.): DGB-Index Gute Arbeit. Report 2019: Arbeiten am Limit. Themenschwerpunkt Arbeits-intensität, Berlin 2019, https://index-gute-arbeit.dgb.de/++co++caa19028-1511-11ea-81ba-52540088cada (검색일: 2021.08.16.).

39 참고: Garsoffky, Susanne / Sembach, Britta: Der tiefe Riss. Wie Politik und Wirtschaft Eltern und Kinderlose gegeneinander ausspielen, München 2017, p.73.

40 세계보건기구(WHO)와 국제노동기구(ILO)의 공동 보도 자료: "Long working hours increasing deaths from heart disease and stroke: WHO, ILO"(2021.05.17.), https://www.who.int/news/item/17-05-2021-long-working-hours-increasing-deaths-from-heart-disease-and-stroke-who-ilo(검색일: 2021.08.22.).

41 Gewerkschaft Erziehung und Wissenschaft: "Viele Lehrkräfte arbei-ten mehr als 48 Stunden"(2018.01.29.), https://www.gew.de/aktuelles/detailseite/neuigkeiten/ viele-lehrkraefte-arbeiten-mehr-als-48-stunden/(검색일: 2021.08.17.).

42 Szymanowski, Grzegorz: "Wie polnische Paketboten in Deutschland um ihre Rechte kämpfen"(2021.05.29.), in: Deutsche Welle, https://www. dw.com/de/wie-polnische-paketboten-in-deutschland-um-ihre-rechte-k%C3%A4mpfen/a-57711873(검색일: 2021.09.02.).

43 ILO: "Longest, most unpredic-table hours - the plight of the domestic worker"(2013.01.09.), https://www.ilo.org/global/about-the-ilo/newsroom/news/

WCMS_200944/lang—en/index.htm(검색일: 2021.08.27.).

44 참고: Wöhrmann, A. M. /Gerstenberg, p./ Hünefeld, L./ Pundt, F. / Reeske-Behrens, A. / Brenscheidt, F./ Beermann, B.: *Arbeitszeit-report Deutschland 2016.* Dortmund: Bundesanstalt für Arbeits-schutz und Arbeitsmedizin 2016, p.41 ff., https://www.baua.de/DE/Angebote/Publikationen/Berichte/F2398.html(검색일: 2021.08.14.).

45 *tagesschau.de*: "Jeder Vierte arbeitet am Wochenende"(2018.11.15.), https://www.tagesschau.de/inland/atypische-arbeitszeiten-101.html(검색일: 2021.08.16.).

46 Zobeley, Christel: "Eine Stunde Schichtarbeit ist 1,5 Stunden Nor-malarbeit", in: Kurz-Scherf, Ingrid / Breil, Gisela (Hrsg.): *Wem ge-hört die Zeit. Ein LESEBUCH zum 6-Stunden-Tag,* Hamburg 1987, p.101.

47 *Der Spiegel*: "Das Familienleben ist doch kaputt", Nr. 47/1980, https://www.spiegel.de/politik/spiegel-titel-das-familienleben-ist-doch-kaputt-a-f2e34b ea-0002-0001-0000-000014328160(검색일: 2022.04.14.).

48 참고: Institut DGB-Index Gute Arbeit (Hrsg.): *DGB-Index Gute Arbeit 2012–2017. Sonderauswertung, Arbeitsbedingungen in der Alten-und Krankenpflege,* p.22, Berlin 2018, https://index-gute-arbeit.dgb.de/++co++fecfee2c-a482-11e8-85a5-52540088cada(검색일: 2020.08.16.).

49 참고: Woratschka, Rainer: "Umfrage unter Teilzeit-Pflegekräften. Vollzeitjob kommt für die meisten nicht in Frage"(2019.10.13.), in: *tagesspiegel.de,* https://www.tagesspiegel.de/politik/umfrage-unter-teilzeit-pflegekraeften-vollzeitjob-kommt-fuer-die-meisten-nicht-in-frage/25107774.html(검색일: 2021.08.15.).

50 *eutschlandfunk Kultur*: "An den Patienten wird bis zum letzten Atemzug Geld verdient"(2021.07.16.), https://www.deutschlandfunkkultur.de/intensivkrankenpfleger-ricardo-lange-an-den-patienten-wird-100.html(검색일: 2021.08.28.).

51 참고: Institut DGB-Index Gute Arbeit (Hrsg.): *Jahresbericht 2020. Ergebnisse der Beschäftigtenbefragung zum DGB-Index Gute Arbeit 2020. Schwerpunktthema Mobile Arbeit,* p.26-31, Berlin 2020, https://index-gute-arbeit.dgb.de/++co++b8f3f396-0c7f-11eb-91bf-001a4a160127(검색일: 2021.08.24.).

52 Lott, Yvonne: "Weniger Arbeit, mehr Freizeit? Wofür Mütter und Väter flexible Arbeitsarrangements nutzen", *WSI-Report 47/2019,* p.2, https://www.boeckler.de/pdf/p_wsi_report_47_2019.pdf(검색일: 2021.08.26.).

53 같은 곳, p.5.

54 참고: Schulz, Anika D.: "Erholung von der Arbeit", p.6, in: *baua: Ak-tuell*, Ausgabe 4/2020, https://www.baua.de/DE/Angebote/Publikationen/ Aktuell/4-2020.pdf?blob=publicationFile&v=4(검색일: 2021.08.24.).

55 참고: Schulz, Anika D. / Wendsche, Johannes / Lohmann-Haislah, Andrea / Schöllgen, Ina: "Erholungsbeeinträchtigungen bei Be-schäftigten. Ergebnisse einer Repräsentativbefragung in Deutsch-land", In: Zentralblatt *für Arbeitsmedizin, Arbeitsschutz und Ergo-nomie*, Volume 70, 2020, p.57-65, https://doi.org/10.1007/s40664-019-00373-7(검색일: 2021.08.15.).

56 참고: Wolf, Christof: "Psychosozialer Stress und Gesundheit: Belas-tungen durch Erwerbsarbeit, Hausarbeit und soziale Beziehungen", p.170, in: *Kölner Zeitschrift für Soziologie und Sozialpsychologie*, Sonderheft 46, 2006, p.158-176.

57 다니엘라 브로데서(Daniela Brodesser)와 이메일로 나눈 대화 인용, 2022.05.10.

58 Siegrist, Johannes / Dragano, Nico: "Berufliche Belastungen und Gesundheit", Kölner Zeitschrift für Soziologie und Sozialpsycho-logie, Sonderheft 46/2006, p.109-124.

59 참고: Krug, Susanne / Jordan, Susanne / Mensink, Gert / Müters, Ste-phan / Finger, Jonas / Lampert, Thomas: "Körperliche Aktivität. Er-gebnisse der Studie zur Gesundheit Erwachsener in Deutschland (DEGS1)", in: *Bundesgesundheitsblatt*, Volume 56, 2013, p.765-771, https://doi.org/10.1007/s00103-012-1661-6.

60 참고: Techniker Krankenkasse: *Beweg Dich, Deutschland! – TK-Be-wegungsstudie 2016*, Hamburg 2016, https://www.tk.de/presse/themen/ praevention/gesundheitsstudien/tk-bewegungsstudie-2016-2042014(검색일: 2021.08.16.).

61 참고: Finger, Jonas D. / Mensink, Gert / Lange, Cornelia / Manz, Kris-tin: "Arbeitsbezogene körperliche Aktivität bei Erwachsenen in Deutschland", p.32, in: *Journal of Health Monitoring*, Volume 2, 2017, https://doi.org/10.17886/RKI-GBE-2017-026.

62 참고: Robert Koch-Institut (Hrsg.): *Gesundheitliche Lage der Frauen in Deutschland. Gesundheitsberichterstattung des Bundes*, Berlin 2020, p.94, http://dx.doi.org/10.25646/6585.

63 참고: Wolf, Christof: "Psychosozialer Stress und Gesundheit: Belas-tungen durch Erwerbsarbeit, Hausarbeit und soziale Beziehungen", p.167, in: *Kölner Zeitschrift für Soziologie und Sozialpsychologie*, Sonderheft 46, 2006, p.158-176.

64 Robert Koch-Institut (Hrsg.): *Gesundheitliche Lage der Männer in Deutschland. Beiträge zur Gesundheitsberichterstattung des Bundes.* Berlin 2014, p. 98, https://edoc.rki.de/handle/176904/3246

65 같은 곳.

66 참고: Metzger, Reiner: "Da ist noch Luft drin"(2003.08.22.), in: *taz. die tageszeitung,* https://taz.de/Da-ist-noch-Luft-drin/!721175/(검색일: 2021.08.23.).

67 참고: Bundesministerium der Finanzen: *Bundeshaushalt 2021, Ein-zelpläne, Sollwerte des Haushaltsjahres 2021 inkl. 1. Nachtrags-haushalts,* https://www.bundeshaushalt.de/#/2021/soll/ausgaben/einzelplan.html(검색일: 2021.08.24.).

68 참고: Statista Research Department: "Wachstum des Bruttoinlands-produkts (BIP) in EU und Euro-Zone bis 2020"(2022.01.21.), https://de.statista.com/statistik/daten/studie/156282/umfrage/entwicklung-des-bruttoinlandsprodukts-bip-in-der-eu-und-der-eurozone/(검색일: 2022.03.14.).

69 참고: Statista Research Department: "Was halten Sie persönlich im Leben für besonders wichtig und erstrebenswert?"(2021.08.18.), Umfrage in Deutschland zu wichtigen Lebensaspekten, Zielen und Werten bis 2020, AWA 2020, Basis deutschsprachige Bevölkerung ab 14 Jahren (70,64 Mio.), https://de.statista.com/statistik/daten/studie/170820/umfrage/als-besonders-wichtig-erachtete-aspekte-im-leben/(검색일: 2021.09.14.).

70 독일인 5명 중 1명은 69세 이전에 사망한다.(2021.05.07.), in: *Tages-schau,* https://www.tagesschau.de/inland/rentenalter-die-linke-anfrage-fraktion-101.html(검색일: 2021.08.24.).

71 Berlin-Institut für Bevölkerung und Entwicklung: *Hohes Alter, aber nicht für alle. Wie sich die soziale Spaltung auf die Lebenserwartung auswirkt,* Berlin 2017, https://www.berlin-institut.org/studien-analysen/detail/hohes-alter-aber-nicht-fuer-alle(검색일: 2021.08.15.).

72 Lampert, Thomas / Kroll, Lars Eric: *Armut und Gesundheit,* Hrsg. Robert Koch-Institut Berlin, *GBE kompakt* 5/2010, p. 2, https://www.rki.de/DE/Content/Gesundheitsmonitoring/Gesundheitsberichterstattung/GBEDownloadsK/2010_5_Armut.pdf?blob=publicationFile(검색일: 2021.09.14.).

73 참고: Heintze, Cornelia: *Auf der Highroad – der skandinavische Weg zu einem zeitgemäßen Pflegesystem. Ein Vergleich zwischen fünf nor-dischen Ländern und Deutschland,* Expertise im Auftrag der Ab-teilung Wirtschafts-und Sozialpolitik der Friedrich-Ebert-Stiftung, Bonn 2015, p. 11-13.

74   Federici, Silvia: *Aufstand in der Küche. Reproduktionsarbeit im glo-balen Kapitalismus und die unvollendete feministische Revolution*, Berlin 2012, p.82.

75   Abbe, Ernst: *Gesammelte Abhandlungen III. Vorträge, Reden und Schriften sozialpolitischen und verwandten Inhalts*, Nachdruck der Ausgabe Jena 1906, Hildesheim/Zürich/New York 1989, E-Book: https://www.gutenberg.org/ebooks/19755(검색일: 2022.03.15.).

76   Negt, Oskar: "Der Kampf um die Arbeitszeit ist ein Kampf um die Lebenszeit", p.532, in: Zoll, Rainer (Hrsg.), *Zerstörung und Wieder-aneignung von Zeit*, Frankfurt am Main 1988, p.531-543.

77   참고: Klünder, Nina: *Differenzierte Ermittlung des Gender Care Gap auf Basis der repräsentativen Zeitverwendungsdaten 2012/13*, p.28, Berlin: Institut für Sozialarbeitund Sozialpädagogik e. V., Ge-schäftsstelle Zweiter Gleichstellungsbericht der Bundesregierung, 2017, http://dx.doi.org/10.25595/1368.

78   Friedrichs, Julia: *Working Class. Warum wir Arbeit brauchen, von der wir leben können*, Berlin/München 2021.

79   Penny, Laurie: *Fleischmarkt. Weibliche Körper im Kapitalismus* [E-Book], Hamburg 2012, p.105.

80   참고: Enste, Dominik: *Haushaltshilfe – Keine Entlastung in Sicht*, IW-Kurzbericht 42/2019, Institut der deutschen Wirtschaft (IW), https://www.iwkoeln.de/studien/iw-kurzberichte/beitrag/dominik-h-enste-keine-entlastung-in-sicht-435331.html
(검색일: 2021.08.22.).

81   참고: Enste, Dominik: *Engpass Haushaltshilfe: Vergebliche Suche und weitverbreitete Schwarzarbeit*, IW-Kurzbericht 54/2018, Institut der deutschen Wirtschaft (IW), https://www.iwkoeln.de/studien/dominik-h-enste-vergebliche-suche-und-weitverbreitete-schwarzarbeit-401001.html(검색일: 2021.08.22.).

82   참고: Werler, Eva: "Pflegenotstand. Mangelware Haushaltshilfe"(2019.06.05.), in: *Deutschlandfunk*, https://www.deutschlandfunk.de/pflegenotstand-mangelware-haushaltshilfe-100.html(검색일: 2021.08.22.).

83   Meier-Grawe, Uta: "Der Weg zu einem attraktiven Dienstleistungs-beruf", in: Bundesanstalt für Landwirtschaft und Ernährung (BLE): *B&B Agrar*, Heft 4/2018, p.20-22, https://www.bildungsserveragrar.de/fileadmin/Redaktion/Fachzeitschrift/2018-4/BB_Agrar_04_2018_Der_Weg_zu_einem_attraktiven_

Dienstleistungsberuf.pdf(검색일: 2021.08.21.).

84 Deutscher Gewerkschaftsbund (DGB): "Förderung haushaltsnaher
Dienstleistungen - dringende gesellschaftspolitische Aufgabe",(2020.12.07.)
in: *arbeitsmarkt aktuell* 08/2020, https://www.dgb.de/
downloadcenter/++co++bd18c2be-387e-11eb-8cc7-001a4a160123(검색일:
2021.08.22.).

85 참고: hooks, bell: "Re-Thinking the Nature of Work", in: *Feminist theory from
margin to center*, Boston 1984, p.95-102.

86 같은 곳, p.98.

87 hooks, bell: "Women at Work", p.49, in: *Feminism is for Everybody*, Cambridge
2000, p.48-54.

88 참고: hooks, bell: "Revolutionary Parenting", p.134, in: hooks, *bell: Feminist theory
from margin to center*, Boston 1984, p.133-146.

89 참고: hooks, bell: "Re-Thinking the Nature of Work", p.101, in: *Fe-minist theory
from margin to center*, Boston 1984, p.95-102.

90 참고: hooks, bell: "Women at Work", p.54, in: *Feminism is for Every-body*,
Cambridge 2000, p.48-54.

91 Sachverständigenkommission zum Zweiten Gleichstellungsbericht der
Bundesregierung: *Erwerbs-und Sorgearbeit gemeinsam neu ge-stalten. Gutachten
für den Zweiten Gleichstellungsbericht der Bundes-regierung*, Berlin 2017, p.45
(검색일: 2021.08.15.). https://www.gleichstellungsbericht.de/gutachten2gleichstellu
ngsbericht.pdf.

92 참고: Deutscher Juristinnenbund e. V.: *Konzeption eines Wahlarbeits-
zeitgesetzes*, https://www.djb.de/netzwerke-und-projekte/konzeption-eines-
wahlarbeitszeitgesetzes(검색일: 2021.09.15.).

93 Deutsches Jugendinstitut: *Die zentralen Ideen und Ziele des Options-
zeitenmodells* (2020), https://www.dji.de/themen/familie/optionszeiten.html(검색일:
2021.09.19.).

94 참고: Bonin, Holger / Krause-Pilatus, Annabelle / Rinne, Ulf / Gehlen, Annica
/ Molitor, Pia: *Selbstständige Erwerbstätigkeit in Deutschland*(Aktualisierung
2020), p.32-36, IZA Institute of Labor Economics, Research Report No. 93,
Kurzexpertise im Auftrag des Bundesmi-nisteriums für Arbeit und Soziales, Bonn
2020, https://www.iza.org/en/publications/r/210/selbststandige-erwerbstatigkeit-
in-deutschland-aktualisierung-2020(검색일: 2022.03.15.).

95 참고: Bücker, Teresa: "Ist es radikal, bis 80 zu arbeiten?"(2020.01.22.), in: *Süddeutsche Zeitung Magazin Online*, https://sz-magazin.sueddeutsche.de/freie-radikale-die-ideenkolumne/rente-arbeit-alter-88283(검색일: 2021.08.19.).

96 참고: *Süddeutsche Zeitung*: "Arbeitsminister Heil offen für Vier-Tage-Woche" (19.08.20202), https://www.sueddeutsche.de/politik/hubertus-heil-4-tage-woche-1.5003356(검색일: 2021.09.19.).

97 2019년 연평균 노동 시간은 1638시간이다.

98 참고: Kompetenzzentrum Fachkräftesicherung (KOFA): Fachkräfte-report März 2022(2022.05.16.), https://www.kofa.de/daten-und-fakten/studien/fachkraeftereport-maerz-2022/(검색일: 2022.07.14.).

99 참고: Frey, Philipp: *The Ecological Limits of Work: on carbon emissi-ons, carbon budgets and working time*, Hampshire 2019, p.6, http://autonomy.work/wp-content/uploads/2019/05/The-Ecological-Limits-of-Work-final.pdf(검색일: 2021.09.15.).

100 참고: Winker, Gabriele: *Solidarische Care-Ökonomie. Revolutionäre Realpolitik für Care und Klima*, Bielefeld 2021, p.145.

101 같은 곳, p.143.

102 참고: Hickel, Jason: *Weniger ist mehr. Warum der Kapitalismus den Planeten zerstört und wir ohne Wachstum glücklicher sind*. Dt. von Eva Leipprand, München 2022, p.255 f.

103 참고: Suzman, James: *Sie nannten es Arbeit. Eine andere Geschichte der Menschheit*. Dt. von Karl Heinz Siber, München 2021, p.320 ff.

104 참고: Economic Policy Institute: "The Productivity-Pay Gap", Au-gust 2021, https://www.epi.org/productivity-pay-gap/(검색일: 2022.03.19.).

105 참고: Ständer, Philipp: "Wage-Productivity Gap - Four Tales from the Eurozone"(2018.07.02.), Jacques Delors Centre - Policy Brief, https://www.delorscentre.eu/en/publications/detail/publication/wage-productivity-gap-four-tales-from-the-eurozone(검색일: 2022.03.20.).

106 참고: Herzog-Stein, Alexander / Stein, Ulrike / Zwiener, Rudolf Zwie-ner: "Arbeits-und Lohnstückkostenentwicklung 2018 im europäi-schen Vergleich", IMK Report 149/2019, Institut für Makroöko-nomie und Konjunkturforschung, Düsseldorf, p.19-21, https://www.imk-boeckler.de/data/p_imk_report_149_2019.pdf(검색일: 2022.03.24.).

107 참고: Rauch, Erik: "Productivity and the Workweek" (2000), https://groups.csail.

mit.edu/mac/users/rauch/worktime(검색일: 2022.03.20.).

108 참고: IG Metall: "Erste Umfrageergebnisse zur Umsetzung des Tarif-abschlusses
in der Metall-und Elektroindustrie"(2018.11.12.), https://www.igmetall.de/presse/
pressemitteilungen/erste-umfrageergebnisse-zur-umsetzung-des-tarifabschlusses
(검색일: 2022.03.20.).

109 참고: Statistisches Bundesamt: "35% mehr Zeit für unbezahlte Arbeit
als für Erwerbsarbeit"(2016.04.19.), https://www.destatis.de/DE/Presse/
Pressemitteilungen/2016/04/PD16_137_812.html;jsessionid=CA530867A867CB38
E1BBC604(검색일: 2022.03.20.).

110 참고: Haug, Frigga: *Die Vier-in-einem-Perspektive. Politik von Frauen für eine
neue Linke*, Hamburg 2008.

111 같은 곳, p.20 f.

112 Haug, Frigga: "Vier-in-einem-Perspektive - Kompass für die poli-tische Praxis"
(November 2011), https://www.zeitschrift-luxemburg.de/vier-in-einem-perspektive-
kompass-fur-die-politische-praxis/(검색일: 2022.03.20.).

113 Storz, Wolfgang: "Frigga Haug: 'Wir brauchen Zeit, um mehr Freund-lichkeit in
diese Welt zu bringen'"(2013.09.12.), in: *WOZ. Die Wo-chenzeitung*, https://www.
woz.ch/~4488(검색일: 2021.08.14.).

114 Haug, Frigga: "Vier-in-einem-Perspektive - Kompass für die poli-tische Praxis"
(November 2011), https://www.zeitschrift-luxemburg.de/vier-in-einem-perspektive-
kompass-fur-die-politische-praxis/(검색일: 2022.03.20.).

115 Weeks, Kathi: *The Problem with Work. Feminism, Marxism, Anti-work Politics,
and Postwork Imaginaries*, London 2011, p.174.

116 Tronto, Joan: "Demokratie als fürsorgliche Praxis", p.39, in: Femi-nistische Studien
extra/2000, p.25-42, https://doi.org/10.1515/fs-2000-s104.

117 참고: Klenner, Christina / Pfahl, Svenja: "Jenseits von Zeitnot und
Karriereverzicht - Wege aus dem Arbeitszeitdilemma", WSI-Dis-kussionspapier
Nr. 158, Düsseldorf 2008.

118 같은 곳, p.26.

119 참고: Robert Koch-Institut (Hrsg.): *Gesundheitliche Lage der Frauen in
Deutschland. Gesundheitsberichterstattung des Bundes*, Berlin 2020, p.32, http://
dx.doi.org/10.25646/6585.

120 참고: Siemens-Betriebskrankenkasse SBK: "Macht Pflege krank?"(2018.05.09.)
https://www.sbk.org/uploads/media/pm-sbk-pflegende-angehoerige-fakten-und-

hintergruende-180509.pdf(검색일: 2022.03.20.).

121 참고: Heintze, Cornelia: *Auf der Highroad – der skandinavische Weg zu einem zeitgemaßen Pflegesystem. Ein Vergleich zwischen fünf nor-dischen Ländern und Deutschland*, Expertise im Auftrag der Ab-teilung Wirtschafts-und Sozialpolitik der Friedrich-Ebert-Stiftung, Bonn 2015, p.11-13.

122 참고: Elly Heuss-Knapp-Stiftung, Deutsches Müttergenesungswerk: *Jahresbericht 2020*, p.10, https://www.muettergenesungswerk.de/fileadmin/user_upload/MGW-Jahresbericht_2020.pdf(검색일: 2022.03.20.).

123 Bäurle, Anne: "Wenn Familienarbeit krank macht"(2016.06.15.), in: *Ärztezeitung*, https://www.aerztezeitung.de/Politik/Wenn-Familienarbeit-krank-macht-305489. html(검색일: 2021.08.20.).

124 Sommer, Jörn / Braun, Bernhard / Meyer, Stefan: *Studie zur Unter-suchung der Bedarfe von Müttern/Vätern und pflegenden Frauen und Männern (mit und ohne Kinder im Haushalt) in Vorsorge-und Reha-Maßnahmen in Einrichtungen des Müttergenesungswerkes*, Auftrag-geber: Bundesministerium für Familie, Senioren, Frauen und Ju-gend. Hrsg.: InterVal GmbH, Berlin/ Bremer Institut für Arbeitsschutz und Gesundheitsförderung (BIAG) GmbH, Berlin/Bremen 2021, p.129, https://www.interval-berlin.de/wp-content/uploads/ MGW_Abschlussbericht_InterVal_BIAG.pdf(검색일: 2022.03.22.).

125 같은 곳.

126 Höyng, Stephan: "Mehr Care, mehr Share, weniger Masculinity?", in: Martin Dingens (Hrsg.), *Männlichkeiten und Care. Selbstsorge, Familiensorge, Gesellschaftssorge*, Weinheim/Basel 2020, p.68-85.

127 참고: Kochskämper, Susanna / Neumeister, Silvia / Stockhausen, Ma-ximilian: "Wer pflegt wann und wie viel? Eine Bestandsaufnahme zur häuslichen Pflege in Deutschland", p.72, in: *IW-Trends – Vier-teljahresschrift zur empirischen Wirtschaftsforschung aus dem Institut der deutschen Wirtschaft Köln e. V.*, 47. Jahrgang, Heft 4/2020, https://www.iwkoeln.de/fileadmin/user_upload/Studien/ IW-Trends/PDF/2020/IW-Trends_2020-04-04_Kochsk%C3%A4mper-Neumeister-Stockhausen.pdf(검색일: 2022.03.24.).

128 참고: Statistisches Bundesamt: "66 % der erwerbstätigen Mütter ar-beiten Teilzeit, aber nur 7 % der Väter"(2022.03.07.), https://www.destatis.de/DE/Presse/ Pressemitteilungen/2022/03/PD22_N012_12.html(검색일: 2022.03.22.).

129 같은 곳.

130 참고: Wanger, Susanne: "Entwicklung von Erwerbstätigkeit, Arbeits-zeit und
Arbeitsvolumen nach Geschlecht. Ergebnisse der IAB-Arbeitszeitrechnung nach
Alter und Geschlecht (AZR AG) für die Jahre 1991-2019", IAB-Forschungsbericht
16/2020, Nürnberg, p.63-65, https://doku.iab.de/forschungsbericht/2020/fb1620.
pdf(검색일: 2022.03.22.).

131 같은 곳, p.30.

132 참고: Balderson, Ursula / Burchell, Brendan / Kameráde, Daiga / Wang,
Senhu / Coutts, Adam: "An exploration of the mul-tiple motivations for
spending less time at work"(2020.09.08.), in: *Time & Society*, https://doi.
org/10.1177%2F0961463X20953945(검색일: 2022.04.20.).

133 참고: "Männer und Frauen verlieren Lust auf Führungsaufgaben", Umfrage der
Initiative Chefsache (2019), https://initiative-chefsache.de/umfrage-maenner-und-
frauen-verlieren-lust-auf-fuehrungsaufgaben/(검색일: 2021.09.22.).

134 참고: Steffan, Sabrina / Vesper, Arne / Steinwedel, Alexander / Dan-nenfeld,
Sophie: "New Work: Die Änderungen der Arbeitswelt und die Erwartungen
junger Talente an ihren Arbeitgeber", in: Knieps, Franz / Pfaff, Holger (Hrsg.):
BKK Gesundheitsreport 2019. Psychi-sche Gesundheit und Arbeit, Berlin 2019,
p.445-450.

135 SINUS-Jugendstudie 2020 - Wie ticken Jugendliche? "Kernthesen und typische
Aussagen der Jugendlichen", https://www.bpb.de/medien/313133/Typische%20
Aussagen%20der%20Jugendlichen_final.pdf(검색일: 2021.09.22.).

136 참고: Stupin, Madlen: "Mental-First-Aid - Der Erste-Hilfe-Kurs für die Seele an
der Technischen Hochschule Ostwestfalen-Lippe", p.431, in: Knieps, Franz /
Pfaff, Holger (Hrsg.): *BKK Gesundheits-report 2019. Psychische Gesundheit
und Arbeit*, Berlin 2019, p.431-435.

137 참고: Bundesministerium für Familie, Senioren, Frauen und Jugend:
(Existenzsichernde) Erwerbstätigkeit von Müttern, Berlin 2020, p.25-26. https://
www.bmfsfj.de/resource/blob/158624/75d57f3a0039c50782e191460dc71d7b/
mff-existenzsichernde-erwerbstaetigkeit-von-muettern-data.pdf(검색일: 2022.03.22.).

138 같은 곳, p.27.

139 참고: Röttger, Christof / Weber, Brigitte / Weber, Enzo: "Qualifika-tionsspezifische
Arbeitslosenquoten",(2020.09.03.), Institut für Ar-beitsmarkt-und Berufsforschung
der Bundesagentur für Arbeit, https://doku.iab.de/arbeitsmarktdaten/
Qualo_2020.pdf(검색일: 2021.09.22.).

140 참고: Harnisch, Michelle / Müller, Kai-Uwe / Neumann, Michael: "Teilzeitbeschäftigte würden gerne mehr Stunden arbeiten, Vollzeit-beschäftigte lieber reduzieren", DIW Wochenbericht 38/2018, https://www.diw.de/documents/publikationen/73/diw_01.c.598469.de/18-38-3.pdf(검색일: 2021.09.22.).

141 Klenner, Christina / Pfahl, Svenja: "Jenseits von Zeitnot und Kar-riereverzicht - Wege aus dem Arbeitszeitdilemma", WSI-Diskuss-ionspapier Nr. 158, Dusseldorf 2008, p.19.

142 참고: Allmendinger, Jutta: "Auf dem Rücken der Frauen"(2022.03.01.), in: *Zeit Online*, https://www.zeit.de/gesellscahft/2022-02/corona-gleichstellung-studien-frauen-geschlechterrollen(검색일: 2022.03.26.).

3장 ‖ 돌봄을 위한 시간

1 Odell, Jenny: *How to Do Nothing: Resisting the Attention Economy*, New York/London 2019, p.25.

2 참고: Kunkelmann, Julia: "Wahnsinn! So viel müssten Mütter eigent-lich verdienen"(2019.05.14.), in: *InStyle*, https://www.instyle.de/lifestyle/muetter-eigentlich-verdienen(검색일: 2021.08.16.).

3 참고: Szymanowski, Grzegorz: "Urteil: Mindestlohn gilt auch für '24-Stunden-Pflege'"(2021.06.24.), in: *Deutsche Welle*, https://www.dw.com/de/urteil-mindestlohn-gilt-auch-f%C3%BCr-24-stunden-pflege/a-58037935(검색일: 2021.08.16.).

4 참고: *tagesschau.de*: "24-Stunden-Pflege vor dem Aus?"(2021.06.25.), https://www.tagesschau.de/inland/innenpolitik/pflegekraefte-mindestlohn-101.html(검색일: 2021.08.16.).

5 참고: Samtleben, Claire: "Auch an erwerbsfreien Tagen erledigen Frauen einen Großteil der Hausarbeit und Kinderbetreuung", DIW Wochenbericht 10/2019, p.139-144, https://www.diw.de/de/diw_01.c.616037.de/publikationen/wochenberichte/2019_10_3/auch_an_erwerbsfreien_tagen_erledigen_frauen_einen_grossteil_der_hausarbeit_und_kinderbetreuung.html(검색일: 2021.08.16.).

6 참고: Netzwerk Care Revolution: Resolution der Aktionskonferenz Care Revolution, 2014, https://care-revolution.org/veroeffentlichungen/(검색일:

2021.08.17.).

7   Zwei Drittel der Analphabet_innen weltweit sind laut Angaben der UN weiblich. 출처: Bundeszentrale für politische Bildung: *Welt-alphabetisierungstag* (2021.09.07.), https://www.bpb.de/kurz-knapp/hintergrund-aktuell/255710/weltalphabetisierungstag/(검색일: 2021.08.17.).

8   참고: hooks, bell: "Re-Thinking the Nature of Work", p.105, in: *Fe-minist theory from margin to center*, Boston 1984, p.96-107.

9   Netzwerk Care Revolution: *Resolution der Aktionskonferenz Care Revolution*, 2014, https://care-revolution.org/veroeffentlichungen/(검색일: 2021.08.17.).

10   참고: Funk, Lore / Schwarze, Barbara: (*Digital) arbeiten 2020: Chan-cengerecht für alle? Analyse einer Erwerbstätigenbefragung unter Genderaspekten*, Kompetenzzentrum-Technik-Diversity-Chan-cengleichheit e. V., Bielefeld 2021, p.20, https://www.kompetenzz.de/content/download/1860/file/kompetenzz-Studie_Arbeiten_2020_PartnerschaftlicheArbeitsteilung.pdf(검색일: 2021.08.17.).

11   참고: Bundesministerium für Familie, Senioren, Frauen und Jugend: *Väterreport. Update 2021*, p.15-16, Berlin 2021, https://www.bmfsfj.de/resource/blob/186176/81ff4612aee448c7529f775e60a66023/vaeterreport-update-2021-data.pdf(검색일: 2021.03.17.).

12   참고: Statistisches Bundesamt: Statistik zum Elterngeld. Beendete Leistungsbezüge fur im Jahr 2018 geborene Kinder(2021.06.29.), https://www.destatis.de/DE/Themen/Gesellschaft-Umwelt/Soziales/Elterngeld/Publikationen/Downloads-Elterngeld/elterngeld-geburten-j-5229201189004.pdf?blob=publicationFile(검색일: 2022.05.10.).

13   참고: Pfahl, Svenja / Reuyß, Stefan / Hobler, Dietmar / Weeber, Sonja: *Nachhaltige Effekte der Elterngeldnutzung durch Väter*, Berlin 2014, https://www.sowitra.de/wp-content/uploads/2016/01/projektbericht-elterngeldv%C3%A4ter_2014-12-04_END.pdf(검색일: 2022.03.26.).

14   Bundesministerium für Familie, Senioren, Frauen und Jugend: *Zeit für Familie. Familienzeitpolitik als Chance einer nachhaltigen Fami-lienpolitik. Achter Familienbericht*, Berlin 2012, p.61.

15   Sellach, Brigitte / Libuda-Köster, Astrid (2017): *Gleichstellungspoli-tik im Spiegel der Zeitverwendungserhebung. Ein Vergleich der Ergeb-nisse der Zeitverwendungserhebungen von 2001/2002 und 2012/2013*. In: Statistisches

Bundesamt: *Wie die Zeit vergeht. Analysen zur Zeit-verwendung in Deutschland*. Beiträge zur Ergebniskonferenz der Zeitverwendungserhebung 2012/13 am 5./6. Oktober 2016 in Wies-baden, p.25-44.

16 같은 곳, p.43.

17 참고: AOK-Bundesverband: *AOK-Familienstudie 2018. Studienzu-sammenfassung*, Berlin 2018, p.10, https://www.aok.de/pk/fileadmin/user_upload/Universell/05-Content-PDF/aok-familienstudie-2018.pdf(검색일: 2021.08.28.).

18 참고: Bundesministerium für Familie, Senioren, Frauen und Jugend: *Zeit für Familie. Familienzeitpolitik als Chance einer nachhaltigen Familienpolitik. Achter Familienbericht*, Berlin 2012, p.27 f.

19 참고: Pupeter, Monika / Schneekloth, Ulrich: "Familie: Vielfältige Hintergründe und unterschiedliche Lebenslagen", p.72, in: World-Vision Deutschland (Hrsg.): *Kinder in Deutschland 2018. 4. World-Vision Kinderstudie*, Weinheim/Basel 2018, p.54-75.

20 같은 곳, p.71.

21 Panova, Ralina / Sulak, Harun / Bujard, Martin / Wolf, Lisa: "Die Rushhour des Lebens im Familienzyklus: Zeitverwendung von Männern und Frauen", p.51, in: Statistisches Bundesamt *Wie dieZeit vergeht. Analysen zur Zeitverwendung in Deutschland*. Beiträge zur Ergebniskonferenz der Zeitverwendungserhebung 2012/13 am 5./6. Oktober 2016 in Wiesbaden, 2017, p.48-63, https://www.destatis.de/DE/Themen/Gesellschaft-Umwelt/Einkommen-Konsum-Lebensbedingungen/Zeitverwendung/Publikationen/Downloads-Zeitverwendung/tagungsband-wie-die-zeit-vergeht-5639103169004.pdf?blob=publicationFile(검색일: 2021.11.25.).

22 참고: Statista Research Department: "Anzahl der Alleinerziehenden in Deutschland nach Geschlecht von 2000 bis 2020"(2021.10.19.), https://de.statista.com/statistik/daten/studie/318160/umfrage/alleinerziehende-in-deutschland-nach-geschlecht/(검색일: 2022.03.28.).

23 참고: Bundesministerium für Familie, Senioren, Frauen und Jugend: "Allein-und Getrennterziehende fördern und unterstützen"(2021.12.28.), https://www.bmfsfj.de/bmfsfj/themen/familie/chancen-und-teilhabe-fuer-familien/ (검색일: 2022.03.28.).

24 1991년 여성 고용률은 서독 55%, 동독 67%였다. 2018년에는 서독 72% 동독 74%로 모두

증가했다. 출처: Hobler, Dietmar / Pfahl, Svenja / Zucco, Aline: "30 Jahre deutsche Einheit - Gleichstellung von Frauen und Männern auf den Arbeitsmärkten in West-und Ostdeutschland?", in: WSI Report Nr. 60/2020, https://www.boeckler. de/de/boeckler-impuls-erwerbstatigkeit-von-frauen-starker-fordern-27102.htm (검색일: 2020.12.20.).

25 Bundesministerium für Familie, Senioren, Frauen und Jugend: *Zeit für Familie. Familienzeitpolitik als Chance einer nachhaltigen Fami-lienpolitik. Achter Familienbericht*, Berlin 2012, p.7.

26 Müller-Wichmann, Christiane: "Zeitnot", p.19, in: Kurz-Scherf, Ingrid / Brei, Gisela: *Wem gehört die Zeit. Ein Lesebuch zum 6-Stun-den-Tag*, Hamburg 1987, p.17-23.

27 참고: International Labour Office: *Care work and care jobs for the fu-ture of decent work*, Genf 2018, p.xxix-xxx, https://www.ilo.org/wcmsp5/groups/public/--dgreports/-dcomm/-publ/documents/publication/wcms_633135.pdf(검색일: 2021.08.20.).

28 참고: Bundesministerium für Familie, Senioren, Frauen und Jugend: "Gender Care Gap - ein Indikator für die Gleichstellung"(2019.08.27.), https://www.bmfsfj.de/ bmfsfj/themen/gleichstellung/gender-care-gap/indikator-fuer-die-gleichstellung/ gender-care-gap-ein-indikator-fuer-die-gleichstellung-137294(검색일: 2021.08.20.).

29 참고: Keynes, John Maynard: "Economic Possibilities for our Grand-children" (1930), in: *Essays in Persuasion*, New York 1932, p.358-373. http://www.econ. yale.edu/smith/econ116a/keynes1.pdf(검색일: 2022.03.20.).

30 Schoener, Johanna: "In der Nebenrolle"(2020.06.09.), in: *Die Zeit* Nr. 25/2020, https://www.zeit.de/2020/25/franziska-giffey-corona-krise-familienministerin-kritik(검색일: 2021.08.20.).

31 2020년 4월, 자녀가 있는 여성의 24% 자녀가 있는 남성의 16%가 근무 시간을 단축했다. 2022년 1월, 자녀가 있는 여성은 19% 남성은 6%만이 근무 시간을 단축했다. 출처: "Jede fünfte Mutter reduziert ihre Arbeitszeit", *Böckler Impuls* 4/2022, https://www. boeckler.de/data/Impuls_2022_04_S3.pdf(검색일: 2022.03.29.).

32 이본 보버만(Yvonne Bovermann)과의 인터뷰, Geschäftsführerin des Mütter-genesungswerkes: "Viele sagen, sie würden die Kinder nur mehr anschreien"(2021.12.15.), in: *Süddeutsche Zeitung*, https://www.sueddeutsche. de/panorama/frauen-corona-burn-out-muettergenesungswerk-1.5487452(검색일: 2022.03.29.).

33 참고: Bundesministerium für Familie, Senioren, Frauen und Jugend: *Kinder, Haushalt, Pflege – wer kümmert sich? Ein Dossier zur gesell-schaftlichen Dimension einer privaten Frage*, Berlin 2020, p.51, https://www.bmfsfj.de/resource/blob/160276/3186dde7aa7d20b08979e6a78700148a/kinder-haushalt-pflege-wer-kuemmert-sich-dossier-sorgearbeit-deutsch-data.pdf(검색일: 2022.03.20.).

34 참고: WSI GenderDatenPortal Erwerbsarbeit: *Erwerbskonstellatio-nen in Paarhaushalten 2019*, 2021, https://www.wsi.de/de/erwerbsarbeit-14617-erwerbskonstellationen-in-paarhaushalten-2017-14837.htm(검색일: 2022.03.20.).

35 참고: Meuser, Michael: "Keine Zeit für Familie?", p.228, in: Heitköt-ter, Martina / Jurczyk, Karin / Lange, Andreas / Meier-Gräwe, Uta (Hrsg.): *Zeit für Beziehungen? Zeit und Zeitpolitik für Familien*, Op-laden & Farmington Hills, MI, 2009, p.215-232.

36 Gaugele, Jochen / Martus, Theresa: "Lisa Paus: "Sexismus geht quer durch alle Parteien""(2022.04.23.), in: waz.de, https://www.waz.de/politik/lisa-paus-familienministerin-gruene-sexismus-parteien-id235148517.html(검색일: 2022.05.10.).

37 참고: Buschner, Andrea: "Rechtliche und soziale Elternschaft in Re-genbogenfamilien", in: *Neue Zeitschrift für Familienrecht*, Heft 2 (23), 2018, p.1103-1107.

38 돌봄 노동에서 '2교대'라는 용어는 1989년 앨리 혹실드가 동명의 저서에서 처음 사용했다.

39 참고: Engstler, Heribert / Tesch-Römer, Clemens: "Zeitverwendung von Erwachsenen, die ein Haushaltsmitglied pflegen", p.241, in: Sta-tistisches Bundesamt: *Wie die Zeit vergeht. Analysen zur Zeitverwen-dung in Deutschland*. Beiträge zur Ergebniskonferenz der Zeitver-wendungserhebung 2012/13 am 5./6. Oktober 2016 in Wiesbaden, 2017, p.229-244, https://www.ssoar.info/ssoar/bitstream/handle/document/53514/ssoar-2017-engstler_et_al-Zeitverwendung_von_Erwachsenen_die_ein.pdf?sequence=1(검색일: 2022.03.20.).

40 참고: Klünder, Nina / Meier-Gräwe, Uta: "Gleichstellung und inner-familiale Arbeitsteilung. Mahlzeitenmuster und Beköstigungsarbeit in Familien im Zeitvergleich", in: ebd., p.65-90.

41 참고: Metzing, Sabine: Abschlussbericht zum Projekt "Die Situation von Kindern und Jugendlichen als pflegende Angehörige", Univer-sität Witten/Herdecke 2018, p.91 https://www.bundesgesundheitsministerium.de/fileadmin/Dateien/5_Publikationen/Pflege/Berichte/Abschlussbericht_

KinderundJugendlichepflegAngeh.pdf(검색일: 2022.06.30.).

42 같은 곳, p.54.

43 참고: Samtleben, Claire: "Auch an erwerbsfreien Tagen erledigen Frauen einen Großteil der Hausarbeit und Kinderbetreuung", DIW Wochenbericht 10/2019, p.139-144, https://www.diw.de/de/diw_01.c.616037.de/publikationen/ wochenberichte/2019_10_3/auch_an_erwerbsfreien_tagen_erledigen_frauen_einen_ grossteil_der_hausarbeit_und_kinderbetreuung.html(검색일: 2021.08.16.).

44 Wajcman, Judy: *Pressed for time. The acceleration of life in digital capitalism,* Chicago & London 2015, p.79 f.

45 참고: Neulinger, John: *The Psychology of Leisure,* Springfield 1974, p.151.

46 Novotny, Rudi: "Was ist bloß mit den Vätern los?"(2018.06.28.), in: *Die Zeit,* https://www.zeit.de/2018/26/vereinbarkeit-familie-beruf-maenner-vaeter- zufriedenheit/komplettansicht(검색일: 2021.08.16.).

47 참고: Bundesministerium für Familie, Senioren, Frauen und Jugend: *Väterreport. Vater sein in Deutschland heute,* p.7, Berlin 2018, https://www.bmfsfj.de/ resource/blob/127268/2098ed4343ad836b2f0534146ce59028/vaeterreport-2018- data.pdf(검색일: 2021.08.16.).

48 Wippermann, Carsten: *Männer-Perspektiven. Auf dem Weg zu mehr Gleichstellung?,* Hrsg. vom Bundesministerium für Familie, Senio-ren, Frauen und Jugend, Berlin 2016, p.32, https://www.delta-sozialforschung.de/cms/upload/ grafiken/artikel/Maennerperspektiven-2016.pdf(검색일: 2021.08.16.).

49 참고: Wippermann, Carsten: *Kinderlose Frauen und Männer. Unge- wollte oder gewollte Kinderlosigkeit im Lebenslauf und Nutzung von Unterstützungsangeboten.* Hrsg. vom Bundesministerium für Fami-lie, Senioren, Frauen und Jugend, Berlin 2014, p.27, https://www.bmfsfj.de/resource/ blob/94130/bc0479bf5f54e5d798720b32f9987bf2/kinderlose-frauen-und- maenner-ungewollte-oder-gewollte-kinderlosigkeit-im-lebenslauf-und-nutzung- von-unterstuetzungsangeboten-studie-data.pdf(검색일: 2021.08.16.).

50 Höyng, Stephan: "Mehr Care, mehr Share, weniger Masculinity?", p.78, in: Dinges, Martin (Hrsg.), *Männlichkeiten und Care. Selbst-sorge, Familiensorge, Gesellschaftssorge,* Weinheim/Basel 2020, p.68-85.

51 Gärtner, Marc / Scambor, Elli: "Caring Masculinities. Über Männ-lichkeiten und Sorgearbeit"(2020.10.30.), in: *Aus Politik und Zeit-geschichte/bpb.de,* https://www.bpb.de/apuz/care-arbeit-2020/317852/caring-masculinities-uebermaennlichkeiten-und-sorgearbeit(검색일: 2021.08.17.).

52 참고: International Labour Office (ILO): *Domestic workers across the world: Global and regional statistics and the extent of legal protection*, Genf 2013, https://www.ilo.org/wcmsp5/groups/public/—dgre-ports/—dcomm/—publ/documents/publication/wcms_173363.pdf(검색일: 2021.08.23.).

53 참고: Enste, Dominik: *Engpass Haushaltshilfe: Vergebliche Suche und weitverbreitete Schwarzarbeit*, IW-Kurzbericht 54/2018, Institut der deutschen Wirtschaft (IW), https://www.iwkoeln.de/studien/dominik-h-enste-vergebliche-suche-und-weitverbreitete-schwarzarbeit-401001.html(검색일: 2021.08.22.).

54 참고: dpa: "Verbände: Amnestie bei Schwarzarbeit in häuslicher Pflege"(2020.11.04.), https://www.zeit.de/news/2020-11/04/verbaende-amnestie-bei-schwarzarbeit-in-haeuslicher-pflege?utm_refcrrer=https%3A%2F%2Fwww.google.com%2F(검색일: 2021.09.22.).

55 참고: Lutz, Helma / Palenga-Möllenbeck, Ewa: "Das Care-Chain-Konzept auf dem Prüfstand. Eine Fallstudie der transnationalen Care-Arrangements polnischer und ukrainischer Migrantinnen", in: Metz-Göckel, Sigrid / Bauschke-Urban, Carola (Hrsg.): *Trans-nationalisierung und Gender*, Special Issue for *GENDER. Zeitschrift für Geschlecht, Kultur und Gesellschaft* 1/2011, p.9-27, gekürzte Version für die Böll-Stiftung 2014, https://www.boell.de/de/2014/03/03/das-care-chain-konzept-auf-dem-pruefstand(검색일: 2021.08.24.).

56 참고: Abramowski, Ruth: "Transnationale Familienkonstellationen von PflegemigrantInnen im europäischen Kontext: Ein Zwiespalt zwi-schen beruflicher und familialer Pflege?"(2019.10.23.), Vortrag an der Universität Bremen, https://www.oeaw.ac.at/fileadmin/subsites/Institute/VID/PDF/Conferences/2019/DACH_2019/Vortraege/DACH2019_Abramowski.pdf(검색일: 2022.03.24.).

57 참고: Wichterich, Christa: "Covid-19, Care und die Krise als Chance. Zur Aktualisierung des Konzepts der imperialen Lebensweise", in: *PROKLA. Zeitschrift für Kritische Sozialwissenschaft*, Ausgabe 205, 51. Jahrgang, Dezember 2021, p.755-766, https://doi.org/10.32387/prokla.v51i205.1969(검색일: 2022.04.21.).

58 Shahvisi, Arianne: "Pay your cleaner what you earn, or clean up yourself!"(2018.09.07.), in: *Media Diversified*, https://mediadiversified.org/2018/09/07/pay-your-cleaner-what-you-earn-or-clean-up-yourself/(검색일:

2021.08.23.).

59 James, Selma: "The Crucial Work That Women Do Is Often Over-looked" (2020), in: *Our Time Is Now: Sex, Race, Class, and Caring for People and Planet*, Oakland 2021, E-Book-Version, p.36 f.

60 참고: Wolff, Kerstin: "Hausarbeit als Nebenwiderspruch? Die inter-nationale 'Lohn für Hausarbeit'-Debatte der 1970er-Jahre in der Bundesrepublik"(2020.10.30.), in: *Aus Politik und Zeitgeschichte/ bpb.de* https://www.bpb.de/shop/zeitschriften/apuz/care-arbeit-2020/317859/hausarbeit-als-nebenwiderspruch/(검색일: 2022.04.22.).

61 참고: Oakley, Ann: *Soziologie der Hausarbeit*, Frankfurt am Main 1978, p.225.

62 참고: Gruppe *Lohn für Hausarbeit*, Berlin: "Offener Brief an Alice", in: *Courage* 8/1977, p.38-40, http://library.fes.de/cgi-bin/cour_mktiff.pl?year=197708&pdfs=197708_038x197708_039x197708_040(검색일: 2022.04.03.).

63 같은 곳, p.38.

64 같은 곳.

65 참고: James, Selma, mit López, Nina: "An Income To Care For People and Planet" (2020), in: *Our Time Is Now: Sex, Race, Class, and Ca-ring for People and Planet*, Oakland 2021, E-Book-Version, p.60-77.

66 전 지구 여성 파업(Global Women's Strike)은 모든 돌봄 노동에 대한 인정과 급여 지급을 주장하며 캠페인을 벌이는 국제적인 풀뿌리 운동이다. 셀마 제임스와 니나 로페즈가 코디네이터로 함께하고 있다. Web-site: https://globalwomenstrike.net/.

67 같은 곳, p.71.

68 같은 곳, p.72.

69 참고: Biesecker, Adelheid: "Vorsorgendes Wirtschaften. Zum Ver-hältnis von Zeit-und Güterwohlstand aus der Geschlechter-perspektive. 9 Thesen". Beitrag beim WSI-Herbstforum 2014 am 27./28. 11. 14 in Berlin zum Thema: *Arbeitszeiten der Zukunft: Selbstbestimmt, geschlechtergerecht, nachhaltig. Herausforderungen für die Arbeitszeitpolitik*, https://www.boeckler.de/pdf/v_2014_11_28_biesecker.pdf(검색일: 2021.08.26.).

70 Rothgang, Heinz: "Entwicklung eines wissenschaftlich fundierten Verfahrens zur einheitlichen Bemessung des Personalbedarfs in Pflegeeinrichtungen nach qualitativen und quantitativen Maßstä-ben gemaß 113c SGB XI (PeBeM)", Zweiter Zwischenbericht 2020, SOCIUM Forschungszentrum Ungleichheit und Sozialpoli-tik, https://www.gs-qsa-pflege.de/wp-content/uploads/2020/02/2.-

Zwischenbericht-Personalbemessung-%C2%A7-113c-SGB-XI.pdf(검색일: 2020.08.10.).

71 참고: Institut DGB-Index Gute Arbeit (Hrsg.): *DGB-Index Gute Arbeit 2012– 2017. Sonderauswertung, Arbeitsbedingungen in der Alten-und Krankenpflege*, p.22, Berlin 2018, https://index-gute-arbeit.dgb.de/++co++fecfee2c-a482-11e8-85a5-52540088cada(검색일: 2021.08.16.).

72 Thiessen, Barbara / Weicht, Bernhard / Rerrich, Maria p./ Luck, Frank / Jurczyk, Karin / Gather, Claudia/ Fleischer, Eva / Brückner, Margrit: *Großputz! Care nach Corona neu gestalten. Ein Positions-papier zur Care-Krise aus Deutschland, Österreich, Schweiz*, 2020, https://care-macht-mehr.com/manifest-2020/(검색일: 2021.08.26.).

73 참고: Bundesministerium für Familie, Senioren, Frauen und Jugend: "Die Familien arbeitszeit"(2016.08.01.), https://www.bmfsfj.de/bmfsfj/aktuelles/alle-meldungen/die-familienarbeitszeit–106806(검색일: 2021.08.26.).

74 참고: Seeck, Francis: *Care trans_formieren. Eine ethnographische Stu-die zu trans und nicht-binärer Sorgearbeit*, Bielefeld 2021.

75 같은 곳, p.13.

76 참고: Statistisches Bundesamt: "42 % der Alleinlebenden wohnten 2019 in Großstädten"(2020.11.12.), https://www.destatis.de/DE/Presse/Pressemitteilungen/2020/11/PD20_N073_122.html(검색일: 2021.08.26.).

77 참고: Statistisches Bundesamt: "2040 wird voraussichtlich jeder vierte Mensch in Deutschland alleine wohnen"(2020.03.02.), https://www.destatis.de/DE/Presse/Pressemitteilungen/2020/03/PD20_069_122.html(검색일: 2021.08.26.).

78 Fraser, Nancy: *Justice Interruptus. Critical Reflections on the "Post-socialist" Condition.* New York 1997, p.61.

79 참고: Jurczyk, Karin / Mückenberger, Ulrich: "Sorgegerechte Erwerbs-biografien - Geschlechterverhältnisse und soziale Lagen im Options-zeitenmodell", in: Scherger, Simone / Abramowski, Ruth / Dingeldey, Irene / Hokema, Anna / Schäfer, Andrea (Hrsg.): *Geschlechterun-gleichheiten in Arbeit, Wohlfahrtsstaat und Familie. Festschrift für Karin Gottschall*, Frankfurt/New York 2021, p.191-217.

80 같은 곳, p.199.

81 Deutsches Jugendinstitut: *Die zentralen Ideen und Ziele des Options-zeitenmodells*, https://www.dji.de/themen/familie/optionszeiten.html(검색일:

2022.03.26.).

82 Jurczyk/Mückenberger, p.199.

83 같은 곳, p.206.

84 *Der Spiegel*: "Heil kündigt staatlich geförderte Auszeiten für Weiter-bildung an"(2021.12.11.), https://www.spiegel.de/politik/deutschland/hubertus-heil-kuendigt-staatlich-gefoerderte-auszeiten-fuer-weiterbildung-an-a-6d19e8c8-f428-46f0-b0fc-27e4ed764019(검색일: 2022.03.26.).

85 참고: Winker, Gabriele: *Solidarische Care-Ökonomie. Revolutionäre Realpolitik für Care und Klima*, Bielefeld 2021, p.137 ff.

86 Netzwerk Care Revolution: *Resolution der Aktionskonferenz Care Revolution*, 2014, https://care-revolution.org/veroeffentlichungen/(검색일: 2021.08.17.).

87 같은 곳.

88 Eisler, Riane: *Die verkannten Grundlagen der konomie. Wege zu einer Caring Economy*. Dt. von Ulrike Brandhorst, Marburg 2020, p.175 f.

89 참고: Winker, p.191.

90 Arendt, Hannah: *Vita activa oder Vom tätigen Leben*, München/ Zürich 2002, p.225.

4장 ‖ 자유 시간

1 Wajcman, Judy: *Pressed for Time. The Acceleration of Life in Digital Capitalism*, Chicago und London 2015, p.166.

2 Nowotny, Helga: *Eigenzeit. Entstehung und Strukturierung eines Zeitgefühls*, Frankfurt am Main 1989, p.7.

3 참고: DiNardi, Gaetano: "Why You Should Work Less and Spend More Timeon Hobbies"(2019.02.07.), in: *Harvard Business Review*, https://hbr.org/2019/02/why-you-should-work-less-and-spend-more-time-on-hobbies(검색일: 2021.08.23.).

4 *Tausendkind*-Magazin: "#SUPERMAMA | 5 Minuten Mama-Me-Time"(2020.05.06.), https://www.tausendkind.de/magazin/familie-freizeit/supermama-5-minuten-mama-me-time_H186MQ3SK/(검색일: 2021.08.23.).

5 Adam, Barbara: *Das Diktat der Uhr. Zeitformen, Zeitkonflikte, Zeit-perspektiven*. Dt. von Frank Jakubzik, Frankfurt am Main 2005, p.137.

6   참고: Lesch, Harald / Geißler, Jonas / Geißler, Karlheinz A.: *Alles eine Frage der Zeit. Warum die "Zeit ist Geld"-Logik Mensch und Natur teuer zu stehen kommt*, München 2021, p.113-126.

7   같은 곳, p.121.

8   참고: Opaschowski, Horst W.: *Einführung in die Freizeitwissenschaft*. 5. Auflage, Wiesbaden 2008, p.34.

9   Wajcman, Judy: *Pressed for Time. The Acceleration of Life in Digital Capitalism*, Chicago und London 2015, p.64.

10 참고: Giurge, Laura M./ Whillans, Ashley V. / West, Colin: "Beyond Material Poverty: Why Time Poverty Matters for Individuals, Orga-nisations, and Nations", in: *Nature Human Behaviour* 4, Nr. 10/2020, p.993-1003, https://doi.org/10.1038/s41562-020-0920-z.

11 참고: Opaschowski, Horst W.: *Einführung in die Freizeitwissenschaft*. 5. Auflage, Wiesbaden 2008, p.34.

12 Statistisches Bundesamt, "Zeitverwendung (ZVE) 2012/2013", *Destatis*, 2019.10.24., https://www.destatis.de/DE/Themen/Gesellschaft-Umwelt/Einkommen-Konsum-Lebensbedingungen/Zeitverwendung/Tabellen/freizeitaktivitaeten-geschlecht-zve.html(검색일: 2020.12.12.).

13 참고: Opaschowski, Horst W.: *Einführung in die Freizeitwissenschaft*. 5. Auflage, Wiesbaden 2008, p.38.

14 Den Begriff "Zeitkonfetti" hat die US-amerikanische Autorin Brigid Schulte in ihrem Buch *Overwhelmed. Work, Love, and Play When No One Has the Time* (Toronto 2014) geprägt.

15 Statistisches Bundesamt: *Wie die Zeit vergeht. Analysen zur Zeitver-wendung in Deutschland. Beiträge zur Ergebniskonferenz der Zeit-verwendungserhebung 2012/13 am 5./6. Oktober 2016 in Wiesbaden*, 2017.07.14., https://www.destatis.de/DE/Themen/Gesellschaft-Umwelt/Einkommen-Konsum-Lebensbedingungen/Zeitverwendung/Publikationen/Downloads-Zeitverwendung/tagungsband-wie-die-zeit-vergeht-5639103169004.html(검색일: 2020.11.12.).

16 참고: Bundesministerium für Familie, Senioren, Frauen und Jugend: Gesetz über die statistische Erhebung der Zeitverwendung(2021.01.27.), https://www.bmfsfj.de/bmfsfj/service/gesetze/zeitverwendungserhebungsgesetz-zveg/162634(검색일: 2022.05.10.).

17 참고: Bundesministerium für Familie, Senioren, Frauen und Jugend: *Achter*

Familienbericht. Zeit für Familie. Familienzeitpolitik als Chance einer nachhaltigen Familienpolitik, Berlin 2012, p.24.

18 참고: 같은 곳, p.23.

19 Widdows, Heather: *Perfect Me. Beauty as an Ethical Idea*, Princeton 2018, p.97.

20 참고: Ricevuto, Julie: "Women's Daily Beauty Routines Have 27 Steps on Average, Says Study"(2016.11.14.), in: *Yahoo!life*, https://www.yahoo.com/lifestyle/ womens-daily-beauty-routines-have-27-steps-on-average-says-study-203959611. html?guccounter=1&guce_referrer=aHR0cHM6Ly93d3cuZ29vZ2xlLmNvbS88& guce_referrer_sig=AQAAAMj9t7cEZmT4v8VcOA9EYYBrlweH3p3uTX-waq q6P9DQNChl4SGo97TLlVeSh1VU7CZWseUWHvN_P7CWYazHa60dT7p-2AOndunG3IVuHpcY4XF7CK6JOGm_d3eSgsqm15eGywyGlL8VbKjwmKpyV dUynHdd8VcTxrqxmrav5kFQ(검색일: 2021.10.28.).

21 참고: Bundesministerium für Familie, Senioren, Frauen und Jugend: *Achter Familienbericht. Zeit für Familie. Familienzeitpolitik als Chance einer nachhaltigen Familienpolitik*, Berlin 2012, p.24.

22 참고: Statistisches Bundesamt: Zeitverwendungserhebung 2022, https:// www.destatis.de/DE/Themen/Gesellschaft-Umwelt/Einkommen-Konsum-Lebensbedingungen/Zeitverwendung/zve2022/_inhalt.html(검색일: 2022.05.10.).

23 Nowotny, Helga: *Eigenzeit. Entstehung und Strukturierung eines Zeitgefühls*, Frankfurt am Main 1989, p.19.

24 참고: Headlee, Celeste: *Do Nothing. How to Break Away from Over-working, Overdoing, and Underliving*, New York 2020, p.211.

25 Scheuermann, Ulrike: *Freunde machen gesund*, München 2021, p.86.

26 Price, Catherine: *The Power of Fun. How to Feel Alive again*, New York 2021, p.63.

27 참고: Schulte, Brigid: *Overwhelmed. Work, Love, and Play When No One Has the Time*, Toronto 2014.

28 참고: Wajcman, Judy: *Pressed for Time. The Acceleration of Life in Digital Capitalism*, Chicago und London 2015, p.81.

29 같은 곳, p.81.

30 Müller-Wichmann, Christiane: *Zeitnot. Untersuchungen zum "Frei-zeitproblem" und seiner pädagogischen Zugänglichkeit*, Weinheim/Basel 1984, p.187.

31 같은 곳.

32 같은 곳.

33 참고: Heitmayer, Maxi / Lahlou, Saadi: "Why are smartphones dis-ruptive? An empirical study of smartphone use in real-life con-texts", in: *Computers in Human Behavior*, Volume 116, 2021, 106637, https://doi.org/10.1016/j.chb.2020.106637.

34 참고: Wolter, Ute: "Sechs von zehn Arbeitnehmern sind ständig erreichbar"(2020.01.23.), in: *Personalwirtschaft* https://www.personalwirtschaft.de/news/hr-organisation/mehrheit-der-deutschen-ist-auch-nach-feierabend-beruflich-erreichbar-98804/(검색일: 2022.05.14.).

35 참고: Friedrich, Greta: Datenanalyse: "Deutsche über drei Stunden täglich am Smartphone"(2022.02.11.), in: *Heise Online*, https://www.heise.de/news/Datenanalyse-Deutsche-ueber-drei-Stunden-taeglich-am-Smartphone-6369952.html(검색일: 2022.05.17.).

36 참고: *Zeit Online*: "Jugendliche mehr als 70 Stunden pro Woche on-line"(2021.08.12.) https://www.zeit.de/digital/internet/2021-08/internetnutzung-deutschland-jugendliche-studie-homeschooling-corona-pandemie(검색일: 2022.05.17.).

37 참고: Stiftung für Zukunftsfragen: *Freizeit-Monitor 2019*, Hamburg 2019, https://epub.sub.uni-hamburg.de/epub/volltexte/2019/96124/pdf/Stiftung_fuer_Zukunftsfragen_Freizeit_Monitor_2019.pdf(검색일: 2022.05.14.).

38 참고: Rinderspacher, Jürgen P.: "Zeitwohlstand - Kriterien für einen anderen Maßstab von Lebensqualität", in: *WISO – Wirtschafts-und Sozialpolitische Zeitschrift des ISW*, 01/2012, p.11-26, https://www.isw-linz.at/index.php?eID=dumpFile&t=f&f=493&token=ea21c3684060d2915833a8b237bca77f628a0195(검색일: 2022.05.11.).

39 'Agency'는 독일어에 대응하는 단어가 없는 심리학 전문 용어다. '행동할 수 있는 힘' 또는 '행동 능력'으로 번역되는 경우가 많다. 여기에서는 의도적이고 자율적으로 행동할 수 있는 능력 및 가능성을 의미한다. (우리말로는 '작인'으로 옮기는 경우가 있으나 의미를 살려 '행위주체성'으로 옮겼다.)

40 Widdows, Heather: *Perfect Me. Beauty as an Ethical Idea*, Princeton 2018, p.202 f.

41 RBB Fernsehen: "Charité intensiv. Station 43 - Sterben (S01/E01)",(2022.03.31.), https://www.rbb-online.de/doku/c-d/charite-intensiv-station-43/charite-intensiv-station-43-folge-1-sterben.html(검색일: 2022.05.10.).

42 참고: Statista Research Department: "Durchschnittliche tägliche Fernsehdauer in

Deutschland in den Jahren 1997 bis 2021"(2022.01.06.), https://de.statista.com/statistik/daten/studie/118/umfrage/fernsehkonsum-entwicklung-der-sehdauer-seit-1997/(검색일: 2022.05.11.).

43 Stiftung für Zukunftsfragen: *Freizeit-Monitor 2020*, Hamburg 2020, http:// www.freizeitmonitor.de/fileadmin/user_upload/freizeitmonitor/2020/Stiftung-fuer-Zukunftsfragen_Freizeit-Monitor-2020.pdf(검색일: 2021.10.28.).

44 참고: Wiese, Christopher W. / Kuykendal, Lauren / Tay, Louis: "Get active? A meta-analysis of leisure-time physical activity and subjec-tive well-being", in: *The Journal of Positive Psychology*, 13:1, p.57-66, https://doi.org/10.1080/17439760.2017.1374436.

45 Gerold, Stefanie / Geiger, Sonja Geiger: "Arbeit, Zeitwohlstand und Nachhaltiger Konsum während der Corona-Pandemie", Arbeits-papier des Fachgebiets Arbeitslehre/Ökonomie und Nachhaltiger Konsum Nr. 2, TU Berlin 2020, https://www.rezeitkon.de/word-press/wp-content/uploads/2020/11/WP_Gerold_Geiger_Corona.pdf(검색일: 2022.05.10.).

46 참고: Holt-Lunstad, Julianne / Smith, Timothy B. / Baker, Mark / Har-ris, Tyler / Stephenson, David: "Loneliness and Social Isolation as Risk Factors for Mortality: A Meta-Analytic Review", in: *Perspec-tives on Psychological Science* 10(2) 2015, p.227-237, https://doi.org/10.1177%2F1745691614568352.

47 Scheuermann, Ulrike: *Freunde machen gesund*, München 2021, p.31.

48 같은 곳.

49 참고: Hickel, Jason: *Weniger ist mehr. Warum der Kapitalismus den Planeten zerstört und wir ohne Wachstum glücklicher sind*. Dt. von Eva Leipprand, München 2022, p.201-211.

50 Unfried, Peter / Welzer, Harald: "Die Einsamkeit der Jugend", in: *taz FUTURZWEI* N°17/2021, https://taz.de/Interview-mit-Diana-Kinnert/!5784394/(검색일: 2022.05.19.).

51 Kinnert, Diana / Bielefeld, Marc: *Die neue Einsamkeit. Und wie wir sie als Gesellschaft überwinden können*. Hamburg 2021

52 Loers, Annette: "Nie allein und mit allem allein - die Einsamkeit von Alleinerz iehenden"(2019.02.05.), in: *Any Working Mom*, https://www.anyworkingmom.com/nie-allein-und-mit-allem-allein-die-einsamkeit-von-alleinerziehenden/(검색일: 2022.05.16.).

53 참고: Hall, Jeffrey A.: "How many hours does it take to make a friend?", in: *Journal*

of Social and Personal Relationships, Vol. 36, Nr. 4, 2018, p.1278-1296, https://doi.org/10.1177/0265407518761225.

54 참고: Scheuermann, Ulrike: *Freunde machen gesund*, München 2021, p.181.

55 참고: Dunbar, R. I. M.: "Do online social media cut through the cons-traints that limit the size of offline social networks?" in: *Royal So-ciety Open Science 3* (150292), 2016, https://royalsocietypublishing.org/doi/10.1098/rsos.150292(검색일: 2022.05.16.).

56 참고: Stiftung für Zukunftsfragen: "Die häufigsten Freizeitaktivitäten der Bundesbürger: Internet kann Spitzenplatz verteidigen", in: *Frei-zeit-Monitor 2021*, http://www.freizeitmonitor.de/zahlen/daten/statistik/freizeit-aktivitaeten/2021/die-haeufigsten-freizeitaktivitaeten-der-bundesbuerger(검색일: 2022.05.14.).

57 참고: Stiftung für Zukunftsfragen: *Freizeit-Monitor 2019*, Hamburg 2019, https://epub.sub.uni-hamburg.de/epub/volltexte/2019/96124/pdf/Stiftung_fuer_Zukunftsfragen_Freizeit_Monitor_2019.pdf(검색일: 2022.05.14.).

58 Asendorpf, Jens B. / Banse, Rainer / Neyer, Franz J.: *Psychologie der Beziehung*, 2., vollständig überarbeitete Auflage, Bern 2017, E-Book-Version, p.412.

59 참고: Bundesministerium für Familie, Senioren, Frauen und Jugend: Informationen für pflegende Angehörige, Hintergrundinformation(2022.03.25.), https://www.bmfsfj.de/bmfsfj/themen/corona-pandemie/informationen-fuer-pflegende-angehoerige/informationen-fuer-pflegende-angehoerige-154794(검색일: 2022.05.14.).

60 참고: Engstler, Heribert / Tesch-Römer, Clemens: "Zeitverwendung von Erwachsenen, die ein Haushaltsmitglied pflegen", p.238, in: Statistisches Bundesamt: *Wie die Zeit vergeht. Analysen zur Zeitver-wendung in Deutschland*. Beiträge zur Ergebniskonferenz der Zeit-verwendungserhebung 2012/13 am 5./6. Oktober 2016 in Wiesba-den, 2017, p.229-244.

61 같은 곳.

62 참고: Bredow, Birte: "Warum sehe ich meine Freundinnen und Freunde kaum noch?"(2021.12.27.), in: *Der Spiegel*, https://www.spiegel.de/panorama/gesellschaft/corona-pandemie-warum-sehe-ich-meine-freundinnen-und-freunde-kaum-noch-a-c59e1572-271e-4baa-8aed-35188a386c99(검색일: 2022.05.16.).

63 참고: Deutsche Post AG: "Einkaufaktuell. Reichweitensieger bei Ihrer Zielgruppe. Allensbacher Markt-und Werbeträgeranalyse 2020", Bonn 2020, p.27, https://www.deutschepost.de/content/dam/dpag/images/E_e/Einkaufaktuell/downloads/

dp-ea-broschuere-awa-122020.pdf(검색일: 2022.05.16.).

64 참고: Price, Catherine: *The Power of Fun. How to Feel Alive again*, New York 2021, p.142.

65 Sichtermann, Barbara: "Wechselfälle", in: Zoll, Rainer (Hrsg.): *Zer-störungund Wiederaneignung von Zeit*, Frankfurt am Main 1988, p.641-655.

66 Neulinger, John: *The Psychology of Leisure*, Springfield 1974, p.xv.

67 같은 곳, p.15.

68 같은 곳, p.17.

69 참고: Shaw, Jenny: "Geschlechterverhältnis und die Beschleunigung des Lebens", in: Adam, Barbara / Geißler, Karlheinz A. / Held, Mar-tin (Hrsg.): *Die Nonstop-Gesellschaft und ihr Preis*, Stuttgart/Leipzig 1998, p.63-83.

70 Shannon, Charlene p./ Shaw, Susan M.: "Mothers and Daughters: Teaching and Learning about Leisure", in: *Leisure Sciences*, 30:1 (2008), p.1-16, https://doi.org/10.1080/01490400701544659.

71 참고: Zykunov, Alexandra: *Wir sind doch alle längst gleichberechtigt*, Berlin 2022, p.57 ff.

72 참고: Price, Catherine: *The Power of Fun. How to Feel Alive again*, New York 2021, p.159.

73 같은 곳.

74 같은 곳, p.280 f.

75 참고: Neulinger, John: *The Psychology of Leisure*, Springfield 1974, p.19 f.

76 Held, Martin / Kümmerer, Klaus: "Alles zu seiner Zeit und an sei-nem Ort. Eine andere Zeitkultur als Perspektive", in: Adam, Bar-bara / Geißler, Karlheinz A. / Held, Martin (Hrsg.): *Die Nonstop-Ge-sellschaft und ihr Preis*, Stuttgart 1998, p.252.

77 Petersen, Anne Helen: *Can't Even: How Millennials Became the Burnout Generation*, Boston/New York 2020, p.195.

78 Suzman, James: *Sie nannten es Arbeit. Eine andere Geschichte der Menschheit*. Dt. von Karl Heinz Siber, München 2021, p.337.

79 같은 곳.

80 참고: Graeber, David: *Bullshit-Jobs. Vom wahren Sinn der Arbeit*. Dt. von Sebastian Vogel, Stuttgart 2018, p.11 f.

81 참고: Rinderspacher, Jürgen P.: "Zeitwohlstand - Kriterien für einen anderen Maßstab von Lebensqualität", in: *WISO – Wirtschafts-und Sozialpolitische*

Zeitschrift des ISW, 01/2012, p.11-26, https://www.isw-linz.at/index.php?eID=d umpFile&t=f&f=493&token=ea21c3684060d2915833a8b237bca77f628a0195(검색일: 2022.05.11.).

82 Mückenberger, Ulrich: "Zeitwohlstand. Eine aktuelle Debatte und ihre Wurzeln; das Konzept von Bob Goodin und seine zeitpoliti-schen Implikationen", Vortragsmanuskript 2011, http://www.zeitpolitik.de/pdfs/VortragMueckenberger. pdf(검색일: 2021.08.23.).

83 참고: Cabanas, Edgar / Illouz, Eva: *Das Glücksdiktat -und wie es unser Leben beherrscht.* Dt. von Michael Adrian, Berlin 2019.

84 Raworth, Kate: "A healthy economy should be designed to thrive, not grow", Ted-Talk, April 2018, https://www.ted.com/talks/kate_raworth_a_healthy_economy_ should_be_designed_to_thrive_not_grow(검색일: 2021.08.26.).

85 Halsaa, Beatrice: "A Feminist Utopia", in: *Scandinavian Political Studies*, Nr. 4, 1988, p.323-336, https://onlinelibrary.wiley.com/doi/10.1111/j.1467-9477.1988. tb00374.x(검색일: 2022.07.19.).

5장 ‖ 어린이의 시간, 미래의 시간

1 Wehr, Laura: *Alltagszeiten der Kinder. Die Zeitpraxis von Kindern im Kontext generationaler Ordnungen*, Weinheim/München 2009, p.245.

2 참고: Haug, Sonja / Vernim, Matthias / Schiffert, Thomas: "Familien-planung und Reproduktionsmedizin bei Frauen mit Migrations-hintergrund. Studienergebnisse für die Praxis", Regensburg 2017, p.11, https://www.oth-regensburg.de/fileadmin/ media/fakultaeten/s/forschung_projekte/IST/newire/NEWIRE_Broschuere_ Haug_29.05.17_FINAL.pdf(검색일: 2022.06.07.).

3 참고: Bundesministerium für Familie, Senioren, Frauen und Jugend: *Familie heute. Daten. Fakten. Trends. Familienreport 2020*, Berlin 2021, p.75, https:// www.bmfsfj.de/resource/blob/163108/ceb1abd3901f50a0dc484d899881a223/ familienreport-2020-familie-heute-daten-fakten-trends-data.pdf(검색일: 2022.06.07.).

4 참고: Höhn, Charlotte / Ette, Andreas / Ruckdeschel, Kerstin: "Kin-derwünsche in Deutschland. Konsequenzen für eine nachhaltige Familienpolitik", Stuttgart, Robert-Bosch-Stiftung 2006, p.17, https://www.bosch-stiftung.de/sites/default/

files/publications/pdf_import/BuG_Familie_Studie_Kinderwunsch.pdf(검색일: 2022.06.07.).

5   참고: pro familia. Deutsche Gesellschaft für Familienplanung, Se-xualpädagogik und Sexualberatung e. V. Bundesverband: Repro-duktionsmedizinische Behandlungsmöglichkeiten, https://www.profamilia.de/themen/unerfuellter-kinderwunsch/behandlungsmoeglichkeiten(검색일: 2022.06.07.).

6   참고: Deutsches IVF-Register e. V.: "Auszug aus dem D·I·R JAHR-BUCH 2020. Für Paare mit unerfülltem Kinderwunsch, Patientin-nen, Patienten, die öffentlichkeit", Düsseldorf 2021, https://www.deutsches-ivf-register.de/perch/resources/dir-jahrbuch-2020-sonderausgabe-fuer-paare.pdf(검색일: 2022.06.07.).

7   참고: Ben-Rafael, Zion: "The dilemma of social oocyte freezing: usage rate is too low to make it cost-effective", in: Reproductive Biomedi-cine Online 37 (4), 2018, p.443-448, https://www.rbmojournal.com/article/S1472-6483(18)30353-5/pdf (검색일: 2022.06.07.).

8   참고: Schmitt, Christian: "Kinderlose Männer in Deutschland - Eine sozialstrukturelle Bestimmung auf Basis des Sozio-oekonomischen Panels (SOEP)", Berlin 2004, p.15, https://www.diw.de/documents/publikationen/73/diw_01.c.41162.de/diw_rn04-01-34.pdf (검색일: 2022.06.07.).

9   Mehr dazu in Bücker, Teresa: "Ist es radikal, ein Kind ohne Partner zu bekommen?", 2020.10.13., https://sz-magazin.sueddeutsche.de/freie-radikale-die-ideenkolumne/teresa-buecker-kind-ohne-partner-bekommen-89297(검색일: 2022.06.07.).

10 Scocca, Tom: "Your Real Biological Clock Is You're Going to Die"2018.10.18., https://hmmdaily.com/2018/10/18/your-real-biological-clock-is-youre-going-to-die/(검색일: 2022.06.07.).

11 같은 곳.

12 Bundesministerium für Familie, Senioren, Frauen und Jugend: Zeit für Familie. Familienzeitpolitik als Chance einer nachhaltigen Fami-lienpolitik. Achter Familienbericht, Berlin 2012, p.8.

13 Guner, Emi: Nina. Ein grandioses letztes Jahr im Kindergarten, Leip-zig 2019, p.113.

14 Walker, Matthew: Why we sleep, London 2018, p.308-316.

15 같은 곳, p.314.

16 참고: Bertelsmann Stiftung: Kinderarmut: Eine unbearbeitete Groß-

baustelle(2020.07.22.) https://www.bertelsmann-stiftung.de/de/themen/aktuelle-meldungen/2020/juli/kinderarmut-eine-unbearbeitete-grossbaustelle(검색일: 2022.06.15.).

17   참고: Deutsche Angestellten Krankenkasse(DAK) (Hrsg.): *Gesund-heitsreport 2014. Die Rushhour des Lebens. Gesundheit im Span-nungsfeld von Job, Karriere und Familie. Analyse der Arbeitsunfähig-keitsdaten*, Heidelberg 2014. p.80 https://www.dak.de/dak/download/vollstaendiger-bundesweiter-gesundheitsreport-2014-2119710.pdf(검색일: 2022.06.15.).

18   World Vision Deutschland e. V. (Hrsg.): *Kinder in Deutschland 2018. 4. World Vision Kinderstudie*, Weinheim/Basel 2018, p.27.

19   Bühler-Niederberger, Doris: *Lebensphase Kindheit. Theoretische An-sätze, Akteure und Handlungsräume*, Weinheim 2020, p.180.

20   참고: Bertelsmann Stiftung: "Schlechte Rahmenbedingungen er-schweren die Bildungsarbeit der Kitas"(2020.08.25.), Pressemit-teilung zum Ländermonitoring Frühkindliche Bildungssysteme, https://www.bertelsmann-stiftung.de/de/themen/aktuelle-meldungen/2020/august/schlechte-rahmenbedingungen-erschweren-die-bildungsarbeit-der-kitas(검색일: 2022.06.03.).

21   참고: Wolters Kluwer: *DKLK-Studie 2020. Befragung zur Wertschät-zung und Anerkennung von Kita-Leitungen: Kita-Leitung zwischen Digitalisierung und Personalmangel*, Köln 2020, p.28, https://www.deutscher-kitaleitungskongress.de/assets/documents/pressemitteilungen/dklk/DKLK_Studie_2020.pdf(검색일: 2022.06.03.).

22   *Süddeutsche Zeitung*: "Nah an der Kindeswohlgefährdung"(2010.06.28.) https://www.sueddeutsche.de/karriere/studie-zur-kinderbetreuung-mehr-plaetze-mehr-personal-gewuenscht-1.966373(검색일: 2022.06.03.).

23   Hüsken, Katrin / Lippert, Kerstin / Kuger, Susanne: "Der Betreu-ungsbedarf bei Grundschulkindern. DJI Kinderbetreuungsreport 2020", München 2021, p.16, https://www.dji.de/fileadmin/user_upload/KiBS/DJI-Kinderbetreuungsreport_2020_Studie2.pdf(검색일: 2022.06.03.).

24   Rosales, Caroline: "Immer krank, ständig am Weinen"(2021.08.25.), https://www.zeit.de/zeit-magazin/leben/2021-08/kindergarten-kita-kinderbetreuung-kleinkinder-personal-mangel-qualitaet(검색일: 2022.06.03.).

25   WSI GenderDatenPortal Erwerbsarbeit: Erwerbstätigenquote nach Elternschaft und Alter der Kinder 2019, https://www.wsi.de/de/erwerbsarbeit-14617-

erwerbstaetigenquote-nach-elternschaft-und-alter-der-kinder-14833.htm(검색일: 2022.06.03.).

26 참고: *Ganztagsschule 2017/2018. Deskriptive Befunde einer bundes-weiten Befragung.Studie zur Entwicklung von Ganztagsschulen, StEG*, Frankfurt am Main, Dortmund, Gießen & München 2019, DIPF, DJI, IFS, Justus-Liebig-Universität, https://www.pedocs.de/volltexte/2019/17105/pdf/Ganztagsschule_2017_2018_StEG.pdf(검색일: 2021.06.03.).

27 World Vision Deutschland e. V. (Hrsg.): *Kinder in Deutschland 2018. 4. World Vision Kinderstudie*, Weinheim/Basel 2018, p.337.

28 Guglhör-Rudan, Angelika / Ehner, Katrin / Rehse, Aline / Reiter, Stefanie: "Chance und Auftrag: politische Bildung im Ganztag", in: *DJI-Impulse. Politische Bildung von Anfang an. Wie Kinder und Ju-gendliche Demokratie lernen und erfahren können*, Nr. 125, H. 1, p.19-25.

29 신경 다양성은 자폐 스펙트럼 장애나 주의력결핍 과다행동장애(ADHD) 등 뇌신경의 차이로 인해 발생하는 다름을 일컫는다. 이러한 진단을 받은 사람들은 학습, 업무, 휴식을 잘하기 위해 몇몇 다른 조건을 필요로 한다.

30 Rizkallah, Sherif: "Camp Ritsona: Wo Kinder ihre Träume verges-sen"(2021.11.20.), in: *ZDFheute* https://www.zdf.de/nachrichten/politik/kinderrechte-fluechtlinge-griechenland-ritsona-100.html(검색일: 2022.06.17.).

31 참고: Hoher Flüchtlingskommissar der Vereinten Nationen (UNHCR): *Mid-year trends 2021*, Kopenhagen 2021, p.1. https://www.uno-fluechtlingshilfe.de/fileadmin/redaktion/PDF/UNHCR/MidYearTrends_Report_2021.pdf(검색일: 2022.06.17.).

32 참고: Statistisches Bundesamt: "Tag der Jugend: Anteil der Menschen zwischen 15 und 24 Jahren auf Tiefststand"(2021.08.10.), https://www.destatis.de/DE/Presse/Pressemitteilungen/Zahl-der-Woche/2021/PD21_32_p002.html(검색일: 2022.06.07.).

33 참고: Naturschutzbund Deutschland e. V. (NABU): "NABU-Umfrage zum Klimaschutz: Interessen der jungen Generation werden bei der Wahl ignoriert"(검색일: 2022.06.17.), https://www.nabu.de/modules/presseservice/index.php?popup=true&db=presseservice&show=32482(검색일: 2022.06.07.).

34 Bundeswahlleiter: "Bundestagswahl 2021: 60,4 Millionen Wahlbe-rechtigte"(2021.02.17.), https://www.bundeswahlleiter.de/info/presse/mitteilungen/bundestagswahl-2021/01_21_wahlberechtigte-geschaetzt.html(검색일: 2022.06.07.).

35 Cohen, Elizabeth F.: *The Political Value of Time. Citizenship, Dura-tion, and Democratic Justice*, Cambridge 2018, p.58.

36 2021년 연방 선거에서 16~17세에게 투표권이 허용되었더라도, 현재 18세 이상 유권자 6040만 명에 100만 명이 추가되는 정도다. 이 유권자 집단이 만장일치로 한 정당에 투표하면 해당 정당은 1~2%를 추가로 득표하는 정도다.

37 Bundesministerium für Familie, Senioren, Frauen und Jugend: "bereinkommen über die Rechte des Kindes. VN-Kinderrechts-konvention im Wortlaut mit Materialien", Berlin 2018, p.5 https://www.bmfsfj.de/resource/blob/93140/78b957 2c1bffdda3345d8d393acbbfe8/uebereinkommen-ueber-die-rechte-des-kindes-data. pdf(검색일: 2022.06.07.).

38 참고: Bundesministerium für Familie, Senioren, Frauen und Jugend: "Kinderrechte ins Grundgesetz", Hintergrundinformation, 2022.03.15., https://www.bmfsfj.de/ bmfsfj/themen/kinder-und-jugend/kinderrechte/kinderrechte-ins-grundgesetz(검색일: 2022.06.07.).

39 Der Paritätische Gesamtverband: "Partizipation und Demokratie-bildung in der Kindertagesbetreuung", https://www.der-paritaetische.de/themen/soziale-arbeit/ partizipation-und-demokratiebildung-in-der-kindertagesbetreuung/das-abc-der-beteiligung/adultismus/(검색일: 2022.06.07.).

40 BVerfG: Beschluss des Ersten Senats vom 24. März 2021, 1 BvR 2656/18 -, Rn. 1-270, https://www.bundesverfassungsgericht.de/SharedDocs/Entscheidungen/ DE/2021/03/rs20210324_1bvr265618.html(검색일: 2022.06.07.).

41 Thorne, Barrie: "Re-Visioning Women and Social Change: Where are the Children?", p.93, in: *Gender and Society*, Volume 1 (1), 1987, p.85-109, https:// www.jstor.org/stable/190088(검색일: 2022.06.07.).

42 Kohlmaier, Matthias: "Wofür lernen, wenn es keine Zukunft gibt?"(2019.01.25.), https://www.sueddeutsche.de/bildung/klimaschutz-schule-fridaysforfuture-1.4301131(검색일: 2022.06.07.).

43 Krenz, Armin: *Kinder brauchen Seelenproviant. Was wir ihnen für ein glückliches Leben mitgeben können*, München 2008, p.118.

6장 ‖ 정치를 위한 시간

1 Zamboni, Chiara: "Leichtes Gepäck", in: Diotima: *Macht und Poli-tik sind nicht dasselbe*, Sulzbach/Taunus 2012, p.152-169.

2 Arendt, Hannah: *Was ist Politik*, München 1993, p.17.

3 Hark, Sabine: *Gemeinschaft der Ungewählten. Umrisse eines politi-schen Ethos der Kohabitation*, Berlin 2021, p.70.

4 Arendt, Hannah: *Was ist Politik*, München 1993, p.17.

5 Zerilli, Linda M. G.: *Feminismus und der Abgrund der Freiheit*, Dt. von Bettina Engels, Wien 2010, p.42.

6 Muraro, Luisa / Zamboni, Chiara: Vorwort, in: Diotima: *Macht und Politik sind nicht dasselbe*, Sulzbach/Taunus 2012, p.13.

7 Sartori, Diana: "Irdische Zeichen. Zwischen dem Mehrder Politik und dem Weniger der Macht", in: Diotima: *Macht und Politik sind nicht dasselbe*, Sulzbach/Taunus 2012, p.27-74.

8 참고: Helm, Miguel: "Wenn Wahlkampf eine Frage des Geldes ist"(2017.09.14.), in: *Süddeutsche Zeitung* https://www.sueddeutsche.de/politik/bundestagswahl-wenn-der-wahlkampf-eine-frage-des-geldes-ist-1.3624810(검색일: 2022.06.20.).

9 참고: von Olberg, Robert: "Kandidaten im Wahlkampf: Rastlos durch den Tag"(2017.08.03.), in: *Vorwärts* https://www.vorwaerts.de/blog/kandidaten-wahlkampf-rastlos-tag(검색일: 2022.06.20.).

10 Tronto, Joan: 2000. Demokratie als fürsorgliche Praxis. Feministi-sche Studien 18(1): 25-42.

11 참고: Dege, Yonca / Eichhorn, Jan / Nicke, Sascha / Spöri, Tobias: *Wer kann mitmachen? #1. Politische Beteiligung, Selbstidentifikation und Rassismuserfahrungen von Menschen mit Migrationsgeschichten in Deutschland*, d|part, Berlin 2021, p.20, https://infodienst.bzga.de/migration-flucht-und-gesundheit/materialien/wer-kann-mitmachen-1/(검색일: 2022.06.20.).

12 Brunner, Katharina / Ebitsch, Sabrina / Endt, Christian / Hosse, Ju-lian / Schories, Martina / Witzenberger, Benedict / Zajonz, Moritz: "Volk und Vertreter", in: *Süddeutsche Zeitung* 2018, https://projekte.sueddeutsche.de/artikel/politik/bundestag-diese-abgeordneten-fehlen-e291979/(검색일: 2022.06.20.).

13 독일 연방의회 최초의 트랜스젠더는 1990년부터 2002년까지 독립여성연합(UFV)과 사민당 소속으로 활동한 크리스티안 솅크(Christian Schenk)다.

14 참고: Aikins, Muna AnNisa / Bremberger, Teresa / Aikins, Joshua Kwesi / Gyamerah, Daniel / Yýldýrým-Caliman, Deniz: *Afrozensus 2020: Perspektiven, Anti-Schwarze Rassismuserfahrungen und Enga-gement Schwarzer, afrikanischer und afrodiasporischer Menschen in Deutschland*, Berlin 2021, p.26, online verfügbar unter: www.afrozensus.de(검색일: 2022.06.22.).

15 참고: *hyperkulturell.de*, Portal für interkulturelle Kommunikation: "Othering", https://www.hyperkulturell.de/glossar/othering/(검색일: 2022.06.20.).

16 Reiser, Marion: "Abgehoben und entkoppelt? Abgeordnete zwi-schen öffentlicher Kritik und Professionalisierungslogik", in: Brich-zin, Jenni / Krichewsky, Damien / Ringel, Leopold / Schank, Jan (Hrsg.) *Soziologie der Parlamente: Neue Wege der politischen Insti-tutionenforschung*, Wiesbaden 2018, p.111-134.

17 참고: Bailer, Stefanie / Breunig, Christian / Giger, Nathalie / Wüst, Andreas M.: The Diminishing Value of Representing the Disadvan-taged: Between Group Representation and Individual Career Paths, in: *British Journal of Political Science*, *52*(2) 2021, p.535-552, https://doi.org/10.1017/S0007123420000642.

18 Lafont, Cristina: *Unverkürzte Demokratie. Eine Theorie deliberativer Bürgerbeteiligung*, Berlin 2021, p.16.

19 참고: Simonson, Julia / Kelle, Nadiya / Kasumann, Corinna / Tesch-Römer, Clemens (Hrsg.): *Freiwilliges Engagement in Deutschland. Der Deutsche Freiwilligensurvey 2019*, Deutsches Zentrum für Alters-fragen, Berlin 2021, p.51 https://www.dza.de/fileadmin/dza/Dokumente/Forschung/Publikationen%20 Forschung/Freiwilliges_Engagement_in_Deutschland_-_der_Deutsche_ Freiwilligensurvey_2019.pdf(검색일: 2022.06.21.).

20 같은 곳.

21 참고: Bundesministerium für Familie, Frauen, Senioren und Jugend: "Zahlen, Daten, Fakten zur Entwicklung des freiwilligen Engage-ments in Deutschland"(2021.03.18.), Pressemitteilung https://www.bmfsfj.de/bmfsfj/ aktuelles/presse/pressemitteilungen/zahlen-daten-fakten-zur-entwicklung-des-freiwilligen-engagements-in-deutschland–176840(검색일: 2022.06.21.).

22 Friedrich-Ebert-Stiftung: Gutes Engagement - für eine demokrati-sche Zivilgesellschaft, Impuls der Steuerungsgruppe des Arbeits-kreises "Bürgergesellschaft und Demokratie" der Friedrich-Ebert-Stiftung, Berlin 2017, p.22, http://library.fes.de/pdf-files/dialog/13496.pdf,(검색일: 2022.06.21.).

23 참고: Kausmann, Corinna / Vogel, Claudia / Hagen, Christine / Si-monson,

Julia: *Freiwilliges Engagement von Frauen und Männern: Genderspezifische Befunde zur Vereinbarkeit von freiwilligem Enga-gement, Elternschaft und Erwerbstätigkeit*, Bundesministerium für Familie, Frauen, Senioren und Jugend, Berlin 2017, p.26, https://www.bmfsfj.de/resource/blob/176836/7dffa0b48 16c6c652fec8b9eff5450b6/frewilliges-engagement-in-deutschland-fuenfter-freiwilligensurvey-data.pdf(검색일: 2022.06.21.).

24 참고: Klenner, Christina / Pfahl, Svenja: "(Keine) Zeit fürs Ehren-amt? Vereinbarkeit von Erwerbsarbeit und ehrenamtlicher Tätig-keit", in: *WSI Mitteilungen*, 54(3), p.179-187 https://www.boeckler.de/pdf/wsimit_2001_03_klenner2.pdf(검색일: 2022.06.21.).

25 같은 곳.

26 참고: Simonson, Julia / Vogel, Claudia / Tesch-Römer, Clemens (Hrsg.): *Freiwilliges Engagement in Deutschland. Der Deutsche Frei-willigensurvey 2014*, Deutsches Zentrum für Altersfragen, Berlin 2016, p.161 https://www.bmfsfj.de/resource/blob/93916/527470e383da76416d6fd1c17f720a7c/freiwilligensurvey-2014-langfassung-data.pdf(검색일: 2022.06.21.).

27 참고: Bundesministerium für Familie, Senioren, Frauen und Jugend: Motive des Bürgerschaftlichen Engagements, Berlin 2014, p.28 https://www.bmfsfj.de/resource/blob/94388/623395a6b3c03445ed1b1615927a3200/motive-des-buergerschaftlichen-engagements-data.pdf(검색일: 2022.06.21.).

28 참고: Simonson, Julia / Kelle, Nadiya / Kasumann, Corinna / Tesch-Römer, Clemens (Hrsg.): *Freiwilliges Engagement in Deutschland. Der Deutsche Freiwilligensurvey 2019*, Deutsches Zentrum für Al-tersfragen, Berlin 2021, p.153 https://www.dza.de/fileadmin/dza/Dokumente/Forschung/Publikationen%20 Forschung/Freiwilliges_Engagement_in_Deutschland_-_der_Deutsche_Freiwilligensurvey_2019.pdf(검색일: 2022.06.21.).

29 같은 곳, p.147.

30 참고: Simonson, Julia / Kelle, Nadiya / Kausmann, Corinna / Karnick, Nora / Arriagada, Céline / Hagen, Christine / Hameister, Nicole / Huxhold, Oliver / Tesch-Römer, Clemens: Freiwilliges Engagement in Deutschland. Zentrale Ergebnisse des Fünften Deutschen Frei-willigensurveys (FWS 2019), Bundesministerium für Familie, Se-nioren, Frauen und Jugend, Berlin 2021, p.22, https://www.bmfsfj.de/resource/blob/176836/7dffa0b4816c6c652fec8b9eff545 0b6/frewilliges-engagement-in-deutschland-fuenfter-freiwilligensurvey-data.pdf(

검색일: 2022.06.21.).

31 https://ausnahmslos.org/

32 Der Bundespräsident: "Interview mit der Bild am Sonntag"(2022.06.12.), https://
www.bundespraesident.de/SharedDocs/Reden/DE/Frank-Walter-Steinmeier/
Interviews/2022/220612-Interview-BamS.html(검색일: 2022.06.21.).

33 모든 사람에게 경력 중단을 위한 9년의 시간을 주고자 하는 옵션 시간 모델에서는
자원봉사 역시 가능한 대안 활동으로 제시하고 있다. 참고: Deutsches Jugendinstitut:
Die zentralen Ideen und Ziele des Optionszeiten-modells, https://www.dji.de/
themen/familie/optionszeiten.html(검색일: 2022.06.21.).

34 Die Linke: "Wahlprogramm der Partei DIE LINKE zur Bundes-tagswahl 2021",
p.51 https://www.die-linke.de/fileadmin/download/wahlen2021/Wahlprogramm/
DIE_LINKE_Wahlprogramm_zur_Bundestagswahl_2021.pdf(검색일: 2022.06.21.).

35 같은 곳, p.18.

36 참고: Simonson, Julia / Kelle, Nadiya / Kausmann, Corinna / Tesch-Römer,
Clemens (Hrsg.): *Freiwilliges Engagement in Deutschland. Der Deutsche
Freiwilligensurvey 2019*, Deutsches Zentrum für Al-tersfragen, Berlin 2021,
https://www.dza.de/fileadmin/dza/Dokumente/Forschung/Publikationen%20
Forschung/Freiwilliges_Engagement_in_Deutschland_-_der_Deutsche_
Freiwilligensurvey_2019.pdf(검색일: 2022.06.21.).

37 Winker, Gabriele: *Solidarische Care-Ökonomie*, Bielefeld 2021, p.119.

38 참고: Tronto, Joan C.: *Who Cares?*, Cornell University Press 2015, Kindle-
Version, p.27.

39 Morrison, Toni: "A Humanist View", Rede an der Portland State University
1975, Abschrift von Keisha E. McKenzie, 2014, https://www.mackenzian.com/
wp-content/uploads/2014/07/Transcript_PortlandState_TMorrison.pdf(검색일:
2022.06.21.). 영어 원문: "It's important, therefore, to know who the real enemy
is, and to know the function, the very serious function of racism, which is
distraction. It keeps you from doing your work. It keeps you explaining over and
over again, your reason for being."

40 *Deutschlandfunk*: "Realitäten und Zustände. Fremdwort", Kübra Gümüşay
im Gespräch mit Florian Fricke, Fremdwort, 2017.12.26., https://
www.deutschlandfunk.de/realitaeten-und-zustaende-fremdwort.1184.
de.html?dram:article_id=400706(검색일: 2022.06.21.).

41 Arendt, Hannah: *Vita activa oder Vom tätigen Leben*, Piper ebooks, Kindle-

Version, p.252-254.

42 Lorey, Isabel: *Demokratie im Präsens*, Berlin 2020, p.192.

43 Tronto, Joan: "Demokratie als fürsorgliche Praxis", in: *Feministische Studien* 18(1), p.25-42, https://doi.org/10.1515/fs-2000-s104.

44 같은 곳.

45 The Care Collective: *The Care Manifesto. The Politics of Interdepence*, London/ Brooklyn 2020, p.71.

46 Tronto, Joan: *Caring Democracy. Markets, Equality, and Justice*, New York/ London 2013, p.170.

47 Winker, Gabriele: *Solidarische Care-Ökonomie*, Bielefeld 2021.

48 Haug, Frigga: *Die Vier-in-einem-Perspektive*, Hamburg 2008, p.22.

49 참고: Schnell, Tatjana: "26 Lebensbedeutungen"(2010.10.30.), https://www. sinnforschung.org/mein-lebenssinn/26-lebensbedeutungen(검색일: 2022.06.21.).

50 Schnell, Tatjana: *Psychologie des Lebenssinns*, Heidelberg 2016, p.56.

51 같은 곳, p.57.

52 같은 곳, p.54-57.

53 같은 곳, p.168.

54 같은 곳, p.55.

55 Storz, Wolfgang: "Frigga Haug: Wir brauchen Zeit, um mehr Freundlichkeit in diese Welt zu bringen"(2013.09.12.), in: *woz Die Wochenzeitung*, Nr. 37/2013, https://www.woz.ch/-4488(검색일: 2022.06.21.).

56 Winker, Gabriele: *Solidarische Care-Ökonomie*, Bielefeld 2021, p.175.

57 참고: Balderson, Ursula / Burchell, Brendan / Kamerâde, Daiga / Wang, Senhu / Coutts, Adam: "An exploration of the multiple motivations for spending less time at work"(2020.09.08.), in: *Time & Society*, https://doi.org/10.1177%2F096146 3X20953945.

58 Heitkötter, Martina: "Der 'temporal turn' in der Familienpolitik - zeitpolitische Gestaltungsansätze vor Ort für mehr Zeitwohlstand für Familien", in: Heitkötter, Martina / Jurczyk, Karin / Lange, An-dreas / Meier-Gräwe, Uta (Hrsg.): *Zeit für Beziehungen? Zeit und Zeitpolitik für Familien*, Opladen / Farmington Hills, MI, p.401- 428.

59 Dalla Costa, Maria Rosa: "Die Frauen und der Umsturz der Gesell-schaft", in: James, Selma (Hrsg.): *Die Macht der Frauen und der Umsturz der Gesellschaft*, Berlin 1973, p.22-66.

60 Schutzbach, Franziska, *Die Erschöpfung der Frauen*, München 2021, p.270.

61 Muraro, Luisa: "Jenseits der Gleichheit", in: Diotima: *Jenseits der Gleichheit. Über Macht und die weiblichen Wurzeln der Autorität*, Königstein/Taunus 1999, p.149-189.

마치며 ‖ 유토피아로 나아가기

1 Jaffe, Sarah: *Work won't love you back*, New York 2021, p.335.

2 Byline TV: "These Ukrainians Have Lost Everything"(2022.03.09.), https://www.facebook.com/BylineTV/videos/4856258981156626(검색일: 2022.07.12.).

3 Adam, Barbara: *Das Diktat der Uhr*, Frankfurt am Main 1995, p.28.

4 Morlok, Dirk: "Fakten, Zahlen und Argumente", in: *Pro Asyl*, 2022, https://www.proasyl.de/thema/fakten-zahlen-argumente/(검색일: 2022.06.22.).

5 Sagbakken, Mette/Bregård, Ida M./Varvin, Sverre: "The Past, the Present, and the Future: A Qualitative Study Exploring How Refugees' Experience of Time Influences Their Mental Health and Well-Being", in: *Frontiers in Sociology*, 5:46, 2020, doi:10.3389/fsoc.2020.00046.

6 Garbes, Angela: *Essential Labor*, 2022, Kindle-Version, p.56. 영어 원문: "No woman, regardless of race or class, is safe from the expectation of reproductive labor. Even for the richest white women who are able to outsource all the work - when, say, the support system they have built and hired vanishes amid a devastating years-long global health crisis - the work still falls to them."

7 같은 곳, p.59.

8 Halberstam, Jack: *In A Queer Time and Place: Transgender Bodies, Subcultural Lives*, New York 2005, p.2.

9 같은 곳.

10 참고: Haraldsson, Guðmundur D. / Kellam, Jack: Going Public: Ice-land's journey to a shorter working week, *Alda/Autonomy* 2021, https://en.alda.is/wp-content/uploads/2021/07/ICELAND_4DW.pdf(검색일: 2022.06.26.).

11 참고: Quecke, Franca: "Für die meisten Unternehmen wäre eine Viertagewoche möglich"(2021.10.13.), in: *Der Spiegel*, https://www.spiegel.de/karriere/viertagewoche-fuer-die-meisten-unternehmen-waere-es-moeglich-a-1a687448-

177b-464c-8c03-00479a4425f9(검색일: 2022.06.26.).

12 참고: Wilhelm, Hannah: "Millennials wollen nicht mehr Chef werden"(2022.05.29.), in: *SZ.de* https://www.sueddeutsche.de/wirtschaft/millenials-fuehrungspositionen-karriere-1.5591040(검색일: 2022.06.22.).

13 Schönborn, Lea: "Teilzeit ist nicht gleich Aperol-Zeit"(2022.05.28.) in: *Der Spiegel*, https://www.spiegel.de/start/teilzeit-arbeiten-als-berufseinsteiger-warum-das-kein-zeichen-von-faulheit-ist-a-39a9aef2-a346-4cec-837c-67d37b6828f5(검색일: 2022.06.03.).

14 참고: Das Demographie Netzwerk e. V.: "Mehrheit will nicht länger als 62 arbeiten"(2021.08.10.), Pressemeldung, https://demographie-netzwerk.de/mediathek/presse/mehrheit-will-nicht-langer-als-62-arbeiten/(검색일: 2022.06.19.).

15 같은 곳.

16 참고: Kisling, Tobias / Klay, Alexander: "Rente erst mit 70? Top-Ökonom hat eine ganz andere Idee"(2022.06.03.), in: *waz.de*: https://www.waz.de/politik/rente-renteneintrittsalter-70-forderung-experte-arbeitszeit-id235516687.html(검색일: 2022.06.05.).

17 *T-Online.de*: "BDI-Präsident fordert 42-Stunden-Woche"(2022.06.18.) https://www.t-online.de/nachrichten/deutschland/gesellschaft/id_92330184/statt-rente-mit-70-bdi-praesident-russwurm-fordert-42-stunden-woche.html(검색일: 2022.06.19.).

18 *Der Spiegel*: "Lindner lehnt 'Kriegssoli' ab"(2022.06.24.) https://www.spiegel.de/wirtschaft/lindner-lehnt-kriegssoli-ab-a-ab09966d-498b-4616-a1c9-add4a1dd9c82 (검색일: 2022.06.24.).

19 Hickel, Jason: *Weniger ist mehr*, München 2022, p.279.

20 The Care Collective (Andreas Chatzidakis, Jamie Hakim, Jo Littler, Catherine Rottenberg und Lynne Segal): *The Care Manifesto. The Politics of Interdependence*, London/New York 2020, p.22.

21 참고: *Der Spiegel*: "Jede fünfte Mutter reduziert wegen Corona ihre Arbeitszeit"(2022.02.16.) https://www.spiegel.de/wirtschaft/soziales/hans-boeckler-stiftung-jede-fuenfte-mutter-reduziert-wegen-corona-ihre-arbeitszeit-a-35c0701c-36bb-459e-87ae-8c95e9c5f1ac(검색일: 2022.07.17.).

22 참고: Bücker, Teresa: "unlearn familie", in: Jaspers, Lisa / Ryland, Naomi / Horch, Silvie: *Unlearn Patriarchy*, Berlin 2022, p.124-143.

23 참고: Hinrichsen, Frauke: "9. 2. 1979 - Vor 25 Jahren"(2004.02.09.), in:

Deutschlandfunk, https://www.deutschlandfunk.de/9-2-1979-vor-25-jahren-100. html(검색일: 2022.06.19.).

24 Pelluchon, Corine: *Wovon wir leben. Eine Philosophie der Ernährung und Umwelt*, Darmstadt 2020, p.332.

25 같은 곳, p.365.

26 Levitas, Ruth: "Where there is no vision, the people perish: a uto-pian ethic for a transformed future", Centre for the Understanding of Sustainable Prosperity 2017, p.9, http://www.cusp.ac.uk/wp-content/uploads/05-Ruth-Levitas-Essay-online.pdf(검색일: 2022.07.05.).

27 같은 곳, p.3.

28 Forman, Frieda Johles: "Feminizing Time: An Introduction", in: Forman, Frieda Johles / Sowton, Caoran (Hrsg.): *Taking our time: feminist perspectives on temporality*, Oxford 1989, p.2-9.

29 James, Selma: *Sex, Race, and Class. The Perspective of Winning. A Selection of Writings, 1952–2011*, Oakland 2012, p.149.

시간을 잃어버린 사람들

2023년 11월 9일 초판 1쇄 발행
2024년 3월 20일 초판 2쇄 발행

지은이 테레사 뷔커 · **옮긴이** 김현정
펴낸이 류지호
책임편집 곽명진 · **디자인** 쿠담디자인
편집 이기선, 김희중, 곽명진

펴낸곳 원더박스 (03169) 서울시 종로구 사직로10길 17, 301호
대표전화 02-720-1202 · **팩시밀리** 0303-3448-1202
출판등록 제2022-000212호(2012. 6. 27.)

ISBN 979-11-92953-16-8 (03300)

- 잘못된 책은 구입하신 서점에서 바꾸어 드립니다.
- 독자 여러분의 의견과 참여를 기다립니다.
  블로그 blog.naver.com/wonderbox13 · 이메일 wonderbox13@naver.com